実務直結シリーズ Vol.4

第2版

行政書士のための
銀行の相続手続
実務家養成講座

この本で遺言・相続に強い行政書士になる。

行政書士
竹内 豊 著

税務経理協会

第2版刊行にあたって

　2022年3月に本書初版が刊行されてから3年が経ちました。幸い、行政書士をはじめとした遺言・相続業務に携わる実務家の支持を得て、ここに第2版を刊行することができました。

　本書は、実務直結シリーズの1冊です。そして、本シリーズのコンセプトは、その名のとおり「実務直結」です。コンセプトを実現するには、読み通せば「実務のイメージ」が掴める本でなければなりません。なぜなら、実務のイメージが掴めれば、自ずとスピーディーに業務を完遂することができて、依頼者の期待に応えることができるからです。そこで、コンセプトを実現するために、次の3点を念頭に置いて第2版の刊行に取り組みました。

1. 実務の「手順」を再現する
　実務のイメージを掴む最良の方法は、業務の手順、すなわち相談者との面談から問題解決までの道筋（ロードマップ）をマスターすることです。そこで、第2版では初版よりも踏み込んで、業務の手順に忠実な構成を心掛けました。

2. 実務の「リアリティー」を追求する
　実務のイメージを脳裏に焼き付けるには、「視覚」に訴えることが重要です。そこで、実務で取り扱う文書や資料を最新なものに差し替えると共に、可能な限り再現して「現物資料」として提供しました。

3. 実務で培った「経験知」を注入する
　筆者が実務で培った「実務に有益な経験知」を、読者がイメージしやすいように「事例」を交えて公開しました。

その他、第2版では、銀行の相続手続の他に、株式、暗号資産及び生命保険の相続に関する手続を新たに加えました。

　本書は、筆者に経験知を培う機会を提供してくれた依頼者、実務直結シリーズの読者、そして、今回の改訂でも、私のわがままに辛抱強くお付き合いいただいた税務経理協会の小林規明氏のお力添えがなければ世に出ることはできませんでした。ここに心から感謝申し上げます。

2025 年 3 月

行政書士　竹内　豊

はじめに

　拙著、実務直結シリーズ『行政書士のための遺言・相続実務家養成講座』が 2014 年 8 月に発売されてから 8 年を迎えようとしている。おかげさまで行政書士をはじめ遺言・相続業務に携わる方々の支持を得て版を重ね現在に至っている。

　本書は、『遺言・相続実務家養成講座』に続く実務直結シリーズ「遺言・相続編」の第 2 弾として、銀行の相続手続に焦点を当てて書かれたものである。なぜ銀行の相続手続について書いたのか疑問に思う読者もいると思う。そこで、本書を書くに至った動機を述べたいと思う。

　銀行の相続手続は、同一案件であっても、銀行によって様式や取扱いが異なり、しかも原則として銀行に出向かなければ手続ができないといったように、難易度が高く面倒である。このような銀行の相続手続を行政書士が速やかに完遂すれば、「相続手続で悩む多くの市民を救済できる」と考えたのが第 1 の動機である。

　また、筆者の経験も踏まえて、高難易度で面倒な銀行の相続手続を速やかに遂行するための心得、知識そして技を習得すれば、自ずと「高い受任率」と「満足行く報酬」を実現することができる。これが、第 2 の動機である。

　このように、行政書士が銀行の相続手続に精通すれば、依頼者国民と行政書士の双方にとってメリットがある。これが、第 3 の動機である。

　本書は、以上 3 つの動機を原動力として、銀行の相続手続に求められる法知識と筆者が 20 余年の実務経験から習得した経験知を基に、「速やかな業務遂行」を念頭に置いて書かれている。もとより浅学の身で至らない点が多いとは思うが、多少でも相続業務に携わる行政書士、司法書士、税理士等の参考になれば幸いである。

　本書の出版にあたっては、他の実務直結シリーズと同様に、税務経理協会

の小林規明氏に今まで以上に辛抱強くお付き合いいただいた。ここに厚くお礼を申し上げる。

　筆者は、今後も実務で得た経験知を、書籍等を通じて発信していく所存である。ご指導、ご批判をいただけるとありがたいと思う。

2022 年 3 月

行政書士　竹内　豊

CONTENTS

第1章　銀行の相続手続に求められる心得

第2章　銀行の相続手続に求められる法知識

第3章　銀行の相続手続を俯瞰する

第4章　実務再現～「現物資料」で見る銀行の相続手続

【図表一覧】

◎凡　例

1. 法　令

根拠となる法令の略記及び略語は次のとおり。

(1)　根拠となる法令の略記例

　　民法第 889 条第 1 項第 1 号＝民 889 ①一

(2)　根拠となる法令等の略語

略　記	法　律
遺言保管	法務局における遺言書の保管等に関する法律
家事手続	家事事件手続法
家事規	家事事件手続規則
行書	行政書士法
行書規	行政書士法施行規則
行書倫	行政書士倫理綱領
公証	公証人法
公証規	公証人法施行規則
戸	戸籍法
戸規	戸籍法施行規則
資金決済	資金決済に関する法律
住民基本	住民基本台帳法
不登記	不動産登記規則
民	民法
改正民	民法及び家事事件手続法の一部を改正する法律（平成 30 年法律第 72 号）による改正後の民法
通則	法の適用に関する通則法

2. 判　例

(1)　判　例

　　次のように略記する。

　　最判平 27［2015］・11・20 民集 69 巻 7 号 2021 頁

＝最高裁判所平成 27 年（2015 年）11 月 20 日判決、最高裁判所民事
判例集 69 巻 7 号 2021 頁

(2) 判　　決

次のように略記する。

略　　記	判決・審判
大判	大審院判決
東京高判	東京高等裁判所判決
名古屋高金沢支判	名古屋高等裁判所金沢支部判決
横浜地判	横浜地方裁判所判決
奈良家審	奈良家庭裁判所審判

(3) 判例集

通常の用法に従って次のように略記する。

略　　記	判　例　集
民集	最高裁判所民事判例集、大審院民事判例集
下民集	下級裁判所民事判例集
家月	家庭裁判月報
判時	判例時報
判タ	判例タイムズ
金法	旬刊金融法務事情

3. 引用・参考文献

法律家……本橋総合法律事務所『法律家のための相続預貯金をめぐる実
務』（2019、新日本法規出版）

金融……本橋総合法律事務所『Q&A 相談における金融資産の法律実務』
（2024、新日本法規出版）

Q&A……斎藤輝夫・田子真也『Q&A 家事事件と銀行実務　第 2 版』

（2020、日本加除出版）

二宮……二宮周平『家族法（第6版）』（2024年、新世社）

詳解……潮見佳男『詳解 相続法（第2版）』（2023、弘文堂）

概説……堂薗幹一郎・神吉康二『概説 改正相続法（第2版）』（2021、きんざい）

一問一答……堂薗幹一郎・野口宣大『一問一答 新しい相続法』（2019、商事法務）

証書……日本公証人連合会『新版 証書の作成と文例 遺言編（三訂版）』（2021、立花書房）

コンメン……『新基本法コンメンタール 相続（第2版）』（2023年、日本評論社）

兼子……兼子仁『新13版 行政書士法コンメンタール』（2023年、北樹出版）

受任率……竹内豊『行政書士のための「高い受任率」と「満足行く報酬」を実現する心得と技』（2020年、税務経理協会）

◎インデックス

インデックスは、次の順にした。

1. 2. 3. ……

　　■ ② ③……

　　　　① ② ③……

　　　　　イ）ロ）ハ）……

　　　　　　　a）b）c）……

◎その他（現物資料）

本書の「現物資料」等で記載した氏名・住所、ゆうちょ銀行を除く銀行名等は守秘義務に則り全て事実と異なる。

また、銀行へ提出した銀行所定の様式のうち、代理人（＝行政書士）が記入

したものには、【代理人（＝行政書士）記入】と付した。

◎本書の6つの特長

本書の特長は次の5つである。この5つの特長を意識して読み進めることで、実務で機能する思考回路（実務脳）を効率よく習得できる。

1.「業務の手順」に則って書かれている

本書に通底しているのは「速やかな業務遂行」である。なぜなら、相談者や依頼者にとっての価値（＝顧客価値）は、「今抱えている先の見えない悩みを速やかに解決すること」であるからだ。速やかに業務を遂行するには、面談の場で、着手から業務完遂までの道筋（＝ロードマップ）を描ける力（＝俯瞰力）が求められる。したがって、業務の手順に可能な限り則って書くように努めた。

2.「現物資料」で銀行の相続手続を再現した

「百聞は一見に如かず」という諺のとおり、実務で実際に作成した書類や銀行に提出した書類を見ることは、経験知を蓄積する上で有益である。そのため、本書に類書に見られない豊富な「現物資料」を掲載した。

3.「図表」で複雑な手続・難解な論理を明確にした

銀行の相続手続を速やかに遂行するには、複雑な手続と難解な法律・判例の理解が求められる。そこで、図表を多用することで読者の理解をサポートするように努めた。

4.「事例」で銀行への提出書類を一目瞭然にした

銀行の相続手続では案件の内容ごとに銀行への提出書類が異なる。そこで、典型的な案件を「事例」として提示し、主要案件ごとに銀行への提出書類を網羅した。

5.「Q&A」「ここが実務のポイント」で実践的な思考回路が習得できる

　本書のまとめとして、「Q&A」と「ここが実務のポイント」を掲載した。読者自身が相談や依頼を受けた立場で「Q&A」を読み、そこから得られた知見として「ここが実務のポイント」を脳裏に焼き付ければ、実務で機能する「実践的な思考回路」を習得できる。

6. 銀行以外の金融機関の相続手続も再現した

　本書のテーマは、銀行の相続手続であるが、今回の改訂で株式及び暗号資産の相続手続と生命保険の死亡保険金請求手続も収録した。

◎本書の鳥瞰図

　本書は、銀行の相続手続を速やかに遂行し、高い受任率と満足行く報酬を実現するために次のように構成されている。

　まず銀行の相続手続に臨む心得を導く。次に、銀行の相続手続に必須の法知識を確認した上で銀行の相続手続を業務手順に従って俯瞰する。さらに実例を基に「現物資料」を交えて銀行の相続手続を例示する。最後に、本書で習得した知識と技を実務で活用できるようにするために Q&A を設けた。

銀行以外の
金融機関の手続

第6章　株式・暗号資産の相続と
生命保険の手続
1. 上場株式の相続手続
2. 暗号資産の相続手続
3. 生命保険の死亡保険金請求手続

＋

「実務脳」を習得する
第5章「7つのプロセス」で見る
「銀行の相続手続」Q&A56
1. 心得 他
2. 準備①
3. アプローチ
4. 引合い
5. 準備②
6. 面談
7. 業務遂行
8. アフターフォロー

「法知識」を習得する
第2章　銀行の相続手続に求
められる法知識
1. 遺言が「無い」場合に行
う相続預貯金の払戻請求
に必要な法知識
2. 遺言が「有る」場合に行
う相続預貯金の払戻請求
に必要な法知識
3. 遺言が「無い」「有る」場
合に共通の相続預貯金の
払戻請求に必要な法知識

＋

「経験知」を習得する
第3章　銀行の相続手続を
俯瞰する
1. 全ての業務に通底する
「7つのプロセス」を知る
2. 各プロセスの「役割」を
知る
3. 銀行の相続手続を俯瞰する

実務再現～「現物資
料」で見る銀行の相続手続
第4章
1. 遺言が「無い」場合
2. 遺言が「有る」場合

業務に臨む
「心得」を習得する
第1章　銀行の相続手続に
求められる心得
1. 「顧客価値」を知る
2. 「相続手続」業務に臨む
3つの心得
3. 「遺言作成」業務に臨む
4つの心得

顧客価値の実現
（速やかな相続財産の承継）
＝
「高い受任率」と
「満足行く報酬」の実現

第1章 銀行の相続手続に求められる心得

　業務に臨む心得を知ることは、依頼者とのトラブルを防止すると共に受任率のアップにつながる。そこで第1章では、まず、依頼者が行政書士に相続手続を依頼する理由を考えることで、依頼者にとっての価値（＝顧客価値）を明らかにする。次に、顧客価値実現の観点から、銀行の相続手続に臨む心得を導く。

【図表1】第1章の俯瞰図

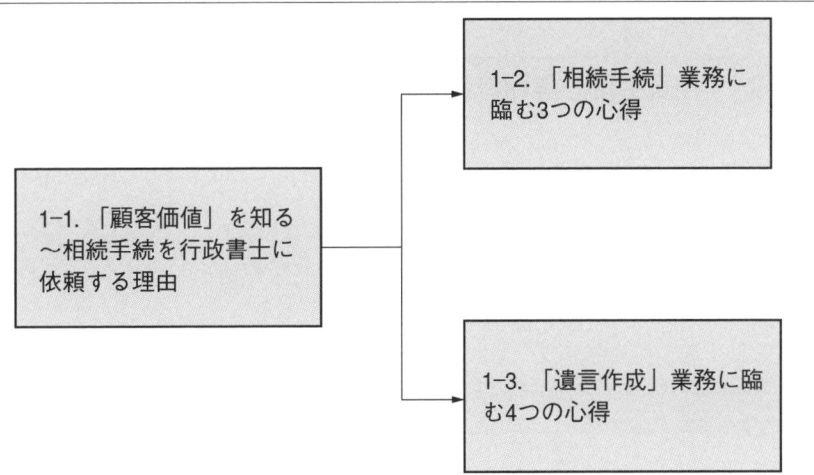

1-1　「顧客価値」を知る〜相続手続を行政書士に依頼する理由

　そもそも、なぜ行政書士に相続手続を依頼するのか考えてみよう。なぜなら、この答えが相続手続業務に対する心得につながり、その心得が依頼者の期待に適う成果を生む原動力となり、ひいては、高い受任率と満足行く報酬を実現するからである。

面談に訪れる相談者は、「今、自分が抱えている切実な悩みを速やかに解決したい」と切に願っている。そして、その願いを「行政書士が実現してくれる」と確信できたその時に、行政書士に依頼するのである。

　私はこの「相談者・依頼者（＝顧客）が抱えている切実な悩みを速やかに解決すること」を「顧客価値」と呼んでいる。そして、顧客価値を実現することは行政書士の責務と考える[注1]。

　反対に、行政書士が顧客価値を実現できなければ依頼者は失望し、場合によっては不利益を被る。その典型が「業務遅滞」である。

　そこで、顧客価値実現の観点から、相続手続業務と遺言作成業務に臨む心得を、銀行の相続手続を踏まえて、導くことにする。

1-2　「相続手続」業務に臨む3つの心得

　顧客価値実現の観点から、銀行の相続手続を踏まえて、相続手続業務に臨む心得を導いてみる。

■1 「早期完遂」の意識で業務を遂行する

　行政書士が相談を受けるには、その内容が紛争状態でないことが前提条件となる（行書1の2②・1の3①ただし書）。そこで、面談で相談者に紛争性の有無を確認することになるのだが、ほとんどの相談者は「ウチはもめていない」と言う。しかし、この言葉を真に受けてはならない。なぜなら、血と金が絡む相続には、時間が経つにしたがって、相続人間に疑心暗鬼が生じるなどして紛争状態に陥る危険が常に潜んでいるからだ。このように、相続人間が「円満」な状態が継続する保証はない。したがって、「円満な内に（＝もめ

注1　速やかな業務遂行は、行政書士の全ての業務（行政書士が業とする業務（＝行書1の2「独占業務」）及び業とすることができる業務（＝行書1の3「非独占業務」））に課せられている（行書10「行政書士の責務」、行書規7「業務取扱の順序及び迅速処理」及び行書倫17「業務取扱の順序及び迅速処理」参照）。

る前に）相続手続を完遂させる」という強い気持で業務に臨むことが大事である。

　また、相続手続の遅れは、遺産の承継がその分遅くなることを意味し、相続人や受遺者に経済的不利益と心理的ストレスをもたらすことも忘れてはならない。

　このように、相続手続業務においては、特に「速やかな業務遂行」を心得る必要がある。そして、速やかな業務遂行の実現には、銀行の相続手続を段取りよく進める知識と技の習得が必須となる。

2 銀行の「助っ人」になる

　たとえば、法律の知識が乏しい夫を亡くした妻が、相続預貯金の払戻しをするとしよう。妻は銀行を訪れて、「夫が亡くなりまして、夫が残した預金の払戻しをしたいのですが、どうしたらよいでしょうか……」という話から始まる。銀行は妻に相続の説明をした上で払戻手続の説明をすることになるが、妻がその場で説明を十分理解して速やかに払戻手続を進めることは容易ではない。たいてい、銀行に書類を提出しても不備があったり、戸籍謄本に不足があったりして払戻手続が停滞してしまう（相続人の範囲を確定するための戸籍謄本の収集で挫折してしまう者も実際多くいる）。

　そうなると、銀行はなかなか仕事が完了しない。一方、相続人や受遺者は遺産が承継できない事態に陥ってしまう。

　そこで、相続人や受遺者に代わり、相続手続に精通した行政書士が銀行の相続手続を行うと、依頼者である相続人や受遺者はもちろんのこと、銀行も仕事がスムーズにはかどるので助かる。まさに、銀行にとって行政書士の存在は「助っ人」である。

　このように、「銀行の助っ人になる」という意識で業務を行うと、たとえば、銀行から求められていなくても、「相続関係説明図」を作成して提出してみたり、法定相続情報証明制度を活用して「法定相続情報一覧図の写し」を提供してみたりするなど、「工夫」が生まれてくる。その結果、銀行内部の手続が円滑に進み相続預貯金の払戻しが速やかに行われ、顧客価値が早期に

実現されるのである。

❸ 法に基づいて論理的に対応する

　銀行から、銀行の内規を盾に、法的に必要のない書類の提出を求められることがある。たとえば、筆者は、銀行から遺言執行による払戻手続において、銀行所定の書類に法定相続人全員の署名押印（実印）と印鑑登録証明書の提出を要求されたことがある。そもそも、当該被相続人は、相続人間の関係が悪化しているため、遺産分割協議の成立が困難になることを見越して遺言を作成したのであった。もし、銀行の要求通り法定相続人全員から署名押印をもらうとなると、それが引き金となり紛争が生じる危険性が高く、また実際のところ相続人間の関係性を考えるとほぼ不可能であった。そこで、銀行に対して、銀行の要求が法的根拠に乏しいことを論理的に説明した上で、要求を撤回するように要請した。結果として、銀行は要求を撤回した[注2]。

　同じく遺言執行であるにもかかわらず、法定相続人の範囲を確定するための、被相続人の出生から死亡及び法定相続人の戸籍謄本等を提出するように銀行から要求されたことがある。この場合は、銀行と掛け合うよりも、銀行の要求を受け入れた方が速やかに業務が完遂できると判断し、依頼者の了解を得た上で、職務上請求書を使用して収集して早期に払戻手続を完了させた。

　このように、銀行の要求内容を法的根拠の有無で区分し、法的根拠が無く、しかも、その要求に応じることが業務遅滞や相続人間の紛争につながるおそれがある場合は、銀行にその旨を法に基づいて論理的に説明し撤回するように要請する。

　なお、その際、「なぜ、このような書類を提出しなければならないのだ！」と声を荒げるなど、決して感情的になってはいけない。なぜなら、感情的な言動は銀行側の対応を硬化させ、結果として業務遅滞を発生させるおそれがあるからだ。

注2　その結果、遺言執行者（＝被相続人の長女）からの委任状（実印での押印と印鑑登録証明書の添付有り）と受任者である行政書士（＝筆者）の印鑑登録証明書と実印で払戻手続を進めることができた。

1-3 「遺言作成」業務に臨む 4 つの心得

　顧客価値実現の観点から、遺言作成業務に臨む心得を、銀行の相続手続を踏まえて導いてみる。

1 遺言の「目的」を考える

　遺言の目的は、「遺言を残すこと」ではなく、相続発生後（＝遺言者の死後、民 882）に可及的速やかに「遺言の内応を実現すること」である。このことは、銀行の相続手続においては、速やかな相続預貯金の払戻しを意味する。この遺言の目的を念頭に置いて業務を行うことが肝要である。

2 「ゴール」から考える

　目指すゴールから考えることが、遺言の目的の達成につながる。ゴールから考えるとは、「遺言執行を想定して文案を作成する」ことを意味する。

　たとえば、前述のように銀行へ相続預貯金の払戻手続をする際に、遺言執行の場合でも、相続人の範囲を確定するための戸籍謄本等の提出が銀行から求められる場合がある。そこで、遺言作成時にこのことを依頼者に説明して、推定相続人を確認するために戸籍謄本等を収集し、「推定相続関係説明図」を作成する。そうすれば、遺言執行の際に、遺言者が死亡した事実を証する戸籍謄本等を「遺言作成時に収集した戸籍謄本等」に加えるだけでほとんどのケースで相続預貯金の払戻しが可能になる。その結果、一から戸籍謄本等を収集するのと比べて相続預貯金の払戻しに要する期間を大幅に短縮することができる。

❸ 「万一」に備える

前述した「ゴールから考える」とは、遺言作成時から相続開始時まで（つまり、遺言者が遺言を作成してから死亡するまで）の間に、遺言の内容に影響を及ぼす事態に備えることも意味する。

たとえば、受遺者が遺言者より以前に死亡した場合、相続人が相続を放棄した場合及び受遺者が遺贈を放棄した場合などのような「万一」に備えて、「補充遺言」（予備的遺言）（P50 参照）の条項を入れておけば、このような不測の事態が発生した場合でも、相続預貯金の払戻手続を円滑に行うことができる。

なお、遺言作成の相談を受けた行政書士が遺言執行者に指定される場合があるが、同様の観点から、遺言執行者を 2 名以上指定するなど、当該行政書士が遺言執行の就任ができない事態を想定した条項を記載しておくことが望ましい[注3]。

❹ 「速やか」に執行できるように納品する

遺言書を納品する場合、速やかに執行できるように納品すること。

たとえば、遺言作成を受任した行政書士が遺言において遺言執行者に指名されている場合は、遺言者の死亡後に、遅帯なく当該行政書士に死亡の連絡が入るように名刺はもとより、事務所移転等に備えて日本行政書士会連合ホームページの「行政書士会員検索」の説明文等も遺言書と共に納品する。その他、前述の推定相続人の調査のために収集した戸籍謄本等と推定相続関係説明図など個々の状況に応じて納品する。また、預貯金通帳の見開き頁の

注3　遺言者は、遺言で、1 人又は数人の遺言執行者を指定することができる（民1006 ①）。遺言執行者が数人いる場合には、その任務の執行は、過半数で決する（民 1017 ①本文）。そうなると遺言執行が遅滞するおそれがあるので、「遺言執行者は単独で本遺言を執行することができる。」と記載することが望ましい（民1017 ①ただし書）。

写しも納品すると金融機関が直ちに特定できるので、相続預貯金の払戻しを速やかに行うことができる。

　そして、納品した書類や資料が一目でわかる「納品リスト」（P8「**現物資料1**」参照）を作成して添付する。

　なお、せっかく作成した遺言書が遺言者の死後に発見されなければ遺言は執行されない[注4]。そこで、納品した遺言書を時機を見て遺言執行者に渡すように指示するなど、遺言の内容を実現するために、遺言作成後の助言も忘れてはならない。

注4　このことは、自筆証書遺言はもちろんのこと、公正証書遺言も同様である。なお、自筆証書遺言の保管制度を利用した場合については、p 87「自筆証書遺言の保管制度」を参照のこと。

納 品 書

遺言者　○○　○○様

下記書類を納品いたしました。

記

1. 公正証書遺言
   (1)正本
   (2)謄本

2. 相続関係を証する書類
   (1)推定相続関係説明図
   (2)戸籍謄本等……15 通

3. 財産に関する書類
   (1)不動産に関する書類
   　①履歴事項全部証明書……2 通
   　②固定資産税評価証明書……2 通
   　③名寄帳……1 通
   (2)金融資産に関する書類
   　① M 銀行
   　　イ）通帳……3 通
   　　ロ）定期預金証書……2 通
   　② H 信用金庫
   　　イ）通帳……1 通
   　　ロ）定期預金証書……3 通

4. 遺言執行者（行政書士）に関する書類
   (1)名刺
   (2)行政書士会員検索

以上

2025 年○月○日

〒 102-0083
東京都千代田区麹町 3-2-1
エキスパートビル 321 号
電　話 03（3210）0123
携　帯 090（1234）5678
e-mail：office@y-takenouchi.com

竹之内行政書士事務所

行政書士　竹之内　豊　印

※　この書類をお預かりいただいた方は、遺言者○○様がお亡くなりになりましたら、直ちに、上記行政書士　竹之内豊にご連絡ください。

　高い受任率と満足行く報酬を実現するには、面談の場で「問題解決までの道筋」（＝ロードマップ）を相談者に提示することが求められる。なぜなら、そのことによって、ビジネスで最も重要な「信用」を得ることができるからである。そして、ロードマップを提供するには、法に基づいた論理的な思考が求められる。

　そこで、第2章では、面談場で相談者にロードマップを提示するための法知識を、銀行の相続手続を踏まえて、「遺言が無い場合」「遺言が有る場合」及び「遺言無し・有り共通」の、以上の3つの場面ごとに詳述する。

【図表2】第2章の俯瞰図

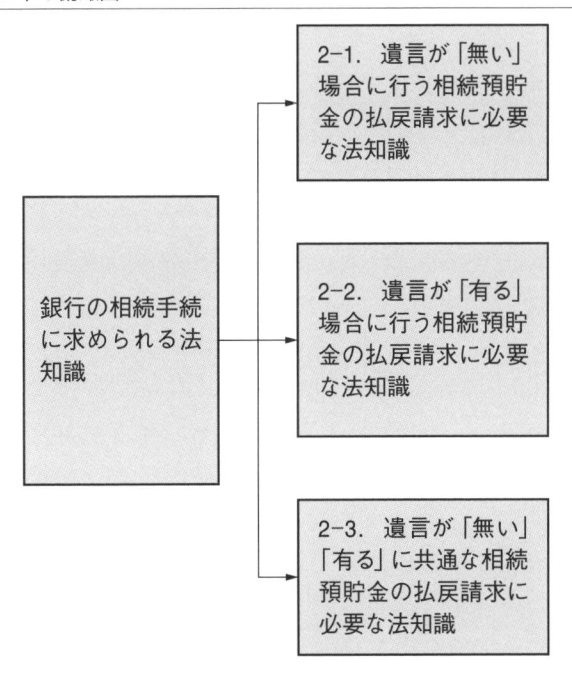

銀行の相続手続に求められる法知識

2-1．遺言が「無い」場合に行う相続預貯金の払戻請求に必要な法知識

2-2．遺言が「有る」場合に行う相続預貯金の払戻請求に必要な法知識

2-3．遺言が「無い」「有る」に共通な相続預貯金の払戻請求に必要な法知識

2-1 遺言が「無い」場合に行う相続預貯金の払戻請求に必要な法知識

遺言が「無い」場合に行う相続預貯金の払戻請求に必要な知識を、**1** 通常の場合（相続人全員による払戻請求）、**2**「遺産分割前の預貯金の払戻制度」を活用する場合、**3** 一部の相続人が「相続放棄」をした場合、**4** 一部の相続人が「相続分の放棄」や「相続分の譲渡」を行っている場合、**5** 相続人に「未成年の子」がいる場合、及び **6** 預金者が死亡した後、さらに相続人が死亡した場合（再転相続）の以上6つの場面に分けて詳説する。

筆者の経験上、相続手続業務を遺言の有無で区分すると、遺言の無い場合が大半を占めている。したがって、ここで紹介する知識は、実務で活用する頻度が高いので、しっかり押さえておく必要がある。

【図表 3】遺言が「無い」場合における相続預貯金の払戻請求の 6 つの場面

遺言が「無い」場合における相続預貯金の払戻請求の6つの場面

■1 通常の場合（相続人全員による払戻請求）

■2「遺産分割前の預貯金の払戻制度」を活用する場合

■3 一部の相続人が「相続放棄」をした場合

■4 一部の相続人が「相続分の放棄」や「相続分の譲渡」を行っている場合

■5 相続人に「未成年の子」がいる場合

■6 預金者が死亡した後、さらに相続人が死亡した場合（再転相続）

■1 通常の場合～相続人全員による払戻請求（P134【事例 8】参照）

　遺言が無い場合、法定相続人が相続預貯金の払戻請求をするには、法定相続人全員でこれを行うのが通常のケースといえる。しかし、次のような理由で法定相続人の一部のみで相続預貯金の払戻請求を希望する相談者も実際いる。

> ▶　一部の相続人同士が折り合いが悪い
> ▶　特定の相続人と何らかの事情で会いたくない
> ▶　遺産分割に非協力的な相続人がいる
> ▶　連絡が付きにくい相続人がいる
> ▶　海外に在住している相続人がいる　など

　しかし、法定相続人が複数いる場合に、法定相続人の 1 人からの相続預貯金の払戻請求は以下の理由により原則として認められない。

①　平成 28 年最高裁大法廷決定（最大決平 28［2016］・12・19 民集 70 巻 8 号 2121 頁）

　平成 28［2016］年 12 月 19 日最高裁大法廷決定（以下「本決定」）は、従前の判例を変更し、「預貯金債権が遺産分割の対象に含まれる」との判断を示した。

　預貯金債権については、本決定前は、「相続開始と同時に各共同相続人は自己に帰属した債権を単独で行使することができる」こととされていた。しかし、本決定後は、被相続人の預貯金は、相続が生じた場合、相続開始と同時に当然に相続分に応じて分割されることはなく、遺産分割の対象となり、相続預貯金は共同相続人の準共有になるため、相続預貯金を払い戻すには相続人全員による遺産分割協議が必要となる。

　これは、法定相続人の 1 人が、相続預貯金の全額について払いしをすることができない（＝遺産分割までの間は、共同相続人全員の同意を得なければ払い戻しできない）というだけではなく、相続預貯金の法定相続分相当額についても払戻しすることができないことを意味する。

②　相続預貯金の払戻請求が可能な場合

本決定により、相続預貯金の払戻請求を行うことができるのは、相続人全員の合意がある場合、遺言がある場合、遺産分割審判がなされた場合などに限られることとなった。

相続人全員の合意がある場合とは、典型的には、相続人全員による遺産分割協議書を提出する場合や、相続人全員による相続手続書類（銀行所定の相続届、相続人の範囲を確定する戸籍謄本等又は法定相続情報一覧図の写し、相続人全員の印鑑登録証明書等）を提出する場合である[注1]。

③　預貯金の種類による違い

以上の取扱いは、普通預金、定期預金、通常貯金、定額貯金、定期貯金のいずれも同様である（普通貯金、通常貯金、定期貯金に関しては平成 29 年 4 月 6 日判決（最判平 29［2017］・4・6 判時 2337 号 34 頁）。また、定額貯金についても、本決定の判旨から同様と考えられる）。

④　平成 28 年最高裁大法廷決定前の実務

本決定前の実務は、以上とは異なり、相続により預貯金債権は可分債権として当然分割となり、法定相続人は、各人が、法定相続分に応じて預貯金債権を分割取得すると考えられてきた（最判昭 29［1954］・4・8 民集 8 巻 4 号 819 頁、最判平 16［2004］・4・20 民集 56 巻 10 号 48 頁等多数）。

しかし、相続人の 1 人から金融機関に対して相続預貯金の払戻請求がなされた場合、金融機関は、共同相続人間の紛争に巻き込まれることを回避するため、遺産分割協議が成立するまでは共同相続人の一部による払戻請求に原則として応じていなかった。ただし、訴訟において共同相続人の一部が自らに分割帰属した預貯金債権の払戻しを求めてきた場合には、前記判例にした

注1　ただし、相続手続書類上は、相続人 1 人からの請求であっても、相続人全員の署名、実印での押印がされた遺産分割協議書と印鑑登録証明書を提出するなど他の全相続人の同意が別途確認できる場は、金融機関は払戻しに応じてもよいと考えられている（浅田隆「相続預金の可分性に関する最高裁大法廷決定を受けて―各界会からのコメント―」（引用：『金融法務事情 2058 号』16 頁（2017））

がって、その請求が認められることが多かった。また、葬儀費用や入院費を支払わなくてはならないなど、事情によっては、法定相続分相当額の払戻しに応じてきた（いわゆる「便宜払い」）。

そして、上記の本決定により、相続預貯金払戻請求に対する実務対応が変更され、銀行は共同相続人の一部からの払戻請求に応じることはまずないと考えてよい。

【図表 4】平成 28 年最高裁大法廷決定の前と後の金融機関の払戻しの対応の違い

区　分	判例及びその効果	金融機関の払戻しの対応
平成 28 年最高裁大法廷決定の前	相続人数人ある場合において、その相続財産中に金銭その他の可分債権あるときは、その債権は法律上当然分割され各共同相続人がその相続分に応じて権利を承継する（最判昭 29［1954］・4・8 民集 8 巻 4 号 819 頁、最判平 16［2004］・4・20 民集 56 巻 10 号 48 頁等多数）。したがって、相続人全員の同意がない限り、相続預貯金は遺産分割の対象とならない。	訴訟において共同相続人の一部が自らに分割帰属した預貯金債権の払戻しを求めてきた場合には、判例にしたがって、その請求が認められることが多かった。また、事情によっては、便宜払いに応じる場合もあった。
平成 28 年最高裁大法廷決定の後	「共同相続された普通預金債権、通常貯金債権及び定期貯金債権は、いずれも、相続開始と同時に当然に相続分に応じて分割されることはなく、遺産分割の対象となるものと解するのが相当」と判示した。その後、最高裁は定期貯金債権、定期積金債権についても同旨の判決をした（最判平 29［2017］・4・6 判時 2337 号 34 頁）。以上から、上記平成 28 年決定以後は、預貯金債権は、遺産分割の対象とされ、相続人間の準共有状態となり、相続人は単独で行使できないこととなった。	遺産分割前の相続預貯金の払戻しに応じることはまずない。

2 「遺産分割前における預貯金の払戻制度」を活用する場合（改正民 909 の 2 関係）

前述のとおり、本決定によって、被相続人の預貯金は、相続が生じると、

相続開始と同時に当然に相続分に応じて分割されることはなく、遺産分割の対象となる。

そのため、預貯金債権は、遺産分割がされていない段階では、共同相続人の準共有となり、相続預貯金の払戻しは準共有債権の処分行為に当たるため、相続人全員によらなければならない。

したがって、相続人の1人からの払戻請求に対しては、適法な権利行使とはいえないため、銀行は原則として相続預貯金の払戻しに応じない。

その結果、銀行が相続預貯金の払戻しに応じることができるのは、次のような場合に限られる。

> ▶　**相続人全員の合意がある場合**
> ▶　**遺言がある場合**
> ▶　**遺産分割審判がされた場合　など**

原則は以上であるが、これでは共同相続人において相続債務の弁済をする必要がある、あるいは、被相続人から扶養を受けていた共同相続人の当面の生活費を支出する必要があるなどの事情により、被相続人が有していた預貯金を遺産分割前に払い戻す必要がある場合に支障を来すこととなった。そこで、共同相続人の資金需要に迅速に対応するため、改正民法により、「遺産分割前における預貯金の払戻制度」が設けられた（改正民909の2）。

① 　単独で払戻しを請求できる額

この規定により、各相続人は、遺産に属する預貯金債権のうち相続開始の時の債権額の3分の1に法定相続分を乗じた額（ただし、150万円を限度とする）については、単独で払い戻すことができることとなった。

【計算式】

> 単独で払戻しを請求できる額＝（相続開始時の預貯金債権の額）×（3分の1）×（当該払戻しを求める共同相続人の法定相続分）

②　金融機関ごとの上限

　民法 909 条の 2 では、上記払戻可能な金額の割合による上限のほか、同一の金融機関に対して権利行使をすることができる金額についても上限を設けており、この金額については法務省令に委任している。

　したがって、同一の金融機関に複数の口座がある場合でも、その金融機関から払戻しを受けることができる割合は法務省令で定める額が限度となる。

　そして、2018（平成 30）年 11 月、法務省令で定める上限額は 150 万円と定められた（民法第 909 条の 2 に規定する法務省令で定める額を定める省令（平成 30 年法務省令第 29 号））。

○平成 30 年法務省令第 29 号（平成 30 年 11 月 21 日　水曜日　官報　第 7394 号）

> 　民法（明治 29 年法律第 89 号）第 909 条の 2 の規定に基づき、同条に規定する法務省令で定める額を定める省令を次のように定める。
> 　平成 30 年 11 月 21 日　　　　　　　　　法務大臣　山下　貴司
> 　民法第 909 条の 2 に規定する法務省令で定める額を定める省令
> 　民法第 909 条の 2 に規定する法務省令で定める額は、150 万円とする。
> 　　附　　則
> 　この省令は、民法及び家事事件手続法の一部を改正する法律（平成 30 年法律第 72 号）の施行の日から施行する。

【事例 1】 法定相続分 2 分の 1 の相続人が民法 909 条の 2 に基づいて預金の払戻請求ができる金額

　被相続人の預金が A・B 銀行それぞれ次の場合、法定相続分 2 分の 1 の相続人が改正民法 909 条の 2 に基づいて預金の払戻請求ができる金額は次のようになる。

A銀行：普通預金600万円、定期預金900万円

B銀行：定期預金600万円

A銀行：$(600\,万円+900\,万円)\times\dfrac{1}{3}\times\dfrac{1}{2}=250\,万円$

ただし、150万円を超えるため、150万円が上限となる。

なお、この場合、普通預金からの払戻しの上限額は、$600\,万円\times\dfrac{1}{3}\times\dfrac{1}{2}=100\,万円$、定期預金からの払戻しの上限額は、$900\,万円\times\dfrac{1}{3}\times\dfrac{1}{2}=150\,万円$となり、これら上限額の範囲内であれば、いずれかの預金からいくら払戻しを受けるかは、当該相続人の判断に委ねられる。

B銀行：$600\,万円\times\dfrac{1}{3}\times\dfrac{1}{2}=100\,万円$

したがって、100万円が上限となる。

③ 払戻請求の回数

　民法909条の2では、払戻請求の回数については、特段の制限を設けていない。したがって、上限額（＝150万円）に満つるまでは、回数の制限なく払戻しの請求をすることは可能である。

④ 権利行使をすることができる基準時

　同条では、権利行使をすることができる預貯金債権の割合及び額を計算する場合の基準時は、「相続開始の時」、すなわち、被相続人の死亡時（民882）としている。

　したがって、本制度を活用して金融機関に対して相続預貯金の払戻しを請求した場合、相続開始後に何らかの理由によって預貯金債権の額が増減した場合であっても、金融機関は相続開始時の額を基準として計算すれば足りることとなる。

⑤　遺言相続との関係

　民法 909 条の 2 は、その文言上、「遺産に属する預貯金債権」を対象としているが、預貯金債権が遺贈や特定財産承継遺言（遺産の分割方法の指定として、遺産に属する特定の財産を共同相続人の 1 人又は数人に承継させる旨の遺言。改正民 1014②参照）の対象となっている場合に、同条の払戻しの対象となるか、問題になり得る。

　この点について、ある預貯金債権が遺贈や特定財産承継遺言の対象となった場合には、遺産に属しないことになるから、同条の規定による払戻しの対象とはならないのが原則である。しかし、改正法の下では、遺贈だけでなく、特定財産承継遺言についても対抗要件主義が適用されることとなった（改正民 899 の 2）。したがって、本制度による払戻請求をした場合、金融機関としては所定の債務者対抗要件（遺贈については民 467、特定財産承継遺言については改正民 899 の 2②参照）が具備されるまでは、当該預貯金債権が遺産に属していることを前提に処理をすれば足り、その後に債務者対抗要件が具備されたとしても、既にされた 909 条の 2 の規定による払戻しが無効になることはないと考えられる。

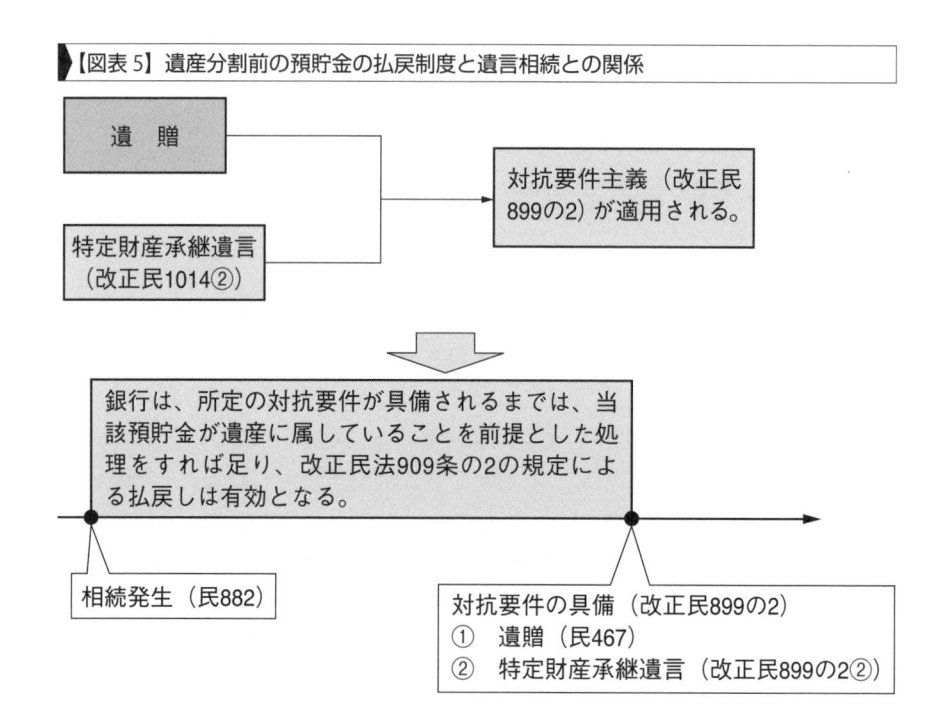

【図表 5】遺産分割前の預貯金の払戻制度と遺言相続との関係

遺　贈

特定財産承継遺言
（改正民1014②）

対抗要件主義（改正民
899の2）が適用される。

銀行は、所定の対抗要件が具備されるまでは、当
該預貯金が遺産に属していることを前提とした処
理をすれば足り、改正民法909条の2の規定によ
る払戻しは有効となる。

相続発生（民882）

対抗要件の具備（改正民899の2）
①　遺贈（民467）
②　特定財産承継遺言（改正民899の2②）

⑥　払戻しの効果

　改正民法 909 条の 2 の規定により相続人が預貯金の払戻しを受けた場合、遺産の分割においては、当該相続人が一部分割により既に取得したものとみなされる。

　したがって、改正民法 909 条の 2 の規定による払戻金額が、当該相続人の具体的相続分を超過する場合には、当該相続人はその超過部分を清算すべき義務を負う。これにより、仮に共同相続人の一部の者が同条前段の規定に基づき払い戻しした預貯金の額が、その者の具体的相続分を超越する場合でも、当該共同相続人は、遺産分割においてその超越部分を清算すべき義務を負うことになり、共同相続人間の公平が確保されることになる。

⑦　払戻しをするにあたって必要な書類等

　改正民法 909 条の 2 の規定の適用を受けるに際し、金融機関にどのような

資料を提示する必用があるかについては、法律上規定を設けていない。

　もっとも、同条では、相続開始時の預貯金債権の額の 3 分の 1 に払戻しを求める者の法定相続分を乗じた額の範囲内で払戻しを認めることとしていることから、次の書類等が必要になると考えられる。

【遺産分割前の預貯金の払戻し制度を利用する場合の必要書類】

> (1)　被相続人の相続人の範囲を確定する書類
>
> 　被相続人の相続人の範囲を確定する戸籍謄本等又は法定相続情報一覧図の写し
>
> (2)　請求者の次の書類等
>
> ①　身分を証する書類（運転免許証、マイナンバーカード等）
>
> ②　印鑑登録証明書
>
> ③　実印

⑧　遺産分割前の預貯金債権の行使に関する経過措置（附則 5 条関係）

　以上見てきたとおり、本決定は、これまでの判例を変更し、相続された預貯金債権については遺産分割の対象となるとの判断を示したが、遺産分割までの間に預貯金債権を共同相続人単独で権利行使できず不都合が生じる可能性があることは、施行日以後に開始した相続か、施行日前に開始した相続かで違いはない。また、施行日前に開始した相続に 909 条の 2 の規定の適用を認めても、これによって特に不利益を受ける者はいないと考えられる。

　そこで、改正法附則 5 条 1 項において、改正民法 909 条の 2 は、施行日前に開始した相続に関し、施行日以後に預貯金債権の行使がされるときに適用することとしている。したがって、施行日（＝2019（令和元）年 7 月 1 日）以後であれば、相続発生の時期を問わず、相続人は改正民法 909 条の 2 に基づく請求が可能となる。

改正民法施行日
（2019（令和元）年7月1日）

施行日以後であれば、相続発生の時期を問わず、相続人は改正民法909条の2に基づく請求が可能

【図表 7】平成 28［2016］年最高裁大法廷決定の相続による預貯金債権への影響と遺産分割前の預貯金の払戻制度（改正民 909 条の 2）の関係

【平成28年最高裁大法廷決定前】

相続人数人ある場合において、その相続財産中に金銭その他の可分債権あるときは、その債権は法律上当然分割され各共同相続人がその相続分に応じて権利を承継する（最判昭29［1954］・4・8民集8巻4号819頁、最判平16［2004］・4・20民集56巻10号48頁等多数）
↳相続人全員の同意がない限り、相続預貯金は遺産分割の対象とならない。

訴訟において共同相続人の一部が自らに分割帰属した預貯金債権の払戻しを求めてきた場合には、判例にしたがって、その請求が認められることが多かった。
また、事情によっては、金融機関は「便宜払い」に応じる場合もあった。

【平成28年最高裁大法廷決定後】

平成28年最高裁大法廷決定によって、被相続人の預貯金は、相続が生じると、相続開始と同時に当然に相続分に応じて分割されることはなく、遺産分割の対象となる。

預貯金債権は、遺産分割がされていない段階では、共同相続人の準共有となり、相続預貯金の払戻しは準共有債権の処分行為に当たるため、相続人全員によらなければならない。

この判例変更により、共同相続人において相続債務の弁済をする必要がある、あるいは、被相続人から扶養を受けていた共同相続人の当面の生活費を支出する必要があるなどの事情により、被相続人が有していた預貯金を遺産分割前に払い戻す必要がある場合に支障を来すこととなった。

共同相続人の資金需要に迅速に対応するため、改正法により、「遺産分割前における預貯金の払戻制度」（改正民909の2）が設けられた。

❸ 一部の相続人が「相続放棄」をした場合（P135【事例9】参照）

相続預貯金の払戻請求を行うにあたって、一部の相続人が相続放棄をしている場合があり得る。

このような場合、法定相続人が相続預貯金の払戻しを請求するには、通常の必要書類の他、相続放棄をした相続人に関して、銀行に「相続放棄申述受理証明書」を提出する必要がある。

相続放棄をする理由は、資産より債務が超過している場合が代表例であるが、それ以外にも、農業や自営業を承継する後継者に単独相続させるため、被相続人から生前贈与を受けていた場合や、相続人同士で関わり合いを持ちたくない場合など、様々である。

以下実務でよく行われている「事実上の相続放棄」も含めて詳述する。

① 相続放棄

相続放棄は、相続人が相続開始による包括承継の効果を全面的に拒否する（消滅させる）意思表示である。

相続放棄は家庭裁判所へ申述しなければならないので（民938）、この手間を避けるために、特定の相続人が全ての、又はほとんどの遺産を取得し、他の相続人は一切取得しない、又はわずかの財産を取得する内容の遺産分割協議書を用いて相続預貯金の払戻しを済ませてしまう「事実上の相続放棄」（P26参照）も多い。

② 相続放棄の効果

イ） 放棄後の相続分

相続放棄をすると、放棄した相続人（＝相続放棄者）は、その相続に関しては初めから相続人にならなかったものとみなされる（民939）。そのため、相続放棄者を除いた相続人が最初から相続人であったことになり、相続放棄者を除く相続人に相続分が帰属する。

【事例2】 被相続人 A が死亡し、相続人が妻 B と子 C・D・E の 3 人の場合で、子 C が相続放棄をしたケース

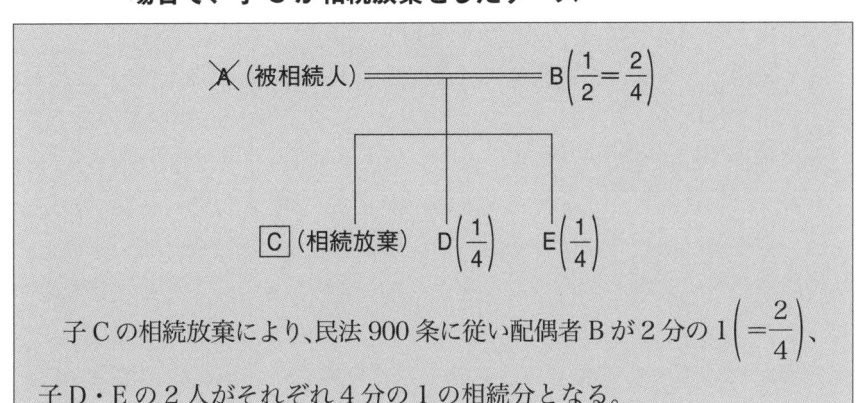

子 C の相続放棄により、民法 900 条に従い配偶者 B が 2 分の $1\left(=\dfrac{2}{4}\right)$、子 D・E の 2 人がそれぞれ 4 分の 1 の相続分となる。

ロ）　代襲

　民法 887 条 2 項による相続開始以前の相続人の死亡・廃除・欠格という代襲原因に、相続放棄は含まれていない。したがって、相続放棄の効果として代襲は生じない。その結果、同順位の相続人が存在しなければ、次順位の血族相続人が相続人となる。

③　相続放棄の手順

　相続放棄をする場合、放棄を希望する相続人は、被相続人の最後の住所地にある家庭裁判所に対して、自己のために相続が開始したことを知った時から 3 か月以内に、相続放棄の申述を行う必要がある（民 915 ①）。ただし、この期間（＝熟慮期間）は、利害関係人又は検察官の請求によって、家庭裁判所において伸長することができる（民 915 ①ただし書）。

　なお、家庭裁判所が相続放棄の申述を受理した場合、申述人は、家庭裁判所が相続放棄の申述を受理した証明書として、「相続放棄申述受理証明書」の交付を受けることができる。

　銀行は、特定の相続人について相続の放棄が行われたと判断するために、相続放棄申述受理証明書（「相続放棄申述受理通知書」でない点に注意を要する）

の原本の提出を求める（原本は写しを取った後に還付される）。

④ 事実上の相続放棄

③で述べたとおり、相続放棄は、家庭裁判所に申述しなければならないので、手間がかかる。そこで、この手間を省くために、遺産分割協議において、特定の相続人が、全ての又はほとんどの遺産を取得し、他の相続人の取得分をゼロ又はほぼゼロとする「事実上の相続放棄」が行われることがある。ただし、債権者に対抗するには法定の相続放棄をしなければならず、事実上の相続放棄では、債権者からの請求を免れることはできないことに注意を要する。したがって、遺産分割において事実上の相続放棄を選択する場合は、相続債務がないことを確認することはもちろんのこと、遺産分割協議が成立後、万一債務が発覚した場合、相続人は、債務を免れないことを依頼者に説明しておく必要がある。

⑤ 法定相続人が代わる場合

相続放棄により、法定相続人が代わる場合があり得るため、注意を要する。

【事例3】被相続人Aが死亡し、相続人が妻Bと子Cの場合で、子Cが相続放棄をしたケース

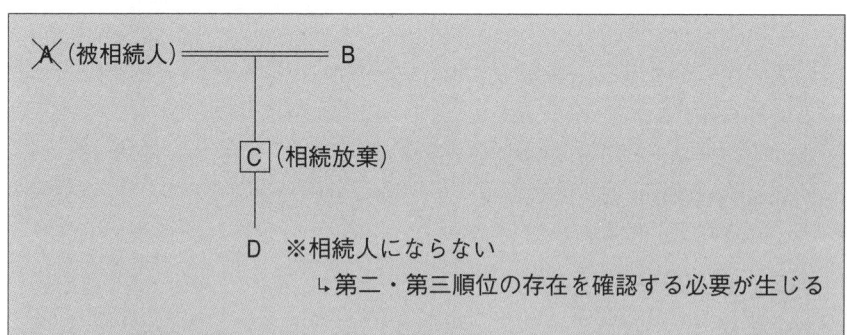

　子Cの相続放棄により、第一順位である「子の相続人」はいなくなる。仮に子Cの子（＝被相続人の孫）として、Dがいる場合にも、相続放棄によって代襲相続は生じないため（民887②）、Dは相続人にはならない。

　第一順位である子の相続人がいなくなると、次は第二順位の親がいるかを確認する必要があり、第二順位である直系尊属（親など）がいなければ、第三順位である兄弟姉妹がいるかを確認する必要がある。

　このように、相続放棄をすることにより、当初と法定相続人が異なってくる可能性がある。

　法定相続人が代わる場合には、当然、新たに法定相続人になった者との間で遺産分割協議を行う必要が生じ、それに伴い、新たに法定相続人になった者の戸籍謄本（全部事項証明書）や、その者との間での協議成立の証しである遺産分割協議書の作成が必要になる。

▉4 一部の相続人が「相続分の放棄」や「相続分の譲渡」を行っている場合 （P138【事例 10】参照）

　相続預貯金の払戻請求を行うにあたって、一部の相続人が、相続分の放棄や相続分の譲渡を行っている場合があり得る。

　一部の相続人が、相続分の放棄や譲渡を行っている場合、相続分の放棄や譲渡をした相続人以外の相続人全員によって遺産分割協議を行い、また、相続分の放棄や譲渡をした相続人の「相続分放棄証書」又は「相続分譲渡証書」等を提出して、相続預貯金の払戻請求を行う必要がある。以下詳述する。

① 相続分の放棄

　「相続分の放棄」とは、相続財産に対する自己の相続分（包括的一体としての相続財産に対する持分）を放棄する意思表示をいう。

　相続放棄と似ているが、以下のような違いがある。

> ① 相続放棄では、自己のために相続の開始があったことを知った時から3か月以内に家庭裁判所へ申述を行うことが必要である（民915①）。
> 　一方、相続分の放棄では、時期に制限はなく、方式も問われないが、通常は印鑑登録証明書付きの署名押印（実印）された書面で行われる（P28【現物資料 2】参照）。

相続分放棄証書

【被相続人の表示】

最後の住所　滋賀県大津市

最後の本籍　大阪府大阪市西区

氏　　　名　田中一郎

出　　　生　昭和〇年〇月〇日

死　　　亡　令和□年□月□日

　私は、上記被相続人の相続につき、その保有する相続分の全部を放棄いたします。

　令和□年□月□日

　　　　　　　住　　　所　＿＿＿＿＿＿＿＿＿＿＿＿＿＿＿＿＿＿＿＿＿

　　　　　　　　　　　　　＿＿＿＿＿＿＿＿＿＿＿＿＿＿＿＿＿＿＿＿＿

　　　　　　　被相続人田中一郎　相続人

　　　　　　　氏　　　名　＿＿＿＿＿＿＿＿＿＿＿＿＿＿＿＿　実

② 　相続放棄は、相続開始による包括承継の効果を全面的に拒否する意思表示である。つまり、相続財産も相続債務も共に承継を拒否するものである。

　　一方、相続分の放棄は、あくまで相続財産の承継を放棄する意思表示であり、相続債務についての負担を免れるものではない（相続分の放棄を採用する場合は、必ずこのことを依頼者に説明すること）。

③　相続放棄では、当該相続人が当初からいなかったものとして、相続財産が他の相続人に帰属することになる（民 939）。

一方、相続分の放棄では、当該相続人の相続分を、他の相続人が元の相続分割合で取得することになる（民 255）。したがって、相続分の放棄では、相続放棄とは異なり、法定相続人が代わるということはない。

以上の違いから明らかなように、相続放棄は、主に相続財産より相続債務の方が多い場合などに利用される。一方、相続分の放棄は、相続人が被相続人と縁遠かったなどの理由で、相続財産の取得を希望しない場合などに利用される。

【事例 4】 相続分の放棄と相続債務の関係

Aが死亡し、妻Bと子C・DがAを相続した。遺産の分割が問題となった際に、子Cは、妻Bと子Dに対して、「自分はAの遺産についての相続分を放棄する」と通知した。Aは、Eに対して 600 万円の借入金債務を負担していた。

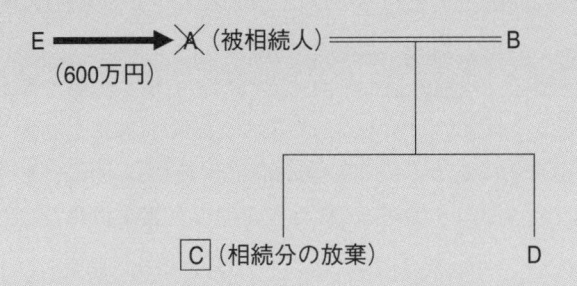

B・C・Dの相続分はそれぞれ2分の1、4分の1、4分の1であるところ、Cが放棄した相続分4分の1は、B：D＝2：1でBとDに帰属する。その結果、Bの相続分は元の2分の1に6分の1$\left(= \dfrac{1}{4} \times \dfrac{2}{3} \right)$を加え

えた3分の2となる。また、Dの相続分は4分の1に12分の1$\left(=\dfrac{1}{4}\times\dfrac{1}{3}\right)$を加えた3分の1となる。

　一方、上記事例と同様の状況下で、Cが「相続放棄」をした場合には、Cははじめから相続人とならなかったことになるから（民939）、Bの相続分は2分の1、Dの相続分は2分の1となる。

　なお、前述のとおり、「相続分の放棄」をしても、その者は、「相続放棄」の場合と異なり、相続債務を免れない。したがって、EはCに対して、Cの法定相続分（＝4分の1）に相当する150万円$\left(=600万円\times\dfrac{1}{4}\right)$の支払いを求めることができる。

②　相続分の譲渡

　「相続分の譲渡」とは、債権と債務とを包括した遺産全体に対する譲渡人の割合的な持分（＝包括的持分）を移転することをいう（民905）。相続分の譲渡は相続人という地位の譲渡であるので、当事者間では債務も移転するが、譲渡人は対外的に債務を免れない点に注意を要する（相続分の譲渡を採用する場合は、必ずこのことを依頼者へ説明すること）。

　相続分の譲渡は、遺産分割より前であれば、有償・無償を問わず、また、口頭によるものでもよい。他の共同相続人に対する通知も必要でない。ただし、後の紛争防止の観点から、前述の相続分の放棄と同様、通常は印鑑登録証明書付きの署名押印（実印）された書面により譲渡される（P31【現物資料3】参照）。

　相続分の譲渡も相続分の放棄も、主に相続財産を取得することを希望しない相続人がいる場合に用いられるが、相続分の譲渡は、特定の相続人に相続分を譲渡したい場合に用いられ、相続分の放棄は、特に特定の相続人に相続分を譲渡したい意向がない場合に用いられる。

現物資料 3 〉　相続分の譲渡証書

（実）

相続分譲渡証書

【被相続人の表示】

最後の住所　滋賀県大津市

最後の本籍　大阪府大阪市西区

氏　　　名　田中一郎

出　　　生　昭和○年○月○日

死　　　亡　令和□年□月□日

　私は、上記被相続人の相続につき、その保有する相続分の全部を貴殿に譲渡いたします。

　　令和□年□月□日

　　　　　住　　　所　＿＿＿＿＿＿＿＿＿＿＿＿＿＿＿＿＿

　　　　　　　　　　　＿＿＿＿＿＿＿＿＿＿＿＿＿＿＿＿＿

　　　　　　　　　被相続人田中一郎　相続人

（実）

　　　　　氏　　　名　＿＿＿＿＿＿＿＿＿＿＿＿＿＿＿

田中三郎　殿

③　相続預貯金の払戻し

　相続分の放棄も相続分の譲渡も、当該相続人が相続預貯金を含む相続財産について、「取得しない」との意思表示を内容とするものである。

　したがって、相続分の放棄や譲渡をした相続人を除く相続人が、預貯金債権について共有持分を有することになるので、相続分の放棄や譲渡をした相

続人を除く相続人全員により相続預貯金の払戻請求を行うこととなる。

【図表8】相続放棄・相続分の放棄・相続分の譲渡の比較

	効　果	期　限	方　式	相続債務の承継	利用場面
相続放棄（民915・938・939）	・相続財産も相続債務も共に承継を拒否するものである。・相続放棄では、当該相続人は、その相続に関しては、初めから相続人とならなかったものとしてみなされる。その結果、当該相続人の相続分は、他の相続人に帰属することになる（民939）。	自己のために相続の開始があったことを知った時から3か月以内（民915①）。ただし、利害関係人又は検察官の請求によって、家庭裁判所において伸長することができる。（民915①ただし書）。	家庭裁判所に申述する（民938）。	無し	相続財産より相続債務の方が多い場合など
相続分の放棄（民255）	相続分の放棄では、当該相続人の相続分を、他の相続人が元の相続分割合で取得することになる(民255)。したがって、相続分の放棄では、相続放棄とは異なり、法定相続人が代わるということはない。	時期に制限はない。	問われない。	有り	・特定の相続人に相続分を譲渡したい意向がない場合・相続人が被相続人と縁遠かったなどの理由で、相続財産の取得を希望しない場合など

相続分の譲渡（民 905）	相続人という地位の譲渡であるので、当事者間では債務も移転する。	時期に制限はない。	問われない。	有り	特定の相続人に相続分を譲渡したい場合など

④　特別受益証明書（相続分不存在証明書）

　特定の相続人が相続財産を取得する場合、他の相続人が相続分を超える特別受益があったとして、「被相続人から生前贈与を受けたので相続分がない旨の証明書」を作成することがある。この証明書を「民法 903 条により相続分がない旨の証明書」（「特別受益証明書」又は「相続分不存在証明書」）という（P34【現物資料 4】参照）。

　この特別受益証明書は、主に共同相続人の 1 人に遺産を集中させるための一方法（便法）として、その他の相続人の全員が、相続開始時に被相続人から超過特別受益を得ているとして、上記証明書を添付して不動産の移転登記のための登記原因証書として利用されるが[注2]、相続預貯金の払戻しにおいても、当該相続人が相続分の放棄をしたことの証明書として利用することは可能と考えられる。しかし、特別受益の有無についての確定は、本来は相続放棄又は遺産分割協議を経て行われるべきものであり、後日の紛争に対して防御困難となる危険性が否定できない。したがって、特別受益証明書の実務での使用については慎重に行うべきと考える（『詳解』261 頁）。

注2　昭和 28［1953］年 8 月 1 日民事甲第 1348 号民事局長回答により、「相続分なきことの証明書」を登記原因証明情報として提供することが認められている。

（実）

特別受益証明書

【被相続人の表示】
最後の住所　滋賀県大津市　█████████████
最後の本籍　大阪府大阪市西区　██████
氏　　　名　田中一郎
出　　　生　昭和○年○月○日
死　　　亡　令和□年□月□日

　私は、上記被相続人の生前に、自ら相続分以上の財産の譲渡を受けています。そのため、上記被相続人の死亡により開始した相続については、相続する相続分がないことを本書面により証明いたします。

　令和□年□月□日

　　　　　住　　　所　＿＿＿＿＿＿＿＿＿＿＿＿＿＿＿＿

　　　　　　　　　　　＿＿＿＿＿＿＿＿＿＿＿＿＿＿＿＿

　　　　　被相続人田中一郎　相続人

　　　　　氏　　　名　＿＿＿＿＿＿＿＿＿＿＿　　（実）

5 相続人に「未成年の子」がいる場合（P140【事例11】参照）

　相続預貯金の払戻請求を行うにあたって、相続人に未成年の子がいる場合があり得る。

　相続人に未成年の子がいる場合、未成年の子は、単独で有効な法律行為[注3]

ができないため、親権者に法定代理人として遺産分割協議書に署名押印をしてもらうか、親権者も相続人の場合には、特別代理人を選任した上、特別代理人に遺産分割協議書に署名押印をしてもらい、預貯金の払戻請求をする必要がある。以下詳述する。

①　相続人に未成年の子がいる場合の預貯金の払戻請求

相続預貯金の払戻しは、相続人全員によらなければならないため、相続人に未成年の子がいる場合には、未成年の子も含めて相続人全員により払戻請求をする必要がある。

しかし、未成年の子に遺産分割協議書に署名押印などしてもらうだけでは不十分である。なぜなら、未成年者は、単独で有効な法律行為をすることができないからである。

未成年者が法律行為をするには、法定代理人の同意を得なければならず、法定代理人の同意がない法律行為は、取り消すことができるとされている（民5）。

また、法定代理人には、未成年者の財産を管理する権限と、財産に関する法律行為についての代理権がある（民824）。

以上からすると、未成年の子については、代理権を有する法定代理人に、代理人として、遺産分割協議書に署名押印をしてもらう必要があるということになる。

ここで、法定代理人とは、通常は親権者となるが、親権は共同で行使しなければならないため（民818③）、両親がいる場合には、両親ともに未成年者の子の法定代理人として署名押印をする必要がある。

②　利益相反行為〜未成年者の子も親権者も共に相続人になる場合

未成年者の子も親権者も共に相続人になる場合には、利益相反行為に注意が必要である。

注3　法律行為とは、当事者の意思に基づいて権利の変動（権利の発生・移転・消滅）という法的な効果が認められる行為のことをいう。法律行為では、意思表示が不可欠の要件とされ、そこでの法律行為は、意思表示の内容によって定まる。

利益相反行為とは、法律行為自体や外形からみて、親権者の利益と子の利益が衝突する行為、つまり、親権者とその子の間において親権者には利益になるが子には不利益になる行為、同一の親権に服する複数の子相互間において一方には利益になるが、他方には不利益になる行為のことをいう。具体的には、次のような行為が挙げられる。

> ▶　夫が死亡し、妻と未成年者で遺産分割協議をする行為
> ▶　相続人である母又は父が、複数の未成年者の法定代理人として遺産分割協議をする行為
> ▶　同一の親権に服する未成年者の一部の者だけ相続放棄の申述をする行為　等

　このような行為は、利益相反行為に該当するため親権者に代理権はない。
　したがって、相続預貯金の払戻しにおいても、同じ相続人である親権者には、未成年の子の代理権はない。
　そこで、利益相反行為に該当する場合には、親権者は家庭裁判所において特別代理人を選任してもらう必要がある（民826）。
　特別代理人は、当該行為について代理権を有することになるため、他の相続人と特別代理人との間で遺産分割協議を行うことになる。そして、相続預貯金の払戻しにおいても、特別代理人が未成年の子に代わり預貯金の払戻手続を行うことになる。

⑥ 預金者が死亡した後、さらに相続人が死亡した場合（再転相続）（P141【事例12】参照）

　相続預貯金の払戻請求を行うにあたって、遺産分割協議が成立する前に相続人の１人が死亡してしまう場合があり得る。
　預金者が死亡した後、さらにその相続人の１人が死亡した場合、相続預貯金は、「死亡した相続人の相続人」に、法定相続分に応じて承継されることになるので、「死亡した相続人の相続人」を含む相続人全員によって遺産分割協議をした上で、相続預貯金の払戻請求をすることになる。以下詳述する。

① 再転相続[注4]

相続預貯金の払戻し前に、相続人の 1 人が死亡した場合、相続預貯金は、「死亡した相続人の相続人」（＝「再転相続人」という）に、法定相続分に応じて承継されることになる。

【事例 5】再転相続（その 1）

被相続人 A に相続人として子 B と子 C がおり、子 B には子 D と子 E いる。被相続人 A の遺産分割が成立する前に子 B が死亡した場合。

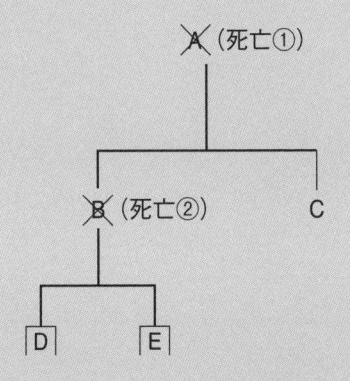

被相続人 A の死亡により子 B と子 C は相続預貯金を 2 分の 1 ずつ承継することになるが、相続預貯金の払戻しの前に B が死亡してしまった場合、B の相続人である D と E は、再転相続人として B の相続預貯金を 2 分の 1 ずつ承継する。

したがって、被相続人 A の相続預貯金は、C が 2 分の 1 を、D、E がそれぞれ 4 分の 1 ずつ承継することになる。

注4　相続人が相続の承認も放棄もしないで熟慮期間内に死亡した場合には、その者の相続人（＝再転相続人）が、第 1 の相続（第一次相続）につき放棄・承認の選択をする地位も含めて、死亡した第 1 の相続人を相続する。これを再転相続という（『詳解』P71）。

【事例6】 再転相続（その2）

被相続人Ａに相続人として子Ｂと子Ｃがおり、子Ｂには妻Ｄと子Ｅがいる。被相続人Ａの遺産分割が成立する前にＢが死亡した場合。

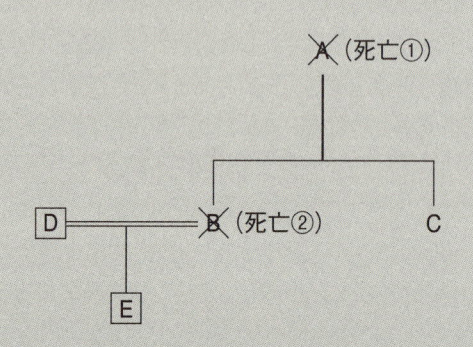

被相続人Ａの死亡により子Ｂと子Ｃは相続預貯金を2分の1ずつ承継することになるが、相続預貯金の払戻しの前にＢが死亡し、Ｂには相続人として配偶者Ｄと子Ｅがいる場合、ＤとＥはＢの相続預貯金を2分の1ずつ承継する。

したがって、被相続人Ａの相続預貯金は、Ｃが2分の1を、Ｄ、Ｅがそれぞれ4分の1ずつ承継することになる。

② 代襲相続との違い

再転相続は、被相続人が死亡した後に相続人が死亡した場合に生ずるのに対し、代襲相続は、被相続人が死亡する以前に、推定相続人が死亡する場合に生じる（民887②）。

イ） 承継する相続人が異なる場合

代襲相続では、代襲相続人となるのは、被代襲者の子である。すなわち、被相続人の子の子（孫）、又は被代襲者の兄弟姉妹の子（おい、めい）である（民887②・889②）。このように、代襲相続では、「法律で規定された代襲相続人」が相続人となる。一方、再転相続の場合には、「死亡した相続人の相続人」が再転相続人となる。

したがって、【事例6】において、Ａが死亡する以前にＢが死亡してい

るケースだと、Aの相続人は、子Cと代襲相続人である孫Eとなり、CとEの相続分は2分の1ずつとなる。

　一方、Aが死亡した後に、Bが死亡した場合、再転相続により、Bの相続分は、DとEが2分の1ずつを承継する。したがって、Aの相続財産との関係では、前述のとおり、Cが2分の1、DとEが4分の1ずつということになる。

ロ）　再転相続で元の相続人が相続放棄をしている場合

　【事例6】において、Aが死亡した後に、Bが死亡した場合、BがAの相続財産について相続放棄をした後に死亡すると、Aの相続財産はCだけが取得することになる。

ハ）　再転相続で元の相続人が遺言をしている場合

　【事例6】において、Bが遺言を残しており、「全財産を妻Dに相続させる」という内容であった場合、Aが死亡した後にBが死亡した場合、Aの相続財産との関係では、CとDが2分の1ずつ取得するということになる。

【図表9】代襲相続と再転相続の違い

区　　分	発生ケース	該当者
代襲相続	被相続人が死亡する以前に、推定相続人が死亡した場合（民887②）	代襲相続人となるのは、被代襲者の子である。すなわち、被相続人の子の子（孫）、又は被代襲者の兄弟姉妹の子（おい・めい）である（民887②・889②）。このように、代襲相続では、「法律で規定された代襲相続人」が相続人となる。
再転相続	被相続人が死亡した後に相続人が死亡した場合	「死亡した相続人の相続人」が再転相続人となる。

③　相続預貯金の払戻し

　上記のとおり、相続預貯金の払戻し前に、相続人の1人が死亡した場合、相続預貯金は、「死亡した相続人の相続人」（＝再転相続人）に、法定相続分に応じて承継されることになる。したがって、再転相続人を含む相続人全員によって遺産分割協議等をした上で、相続預貯金の払戻請求をすることになる。

2-2　遺言が「有る」場合に行う相続預貯金の払戻請求に必要な法知識

　遺言が「有る」場合に行う相続預貯金の払戻請求に必要な法知識を、**1**「受益相続人」が行う場合、**2**「受遺者」が行う場合、**3**「遺言執行者」が行う場合、**4**遺言で指定された受益相続人や受遺者が「既に死亡している」場合、及び**5**「遺言と異なる」遺産分割協議書を提出する場合の以上5つの場面に分けて詳述する。

　筆者の経験上、行政書士が、遺言がある相続業務を行う場面としては、①遺言作成で受任した遺言者（＝依頼者）が死亡して、「遺言執行者」として遺言執行事務を遂行する場合、又は②同じく遺言作成で受任した遺言者が死亡して、遺言で指定されている遺言執行者から委任を受けて「遺言執行者の代理人」として遺言執行事務を遂行する場合のいずれかが大半を占めている。

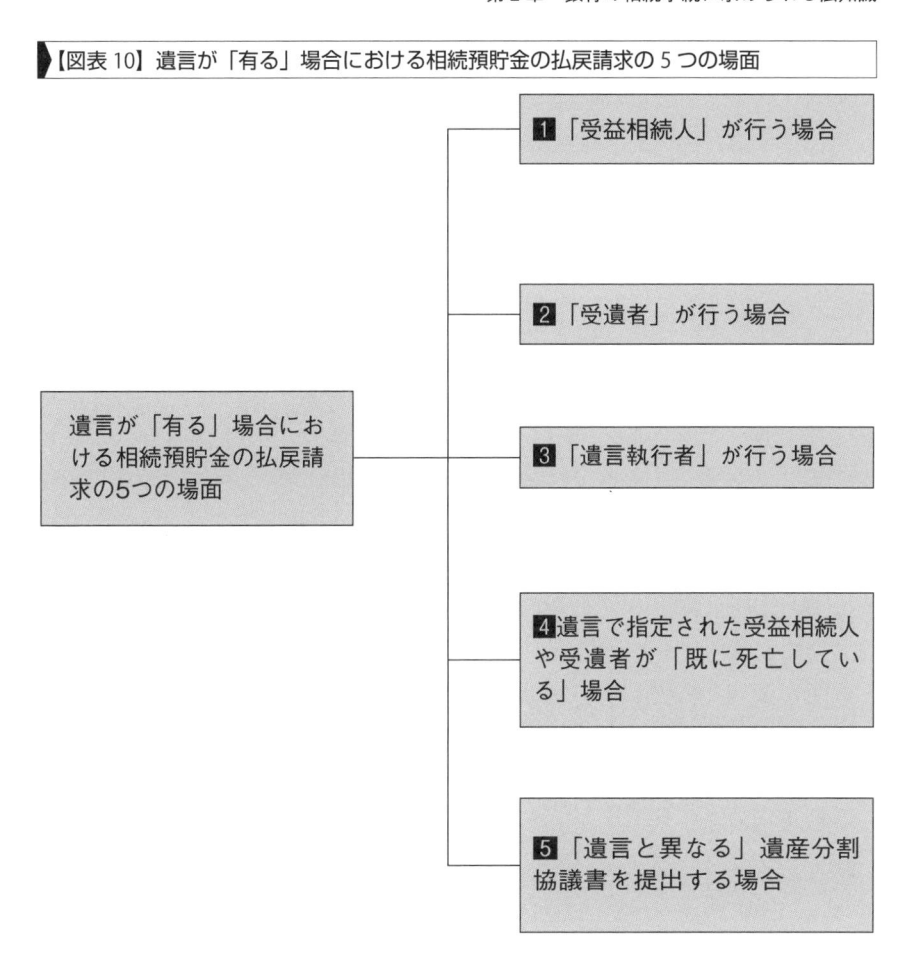

【図表 10】遺言が「有る」場合における相続預貯金の払戻請求の 5 つの場面

遺言が「有る」場合における相続預貯金の払戻請求の5つの場面

1　「受益相続人」が行う場合

2　「受遺者」が行う場合

3　「遺言執行者」が行う場合

4　遺言で指定された受益相続人や受遺者が「既に死亡している」場合

5　「遺言と異なる」遺産分割協議書を提出する場合

1 「受益相続人」が行う場合

　特定の相続人に「預貯金を相続させる旨」の記載がある遺言において、相続預貯金の払戻請求を行う場合、原則として当該受益相続人のみで相続預貯金の払戻請求を行うことができる。以下詳述する。

① 相続預貯金の払戻請求

　遺言において、特定の相続人に預貯金を「相続させる旨」の記載がある特定財産承継遺言の場合、遺贈と解すべき特段の事情がない限り、特定の相続人に特定の財産を取得させるべきことを指示する遺産分割の方法を定めたものであり、相続による承継を当該相続人の受諾の意思表示にかからせたなど特段の事情がない限り、何らの行為を要せずして、被相続人死亡時（＝遺言の効力の生じた時）に、直ちに当該遺産が当該相続人に相続により承継される（最判平 3［1991］・4・19 民集 45 巻 4 号 477 頁）。

　そして、当該権利移転は、法定相続分又は指定相続分の相続の場合と本質において異なることはないため、権利の取得に関して、対抗要件がなくとも第三者に対抗することができる（最判平 14［2002］・6・10 家月 55 巻 1 号 77 頁）。

　したがって、遺言において特定の相続人に「預貯金を相続させる旨」の記載がある場合、特段の事情がない限り、何らの行為を要せずして、被相続人死亡時に、直ちに当該預貯金は当該相続人に承継される。

　以上により、相続預貯金の払戻請求を行う場合、原則として当該受益相続人のみで相続預貯金の払戻請求を行うことができる。

② 改正相続法

　上記のとおり、現在の判例の下では、「相続させる遺言」による権利承継に関し、対抗要件の具備は不要と考えられている。

　しかしながら、2018（平成 30）年 7 月改正相続法では、相続による承継も、法定相続分を超える部分については登記、登録その他の対抗要件を備えなければ、第三者に対抗することができない（＝対抗要件の具備が必要）とされた（改正民 899 の 2 ①）。したがって、預貯金を相続させる旨の遺言も同様に、対抗要件の具備が必要と考えられる（『法律家』P71）。

　加えて、改正相続法では、債権の権利の承継に関しては、法定相続分を超えて当該債権を承継した共同相続人が、当該債権に係る遺言又は遺産分割の内容を明らかにして、債務者にその承継の通知をしたときは、共同相続人の全員が債務者に通知をしたものとみなして、対抗要件の具備とする（改正民

899の2②)。

　したがって、改正相続法後も、相続預貯金の払戻請求を行う場合、金融機関に遺言書を提示して遺言の内容を明らかにすれば、原則として当該受益相続人のみで相続預貯金の払戻請求を行うことができると考えられる。

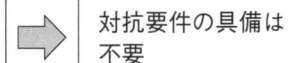

【図表11】特定財産承継遺言による相続預貯金の払戻請求における改正相続法の影響

特定財産承継遺言

何らの行為を要せずして、被相続人死亡時に、直ちに当該遺産が当該相続人に相続により承継される（最判平3［1991］・4・19民集45巻4号477頁）。

対抗要件の具備は不要

改正相続法
相続による承継も、法定相続分を超える部分については登記、登録その他の対抗要件を備えなければ、第三者に対抗することができない（＝対抗要件の具備が必要）とされた（改正民899の2①)。

債権の権利の承継に関しては、法定相続分を超えて当該債権を承継した共同相続人が、当該債権に係る遺言又は遺産分割の内容を明らかにして、債務者にその承継の通知をしたときは、共同相続人の全員が債務者に通知をしたものとみなして、対抗要件の具備とする（改正民899の2②)。

相続預貯金の払戻請求を行う場合、原則として当該受益相続人のみで相続預貯金の払戻請求を行うことができる。

② 「受遺者」が行う場合

遺言が有り、遺言において受遺者に対して預貯金を遺贈する旨記載があるケースにおいて、相続預貯金の払戻請求を行う場合、原則として受遺者のみで相続預貯金の払戻請求をすることはできず、相続人全員又は遺言執行者の協力が必要である。以下詳述する。

① 相続預貯金の払戻請求

遺言において受遺者に対して預貯金を遺贈する旨記載がある場合、被相続人死亡時に、当該預貯金は、受遺者に遺贈により権利移転する。ただし、当該権利移転を債務者に対抗するためには、対抗要件を具備する必要があり、債権の移転については、遺贈義務者（＝遺贈に伴う手続・行為を実行すべき義務を負う者（民 987 条前段括弧書きでは、「遺贈の履行をする義務を負う者」と定義されている））による債務者への通知又は債務者の承諾が必要である（最判昭 49 [1974]・4・26 民集 28 巻 3 号 540 頁）。ここで、遺贈義務者とは相続人全員又は遺言執行者である。

したがって、受遺者が相続預貯金の払戻請求を行う場合、原則として当該受遺者のみで相続預貯金の払戻請求を行うことができず、相続人全員又は遺言執行者の協力が必要である。

② 改正相続法

上述のとおり、受益相続人に関しては、「受益相続人」が遺言の内容を明らかにして債務者に通知をすれば、共同相続人の全員が債務者に通知をしたものとみなす旨の規定が設けられたが（改正民 899 の 2 ②）、「受遺者」に関しては同様の規定はないため、相続法改正後も従前と取扱いは変わらない（『法律家』P75）。

したがって、遺言があり、遺言において受遺者に対して預貯金を遺贈する旨記載があるケースにおいて、行政書士が相続預貯金の払戻請求を行うケースとして、①当該遺言において行政書士が遺言執行者に指定されている場合、又は②遺言執行者から委任を受けた場合のいずれかが考えられる。

【図表12】遺言が有り、遺言において受遺者に対して預貯金を遺贈する旨記載がある
　　　　　ケースにおいて、相続預貯金の払戻請求を行う場合における改正相続法の影響

受遺者に対して預貯金を遺贈する
旨記載がある遺言

被相続人死亡時に、当該預貯金は
受遺者に遺贈により権利移転する。

当該権利移転を債務者に
対抗するためには、対抗
要件を具備する必要があ
り、債権の移転について
は、遺贈義務者（＝相続
人全員又は遺言執行者）
による債務者への通知、
又は債務者の承諾が必要
（最判昭49［1974］・4・
26民集28巻3号540頁）。

改正相続法
「受益相続人」に関しては、受
益相続人が遺言の内容を明らか
にして債務者に通知をすれば、
共同相続人の全員が債務者に通
知をしたものとみなす旨の規定
が設けられたが（改正民899の2
②）、「受遺者」に関しては同様
の規定はない

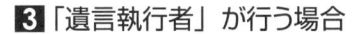

❸ 「遺言執行者」が行う場合

　遺言執行者が遺言内容に沿って相続預貯金の払戻請求を行う場合があり得
る。この場合、遺言執行者は相続預貯金の払戻請求をすることができる。
　以下詳述する。

① 遺言執行者の権限

従前、遺言執行者に預貯金の払戻権限があるか否かに関しては、預貯金債権が分割債権と解されていたこともあり、見解が分かれていた。

裁判例においても、遺言執行者の払戻しを認めるものもある一方（東京地判平14［2002］・2・22家月55巻7号80頁、東京地判平24［2012］・1・25判時2147号66頁）、これを否定したものも存在していた（東京高判平15［2003］・4・23金法1681号35頁）。

しかしながら、実務上は、金融機関は通常遺言執行者からの払戻しを認めており、遺言執行者が相続預貯金の払戻請求を行うことは、実際のところ可能である。

② 改正相続法

旧法下では、遺言執行者の権利義務等に関する一般的・抽象的な規定はあったものの（改正前の1012条）、特定の相続人に預貯金債権を相続させる旨の遺言がされた場合に、遺言執行者が当然に預貯金の払戻しや預貯金契約の解約の申入れをすることができるかについて明文の規定はなかった。そのため、遺言執行者と金融機関との間で遺言の解釈等をめぐってトラブルになるおそれがあるため、遺言執行者に預貯金の払戻し等の権限があることを規定上明確にすべきであるとの指摘がされていた。また、遺言者としても、特定の相続人に預貯金債権を承継させ、かつ、遺言執行者を指定している場合には、遺言執行者に預貯金の払戻し等の権限を付与する意思を有していた場合が多いものと推測される。

そこで、相続法改正により、遺言執行者の預貯金の払戻し等に関する権限が明確化された。

すなわち、遺言執行者は、預貯金債権を目的とする特定財産承継遺言がされた場合には、遺言執行者は、原則として、払戻請求又は解約の申入れをすることができることが明文化された（改正民1014③本文）。

もっとも、預貯金債権の「一部」が特定財産承継遺言の目的となっているに過ぎない場合に、遺言執行者に預貯金契約の解約を認め、その債権全部の払戻しを認めることとすると、受益相続人以外の相続人の利益を害するおそ

れがある。そこで、解約の申入れができるのは、預貯金債権の「全部」を特定の相続人に承継させる旨の遺言である場合に限られるとした（改正民 1014 ③ただし書）。

　また、被相続人が遺言で別段の意思表示をした場合には、その意思に従う（改正民 1014 ④）。

　以上により、相続法改正後は、法律上明確に、遺言執行者による相続預貯金の払戻請求が認められることになった。

旧法

特定の相続人に預貯金債権を相続させる旨の遺言がされた場合に、遺言執行者が当然に預貯金の払戻しや預貯金契約の解約の申入れをすることができるかについて明文の規定はなかった。

遺言執行者と金融機関との間で遺言の解釈等をめぐってトラブルになるおそれがあるなどとして、遺言執行者に預貯金の払戻し等の権限があることを規定上明確にすべきであるとの指摘がされていた。

遺言者としても、特定の相続人に預貯金債権を承継させ、かつ、遺言執行者を指定している場合には、遺言執行者に預貯金の払戻し等の権限を付与する意思を有していた場合が多いものと考えられる。

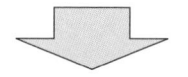

相続法改正で遺言執行者の相続預貯金に対する権限を明確化

遺言執行者は、預貯金債権を目的とする特定財産承継遺言がされた場合には、原則として、払戻請求又は解約の申入れをすることができる（改正民1014③本文）。

4 遺言で指定された受益相続人や受遺者が「既に死亡している」場合

　遺言は、遺言者の死亡の時から効力を生じる（民985①）。その結果、一般的に、遺言作成から遺言の効力が発生するまでに一定期間を要する。そのた

め、遺言で預貯金を「相続させる」又は「遺贈する」とされた受益相続人や受遺者が、相続開始時に既に死亡している場合があり得る。

　このような場合、遺言の当該事項が無効になる可能性がある。以下詳述する。

①　受遺者

　遺贈は、遺言者死亡により直接受遺者に財産上の権利帰属の効果を生じるものであるから、遺言者が死亡した時に受遺者が存在しなければならない（同時存在の原則）。そのため、遺言者の死亡以前に受遺者が死亡したときは、遺贈は効力を生じない（民994①）。

　したがって、この場合、対象となっている預貯金は、遺言において別段の意思表示がない限り、まず法定相続人に法定相続分で承継され、次に遺産分割協議により具体的に承継されることになる（民995本文）。

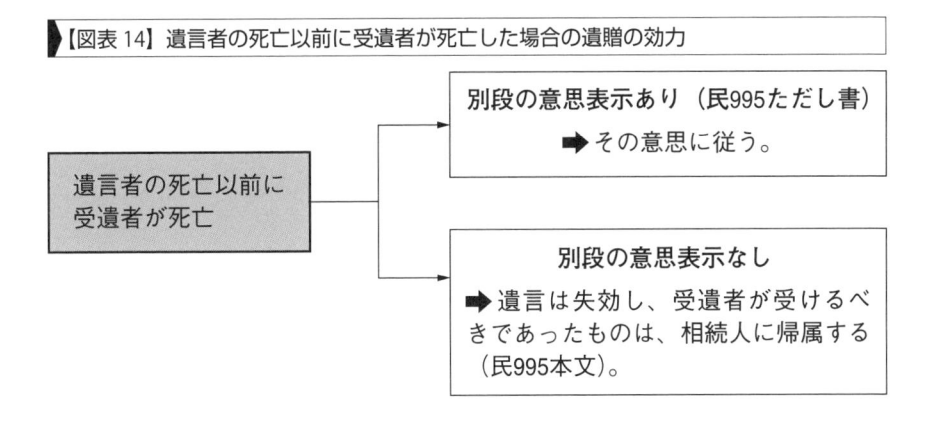

▶【図表 14】遺言者の死亡以前に受遺者が死亡した場合の遺贈の効力

遺言者の死亡以前に受遺者が死亡

→ 別段の意思表示あり（民995ただし書）
➡ その意思に従う。

→ 別段の意思表示なし
➡ 遺言は失効し、受遺者が受けるべきであったものは、相続人に帰属する（民995本文）。

②　受益相続人

　このように、遺言者の死亡以前に受遺者が死亡したときは、遺贈はその効力を生じない（民994①）。

　相続であれば、被相続人の子が、相続開始以前に死亡したときには、代襲相続が問題となり得る（民887②）。一方、相続させる旨の遺言があり、受益している相続人（＝受益相続人）が、被相続人より以前に死亡している場合に

は、「代襲相続が行われる」、又は「この遺言が失効する」のいずれになるのかは、遺言者が死亡する以前に受益相続人が死亡した場合については、民法上の明文の規定がないため問題になる。

最高裁平成 23［2011］年 2 月 22 日判決（民集 65 巻 2 号 699 頁）は、「『相続させる』旨の遺言は、当該遺言により遺産を相続させるものとされた推定相続人が遺言者の死亡以前に死亡した場合には、当該『相続させる』旨の遺言に係る条項と遺言書の他の記載との関係、遺言書作成当時の事情及び遺言者の置かれていた状況などから、遺言者が、〔略〕当該推定相続人の代襲者その他の者に遺産を相続させる旨の意思を有していたとみるべき特段の事情がない限り、その効力を生じることはないと解するのが相当である。」と判示した。

したがって、「当該推定相続人の代襲者その他の者に遺産を相続させる旨の意思を有していたとみるべき特段の事情」がない限り、受益相続人が遺言者の死亡以前に死亡した場合、当該相続させる旨の条項は効力を生じない。つまり、同最判は、遺言者の死亡以前に死亡した受益相続人が遺言により相続するとされた財産は、前述に該当する「特段の事情」がなければ、同推定相続人の代襲者にはいかないと判示した。

それゆえ、このような場合、対象となっている相続預貯金は、遺言において別段の定めがない限り、法定相続人に法定相続分で承継されることになる。

③　補充遺言（予備的遺言）

上記のような事態を避けるために、実務では、遺言の作成にあたって、受益相続人や受遺者が遺言者の死亡以前に死亡した場合には、他の相続人や受遺者に相続させるないし遺贈する旨の条項を入れておくことがしばしば行われている。このような、遺言者が、あらかじめ財産を相続させる者、又は受遺者を予備的に定めておく遺言を、補充遺言又は予備的遺言という。

たとえば「妻が遺言者の死亡以前に死亡したときは、妻に相続させるとした全ての財産は長男○○に相続させる。」といった条項である。

このような条項を入れておけば、受益相続人や受遺者が遺言者の死亡以前に死亡した場合でも、補充遺言が有効になり、遺言者の意思を実現すること

になる[注5]。

　なお、主位的遺言[注6]が「相続させる」遺言である場合でも、補充遺言で遺産を渡すことになる相手は、必ずしも主位的遺言で相続させるとした者の相続人に限られることはなく、全く別の第三者であってもよい（『証書』P54）。

注5　前掲の最高裁平成 23 年 2 月 22 日判決に関し、法務省民事局総務課担当補佐官から法務局及び地方法務局総務課長宛に、次の内容の事務連絡が発せられている（平成 23.7.1 民事局総務課担当補佐官事務連絡）。

> 「遺言者からの嘱託により「相続させる」旨の遺言公正証書を作成するに当たっては、①遺言により遺産を相続させるものとされた推定相続人が遺言者の死亡以前に死亡した場合には、特段の事情がない限り、当該遺言は効力を生じない旨、遺言者に対して告知する、②遺言者が①の場合に、当該推定相続人の代襲者その他の者に遺産を相続させる旨の意思を有しているときは、当該遺言公正証書にその旨の条項を設けることを助言するなど、上記判示の趣旨を踏まえて適切に対応されるよう、公証事務を取り扱う法務事務官に周知方取り計らい願います。」

　　したがって、遺言作成実務においては、依頼者に補充遺言の説明をした上で、補充遺言の条項を入れるか否かの意思を確認すべきである。

注6　補充遺言は、相続人又は受遺者の遺言者の死亡以前における死亡、及び相続又は遺贈の放棄等を停止条件とする停止条件付遺言の一種であるが、停止条件が成就しなかった場合に実行される基本となる遺言を、主位的遺言又は本位遺言という。

【図表15】相続させる旨の遺言が有り、受益相続人が、遺言者の死亡以前に死亡している場合

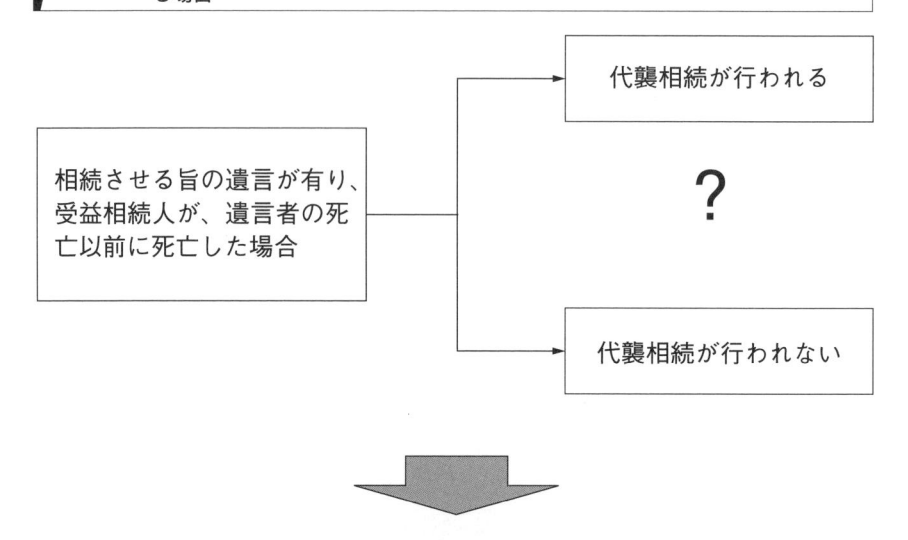

最高裁平成23年2月22日判決

当該推定相続人の代襲者その他の者に遺産を相続させる旨の意思を有していたとみるべき特段の事情がない限り、その効力を生じることはない。

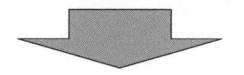

「補充遺言」の必要性

| 現物資料5 | 補充遺言が記された公正証書遺言（第4条参照） |

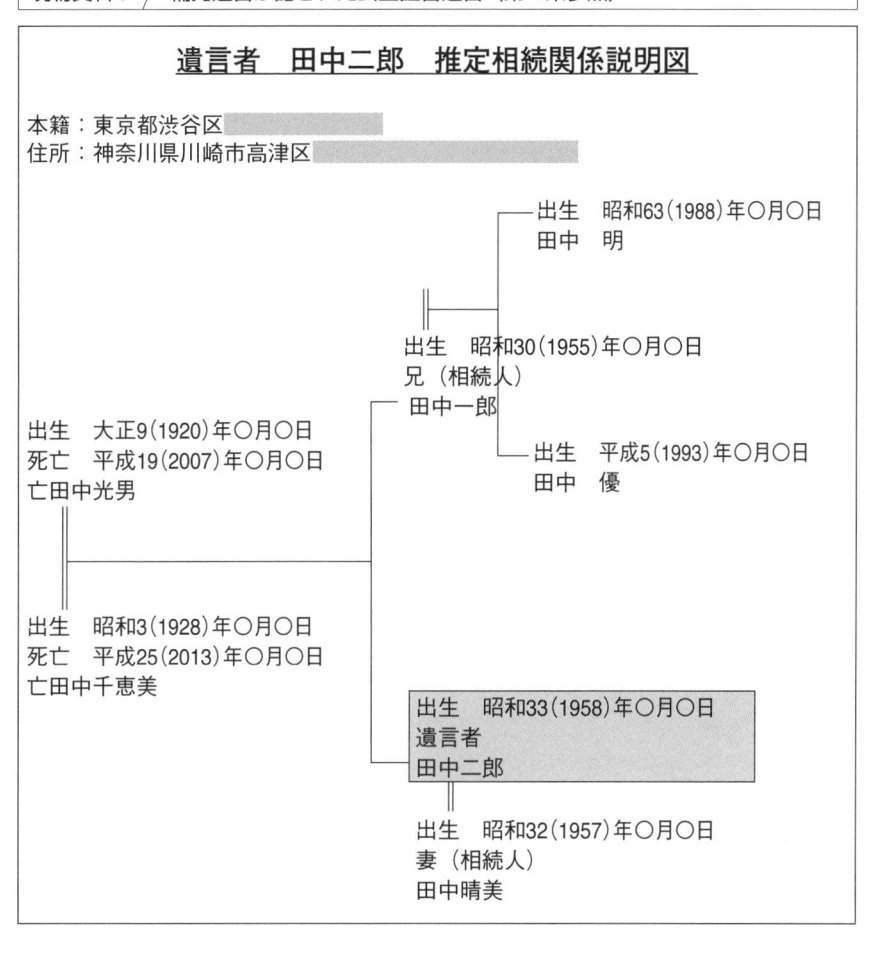

遺言者　田中二郎　推定相続関係説明図

本籍：東京都渋谷区
住所：神奈川県川崎市高津区

出生　昭和63（1988）年〇月〇日
田中　明

出生　昭和30（1955）年〇月〇日
兄（相続人）
田中一郎

出生　平成5（1993）年〇月〇日
田中　優

出生　大正9（1920）年〇月〇日
死亡　平成19（2007）年〇月〇日
亡田中光男

出生　昭和3（1928）年〇月〇日
死亡　平成25（2013）年〇月〇日
亡田中千恵美

出生　昭和33（1958）年〇月〇日
遺言者
田中二郎

出生　昭和32（1957）年〇月〇日
妻（相続人）
田中晴美

令和 7 年第 11 号

遺 言 公 正 証 書

　本公証人は、遺言者田中二郎の嘱託により、証人竹之内豊、証人北山一彦の立会のもとに、遺言者の口授した遺言の趣旨を次のとおり筆記して、この証書を作成する。

第 1 条　遺言者は、遺言者所有の下記不動産を、遺言者の妻田中晴美 (昭和 32 年○月○日生) に相続させる。

記

(一棟の建物の表示)
所　　　　在　川崎市高津区 ▓▓▓▓▓▓▓▓▓▓▓
建物の名称　アレーズ多摩川
(専有部分の建物の表示)
不動産番号　0212000384×××
家屋番号　▓▓▓▓▓▓
建物の名称　123
種　　　類　居宅
構　　　造　鉄筋コンクリート造 1 階建
床　面　積　12 階部分 75.95 平方メートル
(敷地権の表示)
所在及び地番　川崎市高津区 ▓▓▓▓▓▓▓▓▓▓
地　　　目　宅地
地　　　積　5508.88 平方メートル
敷地権の種類　所有権
敷地権の割合　94 万 4313 分の 7978

第 2 条　遺言者は、次の預貯金を含む遺言者の有する一切の金融資産を、遺言執行者に換価させ、その換価金から遺言者の一切の債務を弁済し、かつ、遺言の執行に関する費用を控除した残金を、妻田中晴美に相続させる。

記

(1)税経銀行　成城支店

①普通預金　口座番号：3301×××
②定期預金　口座番号：23956×××
(2)税経信託銀行　二子玉川支店
①普通預金　口座番号：0041×××
②定期預金　口座番号：0041×××
(3)ゆうちょ銀行
①通常貯金
記号・番号：10080-62281×××
②定額貯金
記号・番号：10080-62281×××

第3条　遺言者は、遺言者所有のその余の財産全てを、遺言者の妻田中晴美に相続させる。

第4条　妻田中晴美が遺言者より先に、又は遺言者と同時に死亡したときは、第1条ないし第3条で田中晴美に相続させるとした財産は、兄田中一郎に相続させる。

2.　兄田中一郎が田中晴美より先に、又は同人と同時に死亡したときは、田中一郎に相続させるとした上記財産を、遺言者の甥田中明及び田中優に各2分の1の持分割合で相続させる。

第5条　遺言者は、本遺言の遺言執行者として、遺言者の妻田中晴美を、また、同人に差支えがあるときは次の者を指定する。
東京都国分寺市本町二丁目1番地の23
行政書士　　　　竹　之　内　　　　豊
昭和40年11月22日生
千葉県船橋市本町七丁目1番地1号　タイガースマンション船橋201号
税理士　　　　北　山　一　彦
昭和51年1月2日生
　なお、上記遺言執行者らは、それぞれ単独で本遺言を執行することができる。
2.　遺言執行者は、この遺言に関する登記手続並びに貸金庫の単独での開扉・内容物の取り出し・名義変更及び解約の権限、預貯金の解約・払戻し・新規口座の設定・相続人への名義変更、不動産の名義変更、動産その他財産の売却等の処分（廃棄を含む）、葬儀・埋葬費、医療費、日常家事債務等の一切の債務・費用

の支払（遺言執行者への報酬の支払を含む。）など、本遺言の執行に必要な全ての行為をすることができる。

3. 遺言執行者は、必要がある場合には、第三者に遺言執行事務を委託することができる。委託された第三者は、その委託事務の処理について、遺言執行者と同一の権限を有する。

4. 竹之内豊又は北山一彦が遺言執行者となる場合の報酬は、妻田中晴美と協議の上決めるものとする。なお、妻田中晴美が遺言者より先に、又は遺言者と同時に死亡したときは、それぞれの事務所の報酬規程により決めるものとする。

付言事項

　私の死後、この遺言が速やかに執行されることを切に願います。

以　　上

本旨外要件

川崎市高津区 ████████████████████ アレーズ多摩川 123
　　会社員
　　遺言者　　　　　田　　中　　二　　郎
　　　　　　　　　　昭和 33 年〇月〇日生
　上記は、印鑑登録証明書の提出により、人違いでないことを証明させた。
東京都国分寺市本町二丁目 1 番地の 23
　　行政書士
　　証　人　　　　　竹　之　内　　　　豊
　　　　　　　　　　昭和 40 年 11 月 22 日生
千葉県船橋市本町七丁目 1 番地 1 号　タイガースマンション船橋 201 号
　　税理士
　　証　人　　　　　北　　山　　一　　彦
　　　　　　　　　　昭和 51 年 1 月 2 日生
　以上、遺言者及び証人に読み聞かせたところ、各自筆記の正確なことを承認して、次に署名押印する。
　　　　　　　　　　田　　中　　二　　郎
　　　　　　　　　　竹　之　内　　　　豊
　　　　　　　　　　北　　山　　一　　彦

> 　この証書は、民法第 969 条第 1 号ないし第 4 号の方式に従って作成し、同条第 5 号に基づき、次に署名押印する。
>
> 令和 7 年〇月〇日、本職役場において。
> 　東京都□□区□□町 1 丁目 1 番 1 号
> 　　東京法務局所属
> 　　　公証人　　小　松　　正

④　払戻請求

　前述のとおり、遺言で相続預貯金を「相続させる」又は「遺贈する」とされた受益相続人や受遺者が、相続開始時には既に死亡している場合、補充遺言がないと、遺言の当該条項が無効になる可能性がある。

　このようなケースでは、預貯金債権は遺言者の法定相続人に法定相続分で承継されることになるので、法定相続人の合意の下、預貯金の払戻請求を行う必要がある。

　一方、補充遺言があるケース（「**現物資料 5**」第 4 条参照）では、補充遺言で指定された相続人や受遺者が当該預貯金を取得することになるので、当該相続人や受遺者が払戻請求をすることができる。

５　「遺言と異なる」遺産分割協議書を提出する場合

　遺言とは、自分の死後に一定の効果が発生することを意図した個人の最終意思が一定の方式のもとで表示されたものであって、この者の死後、意図された効果の発生が法秩序によって保障される。遺言は法律行為の一種であって、相手方のない単独行為である。その対象は遺産の承継先の決定に限らない（『詳解』P465）。

　そのため、遺言があっても、相続人間において遺言内容とは異なる分割方法を希望し、遺産分割協議書が作成されることがある。

　このような場合、遺産分割協議書に基づいて払戻しをすることが可能である。ただし、遺言執行者がいる場合には、遺言執行者の同意を取得する必要

があるため、注意が必要である。以下詳述する。

① 遺言と異なる遺産分割協議書

　法律行為自由の原則に基づき、遺産分割の当事者全員の合意があれば、法定相続分、指定相続分や具体的相続分に合致しない分割、被相続人の指定する遺産分割方法に反する分割も有効である。この限りでは、法律や遺言者の意思よりも、協議が優先する（『二宮』P418）。このことを「遺産分割自由の原則」という。

　したがって、遺言と異なる遺産分割協議も有効と考えられている。この場合、遺産分割協議であるため、相続人全員による協議が必要である。

　その理由としては、以下の項目が挙げられる。

> ▶　通常遺言は、相続人間の紛争を避けるために作成されるものであるから、相続人全員が遺言と異なった遺産分割協議を行えるのであれば、遺言者の意思に反するとは言えない。
>
> ▶　遺言によって一度は遺産の帰属が決まるものの、相続人間で行う遺産分割協議は、遺産の贈与や交換と考えることができる（東京地判平13［2001］・6・28判タ1086号279頁）
>
> ▶　相続人の全員が、遺言処分とは異なる内容の遺産分割協議に合意した場合には、その範囲内で遺言処分が放棄されたとして解されて、結果的に遺産分割協議が優越する（最判平12［2000］・9・7金法1597号73頁）。

　この場合、相続人全員による遺産分割協議書等の必要書類を提出して、相続人は、預貯金の払戻請求をすることが可能である。

② 遺言執行者がいる場合

　遺言者は、遺言で遺言執行者を指定した場合、遺言執行者に遺産分割の実効を委ねたものと考えられ、相続人は相続財産の処分その他遺言の執行を妨げるべき行為をすることができない（改正民1013①）。そのため、相続人間で遺言と異なる遺産分割協議を行っても、当該遺産分割協議は無効となる（大

阪地判平 6 ［1994］・11・7 判タ 925 号 245 頁）。

　したがって、遺言執行者がいる遺言において、遺言と異なる遺産分割協議を行う場合には、遺言執行者の同意を得る必要があると考えられる（『法律家』P79）。

　この場合、相続人全員による遺産分割協議書等の他、遺言執行者の同意書を添付して、預貯金の払戻請求を行うことになる。

　ただし、遺言執行者の同意がない遺産分割協議について、遺言による取得後の事後的変動の合意をしたものと理解する見解（遺贈の効力を認めた上で、遺言と異なる遺産分割協議をした場合もそれぞれ遺言によって取得した持分を相続人間で贈与したり、交換的に譲渡する旨の合意をしたものとして有効とする論理）もあり（東京地判平 13 ［2001］・6・28 判タ 1086 号 279 頁）、そのような見解を前提とすれば、遺言執行者の同意書を貼付せずとも、預貯金の払戻請求ができるということになる。

　以上を総合的に勘案すると、遺言執行者は遺産分割協議に加わることはできても、遺言内容のとおりに分割協議を取り仕切る権限はないと考える。

　なぜなら、受遺者や「相続させる」旨の遺言の受益相続人が、遺言とは異なる内容の遺産分割協議に合意した場合、不当な圧力が加わっていない限り、法律行為自由の原則に基づく遺産分割自由の原則により合意を優先させるべきであり、遺言執行者は介入することはできないからである。なお、仮に介入したところで、前掲の東京地判 13 ［2001］・6・28 のような合意が成立すれば、これも無効とすることはできないのだから、あえて遺産分割協議を無効とする意味はないと考える。

2-3　遺言が「無い」「有る」に共通な相続預貯金の払戻請求に必要な法知識

　遺言が「無い」「有る」に共通な相続預貯金の払戻請求に必要な法知識を、**1**「残高証明書」と「取引履歴」の開示請求、**2** 口座凍結、**3** 貸金庫、**4**

被相続人が外国籍の場合、**5** 相続預貯金の払戻手続を速やかにする遺言作成のポイント、**6** 自筆証書遺言の方式緩和と預貯金の目録作成に関する注意点、及び **7** 自筆証書遺言の保管制度の以上 7 つに分けて詳述する。

【図表 16】遺言が「無い」「有る」に共通な相続預貯金の払戻請求に必要な 7 つの法知識

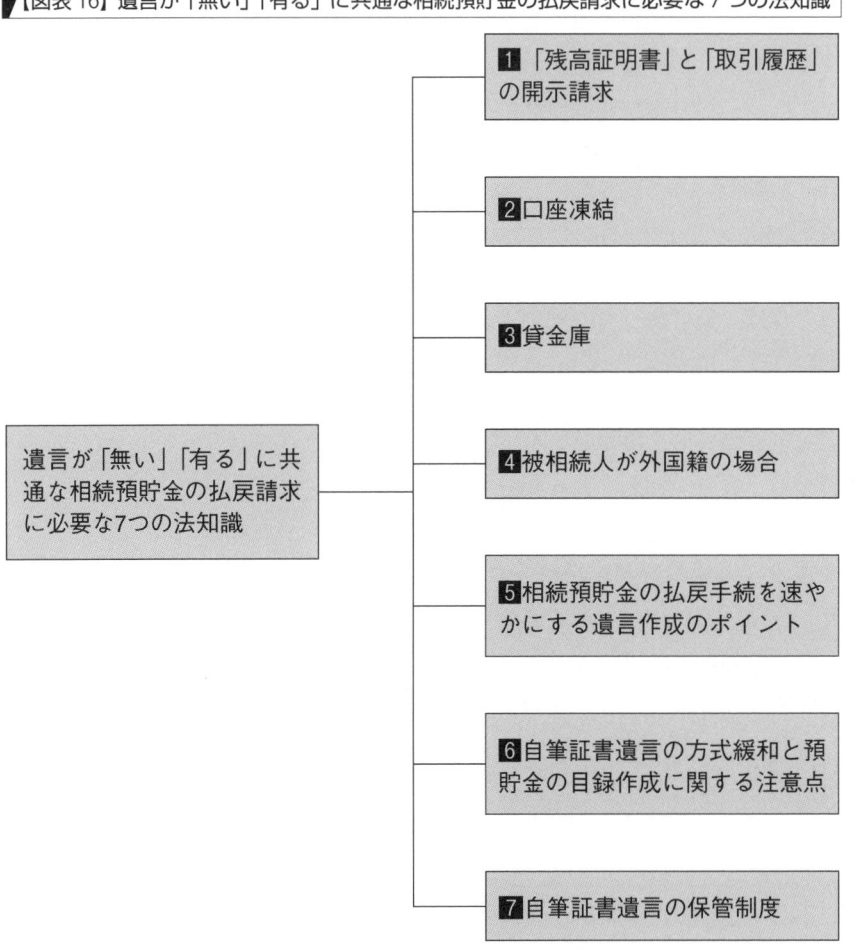

1 「残高証明書」と「取引履歴」の開示請求

遺言が「無い」「有る」に共通の「残高証明書」と「取引履歴」の開示請求

に係る法知識を、①「法定相続人の 1 人」による請求、②遺言によって預貯金債権を一切取得しない相続人による請求、及び③預金契約が既に解約されていた場合の請求の以上 3 つの場面に分けて詳説する。

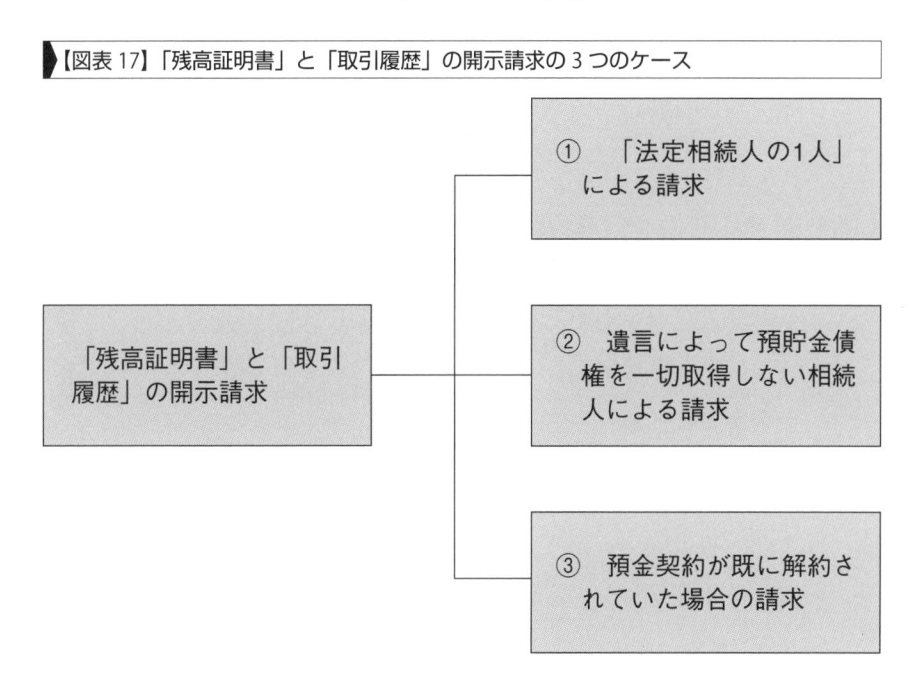

① 「法定相続人の 1 人」による請求

　法定相続人の 1 人による被相続人の相続預貯金に係る書類の請求について、その概要を見た上で、法定相続人の 1 人が取引経過の開示を求めることができるか否かにつき判示した最高裁平成 21［2009］年 1 月 22 日判決を見てみる。

　イ）　概要

　　相続開始後、相続人が金融機関に対して請求する書類として、預貯金口座の残高証明書や取引履歴などがある。

　　残高証明書は、特定日の預貯金口座の残高を記した書類であり、相続財産の評価を確定させるために相続開始時点（＝被相続人の死亡日）での評価

を請求することが多い。

　取引履歴は、預貯金口座の過去の入出金の推移が記された書類であり、被相続人の口座の過去の入出金を確認することにより、相続人やその他の者が生前贈与を受けていないか、また、不正な出金がないかなどを確認するために請求することが多い。

　そして、法定相続人の1人が金融機関に対して、残高証明書や取引履歴の開示請求を行った場合、原則として認められる。以下詳述する。

【図表 18】残高証明書と取引履歴の内容と請求場面

区　　分	内　　容	請求場面
残高証明書	特定日の預貯金口座の残高を記した書類	相続財産の評価を確定させるために相続開始時点（＝被相続人の死亡日）での評価を請求する。
取引履歴	預貯金口座の過去の入出金の推移が記された書類	相続人やその他の者が生前贈与を受けていないか、また、不正な出金がないかなどを確認するために請求する。

ロ）　最高裁平成 21［2009］年 1 月 22 日判決

　法定相続人の1人が取引経過の開示を求めることができるか否かにつき、最高裁平成 21［2009］年 1 月 22 日判決（民集 63 巻 1 号 228 頁）は、「金融機関には、預金契約に基づき、預金者の求めに応じて預金口座の取引経過を開示すべき義務がある。」（民 645「受任者による報告」・656「準委任」）と述べた上で、「預金者が死亡した場合、その共同相続人の1人は、預金債権の一部を相続により取得するにとどまるが（＝預金者死亡の場合、共同相続人は預金債権を相続分に応じて分割取得するにとどまる）、これとは別に、共同相続人全員に帰属する「預金契約上の地位」に基づき、被相続人名義の預金口座についてその取引経過の開示を求める権利を単独で行使することができる（民 264「準共有」・旧民 252 ただし書➡ 252 ⑤「保存行為」）。」と判示した。

　以上から、法定相続人は、単独で金融機関に対して、被相続人名義の預貯金口座の残高証明書や取引履歴の開示請求を行うことができる。

【図表 19】法定相続人の 1 人による資料の開示請求（最高裁平成 21 ［2009］年 1 月 22 日判決）

金融機関には、預金契約に基づき、預金者の求めに応じて預金口座の取引経過を開示すべき義務がある（民645・656）

預金者が死亡した場合、その共同相続人の1人は、預金債権の一部を相続により取得するにとどまるが、これとは別に、共同相続人全員に帰属する「預金契約上の地位」に基づき、被相続人名義の預金口座についてその取引経過の開示を求める権利を単独で行使することができる（民264・旧民252ただし書→252⑤）

法定相続人は、単独で金融機関に対して、被相続人名義の預貯金口座の残高証明書や取引履歴の開示請求を行うことができる

②　遺言によって預貯金債権を一切取得しない相続人による請求

　遺言によって預貯金債権を一切取得しない相続人による請求について、その概要を見た上で、遺留分減殺請求権、相続法改正の両面から説明する。

イ）　概要

　特定の相続人に全ての遺産を相続させる旨の遺言がある場合、又は特定の相続人に預貯金債権を相続させる旨の遺言がある場合、他の相続人は預貯金債権を取得しないことになる。

　このような場合、預貯金債権を取得しない相続人は、被相続人の預貯金口座の取引開示を請求できるか否かが問題となる。

ロ) 遺留分減殺請求権

　従来、多くの金融機関では、預貯金債権を取得しない相続人からの請求
であっても、取引履歴の開示に応じている。

　この根拠として考えられるのは、相続人には遺留分減殺請求権があり、
当該相続人が遺留分減殺請求権を行使した場合には、遺留分に応じて相続
財産を相続開始時に遡って包括的に承継取得し、その結果として個々の相
続財産についても持分的権利を取得することから、預貯金契約上の地位も
遺留分減殺請求をした相続人に帰属するため、預貯金契約上の地位も遺留
分現在請求をした相続人が取得することになる、というものである。

　このように、遺留分減殺請求をした相続人が預貯金契約上の地位を取得
することになるため、最高裁平成21［2009］年1月22日判決（民集63
巻1号228頁）によれば、預貯金債権を取得しない相続人も取引履歴の開
示を請求することができる。

ハ) 改正相続法

　相続法改正により、遺留分減殺請求権は、遺留分権利者の権利行使によ
り遺留分侵害額に相当する金銭債権が生じる権利（＝遺留分侵害額請求権、
改正民1046①）としてその性質が改められた。そのため、上記の取扱いは、
相続法改正により変更される可能性がある。

　その理由は、改正後においては、遺留分権利者は遺留分侵害額請求権を
行使しても、遺産の帰属自体には効果は生じず（＝相続財産に関する持分的
権利を取得することはない）、単に受遺者又は受贈者に対して、遺留分侵害額
の支払いを請求できる権利を取得るにとどまることとなる。その結果、遺
留分侵害額請求権が行使されても、金融機関に対する預貯金債権の帰属に
は影響を及ぼさないため、遺留分権利者が預貯金契約上の地位を取得する
こともなくなる。

　それゆえ、預貯金債権を取得しない相続人は、取引履歴の開示を請求す
る根拠がなくなると考えられるからである。

　以上から、相続法改正後は、預貯金債権を取得しない相続人は、金融機
関に対して、取引履歴の開示を請求できなくなるとされている文献も存在

する（金融取引法研究会編『一問一答　相続法改正と金融実務』（経済法令研究会、2018）232 頁）。

　しかしながら、最高裁平成 21［2009］年 1 月 22 日判決の調査官解説によれば、「遺言により特定の共同相続人に預貯金債権の全部を相続させることとされても、預金契約上の地位まで当然に相続させるものでない以上、他の共同相続人は取引経過開示請求権を行使し得る」とされているところであり（『最高裁判所判例解説　民事篇（平成 21 年度）（上）』（法曹界、2012）67 頁）、「預貯金債権の帰属」と「預金契約上の地位」を別に観念する見解も存在する。

　この見解によれば、預貯金債権を取得しない相続人も、預貯金契約上の地位は準共有しており、この地位に基づいて取引履歴の開示請求ができると考える（『法律家』P142）。

【図表 20】預貯金債権を取得しない相続人による資料の開示請求

①相続法改正前

預貯金債権を取得しない相続人

遺留分減殺請求権を行使　＝

① 遺留分に応じて相続財産を相続開始時に遡って包括的に承継取得する（預金債権の取得）。
② その結果、個々の相続財産についても持分的権利を取得する（預貯金契約上の地位の取得）。

取引履歴の開示請求可

②相続法改正後

預貯金債権を取得しない相続人

遺留分侵害額請求権を行使
（民1046①）

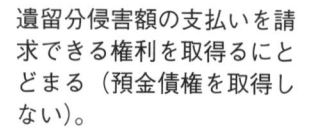

遺留分侵害額の支払いを請求できる権利を取得るにとどまる（預金債権を取得しない）。

取引履歴の開示を請求する根拠がなくなると考えられる。

「遺言により特定の共同相続人に預貯金債権の全部を相続させることとされても、預金契約上の地位まで当然に相続させるものでない以上、他の共同相続人は取引経過開示請求権を行使し得る」（最高裁平成21（2009）年1月22日判決調査官解説）

取引履歴の開示請求可

③ 預金契約が既に解約されていた場合の請求

　前掲の最高裁平成21［2009］年1月22日判決は、被相続人の死亡時に預

金契約が存続している場合において、「預金契約に基づき」取引経過の開示請求を認めたものである。では、被相続人の死亡時に預金契約が既に解約されていた場合は、取引経過の開示請求は認められるであろうか。

東京高判平成 23［2011］年 8 月 3 日判決（金法 1935 号 118 頁、以下「本件高判」という）は、「銀行は、預金契約の解約後、元預金者に対し、遅滞なく、従前の取引経過及び解約の結果を報告すべき義務を負うと解することはできるが、その報告を完了した後も、過去の預金契約につき、預金契約締結中と同内容の取引経過開示義務を負い続けると解することはできない。」との判断を示し、預金契約の解約後の取引経過の開示義務を否定した。

その上で、本件高判は、「銀行が、信義則上、預金等契約終了後、契約期間中の取引経過の開示に応ずべき義務を負う場合がある。」としたが、これについても本件高判における開示請求の内容や目的と金融機関に求められる開示の負担を比較衡量した上で、後者があまりにも過大であることを理由に当該義務の存在も否定した（併せて、同請求は「権利の濫用」（民 1 ③）に該当するとの判断も示されている）。

本件高判は事例判断であり、一般化しづらいが、預金契約が既に解約されている取引経過開示請求を銀行に対して行った場合、銀行は、本件高判の判断を踏まえ、解約後に従前の取引経過及び解約の結果の報告が完了したならば、それ以上の取引経過の開示には応じないとの対応をすることも否定できないと考える。

以上のとおり、預金契約の存続中に、共同相続人の 1 人が被相続人名義の預金口座の取引経過の開示を求めた場合、共同相続人全員に帰属する預金契約上の地位に基づく権利として、他の共同相続人の同意がなくとも銀行は原則としてこれに応じる義務がある。

一方、預金契約が既に解約されている場合は、解約後に従前の取引経過及び解約の結果の報告が完了している等の事情を踏まえ、銀行はそれ以上に取引経過の開示に応じるべき義務を負うことは信義則上もなく、かかる開示請求は権利の濫用にも該当する。したがって、開示請求に応じないこともあり得ると考える。

請求の場面	残高証明書及び取引履歴の開示請求の可否等
「法定相続人の 1 人」による請求	預金者が死亡した場合、その共同相続人の 1 人は、預金債権の一部を相続により取得するにとどまるが、これとは別に、共同相続人全員に帰属する「預金契約上の地位」に基づき、被相続人名義の預金口座についてその取引経過の開示を求める権利を単独で行使することができる（最判平 21 [2009] 1・22 民集 63 巻 1 号 228 頁）。
「預貯金債権を取得しない相続人」による請求	預貯金債権を取得しない相続人も、預貯金契約上の地位は準共有しており、この地位に基づいて取引履歴の開示請求ができる（最高裁平成 21 [2009] 年 1 月 22 日判決調査官解説）。
預金契約が既に解約されていた場合の請求	解約後に従前の取引経過及び解約の結果の報告が完了している等の事情を踏まえ、銀行はそれ以上に取引経過の開示に応じるべき義務を負うことは信義則上もなく、かかる開示請求は権利の濫用にも該当すると整理し、開示請求には応じないという対応を採ることもあり得る（東京高判平 23 [2011] 8・3 金法 1935 号 118 頁）。

② 口座凍結〜預金者が死亡した場合の銀行の対応

　銀行は、預金者死亡の事実を知った場合、どのように対応するのか。また、その対応は、預金者死亡の事実を入手した先や方法等によって変わることがあるか。そして、公共料金等の自動引落がされている場合は、どのように対応するのであろうか。

　これらの場面における銀行の対応を知ることは、相続預貯金の払戻手続を行うにおいて欠かすことはできない。なぜなら、銀行の対応によっては依頼者に不利益が及ぶことがあるからである。

　以上を踏まえて、預金者が死亡した場合の銀行の対応について、①銀行が預金者死亡の事実を知った場合の対応、及び②公共料金等の自動引落しの以

上 2 点について詳述する。

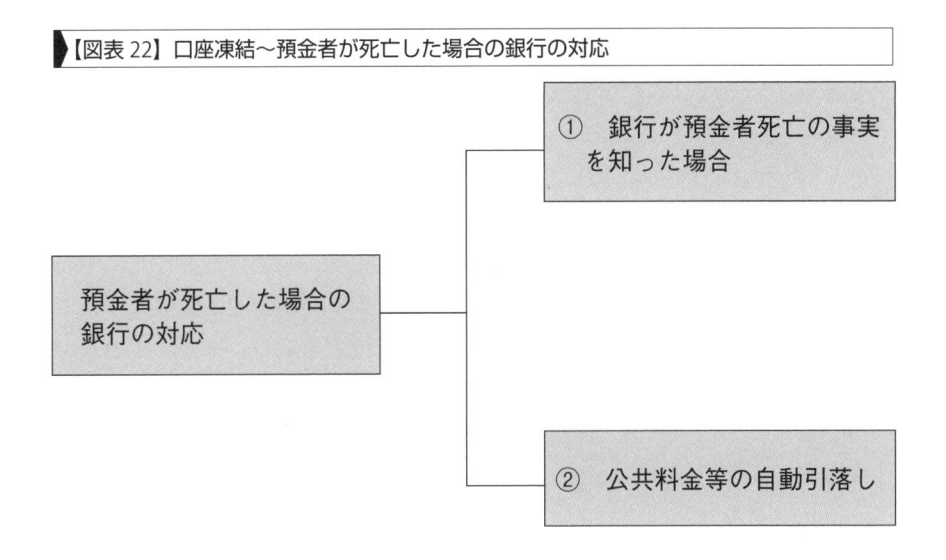

【図表 22】口座凍結〜預金者が死亡した場合の銀行の対応

- ①　銀行が預金者死亡の事実を知った場合

預金者が死亡した場合の銀行の対応

- ②　公共料金等の自動引落し

①　銀行が預金者死亡の事実を知った場合

預金者が死亡した事実を知った場合の銀行の対応を見てみる。

イ）　口座凍結の実行

　預金者が死亡した場合、預金債権は、相続開始と同時に当然に相続分に応じて分割されることはなく、遺産分割の対象となる（最大決平 28 [2016]・12・19 民集 70 巻 8 号 2121 頁、P12 参照）。したがって、銀行は、単独の相続人からの払戻請求に応じることはせず、遺産分割協議書や相続人全員の同意書等に基づき、共同相続人に一括して払い戻す対応を行う。

　そのため、銀行が、何らかの方法により預金者の死亡を知った場合、遺産分割協議書又は相続人全員の同意書等に基づく払戻請求の場合を除き、一切の者への払戻しを防止する措置、いわゆる「口座凍結」を実行する。

ロ） 口座を凍結する理由

口座を凍結する主な理由は、二重払いの回避である。すなわち、万一、銀行が預金者死亡の事実を知ったにもかかわらず、預金の入出金停止措置を取らずに払戻し等がなされた場合には、たとえ払戻請求者が真正な届出印を持参していたとしても、銀行は免責されないおそれがある。また、たとえ相続人に対する払戻しであったとしても、相続分を超えて払戻しを行ってしまった場合には、銀行は二重払いを強いられる可能性がある。

そして、このようなリスクを避けるため、相続人等から預金者死亡の連絡を受けた場合、銀行は、次の措置を取る。まず、預金者との取引の有無を確認した上で、直ちに全店での入出金停止措置を取る。次に、届出人から、死亡日・預金者と届出人との関係・相続人の範囲・遺言の有無・遺産分割協議の成否・届出人の連絡先等を聴取し、相続手続に必要な情報や必要書類を収集する（『Q&A』P94）。

ハ） 口座凍結の事例

預金者が著名人などの理由により、その死亡が新聞やテレビ等の報道により公知の事実となっている場合には、相続人等からの連絡を待つまでもなく、銀行が預金者死亡の事実を知った時点で直ちに入出金停止措置を講じることもあり得る。なぜなら、銀行が預金者死亡の事実を知っていながら、預金払戻請求者に対し払戻しに応じた場合、銀行は善意とは評価されず、免責を受けられない可能性があるからである。

このほか、所轄の税務署や、他の金融機関からの連絡により預金者の死亡が判明することがあるが、このような場合にも、銀行は直ちに入出金及び取引停止の措置をとった上で、相続手続に備える（『Q&A』P95）。

【図表 23】口座凍結のプロセス

<table>
<tr>
<td>預金者死亡</td>
<td>＝</td>
<td>預金債権は、相続開始と同時に当然に相続分に応じて分割されることはなく、遺産分割の対象となる（最大決平28［2016］・12・19民集70巻8号2121頁）。</td>
</tr>
</table>

預金者の死亡を確認＝二重払いのリスク発生

二重払いのリスク回避→口座凍結の実行

全店での入出金停止

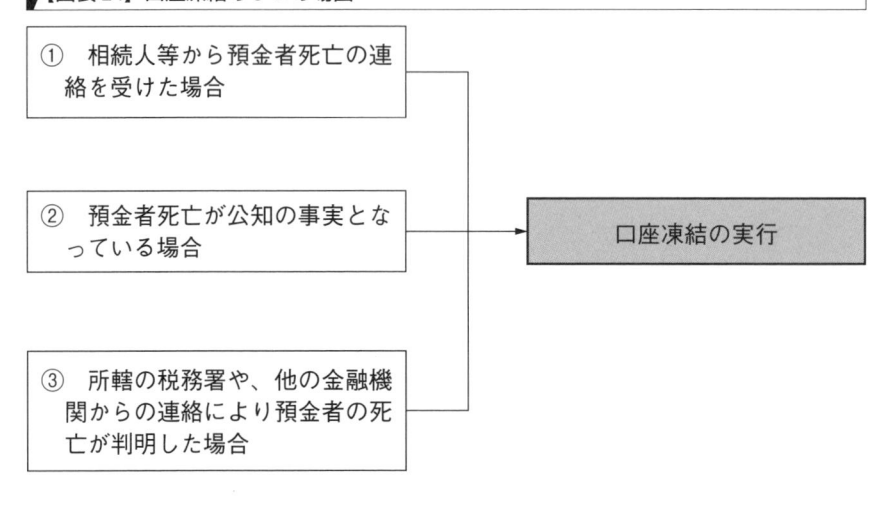

【図表 24】口座凍結の 3 つの場面

① 相続人等から預金者死亡の連絡を受けた場合		
② 預金者死亡が公知の事実となっている場合	→	口座凍結の実行
③ 所轄の税務署や、他の金融機関からの連絡により預金者の死亡が判明した場合		

② 公共料金等の自動引落し

預金者死亡による公共料金等の自動引落しに対する銀行の対応について見てみる。

イ) 口座振替の取扱い

公共料金等、一定期間継続して行われることが予定されている支払いには、自動引落し（口座振替）が広く利用されている。口座振替契約の法的性質は、預金者の銀行に対する口座振替事務の委託であり、民法 656 条の準委任に当たる。

通常、委任者が死亡した場合、委任契約（準委任も含まれる）は終了する（民 653 一）。したがって、銀行が預金者死亡の事実を知った場合に取り得る手続としては、

① 以後の口座振替を終了させる
② 相続人全員による依頼書を得た上で口座振替を継続させる
③ 相続人との間で振替契約を締結し直す

などが考えられる（『Q&A』P83）。

ロ）　従前の口座振替の継続

　原則的な取扱いは上記のとおりであるが、預金者死亡後、上記①から③までの手続を取る前であっても、預金者の便宜のため一定期間振替を継続させることが望ましい場合がある。

　この点、民法 653 条 1 号が、委任者死亡を委任の終了事由とする理由は、委任は、当事者間の個人的信頼関係に基づくものと考えられていることによる。しかしながら、委任における当事者間の信頼関係は必ずしも個人的な信頼関係とは限らず、委任事務の性質によっては、死亡によって終了させないことが妥当な場合も実際ある[注7]。したがって、委任者死亡後も委任を継続させる旨の当事者意思が推定される委託事務については、銀行に対して委任者死亡後も委任契約を直ちに終了させず、一定期間継続させることを交渉する余地もあるものと考える（『Q&A』P84）。

ハ）　銀行の預金者死亡後の口座振替の対応

　銀行と預金者の間の口座振替契約について考えると、口座振替は、銀行が大量・定型的に行う業務の一つに過ぎず、預金者との個人的信頼関係に基づく契約であるとはいえない。また、通常、口座振替の依頼者（＝預金者）には、振り替えるべき債務が存在する限り、自己の死亡後も口座振替を継続させる意思があるものと推定される。

　また、預金者死亡時の相続財産から相続債務を支払うに過ぎない場合、口座振替を継続したとしても、銀行にとって相続人との間で紛争となるリスクは少ないと考える。

　以上から、銀行は預金者死亡後であっても一定期間振替の継続に対応するが、かかる振替の継続は、相続債務でないことが明らかなもの以外の債務について、必要最小限度の範囲で行われると考える。具体的には、預金者死亡後の時点から 1 か月程度、公共料金の口座振替を継続することは可

注 7　幾代通＝広中俊雄編『新版注釈民法⒃　債権⑺』（有斐閣、1989）293 頁〔明石三郎〕

能であろう（なお、税金の口座振替にかかる委任契約成立後に委任者が死亡し、死亡後に行われた税金の引落しを有効とした裁判例として、東京地判平10 [1998]・6・12金法1541号73頁）。

いずれにせよ、かかる対応は必要最小限度にとどめられ、相続人の協力を得て上記①から③までのいずれがの手続が進められると推定される。

預金者死亡後の自動引落しは、銀行によって取扱いが異なるとところであり、相続人代表者等から一定期間被相続人の預貯金口座の口座振替の相談を受けた場合は、その状況を精査した上で銀行に依頼するのが相当であろう。

❸ 貸金庫～共同相続人の一部による貸金庫の内容物の確認・持出の可否

被相続人が銀行と貸金庫契約を締結していた場合、実務では、相続人代表者又は遺言執行者から委任を受けて、相続財産の範囲と評価及び遺言の有無等を調査するために、貸金庫の開扉や内容物の取出し等を行う場合があり得る。

銀行は、貸金庫の開扉等に関しては慎重に構える。そこで、速やかな業務遂行を実現するために、共同相続人の一部による貸金庫の内容物の確認・持出の可否について、①貸金庫の内容物の確認、②貸金庫の内容物の持ち出し、及び③貸金庫の内容物が「現金」である場合の以上3点について詳述する。

【図表 25】共同相続人の一部による貸金庫の内容物の確認・持出の可否

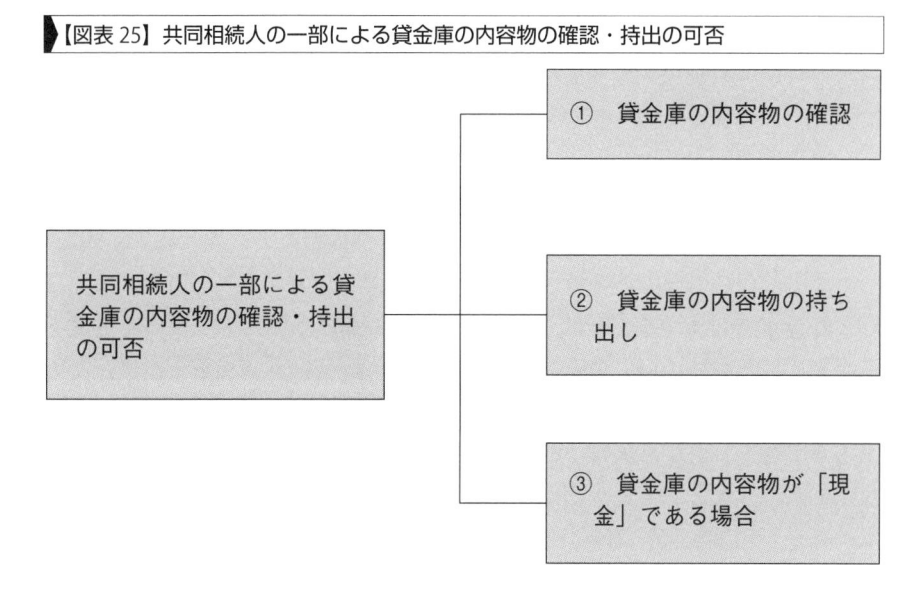

①　貸金庫の内容物の確認

　貸金庫の利用者が死亡した場合に、相続人の 1 人が、相続財産の確認のために銀行に対して貸金庫の開扉を求めることがある。しかし、銀行は、当該開扉請求に応じた場合、当該相続人が内容物を持ち去ったなどとして、他の相続人から後日クレームを申し立てられるリスクが否定できない。したがって、銀行から全相続人の立会いの下に開扉する、又は当該相続人が貸金庫を開扉することについて全相続人から同意書を取得するなどの要求がなされることが考えられる。

　しかし、相続人の中に遠方に居住する者がいたり、折り合いが悪い者がいたりするなどの理由で、全相続人の立会いや同意書を取得することなどが困難な場合がある。そこで、相続人の 1 人が銀行に対して、貸金庫の開扉を求めることはできないのかが問題となる。

イ）　貸金庫契約の法的性質

　最高裁判所平成 11 ［1999］年 11 月 29 日判決（民集 53 巻 8 号 1926 頁）は、貸金庫契約の法的性質について、「貸金庫の場所（空間）の賃貸借であ

る」とし、「契約者たる被相続人死亡の際、貸金庫契約上の地位は、被相続人の財産に属した一切の権利義務の一つとして、被相続人の相続人に承継される」と判示した（民896本文）。

貸金庫契約の借主たる地位も当然に相続の対象となるため、相続人が複数いる場合については、借主たる地位が各相続人に不可分に帰属することとなり、貸金庫利用権（賃借権）については、各相続人の準共有（民264）の状態になるものと解される。

貸金庫を開扉することは、貸金庫利用権の帰属や内容等について変更を加える行為ではないと考えられることから、処分行為や利用・改良行為には該当せず、単なる保存行為（民252⑤）であると考えるのが自然である。そうすると、各相続人は、他の相続人の同意なくして、貸金庫を開扉することができるということになる。

また、相続人は、相続財産について調査権を有しているところ（民915②）、貸金庫を開扉して内容物を確認することは、当該調査の一環と考えられることができることからも、各相続人は、他の相続人の同意なくして、貸金庫を開扉することができるものと考えられる（『Q&A』P124）。

【図表 26】貸金庫契約の法的性質と開扉

最判平11 [1999]・11・29判決
貸金庫契約の法的性質は、貸金庫の場所（空間）の賃貸借

契約者たる被相続人死亡

貸金庫契約上の地位は、相続開始時から、被相続人の相続人に承継される（民896本文）。

相続人が複数いる場合、貸金庫利用権（賃借権）は各相続人の準共有（民264）の状態になる。

①貸金庫の開扉は保存行為（民252⑤）
②相続人は相続財産について調査権を有している（民915②）

各相続人は、他の相続人の同意なくして、貸金庫を開扉することができる。

ロ）　銀行の対応（事実実験公正証書）

　しかし、前述したとおり、相続人の 1 人からの開扉請求に応じた場合、銀行は、当該相続人が内容物を持ち去ったなどとして他の相続人から後日クレームを申し立てられるリスク等が否定できない。したがって、銀行に

は当該リスクを低減させるための措置を取る必要が生じる。

　そのため、共同相続人の1人が貸金庫を開扉することに対して銀行が難色を示すことも考えられる。その対応策の一つとして、公証人に対して開扉への立会いと内容物の確認を求め、その結果を事実実験公正証書（下記【参考】参照）に残す方法を銀行に提案することが考えられる。当該公証証書は、高度の証拠価値があるため、リスクの低減に資するものである。したがって、銀行が提案を受け入れる可能性は高いと考える。なお、その費用負担については、当該相続人の負担となるものと考えられるので、事実実験公正証書を利用する場合は、公証役場から見積を取り、事前に依頼者に提示し了承を得ておく必要がある。

【参考】事実実験公正証書

　公証人は、「法律行為其ノ他私権ニ関スル事実ニ付公正証書ヲ作成スルコト」について、「当事者其ノ他ノ関係人ノ嘱託ニ因リ」「事務ヲ行フ権限ヲ有ス」とされている（公証1）。

　公証人は五感の作用により直接体験（事実実験）した事実に基づいて公正証書を作成することができ、これを「事実実験公正証書」と呼んでいる（公証37）。事実実験の結果を記載した「事実実験公正証書」は、証拠を保全する機能を有し、権利に関係のある多種多様な事実を対象とする。

　例えば、特許権者の嘱託により、特許権の侵害されている状況を記録した事実実験公正証書を作成する場合や、相続人から嘱託を受け、相続財産把握のため被相続人名義の銀行の貸金庫を開披し、その内容物を点検・確認する事実実験公正証書を作成する場合がある。

　また、キャンペーンセールの抽選が適正に行われたことを担保するため、抽選の実施状況を見聞する事実実験、土地の境界争いに関して現場の状況の確認・保存に関する事実実験、株主総会の議事進行状況に関する事実実験などもある。

　対象となる事実には、私権の得喪・変更に直接・間接に影響がある事実であれば、債務不履行、不法行為、法律でいう善意・悪意、物の形状、構造、数量ないし占有の状態、身体・財産に加えた損害の形態・程度なども含まれる。

　事実実験をどのように実施し、どのような内容の公正証書を作成するかは、嘱託する公証人と事前に十分打合せをすることが必要である。

　事実実験公正証書は、その原本が公証役場に保存される上、公務員である公証人によって作成された公文書として、裁判上真正に作成された文書と推定され、高度の証明力を有する。

　このようなことから、事実実験公正証書には証拠保全の効果が十分期待できる。

（引用・参考：日本公証人連合会ホームページ）

②　貸金庫の内容物の持ち出し

　貸金庫を開扉するだけでなく、貸金庫の内容物を持ち出す行為は、貸金庫利用契約に付随する保存行為（民 252 ⑤）や相続財産の調査（民 915 ②）の範囲を超えるものと言わざるを得ない。したがって、銀行が相続人の 1 人に対してこれを許容することは認めないと考えられる。

　実際、開扉だけであればともかく、特定の相続人に内容物の持ち出しまで認めたということになれば、他の相続人から銀行に対してクレーム等が発生するリスクが高いと思われる。したがって、相続人の 1 人が貸金庫の内容物を持ち出すことを希望する場合は、銀行から、全相続人の同意書の提出を求められる等の要求がなされると考えられる。

貸金庫の内容物を持ち出す行為

保存行為（民252⑤）や相続財産の調査（民915②）の範囲を超える。

銀行が相続人の1人に対してこれを許容することは原則認めない。

③ 貸金庫の内容物が「現金」である場合

　貸金庫の内容物が現金である場合において、相続人の１人が銀行に対して、法定相続分の限度で現金を持ち出したいという要望については認められるだろうか。

　相続財産に含まれる現金は、不動産や他の動産と同様に「有体物」として捉えられて遺産共有に取り込まれ、遺産分割の対象となる。その結果、遺産分割前に相続分に応じて分割承継されるのではない。また、判例は、多額の現金を残して相続開始があり、共同相続人の一部の者がその現金を保管しているという事例（分割未了）において、「他の共同相続人が現金を保管している共同相続人に対して、共同相続人は、遺産分割までの間は、相続開始時に存した金銭を相続財産として保管している他の相続人に対して自己の相続分に相当する金銭の支払を求めることはできない。」としている（最判平４[1992]・４・10家月44巻８号16頁）。

　したがって、相続人の１人が銀行に対して法定相続分の限度で現金を持ち出したい旨の要望をした場合についても、前述の内容物の持ち出しと同様、他の全相続人の同意がない限り認められないと考える（『Q&A』P125）。

【図表28】相続人の1人が貸金庫の現金を持ち出すことに対する銀行の対応

| 相続財産に含まれる現金 |  | 遺産分割の対象 |

相続人の1人が銀行に対して法定相続分の限度で現金を持ち出すことは原則認めない。

【図表29】共同相続人の一部による貸金庫の内容物の確認・持出しに対する銀行の対応

	要求内容	銀行の対応
①	共同相続人の一部が、貸金庫を開扉して内容物を確認すること。	保存行為（民252⑤）又は相続財産の調査行為（民915②）と解する余地があるため、開扉は認められると思われるが、後日他の共同相続人との間でトラブルとならないよう、公証人の立会いを求められるなど慎重な対応がなされる場合がある。
②	共同相続人の一部が、貸金庫を開扉して貸金庫の内容物を持ち出すこと。	内容物を持ち出す行為は、保存行為・調査行為の範囲を超えているため、他の共同相続人の同意がない限り原則認められない。
③	共同相続人の一部が、貸金庫の中の現金を自己の法定相続分に応じて持ち出すこと。	現金は、遺産分割の対象となり、法定相続分に応じて各相続人に分割帰属するわけではないため、他の共同相続人の同意がない限り原則認められない。

4 被相続人が外国籍の場合

　被相続人が、日本に居住する外国籍の者であった場合の相続預貯金の払戻請求の方法について、被相続人の本国法が、中国法、韓国法及び台湾法の場合について、どの国の法律が適用されるのかを見てみる。

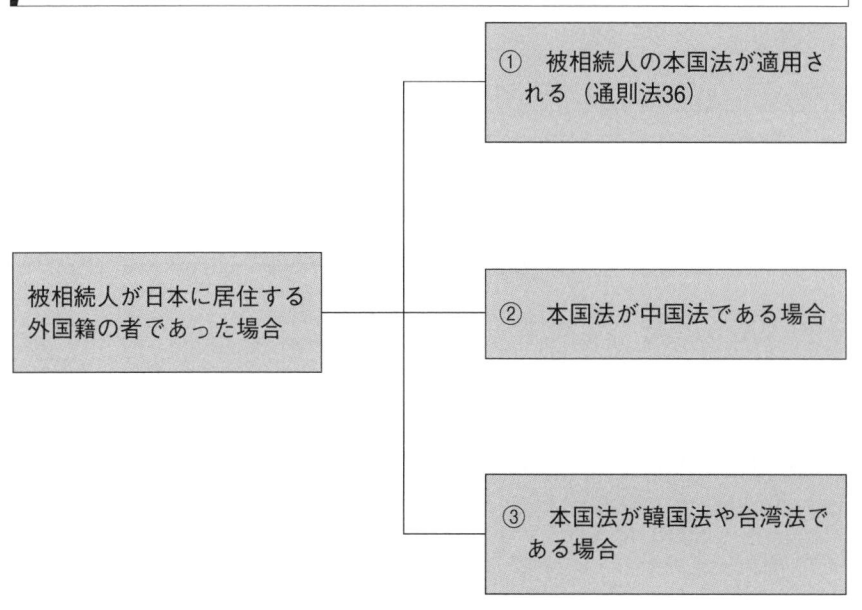

【図表 30】 被相続人が日本に居住する外国籍の者であった場合の相続預貯金の払戻請求の方法

被相続人が日本に居住する外国籍の者であった場合

① 被相続人の本国法が適用される（通則法36）

② 本国法が中国法である場合

③ 本国法が韓国法や台湾法である場合

① 被相続人の本国法が適用される（通則法 36）

　相続については、被相続人の本国法が適用されるため[注8]、本国法を特定の上、本国法における準拠法の定めを確定する。

注8　被相続人が外国籍である場合には、どの国の実体法に従って相続関係を処理するかが問題になる。日本にある預金の相続に係る場合、日本の国際私法の規定に従って相続準拠法を判断することになる。

　　この点、日本の国際私法の通則を定める、「法の適用に関する通則法」36 条は、「相続は、被相続人の本国法による。」と規定している。したがって、日本国内の預貯金の相続については被相続人の本国法によって処理されることになる。

　　被相続人の本国法が、地域により法を異にする国である場合には、その国の規則に従い指定される法（かかる規則がない場合は被相続人に最も密接な関係がある地域の法）を本国法とする（通則 38 ③）。

②　本国法が中国法である場合

本国法が中国法である場合、「預金の相続は被相続人の住所地法による。」と定めてあるため、被相続人が日本に居住していたことを前提にすると、日本法が適用される（反致）[注9]。したがって、この場合は、日本法に従って相続人の範囲・相続分を確定し、金融機関に対して払戻請求をする。

③　本国法が韓国法や台湾法である場合

本国法が韓国法や台湾法である場合、相続は本国法によると定めてあるため、本国法に基づいて相続人の範囲・相続分を確認し、金融機関に対して払戻請求をする。

いずれの場合も、相続の発生事実や相続人の範囲等を確認するため、在日公館等の発行する相続に関連する各種証明書や戸籍謄本等の提出を受けて払戻請求をすることになる。

【図表 31】被相続人が日本に居住する外国籍の者の準拠法

「法の適用に関する通則法」36 条 相続は、被相続人の本国法による。

日本国内の預金の相続については被相続人の本国法によって処理される。
・本国法が中国法→日本法が適用
・本国法が韓国法や台湾法→本国法が適用

注 9　反致とは、法廷地の国際私法の規定のみに基づいて準拠法を決定するのではなく、外国の国際私法の規定をも考慮して決定する考え方をいう。たとえば、ある法律関係の準拠法について、Ａ国の国際私法に従えばＢ国法によるべき場合において、当該Ｂ国の国際私法においてはＡ国法によるべきとされる場合に、Ａ国法を準拠法とすることを直接反致といい、日本においては、法の適用に関する通則法 41 条によって直接反致を採用している。

　被相続人が遺言を残したにもかかわらず、遺言執行による相続預貯金の払戻手続が困難、又はできない場合がある。これでは遺言を残した意味がなくなってしまう。そればかりか、遺言が相続人間の紛糾を招いてしまうことにもなりかねない。

　そこで、相続預貯金の払戻請求が困難になるケースを知り、その上で、速やかに相続預貯金の払戻手続を可能とする遺言作成のポイントを提示する。

▶【図表32】相続預貯金の払戻手続を速やかにする遺言作成のポイント

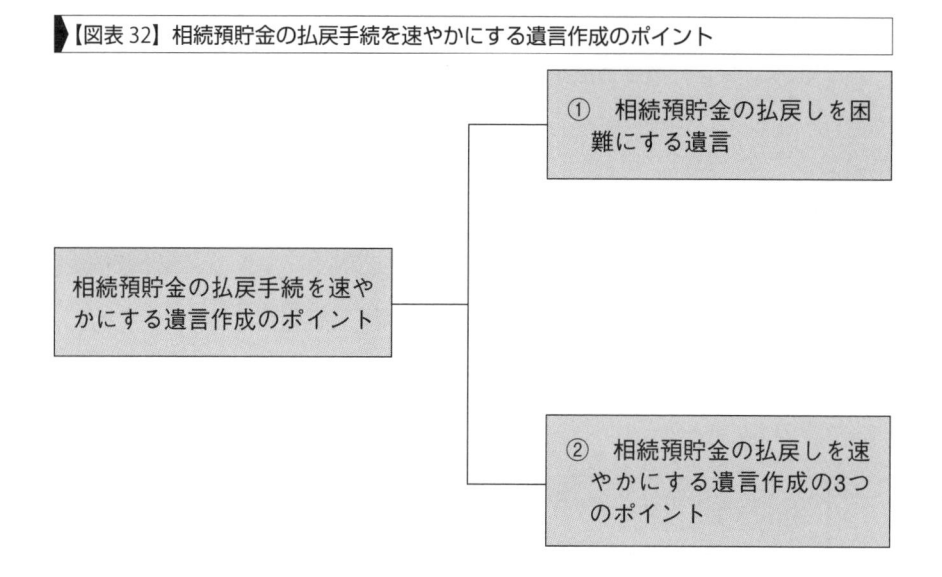

① 相続預貯金の払戻しを困難にする遺言

　公正証書遺言の場合には、預貯金債権は、金融機関名や支店名によって特定されるのが通常であり、このような特定がなされていれば、受益相続人や受遺者も金融機関に対して相続預貯金の払戻請求を円滑に行うことが可能である。

　また、上記のように特定の金融機関名が記載されていなくても、「全ての財産を○○に相続させる。」といった特定財産承継遺言の場合には、「全ての

財産」に相続預貯金が含まれていることは明らかであるから、相続預貯金の払戻請求をすることが可能である。

　一方、たとえば、金融機関の名称や口座番号等の誤記、単に「預金を相続させる」と記載されていた場合に、ゆうちょ銀行の「通常貯金」や証券会社の「預り金」が含まれるのか、また、「普通預金を相続させる。」との記載の場合に「定期預金」が含まれるのか、といった問題が起こり得る。

　このような場合、受益相続人や受遺者が金融機関に対して相続預貯金の払戻請求をしても、預貯金の特定が不十分であるとして、遺言があるにもかかわらず、相続人全員による払戻請求を求められることも否定できないので注意を要する。

【図表 33】 相続預貯金の払戻しを困難にする遺言の記載事例

記載事例	問題点
金融機関の名称や口座番号等の誤記	被相続人の相続預貯金とはみなされないおそれがある。
単に「預金を相続させる」という記載	ゆうちょ銀行の「通常貯金」や証券会社の「預り金」が含まれるのか？
「普通預金を相続させる」という記載	「定期預金」が含まれるのか？

> 預貯金の特定が不十分であるとして、遺言があるにもかかわらず、相続人全員による払戻請求を求められることもあり得る。

②　相続預貯金の払戻しを速やかにする遺言作成の 3 つのポイント

　金融資産については、次のように記載すると相続預貯金の払戻手続を速やかに行うことができる。

> ①　まず、遺言作成時点で特定できる預貯金等については、金融機関名・支店名・種別・口座番号等を記載する。
> ②　次に、遺言の効力発生（＝遺言者の死亡時）まで、一般に金融資産の額は変動・消滅・新たに発生等する。そのため、「特定した金融資産を含む、全ての金融資産を遺言執行者をして換価する。」と記す。
> ③　その上で、相続人又は受遺者に対して、「相続させる」、又は「遺贈する」割合を記す。

　以上の３点を備えることにより、相続預貯金の払戻手続は速やかに行われる。なお、万一、金融資産の内容を誤記したとしても、「全ての金融資産」という文言により救済され、払戻しされると考える。

⑥ 自筆証書遺言の方式緩和と預貯金の目録作成に関する注意点

　改正相続法による、自筆証書遺言の方式緩和の要点と預貯金の目録作成に関する注意点は次のとおりである。

①　自筆証書遺言の方式緩和

　自筆証書遺言の利便性を高め遺言を普及させるために、改正相続法では次のように自筆証書遺言の作成方法を緩和した。

> ①　自筆証書中の相続財産の特定に必要な事項（財産目録）については、遺言者が自書することを要せず、パソコン等による作成、遺言者以外の者による代筆、及び不動産の登記事項証明書・預金通帳のコピー等を添付する方法でもよい（改正民 968 ②）。
> ②　この場合、当該財産目録の毎葉（自書によらない記載がその両面にある場合にあっては、その両面）に遺言者が署名押印しなければならない（改正民 968 ②）。

　なお、財産目録について、自書によらない記載があるにもかかわらず遺言者の署名押印を欠いている頁がある場合は、当該頁のみが無効となり、当該

頁に記載された財産に関する遺贈等が無効となると考えられる。

②　預貯金の目録作成に関する注意点

他方で、たとえば、自筆証書遺言の1枚目（全文自書）に「預貯金は各相続人に別紙のとおり相続させる。」とあり、2枚目（パソコン作成）に相続預貯金の情報とともに各預金をどの相続人が相続するかを示す一覧表が記載されている場合、このような自筆証書遺言は無効と解されるので注意を要する。

なぜなら、民法968条2項は、「相続財産を特定するための情報」に限って自書によらないことを認めるものであり、誰がその財産を承継するかという遺言の基本的な事項についは、目録ではなく本文中に自書しなければならないと考えるべきだからである。

【図表34】自筆証書遺言の方式緩和と預貯金の目録作成に関する注意点

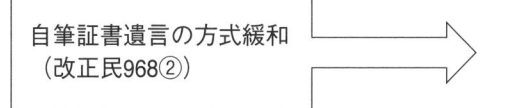

| 自筆証書遺言の方式緩和（改正民968②） | → | 「相続財産を特定するための情報」に限って自書によらないことを認める。 |

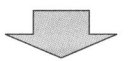

誰がどの財産を承継するかという遺言の基本的な事項については、目録ではなく本文中に自書しなければならない。

【無効事例】

1枚目（全文自書）に「預貯金は各相続人に別紙のとおり相続させる。」とし、2枚目（パソコン作成）に相続預金の情報とともに各預金をどの相続人が相続するかを示す一覧表が記載されている自筆証書遺言

7　自筆証書遺言の保管制度

2020（令和2）年7月10日、「法務局における遺言書の保管等に関する法

律（以下「遺言書保管法」という）が施行され、法務局において自筆証書遺言に係る遺言書を保管する制度が開始された。法務省民事局の発表によると、本制度実施から2024（令和6）年12月までの保管件数は、約8万9千件である。

　今後この制度を利用した遺言書による銀行の相続手続の依頼が増えることが予想される。そこで、本制度の概要と銀行の相続手続、及び本制度の利用により適用外となる遺言の検認について見てみる。

①　法務局における遺言書の保管制度の概要と銀行の相続手続

　民法（相続関係）改正とともに成立した、遺言書保管法は、自筆証書遺言の改ざんや紛失を防止するために、法務大臣が指定する法務局（＝遺言書保管所、遺言保管2①）において自筆証書遺言の保管及び情報の管理を行う制度を創設するとともに、当該遺言書については家庭裁判所による検認手続を不要とする措置を講ずることとしたものである（遺言保管11）。

　遺言書保管法による保管の申請の対象となる遺言は、自筆証書遺言書のみであり（遺言保管1）、遺言者は遺言書保管制度による保管を申請する場合、遺言者の住所地若しくは本籍地又は遺言者が所有する不動産の所在地を管轄する遺言書保管所の遺言書保管官（＝遺言書保管所に勤務する法務事務官のうちから、法務局又は地方法務局の長が指定する者。遺言保管3）に対してしなければならない（遺言保管4③）。

　遺言書保管制度を利用した自筆証書遺言については、相続人・受遺者・遺言執行者等の「関係相続人等」に当該遺言の原本は返還されず、遺言書情報証明書が交付される（遺言保管9①）。

　そのため、当該自筆証書遺言に基づく相続預貯金の払戻しの際には、関係相続人等は、当該遺言の原本ではなく、金融機関に対して遺言書情報証明書を提出することになる。遺言書情報証明書を提出された金融機関は、当該証明書に記載された遺言の画像情報等を確認し、預貯金の払戻しが可能か否かを判断することになる。なお、遺言書情報証明書の交付請求は、当該遺言書の遺言者が、死亡している場合に限られる（遺言保管9①括弧書き）。

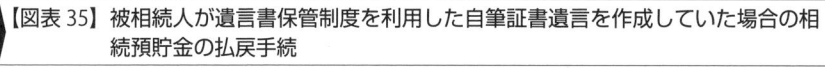

【図表 35】被相続人が遺言書保管制度を利用した自筆証書遺言を作成していた場合の相続預貯金の払戻手続

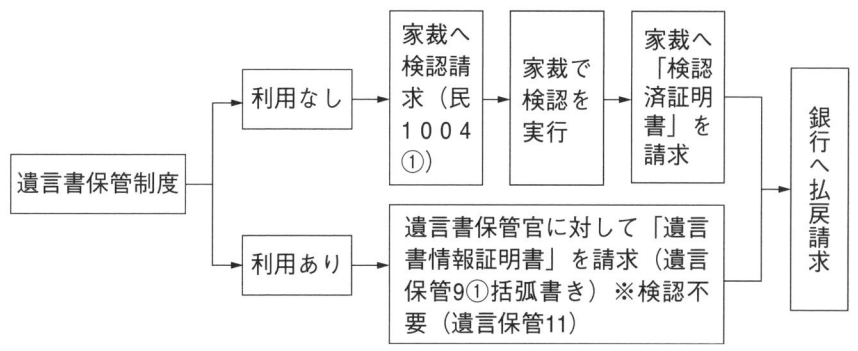

②　遺言の検認

　遺言の内容には、相続分の指定等、特に実現手続を必要としないものもあるが、登記の移転や物の引渡し等、内容実現のためには、遺言の執行が必要になる。この遺言執行を円滑に実現するための準備手続の趣旨で制定された手続が遺言の検認制度である。

　遺言書の保管者又は遺言書を発見した相続人は、遅滞なくこれを遺言者の最後の住所地にある家庭裁判所に提出して検認を請求しなければならない（民 1004 ①）。対象となる遺言書は、公正証書遺言以外の全ての方式の遺言書である（同②）。また、封印のある遺言書は、家庭裁判所において相続人又はその代理人の立会いがなければ開封することはできない（同③）。そして、民法 1004 条の規定により、遺言書を提出することを怠り、その検認を経ないで遺言を執行し、又は家庭裁判所外でその開封をした者は、5 万円以下の過料に処せられる（民 1005）。

　検認の申請を受けた家庭裁判所は、遺言の方式に関する一切の事実（遺言の全文、日付、氏名、押印の有無、筆記具の種類、印影の種類、印影の形式、封印、加除変更の形式・内容など）を調査し（家事規 113）、遺言の客観的外形的状態を確認検証して「遺言書検認調書」を作成する（家事手続 211、家事規 114）。

　検認が終わった後は、遺言の執行をするためには、遺言書に検認済証明書

が付いていることが必要となるので（当然に、相続預貯金の払戻手続にも必要）、家庭裁判所に検認済証明書の申請（遺言書1通につき150円分の収入印紙と申立人の印鑑が必要）をすることになる。

遺言の検認は、偽造・変造を防止して、その保存を確実にするための検証手続であり、その実質は遺言の方式に関する事実調査と遺言書の現状を確定する証拠保全の手続と捉えられている。したがって、検認により遺言書の有効性が確認されたり推認されたりすることにはならない（検認期日において、裁判所において遺言書の状態を確認するため、それ以降の偽造や変造ができなくなるということである）。また、遺言書が真正に成立したと推定されるわけでもないことに留意する必要がある（東京高判昭32［1957］・11・15下民集8巻11号2102頁）。

なお、法務局（＝遺言書保管所）に保管されている遺言書は、厳重に管理されており、偽造変造のおそれがないため、検認に関する規定は適用されない（民1004①、遺言保管11）。

このように、遺言の検認は手間がかかり日数も要する[注10]。その結果、相続預貯金の払戻しも時間がかかってしまう。自筆証書遺言を選択した場合、遺言の保管制度を利用することにより検認をすることなく直ちに執行できるので、速やかな遺言の内容の実現の観点からも利用価値があると考える。

注10　家庭裁判所は、相続人に対して、検認期日を通知する。そのため、検認を申し立てるための必要書類として、遺言者の出生から死亡までの戸籍謄本等及び相続人の戸籍謄本（全部事項証明書）等が必要になる。なお、相続人が遺言者の戸籍謄本等を取得しないで遺言執行するには、検認が不要な公正証書遺言しかないということになる（ただし、遺言者の死亡が確認できる戸籍謄本等は必要）。

第3章 銀行の相続手続を俯瞰する

　銀行の相続手続を速やかに遂行するには、業務の着手から問題解決（＝相続預貯金の払戻し）までの流れを俯瞰できる能力（＝俯瞰力）が不可欠である。そこで、本章では、まず、あらゆる業務に通底する「7つのプロセス」の全体像を見ることにする（3-1）。次に、各プロセスの「役割」を押さえる（3-2）。

　そして、銀行の相続手続を「7つのプロセス」に則って、遺言が「無い」場合（3-3 **1**）と「有る」場合（3-3 **2**）に分けて事例を交えて詳述する。

【図表 36】第 3 章の俯瞰図

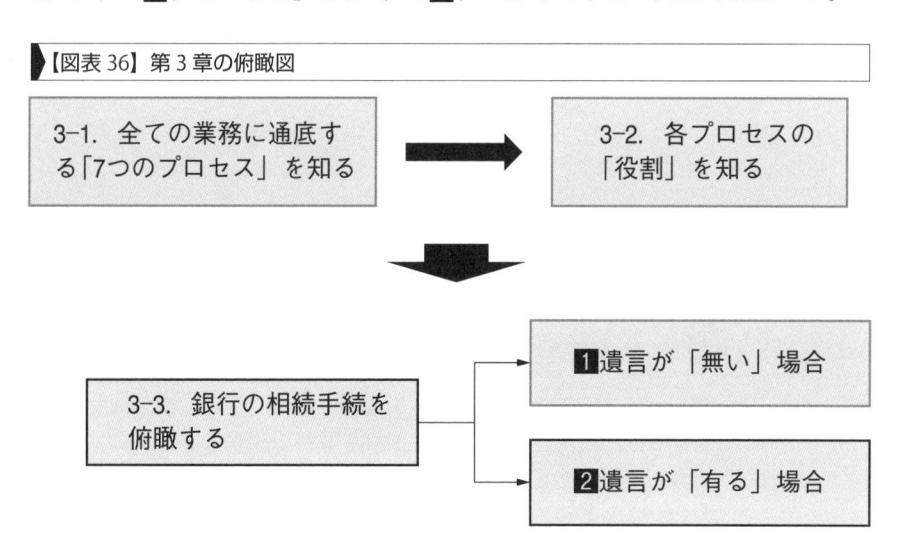

3-1　全ての業務に通底する「7つのプロセス」を知る

　まず、行政書士が取り扱う全ての業務の手順に通底する「7つのプロセス」を俯瞰する。

行政書士の業務は、官公署に提出する書類その他権利義務・事実証明に関する書類の作成、相談、書類の提出代理など広範囲に及ぶ(行書1の2①・1の3①)。

　しかし、業務遂行のプロセス（手順）は、業務の種別を問わず、原則として次表に提示する「7つのプロセス」に則って進行している。

【図表 37】7 つのプロセス

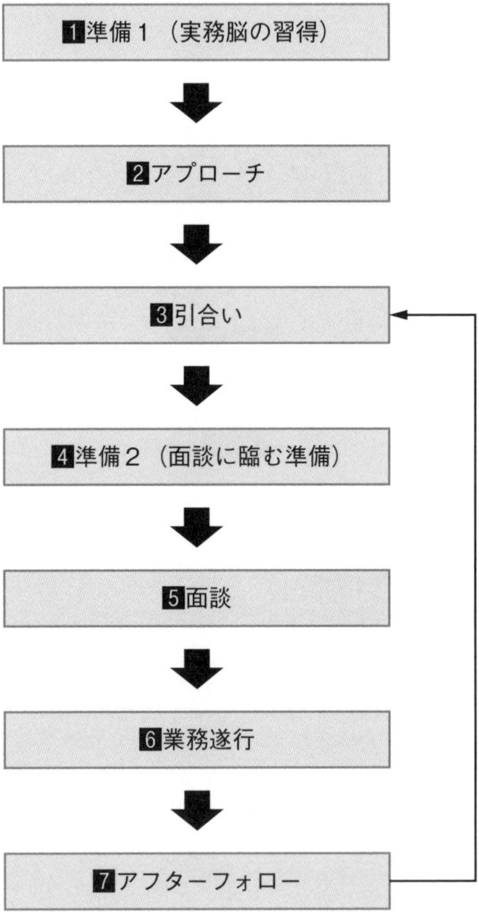

1 準備 1 （実務脳の習得）
↓
2 アプローチ
↓
3 引合い
↓
4 準備 2 （面談に臨む準備）
↓
5 面談
↓
6 業務遂行
↓
7 アフターフォロー

▌3-2　各プロセスの「役割」を知る

次に、各プロセスの定義を押さえた上で、それぞれの役割を確認する。

■1 準備 1（実務脳の習得）

「準備 1」は、取り扱う業務の専門レベルの知識を習得する場である。

「準備 1」の役割は、取扱業務の専門知識、すなわち「実務脳」[注1] を習得して速やかな業務遂行及び「高い受任率と満足行く報酬」を実現する基盤を構築することである。

■2 アプローチ

「アプローチ」は、ターゲット顧客（＝「準備①」で習得した専門知識を求めるであろうと予想される者）に対して、自分の存在をアピールする場である。

「アプローチ」の役割は、ターゲット顧客が「いざ！」という万一の時に、自分をターゲット顧客の頭に真っ先に浮かぶ存在にすることである。この、「いざ！」という時に真っ先にターゲット顧客の頭に浮かぶ存在になるための施策を、筆者は「脳の SEO 対策」と呼んでいる。

■3 引合い

「引合い」は、ターゲット顧客から相談のオファー（＝申込み）を受ける場

注1　実務脳とは、顧客価値を速やかに実現し、なおかつ、長期利益を実現できる思考回路をいう。実務脳の習得は、高い受任率と満足行く報酬を実現する前提条件となる。

　　　具体的には、面談の場で、相談者が抱えている先の見えない切実な悩みを解決する方法と手順を読み抜き、解決までの道筋（＝ロードマップ）を相談者に提供することで相談者から信頼を得て、その結果、満足行く報酬で受任し、なおかつ業務を速やかに遂行できる能力をいう。

である。

「引合い」の役割は二つある。一つは「相談希望者」（引合いの段階で、「ターゲット顧客」は「相談希望者」に変わっている）を「相談者」に変えること、すなわち、アプローチによって開拓したターゲット顧客を面談のステージへ引き上げることである。もう一つは、相談希望者から面談を効率的・効果的に行うための情報を収集することである。

４ 準備2（面談に臨む準備）

「準備2」は、引合いで収集した相談希望者からの情報に基づいて、適確な面談を実施し、受任して満足行く報酬を得るための準備の場である。

「準備2」の役割は、相談者の事情に応じた適確な面談を実施するための準備を整えることである。

５ 面談

「面談」は、相談者との実質的なファーストコンタクトの場である。

「面談」の役割は、「相談者」を「依頼者」に変えることである。面談の内容次第で、受任できる・できない、報酬が不本意なものになるか満足行くものになるか、受任後の業務が遅滞するか速やかに遂行するか、業際問題に抵触するかしないか等が概ね決まる。

このように面談は、「7つのプロセス」の中核になる場である。

６ 業務遂行

「業務遂行」は、受任から業務完了（報酬の受領を含む）までの一連の流れの場である。

「業務遂行」の役割は、依頼者が抱えている先の見えない切実な悩みを、実務脳を駆使して速やかに解決することである。

７ アフターフォロー

　「アフターフォロー」は、業務が完遂した後に依頼者と継続的にコンタクトをとる場である。

　「アフターフォロー」の役割は、依頼者をリピーターやキーマン（＝紹介者）に変えることによって、継続的に利益を生み出す基盤を構築することである。

	プロセス	定 義	役 割
1	準備1（実務脳の習得）	取り扱う業務の専門レベルの知識を習得する場	取扱業務の専門知識を習得して「速やかな業務遂行」と「高い受任率と満足行く報酬」を実現する基盤を構築する。
2	アプローチ	ターゲット顧客に対して自分の存在をアピールする場	ターゲット顧客が万一の時に、自分を真っ先に頭に浮かぶ存在にする。
3	引合い	ターゲット顧客から相談のオファーを受ける場	① 相談希望者を面談のステージへ引き上げる。 ② 相談希望者から面談を効率的・効果的に行うための情報を収集する。
4	準備2（面談に臨む準備）	適確な面談を実施し、受任して満足行く報酬を得るための準備の場	相談者の事情に応じた適確な面談を実施するための準備を整える。
5	面談	相談者との実質的なファーストコンタクトの場	「相談者」を「依頼者」に変える。
6	業務遂行	受任から業務完了までの一連の流れの場	依頼者が抱えている先の見えない切実な悩みを、実務脳を駆使して速やかに解決する。
7	アフターフォロー	業務完遂後に依頼者と継続的にコンタクトをとる場	依頼者をリピーターやキーマンに変えることで、継続的に利益を生み出す基盤を構築する。

3-3　銀行の相続手続を俯瞰する

　銀行の相続手続の俯瞰力を強化するために、銀行の相続手続の流れを、7
つのプロセスに則って「遺言が無い場合」と「遺言が有る場合」で事例と現
物資料を交えてそれぞれ見る。

1 遺言が「無い」場合

　7 つのプロセスに基づいて、遺言が無い場合、すなわち遺産分割に係る銀
行の相続手続を、次の事例を交えて俯瞰する。

Case Stady　被相続人（山田昭一）の相続人は、妻（山田明美）、長女（太
田昭子）、長男（山田英夫）の以上 3 名である。妻は高齢で足腰の具合が優れな
い。また、長男は単身赴任中である。結局、実家の近くに住んでいる長女が
相続手続を行うことになった。

　長女は、相続預貯金の払戻しを行うために、亡父が口座を開設していた銀
行に出向いて説明を聞いたところ、まずは相続関係を証明する戸籍が必要と
告げられた。そこで、役所に請求してみたものの、一か所で全ての戸籍を収
集することができず思うように手続が進まなかった。そして、仕事が忙しく
なってきたため、相続手続は中断してしまった。

　このままでは一向に手続が進まない。そこで、会社の同僚に相談したとこ
ろ、「知り合いに相続を専門にしている行政書士がいるから一度話を聞いて
みたら」と勧められた。早速、長女は同僚から行政書士を紹介してもらうこ
とにした。行政書士と会って手続の説明を聞いてみて、複雑な手続を短期間
で自分で行うのは困難だとわかった。提示された費用も納得いくものだった
ので、行政書士に依頼することにした。

---

①準備1（実務脳の習得）
　基本書と実務書で遺言・相続の知識を修得する。

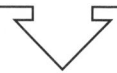

②アプローチ
　あらゆる機会や手段で「銀行の相続手続」を行うことをアピールする。

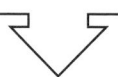

③引合い
　面談の場で受任するための情報を入手する。
　(1)　概要を聞く
　(2)　面談の日時・場所を決める
　(3)　面談に持参する資料を指示する

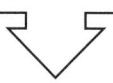

④準備2（面談に臨む準備）
　「ロードマップ」「見積書」「委任契約書」及び「委任状」を準備する。

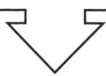

⑤面談（相続人代表者と1回目の打合せ）
　「面談の場で受任する」という姿勢で面談に臨む。
　(1)　説明する（現状の法的状況、業際問題等）
　(2)　遺産分割協議の進捗状況を確認する
　(3)　問題解決までの道筋（＝ロードマップ）を提示する
　(4)　見積を提示する
　(5)　受任の成否を確認する
　(6)　通帳・カード、印鑑登録証明書（相続人代表者）を預かる
　(7)　口座凍結を説明する
　(8)　相続人代表者が「委任状」に署名押印（実印）する
　(9)　職務上請求書の使用承諾を得る

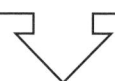

⑥業務遂行

　遺産分割の前提条件（「相続人の範囲」と「相続財産の範囲と評価」）を確定した上で、業務を速やかに遂行する。

- （1）「相続人の範囲」を確定する
- （2）銀行にアポイントを入れる
- （3）銀行と打合せ《第1回》
　残高証明書を請求する
- （4）銀行から受任者（＝行政書士）に「残高証明書」が届く
- （5）「財産目録」を作成する
- （6）相続人代表者と打合せ（第2回）
　〜調査結果の報告及び遺産分割の内容をヒアリング
- （7）「遺産分割協議書（案）」の作成
- （8）相続人間で遺産分割協議を成立させる
- （9）相続人代表者と打合せ（第3回）
　〜遺産分割協議書（案）の修正等の有無の確認
- （10）「遺産分割協議書」の作成（完成）
- （11）相続人代表者と打合せ（第4回）
　〜書類（遺産分割協議書、委任状等）を交付する
- （12）相続人代表者から（11）の書類が届く
- （13）銀行と打合せ《第2回》
　〜相続預貯金の払戻請求をする
- （14）銀行から受任者に「手続完了通知」と「通帳」（解約済）が届く
- （15）相続人代表者と打合せ（第5回）
　〜業務完了：納品・請求・継続的関係の構築

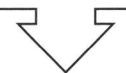

⑦アフターフォロー

「いざ！」という時に真っ先に頭に浮かぶ存在になるために年賀状・暑中見舞い等で継続的にアプローチする。

① 準備1（実務脳の習得）

　基本書と実務書で遺言・相続の知識を修得する。また、金融機関が主催する遺言・相続セミナーは士業が講師を務めていることが多いので顧客対応やセミナーを開催するときの参考にもなる。

② アプローチ

　銀行の相続手続を行政書士が行うことを知っている者はほとんどいないと考えてよい。したがって、友人・知人に会ったとき、年賀状・暑中見舞いの季節の挨拶状、ホームページ等あらゆる機会や手段で「銀行の相続手続を行うこと」をアピールする。このことが、親族の死亡といった「いざ！」という時に「そう言えば、行政書士の○○さんが相続手続を行うと言っていたな！」とターゲット顧客の頭にとポンと浮かんで引合いにつながる。

③ 引合い

　面談の場で受任するための情報を入手する。ただし、引合いの重要な役割はターゲット顧客を面談のステージへ引き上げることである。したがって、ヒアリングは必要最低限に止め、「面談の日時と場所」を決めることに傾注すること。

　イ）　概要を聞く

　　遺産分割協議の場合は、通常相続人の代表者（＝相続人代表者）から連絡が入る。

　　まず、遺言の有無を確認する。次に、被相続人に関する情報（氏名、生年月日、死亡年月日等）、被相続人と相続人代表者の関係、遺産分割の進捗状況等をヒアリングする。

　　銀行の相続手続に関しては、被相続人が口座を開設していた金融機関に対して、被相続人死亡の連絡の有無を確認することが重要である（P68「2 **2**」参照）。

　ロ）　面談の日時・場所を決める

　　面談の日時と場所を決めることは引合いの肝である。顧客価値の早期実

現の観点から、できるだけ早期に相続人代表者と面談を実施するように努めること。

ハ）　面談に持参する資料を指示する

　面談の日時と場所が決まったら、面談時に用意してもらう資料を伝える。主な資料は次のとおり。

【遺言が「無い」場合の面談時に用意してもらう主な資料】

①相続人の範囲に関する資料
- ▶ 手元にある戸籍謄本等

②相続財産の範囲と評価に関する資料
- ▶ 金融機関に関する資料：通帳、キャッシュカード等
- ▶ 不動産に関する資料：固定資産税納税通知書、登記簿謄本（履歴事項全部証明書）等

③相続人代表者に関する資料
- ▶ 実印、印鑑登録証明書、銀行の通帳、身分証明書（運転免許証、マイナンバーカード、パスポート、健康保険証等）

「③相続人代表者に関する資料」は、面談で受任した場合、銀行への「残高証明書」の発行に関する委任状に署名押印をもらい、直ちに銀行に残高証明書を請求するために用意してもらう。

　実印を要求すると「なぜ（実印が）必要なのか？」と不安を感じる者もいる。そこで、「実印は、次回お会いする面談でご依頼を頂いた場合に、直ちに銀行に対して残高証明書を請求する委任状に署名押印をいただくために必要になります」と理由を告げておくとよい。

　また、相続人代表者の銀行の通帳は、相続預貯金の払戻金の振込先がたいてい相続人代表者の口座になるため用意してもらう（受任した場合は通帳の見開き頁の写しを取らせてもらう）。

　なお、前述のとおり、引合いの肝は面談の日時と場所を決めることである。面談に用意する資料を収集するのに日数がかかってしまうと面談がキャ

ンセルになってしまうこともあり得る。したがって、「手元にある資料だけで構いません」と前置きしてから伝えること。

現物資料6 〉 引合い・面談シート（遺産分割）		
引合い年月日	年　　　月　　　日（　　）	
遺言の有無	有・無	
相続人代表者	氏　名	
	被相続人との関係	
被相続人	氏　名	
	出生日	年　　　月　　　日
	死亡日	年　　　月　　　日
相続関係		
相続財産	不動産	
	金融資産	
	その他	
面　　談	日　時	年　　月　　日（　）　時　　分から
	場　所	
面談に用意してもらう書類	相続人の範囲に関する資料	手元にある戸籍謄本等
	相続財産の範囲と評価に関する資料	不動産に関する資料 □登記簿謄本（履歴事項全部証明書 □固定資産税納税通知書 □ □ □
		金融機関に関する資料 □通帳 □キャッシュカード □ □ □
	相続人代表者に関する資料	□実印 □印鑑登録証明書 □銀行の通帳 □身分証明書 〜運転免許証、マイナンバーカード、パスポート、健康保険証等
【備考】		

④　準備 2 （面談に臨む準備）

　面談の日時・場所が決まり、必要書類を伝えたら、引合いで入手した情報を基に、「ロードマップ」（受任から業務完了までの道筋）、「見積書」、受任を想定した「委任契約書」及び「委任状」を面談までに準備する。

　相談者の多くは、行政書士が相続預貯金の払戻手続を行うことを知らない。そこで銀行の相続手続を受任するには、「ロードマップ」に相続預貯金の払戻手続を書き込むことがポイントになる。

　見積書は、「相続手続・一式・〇万円」といった「一括見積」では、相談者は値決めの根拠がわからないので依頼を躊躇してしまう。そこで、見積書には、「ロードマップ」に記載した「行政書士が行う業務ごと」に費用を記載する。このことで、相談者は、行政書士が受任後に行う業務とそれに要する費用を確認できるので、見積金額に、納得感を得やすくなり、結果として高い受任率と満足行く報酬を実現することにつながる（P118【図表 40】参照）。なお、見積書に銀行の相続手続を明記すること。

現物資料 7 ＞　相続預貯金の払戻手続が記載されたロードマップ（遺産分割編）

> ### 面　談　（　　月　　　日）
>
> □事実関係の確認
> □ロードマップの提示
> □業際の説明
> □報酬額の合意
> □受任の成否の確認
> □委任契約の締結
> □委任状の受領
> □職務上請求書の使用承諾
> □

事実関係の調査（　月　日頃〜　月　日頃)

□着手金のご入金（　月　日まで）＝業務スタート
□相続人代表者（　　　）様の印鑑登録証明書（　）通を入手
□遺産分割の前提条件の調査
　□相続人の範囲の確定
　　▶職務上請求書による戸籍謄本等の請求・受領
　　▶「相続関係説明図」の作成又は「法定相続情報一覧図」の交付申請
　□相続財産の範囲と評価の確定
　　▶金融機関へ残高証明書等の請求・受領（A銀行・B信用金庫・ゆうちょ銀行)
　　▶履歴事項全部証明書、固定資産税評価証明書及び名寄帳の請求・受領
　　▶「財産目録」の作成
　□

遺産分割協議の成立（　　月　　日頃)

□相続人全員が遺産分割の内容に合意する（＝遺産分割協議の成立)
□「遺産分割協議書」の作成
□相続人全員から署名押印（実印)＋印鑑登録証明書の提出
□

相続手続（　月　日頃〜　月　日頃)

□金融機関の手続→相続預貯金の払戻し等
□相続登記（司法書士)
□相続税の申告（税理士)
□

相続手続の完了

□書類・資料の納品
□残金のご入金（業務完了後5日以内)
□

※引用・参考：『受任率』P53・54

| 現物資料 8 | 見積書（遺産分割） |

見 積 書

_____ 様

遺産分割及び相続手続について、下記のとおりお見積いたします。ご検討の程、よろしくお願いいたします。

手数料	
消費税（10 %）	
立替金その他	
見積金額合計	

手数料

区　分	件　　名	手数料額 （単価）	摘要 （枚数等）	単位	金額
基本料金	業務に要する時間	¥5,000	40	時間	¥200,000
手数料	相続人1名あたり加算料金	¥15,000		人	
〃	相続人の範囲の調査	¥20,000	1	式	¥20,000
〃	戸籍謄本等の請求・受領	¥1,500		通	
〃	「法廷相続情報一覧図」の交付申請	¥10,000	1	式	¥10,000
〃	相続財産の範囲と評価の調査	¥20,000	1	式	¥20,000
〃	固定資産税評価証明書、履歴事項全部証明書等の請求・受領	¥1,500		通	
〃	「財産目録」の作成	¥10,000	1	通	¥10,000
〃	「遺産分割協議書」の作成	¥20,000	1	通	¥20,000
〃	金融機関手続代行	¥40,000		行	
〃	金融資産の1.0 %		1	式	
			①小計		
			②消費税(10 %)		
			③合計(①＋②)		

実費・立替金額明細

区　分	件　　名	単価	摘要 （枚数等）	単位	金額
実費相当額	相続人の範囲の調査（戸籍謄本等）				
〃	相続財産の評価と範囲の調査（固定資産税評価証明書、履歴事項全部証明書等）				
〃	残高証明書手数料、交通費、郵送費、複写代等				
			実費・立替金合計…B		

※見積の前提条件の変更や実費等の清算の都合上、ご請求金額が上記金額と異なる場合があります。あらかじめご了承ください。

※司法書士（不動産登記）、税理士（税務申告）等の他の専門職に業務を委託する場合は、別途費用がかかります。

1. 業務内容：遺産分割協議に係る次の業務
    (1) 相談業務
    (2) 書類の請求及び受領（戸籍謄本、登記簿謄本、固定資産税評価証明書等）
    (3) 書類の作成（「遺産分割協議書」「相続関係説明図」（「法定相続情報一覧図」）「財産目録」等）
    (4) 金融機関の相続手続の代理（銀行、証券会社等）
    (5) 上記（1）～（4）に係る一切の業務

2. 特約：(1) 調停・訴訟の因をなす紛争状態が生じた場合は、行政書士法等により業務を継続できません。あらかじめご了承ください。
    (2) 着手金の着金を確認次第、業務に着手します。

3. お支払方法：(1) 着手時に、手数料の6割と実費相当額の合計をお支払ください。また、残金は業務完了後5日以内にお支払ください。なお、着手金の返金は、当職の責による業務遂行の中止の他、一切なしとします。
    (2) 司法書士又は税理士に業務を委託する場合は、委託前にご入金ください。

4. お振込先：税務経理銀行　麹町支店　（普通）7654321　竹之内行政書士事務所　竹之内豊
    （タケノウチギョウセイショシジュムショ　タケノウチユタカ）
    ※振込手数料が発生する場合は、ご負担いただきますようお願いいたします。

5. 見積有効期限：　　　年　　月　　日（　　）まで

　　　　　　　　　　　年　　月　　日

　　　　　　　　　　　事務所　東京都千代田区麹町 3-2-1
　　　　　　　　　　　　　　　エキスパートビル 321 号
　　　　　　　　　　　電　　話　03(3210)0123

　　　　　　　　　竹之内行政書士事務所

　　　　　　　　行政書士　竹之内　豊

※引用・参考：『受任率』P37～P40

現物資料9 ＞ 委任契約書（遺産分割）

法 律 事 務 委 任 契 約 書

委任者（甲）住　所 _____

　　　　　　　氏　名 _____（相続人代表者・被相続人の_____）

受任者（乙）住　所　東京都千代田区麹町3丁目2番1号　エキスパートビル321号

　　　　　　　氏　名　竹之内行政書士事務所　行政書士　竹之内　豊

　　　　　　　　　　　東京都行政書士会所属・登録番号：第010819××号

　委任者_____（以下「甲」という）と受任者　竹之内行政書士事務所　行政書士　竹之内豊（以下「乙」という）は、以下のとおり法律事務委任契約を締結する。

　乙は、行政書士法その他法令を遵守し、遺産分割協議及び相続手続が速やかに完遂することを目指し、甲は乙の業務遂行に協力する。

（業務の範囲）

1. 甲は乙に被相続人_____（　　　年　　月　　　日生、　　　年　　月　　　日死亡、最後の住所：_____、

　最後の本籍：_____）の遺産分割に係る次の業務を依頼する。

　（1）相談業務

　（2）調査業務

　　　　①相続人の範囲の確定

　　　　②相続財産の範囲及び評価の確定

　（3）書類作成業務

　　　　①法定相続情報一覧図の申請書類

　　　　②財産目録

　　　　③遺産分割協議書

　　　　④金融機関の払戻請求に係る書類

　　　　⑤その他相続手続に関する一切の書類

(4) 相続手続

次の金融機関の相続預貯金の払戻請求

① _____

② _____

③ _____

(5) 以上、(1)〜(4)に係る一切の業務

（支払の金額及び期日）

2. 甲は乙へ次のとおり2回に分けて金員を支払うものとする。

(1) 着手金：金＿＿＿＿＿＿＿円（税込）

振込期日：＿＿＿年＿＿＿月＿＿日まで

(2) 手数料：金＿＿＿＿＿＿＿円（税込）

振込期日：業務完了後5日以内

なお、実際に行った業務内容及び経費の精算の都合上、(2) の請求金額が異なる場合がある。

（支払方法・振込先）

3. 甲は下記に振込するものとする。

ただし、振込手数料が発生する場合は、甲が負担するものとする。

税務経理銀行　麹町支店　（普）7654321　口座名義　竹之内行政書士事務所　竹之内　豊

（業務着手）

4. 乙は甲から上記「2(1)」の着手金が入金後、直ちに本業務に着手するものとする。

（特約）

5. 次のいずれかの場合は、乙は、その理由を甲に説明した上で、本件を辞任することができる。

(1) 乙が、甲から業務遂行の協力が得られないと判断したとき

(2) 乙が、相続人間で遺産分割協議の成立が困難と判断する事態が発生したとき

(3) 調停・訴訟の因をなす紛争状態が生じたとき

（その他）

6.　本契約に定められていない事態が発生した場合、又は疑義が生じた場合は、甲・乙双方協議し速やかに事態が解決するように努めるものとする。

　以上の内容を甲・乙双方十分理解した証として本書2通を作成し、双方記名又は署名・押印の上、各自1通ずつ所持するものとする。

年　　　月　　　日

住　所　_____

委任者（甲）氏　名　_____　㊞

（　　年　　　月　　　日生）

〒 102-0083
東京都千代田区麹町3丁目2番1号
エキスパートビル321号
電　話　03（3210）0123

受任者（乙）

竹之内行政書士事務所　行政書士　竹之内　豊　㊞

※引用・参考：『受任率』P41・42

（実印）

委　任　状

事　務　所　東京都千代田区麹町 3 丁目 2 番 1 号
　　　　　　　エキスパートビル 321 号
（代理人） 住　　　所　東京都国分寺市本町 2 丁目 1 番地の 23
電　　　話　03-3210-0123　携帯：090-1234-5678
職業・氏名　行政書士　竹之内　豊（登録番号：第 010819××号）
所　　　属　東京都行政書士会（会員番号：第 47××号）

　私は、上記の者を代理人と定め、下記の事項を委任します。

記

被相続人＿＿＿＿＿＿（最後の本籍：＿＿＿＿＿＿＿＿＿＿＿＿＿＿＿＿＿
最後の住所：＿＿＿＿＿＿＿＿＿＿＿＿＿＿＿＿＿＿＿、＿＿＿年＿＿月＿＿日生、
＿＿＿年＿＿月＿＿日死亡）の遺産分割を行うに当り、被相続人が所有していた
全ての土地・家屋に係る直近年度の<u>固定資産評価証明書</u>及び<u>名寄帳</u>の請求・受領
に関する一切の権限。

以上

年　　　月　　　日

住　　　所＿＿＿＿＿＿＿＿＿＿＿＿＿＿＿＿＿＿＿＿＿＿＿

（委任者） 電話番号＿＿＿＿＿（＿＿＿）＿＿＿＿＿

_{（ふり　がな）}
氏　　　名　被相続人の（　　　　　）＿＿＿＿＿＿＿＿
（　　年　　月　　日生）

（実印）

※引用・参考：『受任率』P43

現物資料 11 〉　委任状（遺産分割・銀行の相続手続）

（実印）

委　任　状

事　務　所　　東京都千代田区麹町 3 丁目 2 番 1 号
　　　　　　　エキスパートビル 321 号
住　　　　所　　東京都国分寺市本町 2 丁目 1 番地の 23
電　　　　話　　03-3210-0123　携帯：090-1234-5678
職業・氏名　　行政書士　竹之内　豊（登録番号：第 010819××号）
　　　　　　　所　　属　　東京都行政書士会（会員番号：第 47××号）

　　　　上記の者に、下記の権限を委任いたします。

記

被相続人＿＿＿＿＿＿＿（　　年　　月　　日生、　　年　　月　　日死亡
最後の本籍：＿＿＿＿＿＿＿＿＿＿＿＿＿＿＿＿＿＿＿＿＿＿＿＿＿＿＿＿＿、
最後の住所：＿＿＿＿＿＿＿＿＿＿＿＿＿＿＿＿＿＿＿＿＿＿＿＿＿＿＿＿＿）
の死亡により発生した相続による、被相続人名義の＿＿＿＿＿＿＿銀行に預託
している一切の預金、投資信託等に関する、残高証明書・取引開示に関する文書
の請求・受領、名義変更、払戻し、解約及び当該預金等の元利金等の受領、並び
に＿＿＿＿＿＿銀行に提出する相続手続に必要な一切の書類の受領・作成・提
出等。
　　以上、遺産分割及び相続手続に必要な一切の権限及び行為

以上

年　　月　　日

住　　　所＿＿＿＿＿＿＿＿＿＿＿＿＿＿＿＿＿＿＿＿＿＿

電話番号＿＿＿＿＿（　　　　）＿＿＿＿＿

（実印）

氏　　名　　被相続人の（　　　　　）
（ふり　がな）
　　　　　　　　　　（　　年　　月　　日生）

※引用・参考：『受任率』P44　※貸金庫がある場合は、p294「**現物資料108**」参照のこと。

（実印）

委　任　状

事　務　所　東京都千代田区麹町 3 丁目 2 番 1 号
　　　　　　エキスパートビル 321 号
住　　　所　東京都国分寺市本町 2 丁目 1 番地の 23
電　　　話　03-3210-0123　携帯：090-1234-5678
職業・氏名　行政書士　竹之内　豊（登録番号：第 010819 ××号）
　　　　　　所　　属　東京都行政書士会（会員番号：第 47 ××号）

　　　上記の者に、下記の権限を委任いたします。

記

被相続人＿＿＿＿＿（　　年　　月　　日生れ、　　年　　月　　日死亡、
最後の住所：＿＿＿＿＿＿＿＿＿＿＿＿＿＿＿＿＿＿＿＿＿＿＿、
最後の本籍：＿＿＿＿＿＿＿＿＿＿＿＿＿＿）の死亡により発生した相
続による、遺産分割及び相続手続に関する一切の権限及び行為

以上

年　　月　　日

住　　　所＿＿＿＿＿＿＿＿＿＿＿＿＿＿＿＿＿＿＿

電話番号＿＿＿＿（　　　）＿＿＿＿

（実印）

氏　　名　被相続人の（　　　）＿＿＿＿＿＿
（ふりがな）
（　　年　　月　　日生）

⑤　面談（相続人代表者と1回目の打合せ）

　相続人代表者と初めて会う面談の場で受任できれば、業務に直ちに着手でき、結果として、早期に遺産分割協議を成立させ相続預貯金の払戻しが可能となる。このことは、顧客価値の早期実現を意味する。したがって、「面談の場で受任する」という強い姿勢で面談に臨むこと。

イ）　説明する

　まず、法律上、現状がどのような状況であるのか、また、これからどのような手続を経て遺産を承継するのかを説明する。なお、この時点で口座凍結と業際問題について説明すること。

　口座凍結に関しては、銀行に被相続人の死亡を伝えた時点で被相続人の全ての口座の入出金及び口座振替が停止されることを伝え、それにより公共料金の支払等不都合が生じる場合は、事前に対策を講じてから銀行に連絡することを検討する。

　また、業際問題については、行政書士は相続人間で訴訟を視野に入れる状態、すなわち紛争が予見される状況になった場合は、業務を遂行することはできないことを伝える（行書1の2②・1の3①ただし書）。

ロ）　遺産分割協議の進捗状況を把握する

　次に、引合いで収集した情報を確認し、遺産分割協議の進捗状況を把握する。

ハ）　問題解決までの道筋を提示する

　ロ）で得た情報を基に、「準備2」で用意したロードマップを修正して相談者に提示する。

面　談（2025 年 4 月 4 日）
☑事実関係の確認
☑ロードマップの提示
☑業際の説明
☑口座凍結の説明
☑報酬額の合意
☑受任
☑委任契約の締結
☑職務上請求書の使用承諾
☐

事実関係の調査（4 月 5 日頃〜4 月 30 日頃）
☐着手金のご入金（4 月 10 日まで）＝業務スタート
☐相続人代表者（太田昭子）様の印鑑登録証明書（1）通を入手
☐遺産分割の前提条件の調査
　☐相続人の範囲の確定
　　▶職務上請求書による戸籍謄本等の請求・受領
　　▶「法定相続情報一覧図」の交付申請
　☐相続財産の範囲と評価の確定
　　▶金融機関へ残高証明書等の請求・受領（A 銀行・B 信用金庫・ゆうちょ銀行）
　　▶履歴事項全部証明書・固定資産税評価証明書の請求・受領
　　▶「財産目録」の作成
　☐遺言の有無の調査→K 公証役場に照会する

遺産分割協議の成立（5 月 30 日頃まで）

☐共同相続人全員が遺産分割の内容に合意する（＝遺産分割協議の成立）

☐「遺産分割協議書」の作成

☐共同相続人全員から署名押印（実印）＋印鑑登録証明書の提出

☐

⬇

相続手続（6 月 1 日頃～6 月 30 日頃）

☐金融機関の手続→相続預貯金の払戻し等

☐相続登記（司法書士）

☐相続税の申告（税理士）

☐

⬇

相続手続の完了

☐書類の納品

☐残金のご入金（業務完了後 5 日以内）

☐

※引用・参考：『受任率』P66・67

二）　見積を提示する

ロ）で得た情報を基に、「準備 2」で用意した見積に相続預貯金の払戻し行数等を加筆して、完成させた見積を提示する。

なお、見積の内容を説明する際に、ロードマップと合わせて説明すると費用の根拠が明確になるので相談者の理解を得やすくなる（P114【現物資料 13】、P118【図表 40】参照）。

見 積 書

太田昭子　様

遺産分割及び相続手続について、下記のとおりお見積いたします。ご検討の程、よろしくお願いいたします。

手数料	￥676,000
消費税（10 %）	￥67,600
立替金その他	￥16,400
見積金額合計	￥760,000

手数料

区　分	件　　名	手数料額（単価）	摘要（枚数等）	単位	金額
基本料金	業務に要する時間	￥5,000	40	時間	￥200,000
手数料	相続人 1 名あたり加算料金	￥15,000	3	人	￥45,000
〃	相続人の範囲の調査（基本料金）	￥20,000	1	式	￥20,000
〃	戸籍謄本等の請求・受領	￥1,500	10	通	￥15,000
〃	「法定相続情報一覧図」の交付申請	￥10,000	1	式	￥10,000
〃	相続財産の範囲と評価の調査（基本料金）	￥20,000	1	式	￥20,000
〃	固定資産税評価証明書、履歴事項全部証明書等の請求・受領	￥1,500	4	通	￥6,000
〃	「財産目録」の作成	￥10,000	1	通	￥10,000
〃	「遺産分割協議書」の作成	￥20,000	1	通	￥20,000
〃	金融機関手続代行	￥40,000	3	行	￥120,000
〃	金融資産（2,000 万円）の 1.0 %	￥200,000	1	式	￥200,000
〃	**遺言検索**	￥10,000	1	回	￥10,000

①小計		￥676,000
②消費税（10 %）		￥67,600
③合計（①＋②）		￥743,600

実費・立替金額明細

区　分	件　　名	単価	摘要（枚数等）	単位	金額
実費相当額	相続人の範囲の調査（戸籍謄本等）	￥5,000	1	式	￥5,000
〃	相続財産の評価と範囲の調査（固定資産税評価証明書、履歴事項全部証明書等）	￥4,000	1	式	￥4,000
〃	残高証明書手数料、交通費、郵送費、複写代等	￥8,000	1	式	￥8,000
その他	**千円未満切り捨て**	￥ −600	1	式	￥ −600
			実費・立替金合計…B		￥16,400

※見積の前提条件の変更や実費等の清算の都合上、ご請求金額が上記金額と異なる場合があります。あらかじめご了承ください。
※司法書士（不動産登記）、税理士（税務申告）等の他の専門職に業務を委託する場合は、別途費用がかかります。

1.　業務内容：遺産分割協議に係る次の業務
　　　　　　　（1）相談業務
　　　　　　　（2）書類の請求及び受領（戸籍謄本、登記簿謄本、固定資産税評価証明書等）
　　　　　　　（3）書類の作成（「遺産分割協議書」「法定相続情報一覧図」「財産目録」等）
　　　　　　　（4）金融機関の相続手続の代理（銀行、証券会社等）
　　　　　　　（5）上記（1）～（4）に係る一切の業務

2.　特約：（1）相続人の間で紛争が生じた場合は、行政書士法等により業務を継続できません。あらかじめご了承ください。
　　　　　（2）着手金の着金を確認次第、業務に着手します。

3.　お支払方法：（1）着手時に、手数料の 6 割と実費相当額の合計をお支払ください。また、残金は業務完了後 5 日以内にお支払ください。なお、着手金の返金は、当職の責による業務遂行の中止の他、一切なしとします。
　　　　　　　　（2）司法書士又は税理士に業務を委託する場合は、委託前にご入金ください。

4.　お振込先：税務経理銀行　麹町支店　（普通）7654321　竹之内行政書士事務所　竹之内豊（タケノウチギョウセイショシジムショ　タケノウチユタカ）
　　　　　　　※振込手数料が発生する場合は、ご負担いただきますようお願いいたします。

5.　見積有効期限：**2025** 年 **4** 月 **30** 日（水）まで

　　　　　　　　　　　　　　　2025 年 4 月 4 日（金）

　　　　　　　　事務所　東京都千代田区麹町 3-2-1
　　　　　　　　　　　　エキスパートビル 321 号
　　　　　　　　電　　話　03（3210）0123

　　　　　　　　竹之内行政書士事務所
　　　　　　　　行政書士　竹之内　豊　印

※引用・参考：『受任率』P68・69

ロードマップと見積書を合わせて提示することで、相談者は、問題を解決するために行う各業務に対して、それぞれいくらかかるか理解できる。

※引用・参考：『受任率』P166

ホ) 受任の成否を確認する

　受任の成否を曖昧にしてしまうと、相談者は依頼したつもりなのに行政書士はその認識がない、逆に、相談者は相談のみの認識なのに行政書士は受任したと判断して業務に取り掛かってしまう、といった事態が発生する危険性が高くなる。特に、前者の場合は、業務遅滞を発生させ、“依頼者”に深刻なダメージを与えてしまうことがある。

　面談で受任の成否がはっきりしない場合は、「ご依頼いただけますか？」と単刀直入に問いかけて依頼の意思の有無を確認すること。そして、受任したら、以下のヘ）〜リ）に進む。

ヘ）　通帳・カード、印鑑登録証明書（相続人代表者）を預かる

　相続人代表者の通帳・キャッシュカード、相続人代表者の印鑑登録証明書等を預かり、「預り証」を発行する。

現物資料 15 〉　預り証

預　り　証

太田昭子　様

　　　　　　　下記書類をお預かりいたしました。

記

1. 通帳
   (1) A 銀行‥‥‥‥‥‥1 通
   (2) B 信用金庫‥‥‥‥1 通
   (3) ゆうちょ銀行‥‥‥1 通

2. キャッシュカード
   (1) A 銀行‥‥‥‥‥‥1 枚
   (2) B 信用金庫‥‥‥‥1 枚

以上

　　　　　2025 年 4 月 4 日

東京都千代田区麹町 3 丁目 2 番 1 号
エキスパートビル 321 号
電　話　03 (3210) 0123
竹之内行政書士事務所

行政書士　竹之内　豊

ト）　口座凍結を説明する

　口座凍結について説明して、被相続人の死亡を銀行に通知した時点で、被相続人の預貯金口座の入出金ができなくなることの了承を得る。

チ） 相続人代表者が「委任状」に署名押印（実印）する

　「準備②」で用意した委任状に署名押印（実印）をもらう。なお、相談者が実印を用意していない場合は、返信用封筒を手渡し、印鑑登録証明書とともに返信してもらう。

現物資料 16 ＞　委任状（遺産分割・銀行の相続手続）※相続人代表者記入済

委 任 状

事　務　所　東京都千代田区麹町 3 丁目 2 番 1 号
　　　　　　エキスパートビル 321 号
住　　　所　東京都国分寺市本町 2 丁目 1 番地の 23
電　　　話　03-3210-0123　携帯：090-1234-5678
職業・氏名　行政書士　竹之内　豊（登録番号：第 010819××号）
　　　　　　所　　属　東京都行政書士会（会員番号：第 47××号）

　　　　上記の者に、下記の権限を委任いたします。

記

　被相続人　山田昭一（昭和 14 年 5 月 9 日生、令和 3 年 2 月 27 日死亡、最後
の住所：埼玉県川越市○○台一丁目 2 番 3 号、最後の本籍：埼玉県川越市○○台
一丁目 2 番）の死亡により発生した相続による、被相続人名義の A 銀行に預託し
ている一切の預金、投資信託等に関する、残高証明書・取引開示に関する文書の
請求・受領、名義変更、払戻し、解約及び当該預金等の元利金等の受領、A 銀行
に提出する相続手続に必要な一切の書類の受領・作成・提出等。
　以上、遺産分割及び相続手続に必要な一切の権限及び行為。

以上

2025 年 4 月 4 日

住　　　所　埼玉県所沢市○○町一丁目 2 番 1-101 号

電話番号　090（1234）5678

氏　　　名　被相続人の長女　<ruby>太田<rt>おおた</rt></ruby>　<ruby>昭子<rt>あきこ</rt></ruby>
（ふり　かな）
（昭和 45 年 2 月 15 日生）

※ B 信用金庫の委任状も同様にもらう。なお、ゆうちょ銀行の委任状は、ゆうちょ銀
　行が指定する様式の委任状を使用する（P210【現物資料 55】・P245【現物資料
　76】参照）。

委 任 状

事　務　所　東京都千代田区麹町 3 丁目 2 番 1 号
　　　　　　エキスパートビル 321 号
住　　　　所　東京都国分寺市本町 2 丁目 1 番地の 23
電　　　　話　03-3210-0123　携帯：090-1234-5678
職業・氏名　行政書士　竹之内　豊（登録番号：第 010819××号）
　　　　　　所　　属　東京都行政書士会（会員番号：第 47××号）

上記の者に、下記の権限を委任いたします。

記

　被相続人　山田昭一（昭和 14 年 5 月 9 日生、令和 7 年 2 月 27 日死亡、最後の住所：埼玉県川越市○○台一丁目 2 番 3 号、最後の本籍：埼玉県川越市○○台一丁目 2 番）の死亡により発生した相続による、遺産分割及び相続手続に関する一切の権限及び行為。

以上

2025 年 4 月 4 日

住　　　　所　埼玉県所沢市○○町一丁目 2 番 1-101 号

電話番号　090（1234）5678

（ふり）（かな）
氏　　　名　被相続人の長女　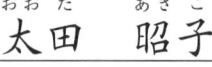　
　　　　　　（昭和 45 年 2 月 15 日生）

リ）　職務上請求書の使用承諾を得る

　行政書士は、職務を遂行するために「戸籍謄本・住民票の写し等職務上請求書」（職務上請求書）を使用して他人の戸籍・住民票等を市区町村役場に請求して取得することができることを説明する（戸 10 の 2 ③、住民基本 12 の 3 ②③）。その上で、職務上請求書を使用する許可を相続人代表者から得る。

⑥　業務遂行

　遺産分割を行うには、前提条件として「相続人の範囲」と「相続財産の範囲と評価」2 つを確定することが求められる。以下、本書の目的に沿って、銀行の相続手続を中心に業務の手順を詳説する。

イ）「相続人の範囲」を確定する

　相続人の範囲を確定するために職務上請求書を使用して戸籍謄本等を収集し「相続関係説明図」を作成する。なお、法定相続情報証明制度[注2] を活用して、「法定相続情報一覧図の写し」を金融機関に提出すれば、金融機関は戸籍謄本等で相続人の範囲を確認する手間を大幅に省くことができる。その結果、速やかな相続手続の遂行を実現することが可能となる。

注 2　法定相続情報証明制度とは、登記所（法務局）において認証文付の法定相続情報一覧図の写しを発行するという制度であり、相続登記や相続預貯金の払戻し等の各種の相続手続においてこの一覧図の写しが利用されている。
　　　本制度は、2017（平成 29）年 5 月 29 日から全国の登記所において運用が開始されている。
　　　本制度を利用することができる者は、被相続人の相続人（又はその相続人）である（不登規 247 ①）。また、本制度の申出は、申出人からの委任によって、代理人に依頼することができる。委任による代理人については、親族のほか、弁護士、司法書士、土地家屋調査士、税理士、社会保険労務士、弁理士、海事代理士及び行政書士に依頼することができる（不登規 247 ②二、戸 10 の 2 ③）。

法定相続情報番号　0210-24-02333

被相続人　　山田　昭一　　法定相続情報

最後の住所
埼玉県川越市○○台一丁目2番3号
最後の本籍
埼玉県川越市○○台一丁目2番
出生　昭和14年5月9日
死亡　令和7年2月27日
（被相続人）
山田　昭一

住所　埼玉県所沢市○○町一丁目2番1-10号
出生　昭和45年2月12日
（長女）
太田　昭子　　　（申出人）

住所　埼玉県川越市○○台一丁目2番3号
出生　昭和21年1月1日
（　妻　）
山田　明美

住所　愛知県豊田市○○町二丁目5番6号-303号
出生　昭和48年8月8日
（長男）
山田　英夫

以下余白

作成日：令和7年4月20日
作成者：住所　東京都千代田区麹町3-2-1 エキスパートビル麹町321
　　　　氏名　行政書士　竹之内　豊

　これは、令和　7年4月21日に申出のあった当局保管に係る法定相続情報一覧図の写しである。

令和　7年4月30日
さいたま地方法務局川越支局

　　　　　　　　　　　登記官　　　　　　　　　大谷　順子　　印

注）本書面は、提出された戸除籍謄本等の記載に基づくものである。相続放棄に関しては、本書面に記載され
　　ない。また、被相続人の死亡に起因する相続手続及び年金等手続以外に利用することはできない。

整理番号　S14695

ロ）　銀行にアポイントを入れる

　残高証明書を請求するために、銀行にアポイントを入れる。なお、従前はノーアポでも対応する銀行が多かったが、現在はほとんどの銀行が事前予約制としている。

　そこで、まずは被相続人が口座を開設していた支店等に電話を入れる注3。その後の手続の窓口は銀行によって、①事務所最寄りの支店等の任意の支店（支店窓口型）②被相続人が口座を設けていた支店（口座開設支店型）③銀行の相続専門の部署（相続センター窓口型）のいずれかになる。

【図表41】銀行の相続手続の3つの窓口（「支店窓口型」「口座開設支店型」「相続センター窓口型」）

　都市銀行の多くは被相続人が口座を開設していた以外の支店でも受け付けし、その後の手続にも応じる（支店窓口型」）。

　一方、信用金庫等の中小金融機関では、口座開設の支店に限定するところもある（口座開設支店型）。

　また、最初は支店で受け付けるが、以後の手続は相続センターで行うという銀行もある（相続センター窓口型）。

　なお、ここ数年、支店において、支店と相続センターをオンラインで結び、相続センターの担当者と手続を行う方式も増えてきている。

1．支店窓口型

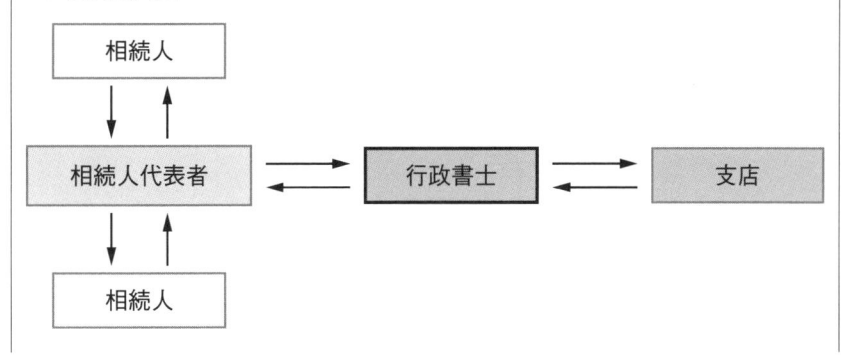

---

2. 口座開設支店型

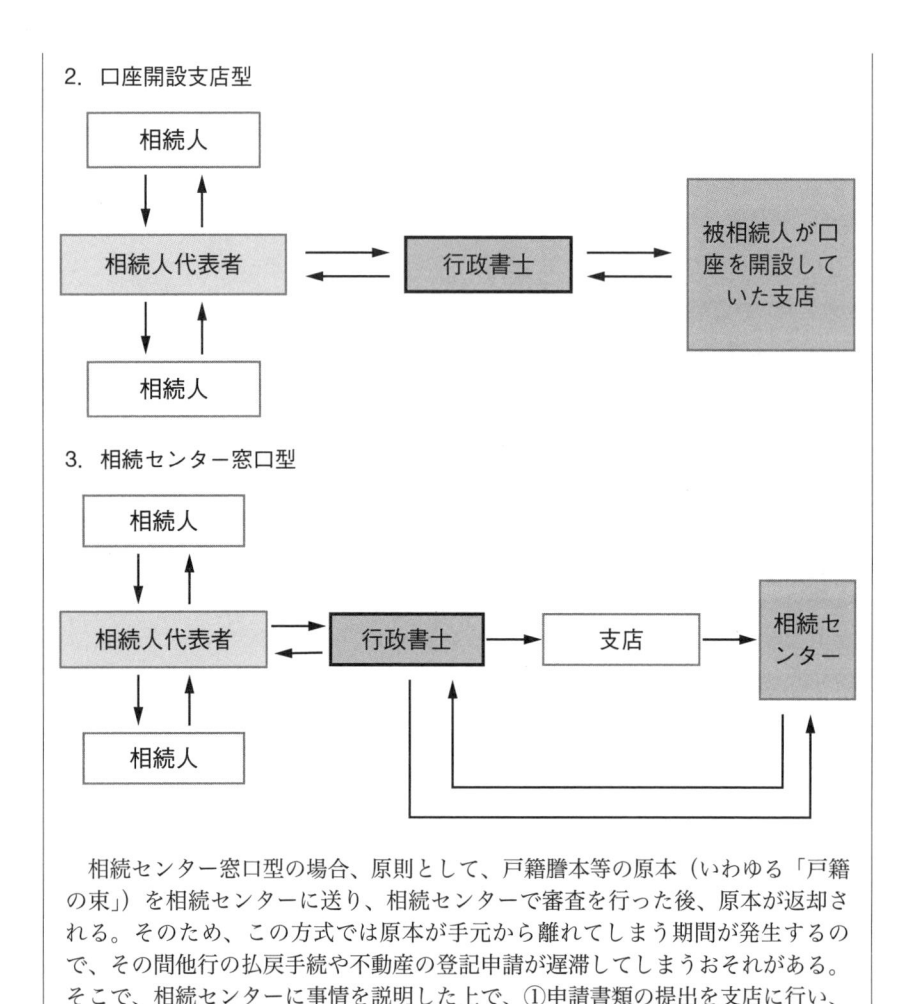

3. 相続センター窓口型

　相続センター窓口型の場合、原則として、戸籍謄本等の原本（いわゆる「戸籍の束」）を相続センターに送り、相続センターで審査を行った後、原本が返却される。そのため、この方式では原本が手元から離れてしまう期間が発生するので、その間他行の払戻手続や不動産の登記申請が遅滞してしまうおそれがある。そこで、相続センターに事情を説明した上で、①申請書類の提出を支店に行い、②その支店で原本照会を行った上で写しを取り（原本はその場で還付してもらう）、③支店はその写しを相続センターに届けるように依頼してみる。筆者の経験上、この依頼に対してほとんどの金融機関は応じる。

　なお、法定相続情報制度を利用して「法定相続情報一覧図の写し」を複数枚入手し、その内の1通を提出すれば、「戸籍の束」を提出する必要はない。

ハ）　銀行と打合せ《第1回》〜残高証明書を請求する

　相続財産の範囲と評価を確定するのに必要な残高証明書等を銀行に請求する。請求の手順は次のとおり。

　　a）　資料を提出する（銀行が資料の写しを取る。原本はその場で還付される）。

　　　用意した「相続関係説明図」又は「法定相続情報一覧図の写し」を提示しながら、相続関係を説明すると行員は相続の全体像を理解しやすいので話がスムーズに進む。

　　　なお、相続税の申告が予定されている場合は、「経過利息計算書」も合わせて請求しパートナー税理士に引き継ぐ。

　　b）　「残高証明書」を請求する

　　　法定相続人の1人（＝相続人代表者）から委任を受けて残高証明書や取引履歴の開示請求をする場合の必要書類は、以下のとおりである。

【事例7】 行政書士が遺言が「無い」場合に、法定相続人の1人から委任を受けて残高証明書や取引履歴の開示請求をするときの必要書類（P60 参照）

1．被相続人の除籍謄本

　残高証明書や取引履歴を請求する場合は、被相続人の死亡及び委任者（＝相続人代表者）が被相続人と相続関係にあることを証する戸籍謄本等で足りる。しかし、第1回目の銀行訪問時に被相続人の相続人の範囲を証する戸籍謄本等（被相続人の出生から死亡までと相続人の戸籍謄本）又は「法定相続情報一覧図の写し」を提出すれば、銀行は早い段階で、相続人の範囲を確認できるので、後の手続が速やかに行われることが期待できる。

　したがって、相続関係が複雑で全ての戸籍謄本等を収集するのに相当の日数を要するなど、特段の事情がある場合を除き、初回の銀行訪問時に、相続人の範囲を証する戸籍謄本等又は「法定相続情報一覧図の写し」を提出するようにすること。

2. 請求する相続人（＝相続人代表者）の次の書類

　(1)戸籍謄本（全部事項証明書）

　(2)印鑑登録証明書

　　　発行後6か月以内が多いが、相続の内容によっては3か月以内の
　　ものを求められる場合がある。

　(3)身分証明書（写し）

　　　運転免許証、マイナンバーカード等の証明写真付きの公的証明書
　　の写し

3. 受任者（＝行政書士）の次の書類

　(1)印鑑登録証明書又は職印証明書

　(2)実印又は職印

　(3)身分証明書

　　運転免許証、マイナンバーカード等の証明写真付きの公的証明書及
　び行政書士であることを証するもの（行政書士証票・会員証）

二）　銀行から受任者に「残高証明書」が届く

　通常、請求から1週間以内に郵送される。なお、信用金庫等の一部の金
融機関では、請求当日（＝訪問時）に発行するところもある。

ホ）「財産目録」を作成する

　相続預貯金の残高証明書等の相続財産の範囲と評価を証する資料が整い
次第、財産目録を作成する。

現物資料 19 〉 財産目録

被相続人　山田昭一様　相続人　太田昭子様

被相続人　山田昭一様の遺産を下記のとおりご報告いたします。

記

	金融機関	支店	科目	口座番号	金額※
1	A 銀行	T 支店	普通	1234567	¥23,816,554
2	B 信用金庫	T 支店	定期	7654321	¥20,000,000
3	ゆうちょ銀行		通常貯金	12345-12345678	¥9,595,626
				合計金額	¥53,412,180

以上

※金額は被相続人の死亡日（令和 7 年 2 月 27 日）現在の金額です。

2025 年 4 月 30 日

東京都千代田区麹町 3 丁目 2 番 1 号

エキスパートビル 321 号

電　話　03（3210）0123

行政書士　竹之内　豊

ヘ）　相続人代表者と打合せ（第 2 回）

　相続関係説明図と財産目録を作成したら、相続人代表者に説明・報告するために 2 回目の打合せを行う。

a）　事実関係を提示する

　「相続関係説明図」又は「法定相続情報一覧図の写し」と「財産目録」を提示し、遺産分割の前提条件である相続人の範囲と相続財産の範囲と評価を説明する。

b) 遺産分割の方法（方針）のヒアリング

現時点での遺産分割の方法（だれが、何を、どれだけ取得するか等）をヒアリングする。

ト）「遺産分割協議書（案）」の作成

ヒアリングした遺産分割の方法（「ヘ」b)」）に基づいて遺産分割協議書の案文を作成し、相続人代表者に提出する。

チ）相続人間で遺産分割協議を成立させる

相続人代表者が、相続人全員に「遺産分割協議書（案）」を提示して遺産分割の内容を確定させる。

リ）相続人代表者と打合せ（第3回）

相続人代表者から相続人間の協議の結果を報告してもらい、内容を精査し、遺産分割協議書（案）の修正等の有無を確認する。

ヌ）「遺産分割協議書」の作成（完成）

リ）の打合せ内容に基づいて「遺産分割協議書」を完成させる。

現物資料 20 ＞ 遺産分割協議書

（実）　　（実）　　（実）

遺産分割協議書

令和7年2月27日　山田昭一（昭和14年5月9日生、最後の住所：埼玉県川越市○○台一丁目2番3号、最後の本籍：埼玉県川越市○○台一丁目2番、以下「被相続人」という）の死亡により開始した相続につき、共同相続人　山田明美、太田昭子、山田英夫の以上3名は、被相続人の遺産を次のとおり分割することに合意する。

第 1 条　共同相続人は、現金及び下記預貯金を含む被相続人の有したその他全て
　　　の金融資産を換価し、その換価金から被相続人の全ての責務を弁済し、さらに
　　　遺産分割に関する一切の費用（相続人の立替金、行政書士の報酬等）を控除し
　　　た残金を、それぞれ次の(1)から(3)の割合で取得する。

(1)山田明美：4 分の 2

(2)太田昭子：4 分の 1

(3)山田英夫：4 分の 1

　　なお、該当換価金は、共同相続人の合意の下、次の太田昭子の口座に振込まれ
るものとし、同人は、最後の相続預貯金が払い戻された日から 14 日以内に、本
条に基づいて算出した金額を、山田明美、山田英夫両名の指定口座に振り込むも
のとする。

C 銀行　D 支店　普通預金　口座番号：7654321　口座名義：太田昭子（オオタ
　アキコ）

記

(1) A 銀行　T 支店

　　普通預金、口座番号：1234567

(2) B 信用金庫　T 支店

　　定期預金、口座番号：7654321

(3)ゆうちょ銀行

　　通常貯金、記号番号：12345-12345678

以上

第 2 条　本協議書に記載なき遺産及び後日判明した遺産は、山田明美がこれを取
　　　得する。

　　以上のとおり協議が真正に成立したことを証するため、本協議書を作成し、各
自署名押印する。

令和　　年　　月　　日

　　　　　住　　　所　埼玉県川越市○○台一丁目 2 番 3 号

　　　　　氏　　　名　被相続人の妻

　　　　　　　　　（生年月日：昭和 21 年 1 月 1 日）

住　　　所　埼玉県所沢市○○町一丁目2番1-101号

　　氏　　　名　被相続人の長女　　　　　　　　　　　　　　　実
　　　　　　　　（生年月日：昭和45年2月12日）

　　住　　　所　愛知県豊田市○○町二丁目5番6号-303号

　　氏　　　名　被相続人の長男　　　　　　　　　　　　　　実
　　　　　　　　（生年月日：昭和48年8月8日）

ル）　相続人代表者と打合せ（第4回）〜資料を交付する

　次の【図表42】の資料を相続人代表者に交付する。そして、相続人代表者は、相続人全員の署名押印がされた遺産分割協議書、委任状及び相続人全員の印鑑登録証明書を取りまとめて行政書士に送付する。ただし、相続人代表者が書類を取りまとめるのが困難な場合は、行政書士が各相続人と連絡を取って、書類の取りまとめを行うこと。なお、その場合、業務遅滞を防止する観点から、遺産分割協議書等の返信期日を必ず設けること。

【図表 42】銀行の相続手続を行うために相続人代表者に交付する書類

	書　類	内　容
1	遺産分割協議書	相続人が多数いるなど 1 枚の遺産分割協議書に相続人全員が連署することが困難な場合は、同一文書を相続人の人数分作成してそれぞれ署名押印する方法も検討する。 なお、この場合は、相続人代表者から各相続人に遺産分割協議書、委任状等を送るのか、それとも行政書士から送るのかを相続人代表者と協議して決めること。
2	委任状（相続人全員分）	銀行別に委任状を作成する。
3	返信用レターパック ※返信状況を把握するために、レターパックをコピーして追跡番号を控えておくこと。	次の書類を同封して返信するように指示する。 □遺産分割協議書（相続人全員が署名し、実印で押印したもの） □委任状（P121【現物資料 16】の委任状に相続人全員が署名し、実印で押印したもの） □印鑑登録証明書（相続人全員分） □相続預貯金の払戻口座の通帳の写し（ほとんどのケースは相続人代表者の口座）

ヲ）　相続人代表者から「ル)」の書類が届く

返信期限までに書類が届かない場合は、レターパックの追跡番号で状況を調査する。もし、郵便追跡サービスに「データなし」（＝ポストに投函されていない）と出たら、何らかの不都合が生じている可能性がある。相続人代表者に進捗状況を確認し、アドバイスするなどして早期回収に努めること。

ワ）　銀行と打合せ（第 2 回）〜相続預貯金の払戻請求をする

a）　書類を提出する

以下、行政書士が銀行に相続預貯金の払戻請求をする必要書類を、実務で取り扱うことが多い 5 つのケースに分けて説明する。

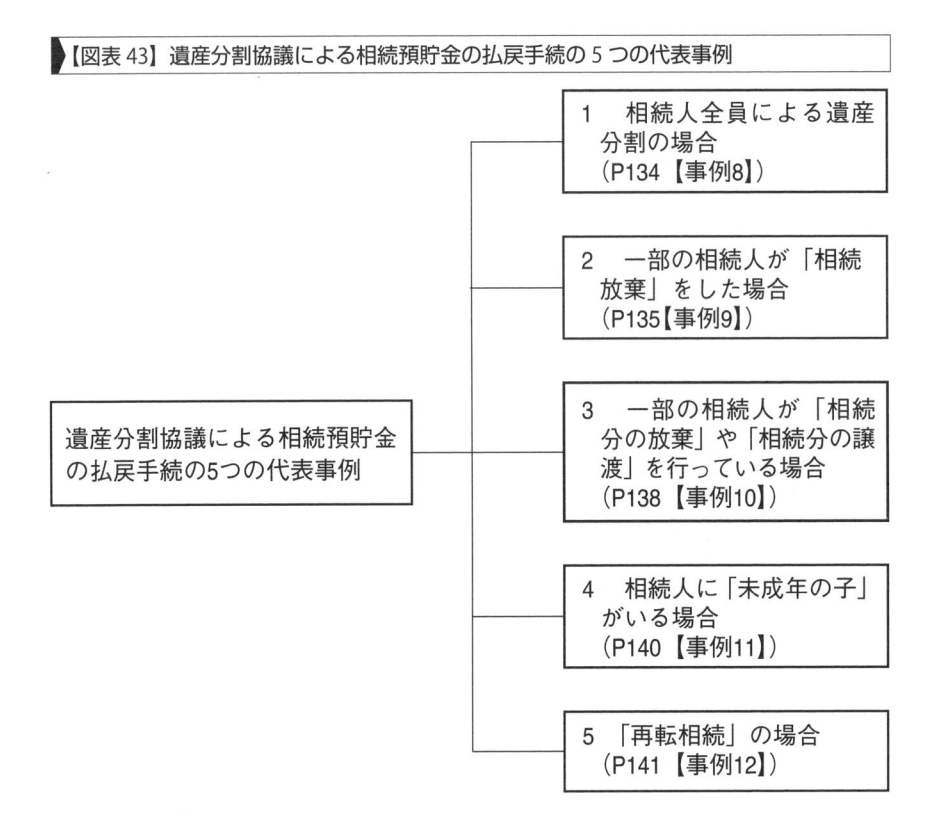

```
遺産分割協議による相続預貯金
の払戻手続の5つの代表事例
```
- 1 相続人全員による遺産分割の場合（P134【事例8】）
- 2 一部の相続人が「相続放棄」をした場合（P135【事例9】）
- 3 一部の相続人が「相続分の放棄」や「相続分の譲渡」を行っている場合（P138【事例10】）
- 4 相続人に「未成年の子」がいる場合（P140【事例11】）
- 5 「再転相続」の場合（P141【事例12】）

【事例8】相続人全員による遺産分割の相続預貯金の払戻しにおける必要書類（P12参照）

1. 相続人の範囲を証する書類

次の(1)又は(2)のいずれか

(1)相続関係説明図

被相続人の出生から死亡までの戸籍謄本等（除籍謄本、改製原戸籍、戸籍謄本（全部事項証明書））及び相続人全員の戸籍謄本（全部事項証明書）を添付する。

(2)法定相続情報一覧図の写し

2. 相続人全員が遺産分割協議に合意したことを証する書面

(1)遺産分割協議書

　　相続人全員の署名・実印での押印がされたもの。

(2)相続人全員の印鑑登録証明書

3. 行政書士が相続預貯金の払戻しの委任を受けたことを証する書面

(1)相続人全員からの委任状

　　署名・実印での押印がされたもの。

(2)行政書士の次の書類等

　　①実印・印鑑登録証明書又は職印・職印証明書

　　②身分証明書

　　　イ）証明写真付きの公的証明書（運転免許証、マイナンバーカード等）

　　　ロ）行政書士であることを証するもの（行政書士証票・会員証）。

4. 被相続人の払戻口座に関するもの

　　通帳、キャッシュカード等

　　※紛失の場合は「5. 相続届」にその旨を記載すれば足りる。

5. 相続届（相続預貯金払戻依頼書）～銀行所定の様式

　相続人全員からの「相続届の作成に関する委任状」を行員に提示すれば、払戻請求当日に、受任者（＝行政書士）のみで作成可能である。

【事例 9】一部の相続人が「相続放棄」をした場合の相続預貯金の払戻しにおける必要書類（P24 参照）

　相続放棄をすると、最初から相続人にならなかったものと扱われるため（民939）、「相続放棄をした相続人」以外の相続人との関係では、相続人全員による遺産分割協議書などを提出する必要がある。

I　法定相続人が代らない場合

　たとえば、被相続人Ａが死亡し、相続人が妻Ｂと子Ｃ・子Ｄで、子Ｄが相続放棄をした場合、相続預貯金の払戻しには、以下の書類が必要となる。

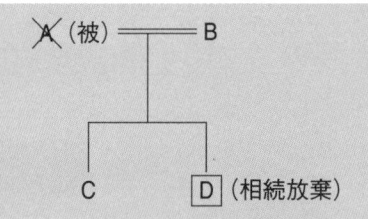

1. 相続人の範囲を証する書類

   次の(1)又は(2)のいずれか

   (1)相続関係説明図

   　　被相続人の出生から死亡までの戸籍謄本等（除籍謄本、改製原戸籍、戸籍謄本（全部事項証明書））及び相続人全員（B・C・D）の戸籍謄本（全部事項証明書）を添付する。

   (2)法定相続情報一覧図の写し

2. 相続人 D が相続放棄をしたことを証する書面

   (1)子 D の相続放棄申述受理証明書

3. D 以外の相続人（B・C）が遺産分割協議に合意したことを証する書面

   (1)遺産分割協議書

   　　相続人 B・C 両名の署名・実印での押印がされたもの。

   (2)相続人 B・C 両名の印鑑登録証明書

4. 行政書士が相続預貯金の払戻しの委任を受けたことを証する書面

   (1)相続人全員（B・C 両名）からの委任状

   　　署名・実印での押印がされたもの。

   (2)行政書士の次の書類等

   　①実印・印鑑登録証明書又は職印・職印証明書

   　②身分証明書

   　　イ）証明写真付きの公的証明書（運転免許証、マイナンバーカード等）

   　　ロ）行政書士であることを証するもの（行政書士証票・会員証）

5. 被相続人の払戻口座に関するもの

   　　通帳、キャッシュカード等

   ※紛失の場合は「6. 相続届」にその旨を記載すれば足りる。

6. 相続届（相続預貯金払戻依頼書）〜銀行所定の様式

　相続人 B・C 両名からの「相続届の作成に関する委任状」を行員に提示すれば、払戻請求当日に受任者（＝行政書士）のみで作成可能である。

Ⅱ　法定相続人が代わる場合

　たとえば、被相続人 A が死亡し、相続人が妻 B と子 C で、子 C が相続放棄をしたが、被相続人の直系尊属は既に死亡しているものの、弟としてD がいる場合、相続預貯金の払戻しには、以下の書類が必要である。

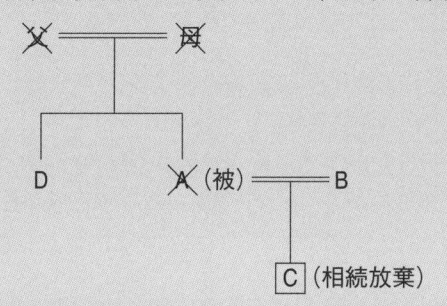

1. 相続人の範囲を証する書類

次の(1)又は(2)のいずれか

　(1)相続関係説明図

　　　　被相続人の出生から死亡までの戸籍謄本等（除籍謄本、改製原戸籍、戸籍謄本（全部事項証明書））及び相続人全員（B・C・D）の戸籍謄本（全部事項証明書）を添付する。

　(2)法定相続情報一覧図の写し

2. 相続人 C が相続放棄をしたことを証する書面

　子 C の相続放棄申述受理証明書

3. C 以外の相続人（B・D）が遺産分割協議に合意したことを証する書面

　(1)遺産分割協議書

　　　　相続人 B・D 両名の署名・実印での押印がされたもの。

　(2)相続人 B・D 両名の印鑑登録証明書

4. 行政書士が相続預貯金の払戻しの委任を受けたことを証する書面

(1)相続人全員（B・D両名）からの委任状

　　署名・実印での押印がされたもの。

(2)行政書士の次の書類等

　　①実印・印鑑登録証明書又は職印・職印証明書

　　②身分証明書

　　　イ）証明写真付きの公的証明書（運転免許証、マイナンバーカード等）

　　　ロ）行政書士であることを証するもの（行政書士証票・会員証）

5.　被相続人の払戻口座に関するもの

　　　通帳、キャッシュカード等

　　※紛失の場合は「6.相続届」にその旨を記載すれば足りる。

6.　相続届（相続預貯金払戻依頼書）～銀行所定の様式

　　相続人B・D両名からの「相続届の作成に関する委任状」を提示すれば、払戻請求当日に受任者（＝行政書士）のみで作成可能である。

【事例10】一部の相続人が「相続分の放棄」や「相続分の譲渡」を行っている場合の相続預貯金の払戻しにおける必要書類（P27参照）

　　一部の相続人が、相続分の放棄や譲渡をしている場合、相続分の放棄や譲渡をした相続人以外の相続人が、預貯金債権について共有持分を有することになるので、相続分の放棄や譲渡をした相続人以外の相続人全員による遺産分割協議書を提出する必要がある。そこで、相続預貯金の払戻しには、以下の書類が必要である。

1.　相続人の範囲を証する書類

　　次の(1)又は(2)のいずれか

　　(1)相続関係説明図

　　　　被相続人の出生から死亡までの戸籍謄本等（除籍謄本、改製原戸籍、戸籍謄本（全部事項証明書））及び相続人全員の戸籍謄本（全部事項証明書）を添付する。

(2)法定相続情報一覧図の写し

2.　一部の相続人が相続分の放棄や譲渡を行ったことを証する書面

(1)相続分の放棄や譲渡をした相続人の「相続分放棄証書」又は「相続分譲渡証書」

　　相続分の放棄や譲渡を行った者の署名押印（実印）がされたもの

(2)相続分の放棄や譲渡を行った者の印鑑登録証明書

3.　相続分の放棄や譲渡を行った者以外の相続人全員が遺産分割協議に合意したことを証する書面

(1)遺産分割協議書

　　相続分の放棄や譲渡を行った者以外の相続人全員の署名・実印での押印がされたもの。

(2)相続分の放棄や譲渡を行った者以外の相続人全員の印鑑登録証明書

4.　行政書士が相続預貯金の払戻しの委任を受けたことを証する書面

(1)相続分の放棄や譲渡を行った者以外の相続人全員からの委任状（署名・実印での押印がされたもの）

(2)行政書士の次の書類等

　　①実印・印鑑登録証明書又は職印・職印証明書

　　②身分証明書

　　　イ）証明写真付きの公的証明書（運転免許証、マイナンバーカード等）

　　　ロ）行政書士であることを証するもの（行政書士証票・会員証）

5.　被相続人の払戻口座に関するもの

通帳、キャッシュカード等

※紛失の場合は、「6.相続届」にその旨を記載すれば足りる。

6.　相続届（相続預貯金払戻依頼書）〜銀行所定の様式

　相続分の放棄や譲渡を行った者以外の相続人全員からの「相続届の作成に関する委任状」を行員に提示すれば、払戻請求当日に、受任者（＝行政書士）のみで作成可能である。

【事例 11】 相続人に「未成年の子」がいる場合の相続預貯金の払戻しにおける必要書類（P34 参照）

相続人に未成年の子がおり、しかも、親権者も相続人である場合、特別代理人を選任する必要があるため、相続預貯金の払戻しには、以下の書類が必要である。

1. 相続人の範囲を証する書類
   次の(1)又は(2)のいずれか
   (1)相続関係説明図
   　　被相続人の出生から死亡までの戸籍抄本等（除籍謄本、改製原戸籍、戸籍謄本（全部事項証明書））及び相続人全員の戸籍謄本（全部事項証明書）を添付する。
   (2)法定相続情報一覧図の写し
2. 未成年者の子以外の相続人全員と特別代理人による遺産分割協議に合意したことを証する書面
   (1)遺産分割協議書
   　　未成年者の子以外の相続人全員と特別代理人による署名・実印での押印がされたもの。
   (2)未成年者の子以外の相続人全員及び未成年者の特別代理人の印鑑登録証明書
   (3)特別代理人選任の審判書謄本及び確定証明書
3. 行政書士が相続預貯金の払戻しの委任を受けたことを証する書面
   (1)未成年者の子以外の相続人全員及び特別代理人の委任状
   (2)行政書士の次の書類等
   　　①実印・印鑑登録証明書又は職印・職印証明書
   　　②身分証明書
   　　　イ）証明写真付きの公的証明書（運転免許証、マイナンバーカード等）
   　　　ロ）行政書士であることを証するもの（行政書士証票・会員証）
4. 被相続人の払戻口座に関するもの

　通帳、キャッシュカード等

※紛失の場合は、「5. 相続届」にその旨を記載すれば足りる。

5.　相続届（相続預貯金払戻依頼書）～銀行所定の様式

　　未成年者の子以外の相続人全員及び特別代理人からの「相続届の作成
に関する委任状」を行員に提示すれば、払戻請求当日に、受任者（＝行
政書士）のみで作成可能である。

【事例12】 預金者が死亡した後、さらに相続人が死亡した場合の相続預貯金の払戻しにおける必要書類（再転相続の場合）（P36 参照）

　　相続預貯金の払戻し前に、相続人の1人が死亡した場合、相続預貯金
の払戻しには、以下の書類が必要である。

1.　相続人の範囲を証する書類

　次の(1)又は(2)のいずれか

　(1)相続関係説明図

　　次の①及び②を添付する。

　　　①被相続人の出生から死亡までの戸籍謄本等（除籍謄本、改製原戸
　　　　籍、戸籍謄本 （全部事項証明書））及び相続人全員の戸籍謄本（全部
　　　　事項証明書）

　　　②死亡した相続人の出生から死亡までの戸籍謄本等（除籍謄本、改
　　　　正原戸籍、戸籍謄本（全部事項証明書））及び死亡した相続人につい
　　　　ての相続人全員の戸籍謄本（全部事項証明書）

　(2)法定相続情報一覧図の写し

　　　①被相続人のもの及び②死亡した相続人のもの

2.　相続人全員が遺産分割協議に合意したことを証する書面

　(1)遺産分割協議書

　　　相続人全員（死亡した相続人の相続人を含む）により署名・実印での
　　　押印がされたもの。

(2)相続人全員（死亡した相続人の相続人を含む）の印鑑登録証明書

3. 行政書士が相続預貯金の払戻しの委任を受けたことを証する書面
   (1)相続人全員（死亡した相続人の相続人を含む）からの委任状
   　　署名・実印での押印がされたもの。

   (2)実印・印鑑登録証明書又は職印・職印証明書
   (3)身分証明書
   　　①証明写真付きの公的証明書（運転免許証、マイナンバーカード等）
   　　②行政書士であることを証するもの（行政書士証票・会員証）

4. 相続届（相続預貯金払戻依頼書）〜銀行所定の様式
   相続人全員（死亡した相続人の相続人を含む）からの相続届の作成に関する委任状を行員に提示すれば、払戻請求当日に、受任者（＝行政書士）のみで作成可能である。

　b）「振込依頼書」を作成する

　　相続人全員（P140【事例11】の場合は、特別代理人を含む）からの委任状により、受任者（＝行政書士）がその場（銀行）で作成できる。なお、振込先（多くの場合、相続人代表者）の振込先を間違えないために、振込先口座の通帳の見開き頁（銀行名、口座番号等が記載されている頁）の写しを持参して確認しながら記入するのが望ましい。

カ）　銀行から受任者に「手続完了通知」と「通帳」（解約済）が届く

　　払戻手続が完了次第、銀行から受任者（＝行政書士）に「手続完了通知書」と解約済の通帳等が書留で届く（通常申請から1週間程度）。なお、これらの書類が相続人代表者宛てに届いてしまうことがあるので、払戻手続当日に、銀行に行政書士宛てに届けるように念を押しておいた方がよい。

ヨ）　相続人代表者と打合せ（第5回）（業務完了）

　　業務で作成した書類（相続関係説明図、財産目録等）、官公署から収集した書類（戸籍謄本等）及び金融機関の払戻手続に関する書類等を取りまとめ

て相続人代表者に納品する。その際、納品した書類が一目でわかる「納品明細書」を作成して添付する（P144【現物資料 21】参照）。また、報酬の請求残がある場合は、請求書を発行する。

以上で業務は完了となるが、依頼者をリピーターに変えるために、業務完了後の継続的な連絡の了承を得ておく。

太田昭子様

　被相続人山田昭一様の遺産分割に関する下記書類をお届けいたします。ご査収の程、よろしくお願いいたします。

記

Ⅰ　遺産分割に関する資料
1. 法定相続情報一覧図の写し（戸籍謄本等 10 通、戸籍の附票 3 通付）……1 通
2. 財産目録……1 通
3. 遺産分割協議書・原本……1 通

Ⅱ　銀行の払戻手続に関する書類
1. Ａ銀行
(1)残高証明書（原本）……1 通
(2)解約通帳……1 通
(3)利息計算書（原本）……1 通
(4)振込受付書（原本）……1 通
2. Ｂ信用金庫
(1)預金残高証明書（原本）……1 通
(2)預金（積立）計算書（原本）……1 通
(3)預金払戻請求書による振込受付書（兼振込手数料受取書）（原本）……1 通

3. ゆちょ銀行
(1)調査結果のお知らせ（残高証明書に相当する書類）……1 通
(2)振込依頼書（原本）……1 通
(3)総合口座通帳……1 通

以上

2025 年 6 月 26 日

東京都千代田区麹町 3 丁目 2 番 1 号
エキスパートビル 321 号
電　話　03（3210）0123
竹之内行政書士事務所
行政書士　竹之内　豊

⑦　アフターフォロー

　業務完了後の継続的な連絡に了承を得た依頼者には、季節のあいさつ（年賀状・暑中見舞い・残暑見舞い・クリスマスカードなど）を、また、事務所を移転した場合は「事務所移転のお知らせ」を郵送し、「いざ！」という時に真っ先に頭に浮かぶ存在になるようにする。

　SNSで連絡する方法もあるが、それでは他の広告に埋もれてしまう。SNSが主流となった今だからこそ、手紙といったアナログの方が印象に残りやすい。

2 遺言が「有る」場合

７つのプロセスに基づいて、遺言が「有る」場合、すなわち遺言執行に係る銀行の相続手続を、次の事例を交えて俯瞰する。

> Case Stady　被相続人（山田昭一）の相続人は、妻（山田明美）、長女（太田昭子）、及び長男（山田英夫）の３名である。
>
> 被相続人は、生前に行政書士に依頼して公正証書遺言を作成していた。遺言執行者には、長女と当該行政書士及び当該行政書士と共に証人を務めた税理士（＝行政書士のパートナー）の以上３名が指定されていた（民1006①）。なお、当該遺言書には、３名の遺言執行者は、それぞれ、単独で、遺言を執行することができる旨が明記されている（民1017①ただし書、P173「現物資料35」第５条参照）
>
> 長女は、被相続人（＝父）から、「私が死んだらこの行政書士に連絡するように」と告げて、行政書士の名刺、公正証書遺言の正本と謄本及び関係書類が封入された封筒を渡されていた。
>
> 被相続人の死亡後、長女は亡父から言われたとおり、行政書士に連絡をした。そして、行政書士と打合せの結果、長女が遺言執行者に就任し、行政書士が長女から委任を受けて遺言執行事務を執り行うことになった。

【図表44】遺言が「有る」場合の相続預貯金の払戻請求の流れ

①準備1（実務脳の習得）
　基本書と実務書で遺言・相続の知識を修得する。

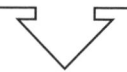

②アプローチ
　あらゆる機会や手段で「銀行の相続手続」を行うことをアピールする。

③引合い
　面談の場で受任するための情報を入手する。
　（1）　概要を聞く
　（2）　面談の日時・場所を決める
　（3）　面談に持参する資料を指示する

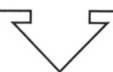

④準備2（面談に臨む準備）
　「ロードマップ」「見積書」「委任契約書」及び「委任状」を準備する。

⑤面談（遺言執行者と1回目の打合せ）
　「面談の場で受任する」という姿勢で面談に臨む。
　（1）　説明する（現状の法的状況、業際問題等）
　（2）　遺言執行の進捗状況を確認する
　（3）　問題解決までの道筋（＝ロードマップ）を指示する
　（4）　見積を提示する
　（5）　受任の成否を確認する
　（6）　通帳・カード及び印鑑登録証明書（遺言執行者）を預かる
　（7）　口座凍結を説明する
　（8）　遺言執行者が「委任状」に署名押印（実印）する
　（9）　職務上請求書の使用承諾を得る

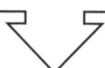

⑥業務遂行
　遺言を執行するために、「相続人の範囲」と「相続財産の範囲と評価」
の確定をした上で、業務を速やかに遂行する。
(1)　「相続人の範囲」を確定する
(2)　遺言の内容の通知書（改正民1007②）を作成して相続人に通知する。
(3)　銀行にアポイントを入れる
(4)　銀行と打合せ
　　　〜残高証明書の請求及び相続預貯金の払戻請求をする
(5)　銀行から受任者（＝行政書士）に「残高証明書」が届く
(6)　銀行から受任者に「手続完了通知」と「通帳」（解約済）が届く
(7)　「財産目録」と「財産目録の交付通知」を作成する（民1011①）
(8)　遺言執行者と打合せ（第2回）
　　　払戻しされた相続預貯金を、遺言の内容に則って振込み等するように指示する。
(9)　相続人に財産目録を交付する（民1011①）
(10)　遺言執行者と打合せ（第3回）
　　　〜業務完了：納品・請求・継続的関係の構築

⑦アフターフォロー
　「いざ！」という時に真っ先に頭に浮かぶ存在になるために
年賀状・暑中見舞い等で継続的にアプローチする。

① 準備1（実務脳の習得）
　「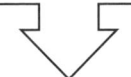遺言が『無い』場合①」（P100）に同じ。

② アプローチ
　「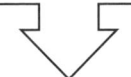遺言が『無い』場合②」（P100）に同じ。

③ 引合い

イ） 概要を聞く

　遺言執行の場合は、通常遺言執行者から連絡が入る。被相続人に関する情報（氏名、生年月日、死亡年月日等）、被相続人と遺言執行者との関係、遺言執行の進捗状況等をヒアリングする。

　銀行の相続手続に関しては、遺産分割と同じく、被相続人が口座を開設していた金融機関へ「被相続人死亡の連絡の有無」を確認することが重要である。

ロ） 面談の日時・場所を決める

　遺言が「無い」場合と同様、顧客価値の早期実現の観点から、直ちに、遺言執行者と面談を実施するように努めること。

ハ） 面談に持参する資料を指示する

　面談の日時と場所が決まったら、面談時に用意してもらう資料を指示する。主な資料は次のとおり。

【遺言が「有る」場合の相談者に面談時に用意してもらう資料】

① 遺言書
② 相続人の範囲に関する資料
- ▶ 手元にある戸籍謄本等
③ 相続財産の範囲と評価に関する資料
- ▶ 金融機関に関する資料：通帳、キャッシュカード等
- ▶ 不動産に関する資料：固定資産税納税通知書、登記簿謄本（履歴事項全部証明書）等
④ 遺言執行者に関する資料
- ▶ 実印、印鑑登録証明書、銀行の通帳、身分証明書（運転免許証、マイナンバーカード、パスポート、健康保険証等）

「遺言執行者に関する資料」は、面談で受任した場合、銀行への「残高証明

書」の発行に関する委任状に署名押印をもらい、直ちに、銀行に残高証明書を請求するために用意してもらう。

　実印を要求すると「なぜ（実印が）必要なのか？」と不安を感じる者もいる。そこで、「実印は、次回お会いする面談でご依頼を頂いた場合に、直ちに銀行に対して残高証明書を請求する内容の委任状に署名押印をいただくために必要になります」と理由を告げておくとよいだろう。

　また、遺言執行者の「銀行の通帳」は、相続預貯金の払戻金の振込先がたいてい遺言執行者の口座になるため用意してもらう（受任した場合は通帳の見開き頁の写しを取らせてもらう）。

　ただし、前述のとおり、引合いの役割は、ターゲット顧客を面談のステージへ引き上げることである。用意してもらう資料を案内する際は、「手元にある資料だけで構いません」と前置きしてから伝えること。

現物資料 23 〉 引合い・面談シート（遺言執行）

引合い年月日		年　月　日（　）
遺言の有無		有（公正証書遺言・自筆証書遺言）・無
遺言執行者	氏　名	
	被相続人との関係	
被相続人	氏　名	
	出生日	
	死亡日	
相続関係		
相続財産	不動産	
	金融資産	
	その他	
遺言の内容		
面　談	日　時	年　月　日（　）　時　分から
	場　所	
面談に用意してもらう書類	□遺言書	
	相続人の範囲に関する資料	手元にある戸籍謄本等
	相続財産の範囲と評価に関する資料	不動産に関する資料 □登記簿謄本（履歴事項全部証明書 □固定資産税納税通知書 □ □ □
		金融機関に関する資料 □通帳 □キャッシュカード □ □ □
	遺言執行者に関する資料	□実印 □印鑑登録証明書 □銀行の通帳 □身分証明書 〜運転免許証、マイナンバーカード、パスポート、健康保険証等
【備考】		

④　準備 2（面談に臨む準備）

「**１** 遺言が『無い』場合④」（P103）に同じ。

現物資料 24	相続預貯金の払戻手続が記載されたロードマップ（遺言執行編）

面　談（　　月　　日）

- □遺言執行者に就職の意思確認
- □事実関係の確認
- □ロードマップの提示
- □業際の説明
- □報酬額の合意
- □受任の成否の確認
- □委任契約の締結
- □委任状の受領
- □職務上請求書の使用承諾
- □

↓

遺言執行（　　月　　日頃～　　月　　日頃）

- □着手金のご入金（　　月　　日まで）＝業務スタート
- □遺言執行者（　　　　）様の印鑑登録証明書（　　）通を入手
- □相続人の範囲の確定
  - ▶職務上請求書による戸籍謄本等の請求・受領
  - ▶「相続関係説明図」の作成、又は「法定相続情報一覧図」の交付申請
- □相続財産の範囲と評価の確定
  - ▶金融機関へ残高証明書等の請求・受領
  - ▶履歴事項全部証明書、固定資産税評価証明書及び名寄帳の請求・受領
  - ▶「財産目録」の作成
- □遺言執行者から相続人へ次の事項を通知・交付する
  - □「遺言執行者就職の通知」及び遺言の内容を通知する
    （改正民 1007 ①②）
  - □財産目録を交付する（民 1011 ①）
- □金融機関の手続→預貯金の払戻し等
- □相続登記（司法書士）
- □相続税の申告（税理士）
- □

遺言執行の完了

☐書類・資料の納品
☐残金のご入金（業務完了後5日以内）
☐

現物資料 25 〉 見積書（遺言執行）

見　積　書

_____ 様

「遺言執行」について、下記のとおりお見積いたします。ご検討の程、よろしくお願いいたします。

手数料	
消費税（10%）	
立替金その他	
見積金額合計	

手数料【解説1】

区　分	件　名	手数料額（単価）	摘要（枚数等）	単位	金額
基本料金	業務に要する時間	￥5,000	40	時間	￥200,000
手数料	相続人1名あたり加算料金	￥15,000		人	
〃	相続人の範囲の調査（基本料金）	￥20,000	1	式	￥20,000
〃	戸籍謄本等の請求・受領	￥1,500		通	
〃	「法定相続情報一覧図」の交付申請	￥10,000	1	通	￥10,000
〃	相続財産の範囲と評価の調査（基本料金）	￥20,000	1	式	￥20,000
〃	固定資産税評価証明書、履歴事項全部証明書等の請求・受領	￥1,500		通	
〃	「財産目録」の作成	￥10,000	1	通	￥10,000
〃	「遺言執行者就職通知書」の作成	￥20,000	1	通	￥20,000
〃	金融機関手続代行	￥40,000		行	
〃	金融資産の0.5%		1	式	
				①小計	
				②消費税(10%)	
				③合計(①＋②)	

実費・立替金額明細【解説 13】

区　分	件　　名	単価	摘要 (枚数等)	単位	金額
実費相当額	相続人の範囲の調査（戸籍謄本等）				
〃	相続財産の評価と範囲の調査（固定資産税評価証明書、履歴事項全部証明書等）				
〃	残高証明書手数料、交通費、郵送費、複写代等				
			実費・立替金合計…B		

※見積の前提条件の変更や実費等の清算の都合上、ご請求金額が上記金額と異なる場合があります。あらかじめご了承ください。

※司法書士（不動産登記）、税理士（税務申告）等の他の専門職に業務を委託する場合は、別途費用がかかります。

1. 業務内容：遺産分割協議に係る次の業務
   　　　　(1) 相談業務
   　　　　(2) 書類の請求及び受領（戸籍謄本、登記簿謄本、固定資産税評価証明書等）
   　　　　(3) 書類の作成（「相続関係説明図」「法定相続情報一覧図」「遺言執行者就職の通知」「財産目録」等）
   　　　　(4) 金融機関の相続手続の代行（銀行、証券会社等）
   　　　　(5) 上記 (1)～(4) に係る一切の業務

2. 特約：(1) 調停・訴訟の因をなす紛争状態が生じた場合は、行政書士法等により業務を継続できません。あらかじめご了承ください。
   　　　　(2) 着手金の着金を確認次第、業務に着手します。

3. お支払方法：(1) 着手時に、手数料の 6 割と実費相当額の合計をお支払ください。残金は業務完了後 5 日以内にお支払ください。なお、着手金の返金は、当職の責による業務遂行の中止の他、一切なしとします。
   　　　　(2) 司法書士又は税理士に業務を委託する場合は、委託前にご入金ください。

4. お振込先：税務経理銀行　麹町支店　（普通）7654321　竹之内行政書士事務所　竹之内豊
   　　　　（タケノウチギョウセイショシジムショ　タケノウチユタカ）
   　　　　※振込手数料が発生する場合は、ご負担いただきますようお願いいたします。

5. 見積有効期限：　　　　年　　　月　　　日（　　）まで

　　　　　　　　　　　　　　　　　　年　　　月　　　日

　　　　　　　　　　　事務所　東京都千代田区麹町 3-2-1
　　　　　　　　　　　　　　　　エキスパートビル 321 号
　　　　　　　　　　　　　　電　　話　03（3210）0123

　　　　　　　　　　　竹之内行政書士事務所

　　　　　　行政書士　竹之内　豊

※引用・参考：『受任率』P37・38

法 律 事 務 委 任 契 約 書

委任者（甲）住　所　_____

　　　　　　　氏　名　_____（遺言執行者・被相続人の　　　　　）

受任者（乙）住　所　東京都千代田区麹町３丁目２番１号

　　　　　　　　　　　エキスパートビル 321 号

　　　　　　　氏　名　竹之内行政書士事務所　行政書士　竹之内　豊

　　　　　　　　　　　東京都行政書士会所属・登録番号：第 010819××号

　委任者_____（以下「甲」という）と受任者　竹之内行政書士事務所　行政書士　竹之内豊（以下「乙」という）は、以下のとおり法律事務委任契約を締結する。

　乙は、行政書士法その他法令を遵守し、遺言の内容を速やかに実現することを目指し、甲は乙の業務遂行に協力する。

（業務の範囲）

1. 甲は乙に被相続人_____（　　年　　月　　日生、　　　年　　月　　日死亡、最後の住所：_____、

　　最後の本籍：_____）の遺言執行

　　に係る次の業務を依頼する。

　　（1）相談業務

　　（2）調査業務

　　　　①相続人の範囲の確定

　　　　②相続財産の範囲及び評価の確定

　　（3）書類作成業務

　　　　①相続関係説明図又は法定相続情報一覧図の申請書類

　　　　②遺言執行者就職の通知書

　　　　③財産目録

　　　　④その他遺言執行に関する書類

　　（4）遺言執行手続

　　　　①相続人への遺言執行者就職の通知

　　　　②相続人への遺言の内容の通知

　　　　③相続人への財産目録の交付
　　　　④次の金融機関の相続預貯金の払戻手続
　　　　　イ）＿＿＿＿＿＿＿＿＿＿＿＿＿＿＿＿＿
　　　　　ロ）＿＿＿＿＿＿＿＿＿＿＿＿＿＿＿＿＿
　　　　　ハ）＿＿＿＿＿＿＿＿＿＿＿＿＿＿＿＿＿
　　(5) 以上、(1)〜(4)に係る一切の業務

（支払の金額及び期日）
2. 甲は乙へ次のとおり2回に分けて金員を支払うものとする。
　　(1) 着手金：金＿＿＿＿＿＿＿円（税込）
　　　　振込期日：＿＿＿年＿＿＿月＿＿＿日まで
　　(2) 手数料：金＿＿＿＿＿＿＿円（税込）
　　　　振込期日：相続手続が完了後5日以内
　　　　なお、実際に行った業務内容及び経費の精算の都合上、(2) の請求金額
　　　　が異なる場合がある。

（支払方法・振込先）
3. 甲は下記に振込するものとする。
　　ただし、振込手数料が発生する場合は、甲が負担するものとする。
　　税務経理銀行　麹町支店　（普）7654321　口座名義　竹之内 行政書士
　　事務所　竹之内　豊

（業務着手）
4. 乙は甲から上記「2(1)」の着手金が入金後、直ちに本業務に着手するものとする。

（特約）
5. 次のいずれかの場合は、乙は、その理由を甲に説明した上で、本件を辞任することができる。
　　(1) 乙が、甲から業務遂行の協力が得られないと判断したとき
　　(2) 乙が、遺言の執行が困難と判断する事態が発生したとき
　　(3) 調停・訴訟の因をなす紛争状態が生じたとき

（その他）

6. 本契約に定められていない事態が発生した場合、又は疑義が生じた場合は、甲・乙双方協議し速やかに事態が解決するように努めるものとする。

　以上の内容を甲・乙双方十分理解した証として本書2通を作成し、双方記名又は署名・押印の上、各自1通ずつ所持するものとする。

年　　　月　　　日

住　　所＿＿＿＿＿＿＿＿＿＿＿＿＿＿＿＿＿＿＿
委任者（甲）氏　　名＿＿＿＿＿＿＿＿＿＿＿＿＿＿＿＿⑪
　　　　　　　　　　　　（　　年　　月　　日生）

　　　　　　　　　　〒102-0083
　　　　　　　　　　東京都千代田区麹町3丁目2番1号
　　　　　　　　　　　　エキスパートビル321号
　　　　　　　　　　　　電　話　03（3210）0123
受任者（乙）

竹之内行政書士事務所　行政書士　竹之内　豊　⑪

※引用・参考：『受任率』P41

現物資料 27 〉　委任状（遺言執行・銀行の相続手続）

（実印）

委　任　状

事　務　所　東京都千代田区麹町 3 丁目 2 番 1 号
　　　　　　エキスパートビル 321 号
住　　　所　東京都国分寺市本町 2 丁目 1 番地の 23
（代理人） 電　　　話　03-3210-0123　携帯：090-1234-5678
職業・氏名　行政書士　竹之内　豊（登録番号：第 010819××号）
所　　　属　東京都行政書士会（会員番号：第 47××号）

　　　　上記の者に、下記の権限を委任いたします。

記

被相続人＿＿＿＿＿＿＿＿（　　年　　月　　日生、　　年　　月　　日死亡、
最後の住所：＿＿＿＿＿＿＿＿＿＿＿＿＿＿＿＿＿＿＿＿＿＿＿＿＿＿＿＿、
最後の本籍：＿＿＿＿＿＿＿＿＿＿＿）の死亡により発生した相続による、被
相続人名義の＿＿＿＿＿＿銀行に預託している一切の預金等に関する残高証
明書の請求・受領、名義変更、払戻し、解約、当該預金等の元利金等の受領、及
び＿＿＿＿＿＿＿銀行に提出する一切の書類の作成・提出・受領等、以上遺
言（＿＿＿＿＿＿公証役場・作成公証人＿＿＿＿＿＿・　年　　月
　　日・　年第　　号）の内容を実現するため、相続財産の管理その他遺言の
執行に必要な一切の行為をする権利義務。

以上

年　　　　月　　　　日

住　　　所＿＿＿＿＿＿＿＿＿＿＿＿＿＿＿＿＿＿＿＿＿＿＿

（委任者） 電話番号＿＿＿＿＿（　　　　）＿＿＿＿＿＿

（実印）

氏　　　名　遺言執行者＿＿＿＿＿＿＿＿＿＿＿＿＿＿＿＿＿
（ふり がな）
　　　　　　　　　　　　（　　年　　月　　日生）

（実印）

委　任　状

事　務　所　東京都千代田区麹町3丁目2番1号
　　　　　　エキスパートビル321号
住　　　　所　東京都国分寺市本町2丁目1番地の23
（代理人） 電　　　話　03-3210-0123　携帯：090-1234-5678
職業・氏名　行政書士　竹之内　豊（登録番号：第010819××号）
　　　　　　所　　属　東京都行政書士会（会員番号：第47××号）

　　　上記の者に、下記の権限を委任いたします。

記

被相続人＿＿＿＿＿＿（　　年　　月　　日生、　　年　　月　　日死亡、

最後の住所：＿＿＿＿＿＿＿＿＿＿＿＿＿＿＿＿＿＿＿＿＿＿＿＿、

最後の本籍：＿＿＿＿＿＿＿＿）の死亡により発生した相続による、遺

言（＿＿＿＿＿公証役場・作成公証人＿＿＿＿、＿＿＿年　　月　　日

作成、　　年第　　号）の内容を実現するため、相続財産の管理その他遺言の執

行に必要な一切の行為をする権利義務。

以上

年　　月　　日

住　　　所＿＿＿＿＿＿＿＿＿＿＿＿＿＿＿＿＿＿＿＿

（委任者） 電話番号＿＿＿＿（　　　）＿＿＿＿

（実印）

（ふり　がな）
氏　　名　遺言執行者＿＿＿＿＿＿＿＿＿＿＿＿

（　　年　　月　　日生）

⑤　面談（遺言執行者と 1 回目の打合せ）

　遺言執行者と初めて会う面談の場で受任できれば、業務に直ちに着手でき、結果として、早期に遺言執行が完了し、相続預貯金の払戻しが可能となる。このことは、顧客価値の早期実現を意味する。したがって、「面談の場で受任する」という強い姿勢で面談に臨むこと。

イ）　説明する

　まず、遺言執行者（＝相談者）に、遺言執行者の就職に承諾することを確認する（民 1007 ①）。就職の承諾ができたら、次に、法律上、現状がどのような状況であるのか、また、これからどのように遺言を執行して遺産を承継するのかを具体的に説明する。なお、遺産分割の場合と同様に、業際問題及び口座の凍結についても説明すること。

ロ）　遺言執行の進捗状況を把握する

　次に、「引合い」で収集した情報を確認し、遺言執行の進捗状況を把握する。

ハ）　問題解決までの道筋を提示する

　ロ）で得た情報を基に、「準備 2」で用意した「ロードマップ」を修正して、相談者に提示する。

面　談（2025 年 4 月 4 日）

☑遺言執行者に対して就職の意思確認
☑事実関係の確認
☑ロードマップの提示
☑業際の説明
☑報酬額の合意
☑受任の成否の確認
☑委任契約の締結
☑委任状の受領
☑職務上請求書の使用承諾
☐

遺言執行（4 月 5 日頃～5 月 30 日頃）

☐着手金のご入金（4 月 10 日まで）＝業務スタート
☐遺言執行者（太田昭子）様の印鑑登録証明書（1）通を入手
☐相続人の範囲の確定
　▶職務上請求書による戸籍謄本等の請求・受領
　▶「相続関係説明図」の作成、又は「法定相続情報一覧図」の交付申請
☐相続財産の範囲と評価の確定
　▶金融機関へ残高証明書等の請求・受領
　▶履歴事項全部証明書、固定資産税評価証明書及び名寄帳の請求・受領
　▶「財産目録」の作成
☐遺言執行者から相続人へ次の事項を通知・交付する
　☐「遺言執行者就職の通知」及び遺言の内容を通知する
　　（改正民 1007 ①②）
　☐財産目録を交付する（民 1011 ①）
☐金融機関の手続→預貯金の払戻し等
☐相続登記（司法書士）
☐相続税の申告（税理士）
☐

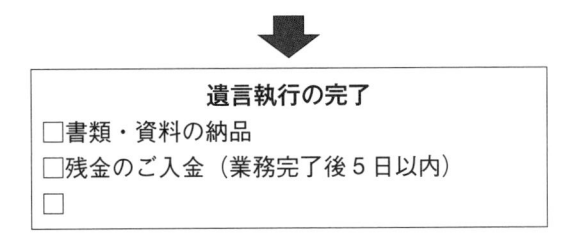

遺言執行の完了
□書類・資料の納品
□残金のご入金（業務完了後 5 日以内）
□

ニ）　見積を提示する

　ロ）で得た情報を基に、「準備②」で用意した見積に相続預貯金の払戻し行数等を加筆して完成させた見積を提示する。

　なお、見積の内容を説明する際に、ロードマップと合わせて説明すると費用の根拠が明確になるので、相談者の理解を得やすくなる（P162【現物資料 29】・P118【図表 40】参照）。

見 積 書

太田昭子　様

「遺言執行」について、下記のとおりお見積いたします。ご検討の程、よろしくお願いいたします。

手数料	￥576,000
消費税（10 %）	￥57,600
立替金その他	￥16,400
見積金額合計	**￥650,000**

手数料

区　分	件　　　名	手数料額 （単価）	摘要 （枚数等）	単位	金額
基本料金	業務に要する時間	￥5,000	40	時間	￥200,000
手数料	相続人 1 名あたり加算料金	￥15,000	3	人	￥45,000
〃	相続人の範囲の調査（基本料金）	￥20,000	1	式	￥20,000
〃	戸籍謄本等の請求・受領	￥1,500	10	通	￥15,000
〃	相続関係説明図の作成又は「法定相続情報一覧図」の交付申請	￥10,000	1	通	￥10,000
〃	相続財産の範囲と評価の調査（基本料金）	￥20,000	1	式	￥20,000
〃	固定資産税評価証明書、履歴事項全部証明書等の請求・受領	￥1,500	4	通	￥6,000
〃	「財産目録」の作成	￥10,000	1	通	￥10,000
〃	「遺言執行者就職通知書」の作成	￥20,000	1	通	￥20,000
〃	金融機関手続代行	￥40,000	3	行	￥120,000
〃	金融資産（2,000 万円）の 0.5 %	￥100,000	1	式	￥100,000
〃	遺言検索	￥10,000	1	回	￥10,000
				①小計	￥576,000
				②消費税（10 %）	￥57,600
				③合計（①＋②）	￥633,600

実費・立替金額明細

区　分	件　　　名	単価	摘要 （枚数等）	単位	金額
実費相当額	相続人の範囲の調査（戸籍謄本等）	￥5,000	1	式	￥5,000
〃	相続財産の評価と範囲の調査（固定資産税評価証明書、履歴事項全部証明書、残高証明書）	￥4,000	1	式	￥4,000
〃	残高証明書手数料、交通費、郵送費、複写代等	￥8,000	1	式	￥8,000
その他	千円未満切り捨て	￥ −600			￥ −600
			実費・立替金合計…B		￥16,400

※見積の前提条件の変更や実費等の清算の都合上、ご請求金額が上記金額と異なる場合があります。あらかじめご了承ください。

※司法書士（不動産登記）、税理士（税務申告）等の他の専門職に業務を委託する場合は、別途費用がかかります。

1.　業務内容：遺言執行に係る次の業務
　　　　　　　（1）相談業務
　　　　　　　（2）書類の請求及び受領（戸籍謄本、登記簿謄本、固定資産税評価証明書等）
　　　　　　　（3）書類の作成（「相続関係説明図」「遺言執行者就職の通知」「財産目録」等）
　　　　　　　（4）金融機関の相続手続の代行（銀行、証券会社等）
　　　　　　　（5）上記（1）～（4）に係る一切の業務

2.　特約：（1）調停・訴訟の因をなす紛争状態が生じた場合は、行政書士法等により業務を継続できません。あらかじめご了承ください。
　　　　　（2）着手金の着金を確認次第、業務に着手します。

3.　お支払方法：（1）着手時に、手数料の 6 割と実費相当額の合計をお支払ください。残金は業務完了後 5 日以内にお支払ください。なお、着手金の返金は、当職の責による業務遂行の中止の他、一切なしとします。
　　　　　　　　（2）司法書士又は税理士に業務を委託する場合は、委託前にご入金ください。

4.　お振込先：税経銀行　麹町支店　（普通）7654321　竹之内行政書士事務所　竹之内豊
　　　　　　　（タケノウチギョウセイショシジムショ　タケノウチユタカ）
　　　　　　　※振込手数料が発生する場合は、ご負担いただきますようお願いいたします。

5.　見積有効期限：　2025 年 4 月 30 日（水）まで

　　　　　　　　　　　2025 年 4 月 4 日（金）

　　　　　　　　　　　　　　　　　事務所　東京都千代田区麹町 3-2-1
　　　　　　　　　　　　　　　　　　　　　エキスパートビル 321 号
　　　　　　　　　　　　　　　　　電　　話　03（3210）0123

　　　　　　　　　　　　　　　　　竹之内行政書士事務所
　　　　　　　　　　　　　　　　　　行政書士　竹之内　豊

※引用・参考：『受任率』P68・69

ホ） 受任の成否を確認する

「**1** 遺言が『無い』場合⑤ホ）」（P118）に同じ。

ヘ） 通帳・カード、印鑑登録証明書（遺言執行者）を預かる

遺言執行者の通帳・カード及び印鑑登録証明書等を預かり、「預り証」を発行する（P119【現物資料 15】参照）。

ト） 口座凍結を説明する

遺産分割と同じく、口座凍結について説明して、被相続人の預貯金口座の入出金ができなくなることの了承を得る。

チ） 遺言執行者が「委任状」に署名押印（実印）する

「準備②」で用意した委任状に署名押印（実印）をもらう。なお、実印を用意していない場合は、返信用封筒といっしょに手渡し、印鑑登録証明書とともに返信してもらう。

現物資料 31 ＞ 委任状（遺言執行・銀行の相続手続）※遺言執行者記入済

委　任　状

事　務　所　東京都千代田区麹町3丁目2番1号
　　　　　　　エキスパートビル321号
住　　　所　東京都国分寺市本町2丁目1番地の23
電　　　話　03-3210-0123　携帯：090-1234-5678
職業・氏名　行政書士　竹之内　豊（登録番号：第010819××号）
　　　所　属　東京都行政書士会（会員番号：第47××号）

　　　上記の者に、下記の権限を委任いたします。

記

　被相続人山田昭一（昭和14年5月9日生、令和7年2月27日死亡、最後の住所地：埼玉県○○市○○台一丁目2番3号、最後の本籍：埼玉県○○市○○台一丁目2番）の死亡により発生した相続による、被相続人名義の＿A　銀　行＿に預託している一切の預金等に関する残高証明書の請求・受領、名義変更、払戻し、解約、当該預金等の元利金等の受領、及び＿A　銀　行＿に提出する一切の書類の作成・提出・受領等、以上遺言（○○公証役場・作成公証人川村公人・令和元年11月22日作成、令和元年第17号）の内容を実現するため、相続財産の管理その他遺言の執行に必要な一切の行為をする権利義務。

以上

2025年4月6日

住　　　所　埼玉県所沢市○○町一丁目2番1-101号

電話番号　090（8765）4321

（ふりがな）（おおた　あきこ）
氏　　　名　遺言執行者　太田　昭子　昭太田子

（昭和45年2月12日生）

委　任　状

事　務　所　東京都千代田区麹町 3 丁目 2 番 1 号
　　　　　　　エキスパートビル 321 号

住　　　所　東京都国分寺市本町 2 丁目 1 番地の 23

（代理人）　電　　　話　03-3210-0123　携帯：090-1234-5678

職業・氏名　行政書士　竹之内　豊（登録番号：第 010819××号）

所　　属　東京都行政書士会（会員番号：第 47××号）

　　　　上記の者に、下記の権限を委任いたします。

記

　被相続人山田昭一（昭和 14 年 5 月 9 日生、令和 7 年 2 月 27 日死亡、最後の住所：埼玉県川越市○○台一丁目 2 番 3 号、最後の本籍：埼玉県川越市○○台一丁目 2 番）の死亡により発生した相続による、遺言（○○公証役場・作成公証人川村公人・令和元年 11 月 22 日・令和元年第 17 号）の内容を実現するため、相続財産の管理その他遺言の執行に必要な一切の行為をする権利義務。

以上

2025 年 4 月 6 日

住　　　所　埼玉県所沢市○○町一丁目 2 番 1-101 号

（委任者）　電話番号　090（8765）4321

氏　　　名　遺言執行者　太田　昭子　　（昭和 45 年 2 月 12 日生）
（ふり　がな）　　　　　　おおた　あきこ

リ）　職務上請求書の使用承諾を得る

　遺言を執行するにあたり、相続人の範囲と住所を調査して相続人に遺言の内容を通知し（改正民 1007 ②）財産目録を交付するために（民 1011 ①）、職務上請求書を使用する許可を遺言執行者から得る（P123「**1** ⑤リ）』参照）。

⑤　業務遂行

　改正前の民法では、遺言執行者には、相続財産の目録を作成してこれを相続人に交付すべき義務（民 1011 ①）はあったが、遺言の内容を相続人に通知する義務についての規定は存在しなかった。

　改正民法では、相続財産の目録を作成して、相続人に交付しなければならないことに加えて、遺言執行者がその任務を開始したときは、遅滞なく、遺言の内容を相続人に通知しなければならないと規定していることに注意を要する（改正民 1007 ②）。

　なお、遺言執行者に就職した旨等を相続人その他利害関係人に通知することは、次の効果と機能がある。

> ▶相続人による遺産の処分行為等を防止する効果
> ▶金融機関に通知することで、遺言者名義の金融資産の払戻し等を防止する機能

イ）　「相続人の範囲」を確定する

　遺言執行者の相続財産の目録を作成してこれを相続人に交付すべき義務（民 1011 ①）を果たすために、相続人の範囲を確定するために必要な戸籍謄本等を収集して、「相続関係説明図」の作成、又は法定相続情報一覧図の申請（P123・124 参照）を行う。なお、相続人に遺言の内容等を通知する都合上、相続人の正確な住所を知るために、戸籍謄本と合わせて戸籍の附票も取得する。

被相続人(遺言者) 山田 昭一 相続関係説明図
（やまだ しょういち）

住所 埼玉県所沢市○○町一丁目2番1-101号

出生 昭和45年2月12日
遺言執行者

長女 太田昭子

最後の本籍 埼玉県川越市○○台一丁目 2番
最後の住所 埼玉県川越市○○台一丁目2番3号
出 生 昭和14年5月9日
死 亡 令和7年2月27日

被相続人 山田昭一
（遺言者）

昭和42年10月23日婚姻

住所 埼玉県川越市○○台一丁目2番3号
出生 昭和21年1月1日

妻 山田明美

住所 愛知県豊田市○○町二丁目5番6号-303号
出生 昭和48年8月8日

長男 山田英夫

当職は、この文書を行政書士法第1条の2第1項に従って作成し、
同法施行規則第9条第2号に基づき次に記名押印する。

2025年4月20日、当職事務所において。

事務所 東京都千代田区麹町3-2-1
エキスパートビル321 号
電 話 03 (3210) 0123

竹之内行政書士事務所

行政書士 竹之内 豊

ロ）　遺言の内容の通知書（改正民 1007 ②）を作成して相続人に通知する。

　改正民法 1007 条 2 項に基づき、遺言の内容の通知書を作成して相続人に通知する。なお、相続人に通知する前に、遺言執行者に通知書の内容の確認を行い、了承を得た上で通知すること。また、郵送は、通知した事実を証明するために配達証明付き書留郵便を利用すること。

遺言者　亡山田昭一　相続人　各位

　　遺言者　山田昭一　最後の本籍　埼玉県○○市○○台一丁目 2 番
　　　　　　　　　　　最後の住所　埼玉県○○市○○台一丁目 2 番 3 号
　　　　　　　　　　　死亡年月日　令和 7 年 2 月 27 日

　　　　　　　　　　　　　2025 年 4 月 20 日

　　　　　　　　　　埼玉県所沢市○○町一丁目 2 番 1-101 号
　　　　　　　　　　　　遺言執行者　太田昭子

遺言執行者就職の通知

拝啓
　私は、遺言者より、令和元年 11 月 22 日付遺言公正証書（東京法務局所属公証人川村公人・令和元年第 17 号）により、遺言執行者として指定を受けました。
　この遺言は、遺言者が死亡した令和 7 年 2 月 27 日より、その効力が生じました。
　私は、令和 7 年 4 月 1 日をもって、遺言執行者の就任を承諾し、今後、遺言執行者の任に当たることを、ここに通知いたします（同封した遺言公正証書の謄本の写しをご参照ください）。
　これに伴い、私は、遺言の内容を実現するため、法律上、相続財産の管理その他遺言の執行に必要な一切の行為をする権利義務を有します。
　したがいまして、相続人のみなさまは、故人の預金の払戻し等の相続財産の処分その他遺言の執行を妨げる行為をすることができません。この点ご理解ご協力のほど、お願いいたします。
　なお、私は、行政書士竹之内豊殿に遺言執行事務を委託いたしました。これにより、同人はその委託事務の処理について、遺言執行者と同一の権限を有します。遺言事項及び遺言執行事務についてご不明の点がございましたら、下記行政書士竹之内豊殿までご連絡ください。

　　　　　　　　　　　　　　　　　　　　　　　　　　　　敬具

　　　　　　　　　　　　【連絡先】
　　　　　　　　　　　　〒 102-0083
　　　　　　　　　　　　東京都千代田区麹町 3 丁目 2 番 1 号
　　　　　　　　　　　　　　エキスパートビル 321 号
　　　　　　　　　　　　電　話　03（3210）0123
　　　　　　　　　　　　竹之内行政書士事務所
　　　　　　　　　　　　　行政書士　竹之内　豊

現物資料 35	同封した公正証書遺言

令和元年第 17 号

遺 言 公 正 証 書

　本公証人は、遺言者山田昭一の嘱託により、証人竹之内豊、証人北山一彦の立会のもとに、遺言者の口授した遺言の趣旨を次のとおり筆記して、この証書を作成する。

第1条　遺言者は、遺言者所有の現金・下記預貯金並びにその他の預貯金・株式・投資信託・債権及びその他一切の金融資産を、遺言執行者をして換価し、その換価金から遺言者の一切の債務を弁済し、かつ、遺言の執行に関する費用を控除した残金を、次の者にそれぞれの割合で相続させる。

　(1)　妻　　山田明美（昭和 21 年 1 月 1 日生）に 100 分の 15
　(2)　長女　太田昭子（昭和 45 年 2 月 12 日生）に 100 分の 70
　(3)　長男　山田英夫（昭和 48 年 8 月 8 日生）に 100 分の 15
　　　　　　　　　　　　　　記
　(1)　A 銀行 T 支店
　　　普通預金、番号：1234567
　(2)　B 信用金庫 T 支店
　　　定期預金、番号：7654321
　(3)　ゆうちょ銀行
　　　通常貯金、番号：12345-12345678

第2条　遺言者は、妻山田明美が遺言者の死亡以前に死亡したときは、第1条で妻山田明美に相続させるとした全ての財産を長男山田英夫に相続させる。

第3条　遺言者は、第1条の財産を除く遺言者所有のその余の全ての財産を遺言者の長女太田昭子に相続させる。

第4条　遺言者は、祖先の祭祀を主宰すべき者として遺言者の長女太田昭子を指定する。

第5条　遺言者は、本遺言の遺言執行者として、遺言者の長女太田昭子を、また同人に差支えあるときは次の者を指定する。
　　　東京都国分寺市本町二丁目 1 番地の 23

行政書士　竹之内　豊
　　　　　　　　　昭和 40 年 11 月 22 日生
　　　千葉県船橋市本町七丁目 1 番地 1 号
　　　タイガーズマンション船橋 201 号
　　　税理士　　北　山　一　彦
　　　　　　　　　昭和 51 年 1 月 2 日生
　　なお、上記遺言執行者らは、それぞれ単独で本遺言を執行することができる。
2.　遺言執行者は、貸金庫の単独での開扉・内容物の取り出し・名義変更及び解
　　約の権限、預貯金の解約・払戻し・新規口座の設定・相続人への名義変更、動
　　産その他財産の売却等の処分（廃棄を含む）、債務・費用の支払など、本遺言の
　　執行に必要な全ての行為をすることができる。
3.　遺言執行者は、必要がある場合には、第三者に遺言執行事務を委託すること
　　ができる。委託された第三者は、その委託事務の処理について、遺言執行者と
　　同一の権限を有する。
4.　竹之内豊又は北山一彦が遺言執行者となる場合の報酬は、長女太田昭子と協
　　議の上決めるものとする。

付言事項
　　私の死後、この遺言が速やかに執行されて、私が亡き後、家族が協力し合って
幸せな人生を送ることを切に願います。
　　　　　　　　　　　　　　　　　　　　　　　　　　　　　　　以　　上
　　　　　　　　　　　　　　本旨外要件
埼玉県川越市○○台一丁目 2 番 3 号
無職
　　遺言者　　　　　　山　田　昭　一
　　　　　　　　　昭和 14 年 5 月 9 日生
　　上記は、印鑑登録証明書の提出により、人違いでないことを証明させた。

東京都国分寺市本町二丁目 1 番地の 23
　　行政書士
　　証　人　　　　　竹　之　内　　豊
　　　　　　　　　昭和 40 年 11 月 22 日生
千葉県船橋市本町七丁目 1 番地 1 号
　　タイガースマンション船橋 201 号
　　税理士
　　証　人　　　　　北　山　一　彦
　　　　　　　　　昭和 51 年 1 月 2 日生

　以上、遺言者及び証人に読み聞かせたところ、各自筆記の正確なことを承認して、次に署名押印する。

山　田　昭　一　　㊞
竹　之　内　　　豊　　㊞
北　山　一　彦　　㊞

　この証書は、民法第 969 条第 1 号ないし第 4 号の方式に従って作成し、同条第 5 号に基づき、次に署名押印する。

令和元年 11 月 22 日、本職役場において。
　東京都○○区○○町○丁目○番○号
　　東京地方法務局所属
　　　公証人　　川　村　公　人　㊞
この謄本は、前同日本職役場において、原本に基づきこれを作成した。
　東京都○○区○○町○丁目○番○号
　　東京法務局所属

　　公証人　川　村　公　人　㊞

ハ）　銀行にアポイントを入れる

　残高証明書を請求し、相続預貯金の払戻請求をするために、銀行にアポイントを入れる。なお、従前はノーアポでも対応する銀行が多かったが、現在はほとんどの銀行が事前予約制としている。

　まずは被相続人が口座を開設していた支店等に電話を入れてみる。その後の手続の窓口は、銀行によって、任意の支店（支店窓口型）、被相続人が口座を設けていた支店（口座開設支店型）、銀行の相続センター（相続センター窓口型）のいずれかになる（P125【図表 41】参照）。

ニ）　銀行と打合せ～残高証明書の請求及び相続預貯金の払戻請求をする

　以下、行政書士が遺言執行者から遺言執行事務の委任を受けて銀行に相続預貯金の払戻請求をする手順を説明する。

a)　書類を提出する

　行政書士が、遺言執行者から遺言執行事務の委任を受けて銀行に残高

証明書の発行及び相続預貯金の払戻請求を行う場合、必要書類は次のとおりである。

　なお、払戻し方法だが、まず、銀行から相続預貯金の全額を遺言執行者（＝長女）の口座に振り込み、次に、遺言執行者が受遺者の口座に振り込む方法を採用する。したがって、この方法では、受任者である行政書士の口座に相続預貯金が振り込まれることはない（P391「Q41」・P403「Q50」参照）。

【事例 13】 行政書士が遺言執行者から委任を受けて銀行に残高証明書の発行及び相続預貯金の払戻請求をする場合の必要書類（P60参照）

---

1. **遺言書**[注4]
(1)　公正証書遺言の場合
　①　正本又は謄本
(2)　公正証書遺言以外の場合
　①　遺言書
　②　検認済証明書[注5]
2.　被相続人の戸籍謄本（全部事項証明書）[注6]
3.　遺言執行者に関する書類等
(1)　印鑑登録証明書
(2)　身分証明書

注4　遺言による相続預貯金の払戻しをする場合には、当然のことながら、遺言書の提出が必要になる。
　　公正証書遺言の場合、原本（遺言者、公証人及び証人が署名押印したもの）は作成した公証役場で保管され、正本と謄本が遺言者に交付される。謄本とは、原本の内容を記載した写しをいい、正本とは、謄本の一種であるが、原本と同じ効力のあるものをいう。なお、相続預貯金の払戻しに際しては、正本、謄本のいずれを提示しても問題ない。
　　遺言者死亡時において、公正証書遺言の正本も謄本も紛失している場合、相続人、受遺者、遺言執行者等の利害関係人は、公証役場に正本又は謄本の交付を申請することが可能である（公証 43・44）。

> 証明写真付きの公的証明書の写し（運転免許証、マイナンバーカード等）
>
> (3)　遺言執行者の預金通帳の写し（口座番号が記載されている頁）
>
> **4.　受任者（行政書士）に関する書類等**
>
> (1)　遺言執行者からの委任状（署名・実印での押印がされたもの）
>
> (2)　身分証明書
>
> ①　証明写真付きの公的証明書（運転免許証、マイナンバーカード等）
>
> ②　行政書士であることを証するもの（行政書士証票・会員証）
>
> (3)　印鑑登録証明書・実印又は職印・職印証明書
>
> **5.　被相続人の払戻口座に関するもの**

注5　遺言書に関し、①公正証書遺言の場合には、公正証書の正本又は謄本、②自筆証書遺言の場合には、自筆証書遺言及び検認済証明書が必要になる。ただし、2020（令和2）年7月10日に施行した「法務局における遺言書の保管等に関する法律」（遺言書保管法）による自筆証書遺言の保管制度を利用した場合、自筆証書遺言を法務局に保管申請することが可能となり、申請後は、法務局において自筆証書遺言が管理される（遺言保管4・6）。

　　　そして、遺言者の死後、相続人、受遺者、遺言執行者等の関係相続人等（遺言保管9①に掲げる者）は、遺言書が保管されているかどうかを証明した書面（＝遺言書保管事実証明書）や遺言書の画像情報等を用いた証明書（＝遺言書情報証明書）の交付を請求することができる（遺言保管9・10）。

　　　以上から、相続預貯金の払戻請求においては、この遺言書情報証明書の交付を受け、金融機関に提出すべきものと考えられる。なお、本制度を利用した場合、従来自筆証書遺言において必要とされていた遺言の検認に関しては適用除外となり（遺言保管11）、当然、検認済証明書は不要となる。

注6　被相続人の死亡により、遺言は効力を発生する（民882）。そこで、被相続人の戸籍謄本（全部事項証明書）により、被相続人が死亡していることを確認する。

　　　遺言が無い場合の相続預貯金の払戻しの場合、被相続人の出生から死亡まで及び相談人の戸籍謄本等が必要であったが、遺言が有る場合には、被相続人の死亡が確認できる戸籍謄本の提出だけで足りる。

　　　これは、遺言が無い場合には、相続預貯金の払戻しに当たり、法定相続人と法定相続分の確認が必要であったのに対し、遺言が有る場合には、遺言に「預貯金を相続させる」又は「遺贈する」と記載された者若しくは遺言執行者に払戻しをすれば足り、法定相続人や法定相続分の確認は不要と考えられるためである。ただし、遺言がある場合でも、何らかの事情で銀行から被相続人の出生から死亡までの戸籍謄本の提出を要求されることがある。その場合は、要求に応じて提出した方が速やかな払戻しにつながると考える。

> 通帳、キャッシュカード等（紛失の場合は、「6. 相続届」にその旨を記載すれば足りる）
>
> **6. 相続届（相続預貯金払戻依頼書）～銀行所定の様式**
>   遺言執行者から相続届の作成に関する委任を受けていれば、受任者（＝行政書士）のみで作成可能である。

b）「振込依頼書」を作成する

　遺言執行者からの委任状により、受任者（＝行政書士）が単独で、その場（銀行）で作成できる。なお、振込先（遺言執行者の口座）の誤記を防止するために、振込先口座の通帳の見開き頁（銀行名、口座番号等が記載されている頁）の写しを持参して確認しながら記入すること。

ホ）　銀行から受任者（＝行政書士）に「残高証明書」が届く

　通常、請求から1週間以内に受任者宛に郵送される。なお、信用金庫等の一部の金融機関では、請求当日（＝訪問時）に発行するところもある。

ヘ）　銀行から受任者に「手続完了通知」と「通帳」（解約済）が届く

　払戻手続が完了次第、銀行から受任者（＝行政書士）に「手続完了通知書」と解約済の通帳等が書留で届く（通常手続完了から1週間程度）。なお、これらの書類が相続人代表者宛てに届いてしまうことがあるので、銀行には行政書士宛てに届けるように念を押しておいた方がよい。

ト）「財産目録」と「財産目録の交付通知」を作成する

　相続預貯金の残高証明書等の「相続財産の範囲と評価」を証する資料が整い次第、財産目録と財産目録の交付通知を作成する。

現物資料 36 〉 財産目録の交付通知

被相続人　山田昭一様　相続人　各位

財産目録交付のご案内

拝啓

　当職は、被相続人山田昭一様（最後の本籍：埼玉県川越市○○台一丁目2番、最後の住所：埼玉県川越市○○台一丁目2番3号、死亡年月日：令和7年2月27日）の遺言執行者太田昭子様より委任を受け、遺言執行事務を行っている行政書士の竹之内豊と申します。

　本日は、被相続人山田昭一様の財産目録を作成いたしましたのでここにお届けいたします。

　ご不明な点などございましたら当職までご連絡ください。ご説明させていただきます。

敬具

2025 年 5 月 10 日

〒 102-0083
東京都千代田区麹町3丁目2番1号
エキスパートビル 321 号
電　話　03（3210）0123

遺言執行者　太田昭子代理人
竹之内行政書士事務所

行政書士　竹之内　豊　［印］

添付書類

1.　財産目録……1 通

以上

被相続人　山田昭一様　相続人　各位

被相続人　山田昭一様の相続財産を下記のとおりご報告いたします。

記

	金融機関	支店	科目	口座番号	金額※
1	A銀行	T支店	普通	1234567	¥23,816,554
2	B信用金庫	T支店	定期	7654321	¥20,000,000
3	ゆうちょ銀行	——	通常定期	12345-12345678	¥9,595,626
				合計金額	¥53,412,180

以上

※金額は被相続人の死亡日（令和7年2月27日）現在の金額です。

当職は、この文書を行政書士法第1条の2第1項に従って作成し、同法施行規則第9条第2号に基づき次に記名押印する。

2025年5月10日

東京都千代田区麹町3丁目2番1号
エキスパートビル321号
電　話　03（3210）0123
竹之内行政書士事務所

行政書士　竹之内　豊

チ）　遺言執行者と打合せ（第2回）

遺言執行者に対して次のa）〜c）を行う。

　a）　事実関係を提示する

作成した「相続関係説明図」、又は「法定相続情報一覧図の写し」及び「財産目録」を提示し、相続人の範囲と相続財産の範囲と評価を説明す

る。

b) 相続人への通知書（「財産目録」及び「財産目録の交付通知」）を提示し内容の了承を得る。

c) 払戻しされた相続預貯金を、遺言の内容に則って、受贈者に振込みするように指示する。

リ）　相続人に財産目録を交付する（民1011①）

遺言執行者との打合せで財産目録及び財産目録の通知の内容に了解が得られたら相続人に交付する。なお、郵送は、通知した事実を証明するために配達証明付き書留郵便を利用する。

ヌ）　相続人代表者と打合せ（第3回）（業務完了）

業務で作成した書類（相続関係説明図、財産目録等）、官公署から収集した書類（戸籍謄本等）、及び金融機関の払戻手続に関する書類等を取りまとめて相続人代表者に納品する。その際、納品した書類が一目でわかる「納品明細書」を提示して相続人代表者に納品する。また、請求残がある場合は、請求書を発行する。

以上で業務は完了となるが、依頼者をリピーターに変えるために、業務完了後の継続的な連絡の了承を得ておく。手段としては、相手が受け入れやすい年賀状、暑中見舞いなどの季節の挨拶がよいだろう。

被相続人　山田昭一様　遺言執行者　太田昭子様

　被相続人山田昭一様の遺言執行に関する下記書類をお届けいたします。ご査収の程、よろしくお願いいたします。

記

1.　公正証書遺言（謄本）

2.　相続関係説明図（戸籍謄本 10 通、戸籍の附票 3 通付）……1 通

3.　財産目録

4.　相続人への通知書
(1)遺言執行者就職の通知（写し）
(2)財産目録の交付通知（写し）

5.　相続預貯金の払戻手続に関する書類
(1) A 銀行
　　①残高証明書（原本）……1 通
　　②解約通帳……1 通
　　③利息計算書（原本）……1 通
　　④振込受付書（原本）……1 通

(2) B 信用金庫
　　①預金残高証明書（原本）……1 通
　　②預金（積立）計算書（原本）……1 通
　　③預金払戻請求書による振込受付書（兼振込手数料受取書）（原本）……1 通

(3)ゆちょ銀行
　　①調査結果のお知らせ（残高証明書に相当する書類）……1 通
　　②振込依頼書（原本）……1 通
　　③総合口座通帳……1 通

以上

2025 年 5 月 20 日
〒 102-0083
東京都千代田区麹町 3 丁目 2 番 1 号
エキスパートビル 321 号
電　話　03（3210）0123
竹之内行政書士事務所

行政書士　竹之内　豊　

⑦　アフターフォロー

「**1**⑦アフターフォロー」(P145) に同じ。

第4章 実務再現～「現物資料」で見る銀行の相続手続

　まず，第1章では，依頼者にとっての価値（＝顧客価値）を明らかにした上で，顧客価値の実現の観点から銀行の相続手続に臨む「心得」を導いた。次に，第2章では，銀行の相続手続に必須の「法知識」を確認した。そして，第3章では，銀行の相続手続の「業務プロセス」を，遺言が「無い」場合と「有る」場合に分けて「7つのプロセス」に沿って俯瞰した。

　さて，既に述べたとおり，速やかな業務遂行と「高い受任率と満足行く報酬」を実現するには，面談の場でロードマップを描き，相談者にわかりやすく説明できる力（＝俯瞰力）が不可欠である。

　そこで本章では，俯瞰力をさらに強固にするために，1章から3章で見てきた銀行の相続手続に関する「心得」「法知識」及び「業務プロセス」が，実務でどのように機能しているかを，銀行関連の「現物資料」を交えて見てみることにする。

【図表45】第4章の俯瞰図

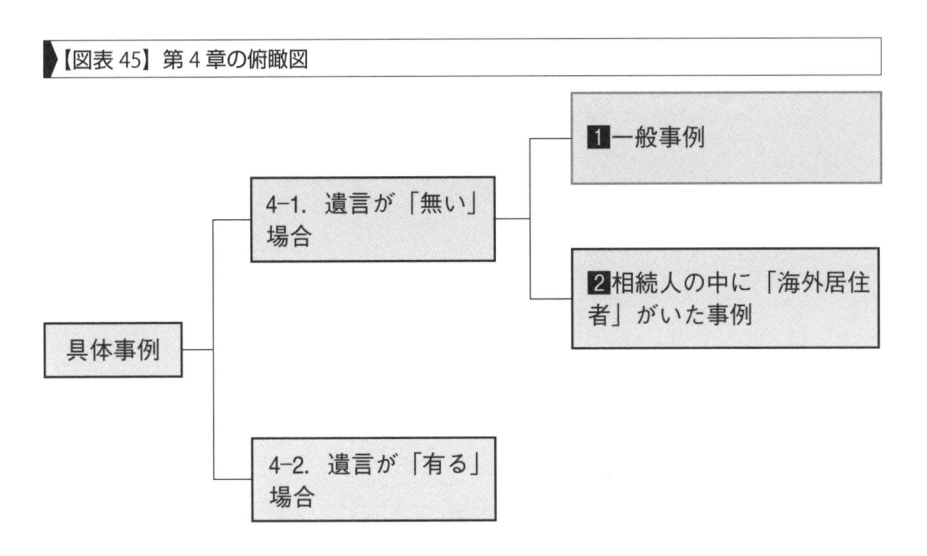

4-1　遺言が「無い」場合

　遺言が無い場合の銀行の相続手続を，筆者が受任した案件の中から，一般的な事例と相続人の中に海外居住者がいた事例の2つを，実務の流れに忠実に現物資料を交えて再現する。

■1 一般事例

　遺言が無い場合の行政書士が行う一般的な銀行の相続手続を再現する。

【依頼の概要】

　有吉浩一は，「長男だから」という理由で亡母・有吉純子の相続手続を行うことになった。まず，銀行の相続預貯金の払戻手続を行おうとしたが，平日は仕事があって銀行に行くことがなかなかできなかった。やっと有休を取得して銀行に行ってみたものの，長時間待たされた挙句，手続について説明を受けたが要領を得なかった。

　「このままでは相続預貯金の払戻しがいつできるのかわからない」と焦りが生じてきたその時，行政書士になった高校の同級生から毎年届く年賀状に，「相続手続専門」と書かれていたことを思い出した。そこで，行政書士にメールで相談してみた。そして，数回のメールのやり取りを経て，行政書士の事務所で打合せを行うことになった。

▶　被相続人：有吉純子
▶　相続人の範囲：夫・有吉正雄，長女・市原正代，長男・有吉浩一，二女・田中知世　以上4名
▶　相続人代表者：長男・有吉浩一
▶　相続財産の範囲：商業中金（相続センター型），税務経理銀行（支店窓口型），ゆうちょ銀行　以上3行

面談において相続人代表者に次のロードマップを提示した。

現物資料 39 〉 遺言がない一般的なロードマップ

面談→受任（＝業務スタート）

↓

遺産分割の前提条件の調査
　⑴相続人の範囲
　　　➡戸籍の収集（職務上請求書を使用）
　　　➡法務局に「法定相続情報一覧図」を請求
　⑵相続財産の範囲と評価
　　　➡各銀行に残高証明書を請求
　　　➡「財産目録」の作成

↓

相続人全員で遺産の分け方を協議する

↓

全員合意＝協議成立

↓

「遺産分割協議書」の作成
➡相続人全員で署名押印

↓

銀行に相続預貯金の払戻請求を行う
➡相続預貯金が相続人代表者（＝長男）の口座に
　払戻しされる（＝業務完了）

↓

相続人代表者が遺産分割協議の内容のとおりに各相続人の口座に振り込む。

---

①　「相続人の範囲」の調査

　職務上請求書の使用の承諾を相続人代表者に得た上で調査した結果，相続

人の範囲は，配偶者（＝夫），長女，長男（＝相続人代表者）及び二女の以上 4 名に確定した。

現物資料 40 ＞　法定相続情報一覧図の写し

法定相続情報番号　0115−23−00755

被相続人　　有吉　純子　　法定相続情報

最後の住所
埼玉県さいたま市岩槻区本町一丁目 1 番地の 1
最後の本籍
埼玉県さいたま市岩槻区本町一丁目 1 番地
出生　昭和 11 年 9 月 24 日
死亡　令和 7 年 1 月 16 日
　（被相続人）
有吉　純子

住所
埼玉県さいたま市岩槻区本町一丁目 1 番地の 1
出生　昭和 6 年 3 月 8 日
　（　夫　）
有吉　正雄

住所　埼玉県春日部市粕壁一丁目 10 番地の 1
　　　レジデンス春日部 505 号
出生　昭和 40 年 3 月 29 日
　（長女）
市原　正代

住所　埼玉県さいたま市緑区東浦和一丁目 2 番 3 号
出生　昭和 41 年 3 月 16 日
　（長男）
有吉　浩一（申出人）

住所　埼玉県さいたま市大宮区寿能町一丁目 172 番の 1
出生　昭和 43 年 6 月 4 日
　（二女）
田中　知世

以下余白

作成日：令和 7 年 5 月 1 日
作成者：
　　　　事務所　東京都千代田区麹町 3-2-1
　　　　　　　　エキスパートビル麹町 321
　　　　氏名　行政書士　竹之内　豊

　これは、令和　7 年 5 月 2 日に申出のあった当局保管に係る法定相続情報一覧図の写しである。

令和　7 年 5 月 12 日
さいたま地方法務局　本局

登記官　　　　　　　浜岡　信之　　| 印 |

注）本書面は、提出された戸除籍謄本等の記載に基づくものである。相続放棄に関しては、本書面に記載され
　　ない。また、被相続人の死亡に起因する相続手続及び年金等手続以外に利用することはできない。

整理番号　S05483

② 「相続財産の範囲と評価」の調査～残高証明書の請求から財産目録の作成まで

　相続財産の範囲と評価を確定するために，相続人代表者から面談でヒアリングした被相続人が設けていた口座は，商業中金（相続センター型），税務経理銀行（支店窓口型）及びゆうちょ銀行の３行であった。

　以下，各行の残高証明書の請求から財産目録の作成までを，業務の手順に沿って見てみる。

　イ）　商業中金（相続センター型）

　口座を設けていた支店に電話で予約を入れた上，訪問して残高証明書を請求した。その際，今後の手続は相続センターで行うことを告げられた。なお，提出した書類は次のとおり。

【遺言がない場合の残高証明書を請求するために銀行に提出した書類】

1. 相続人の範囲を証する書類
   法定相続情報一覧図の写し
2. 行政書士が相続預貯金の払戻しの委任を受けたことを証する書面
   (1)相続人代表者からの委任状（署名・実印での押印がされたもの）
   (2)相続人代表者の印鑑登録証明書
   (3)行政書士の次の書類等
   　①実印
   　②身分証明書
   　　イ）証明写真付きの公的証明書（運転免許証，マイナンバーカード等）
   　　ロ）行政書士であることを証するもの（行政書士証票・会員証）
   　③印鑑登録証明書
3. 被相続人の払戻口座に関するもの
   (1)通帳
   (2)キャッシュカード

※１・２の全て書類は，支店で写しを取りその場で返却された。

現物資料 41 ＞ 委任状（遺産分割・銀行の相続手続・相続人代表者）

委　任　状

事　務　所　東京都千代田区麹町 3 丁目 2 番 1 号
　　　　　　エキスパートビル 321 号
（代理人）住　　　所　東京都国分寺市本町 2 丁目 1 番地の 23
　　　　　電　　　話　03-3210-0123　携帯：090-1234-5678
　　　　　職業・氏名　行政書士　竹之内　豊（登録番号：第 010819××号）
　　　　　所　　　属　東京都行政書士会（会員番号：第 47××号）

　　　　上記の者に，下記の権限を委任いたします。

　被相続人　有吉花子（最後の本籍：埼玉県さいたま市岩槻区本町 1 丁目 1 番
地，最後の住所：埼玉県さいたま市岩槻区本町 1 丁目 1 番地の 1，昭和 11 年 9
月 24 日生，令和 7 年 1 月 16 日死亡）の死亡により発生した相続による，被相続
人名義の商業組合中央金庫に預託している一切の預金，投資信託等に関する，残
高証明書・取引開示に関する文書の請求・受領，名義変更，払戻し，解約及び当
該預金等の元利金等の受領，並びに商業組合中央金庫に提出する相続手続に必要
な一切の書類の受領・作成・提出等。
　以上遺産分割及び相続手続に必要な一切の権限及び行為。

以上

令和 7 年 5 月 10 日

住　　　所　埼玉県さいたま市緑区東浦和 1-2-3

（委任者）電話番号　090（4349）89××

氏　　　名　被相続人の長男　有吉　浩一

（生年月日：昭和 41 年 3 月 16 日）

※太枠内にご記入・ご捺印ください。

個人のお客様専用

残高証明依頼書

令和 7 年 5 月 19 日

株式会社商業組合中央金庫　御中

おところ　東京都国分寺市本町 2-1-23

お届印

おなまえ　故　有吉　花子
　　　　　相続人代表　有吉　浩一
　　　　　代理人　行政書士　竹之内　豊

令和 7 年 1 月 16 日　現在における当方名義の普通預金、定期預金、債券買入預金、債券償還受入預金の残高を証明してください。

なお、証明書は　1 部　発行してください。

(当金庫使用欄)

交付方法	照合・押切印押印		起算取引		印鑑照合
□郵送	□基準日一致確認	検印	□有	確認者	
□店頭交付	□発行日の記入確認		□無		

現物資料 43 〉 相続税評価額算定依頼書【代理人（＝行政書士）記入】

※太枠内にご記入・ご捺印ください。

令和7年5月19日

相続税評価額算定依頼書

株式会社商業組合中央金庫　御中

被相続人の お名前	有吉　花子
ご依頼人の ご住所	東京都国分寺市本町 2-1-23
ご依頼人の お名前	行政書士　竹之内　豊

お届印
または
ご実印

被相続人とのご関係（該当するものに○をしてください）
（相続人・遺言執行者・相続財産管理人・その他）（相続人 有吉 浩一　代理人 行政書士 竹之内 豊）

令和7年1月16日 現在における、被相続人名義の定期預金、保護預り債券について、

「相続税評価額」を算定してください。

なお、評価書は 1 部 発行してください。

（当金庫使用欄）

交付方法	照合・押切印押印		印鑑 照合	受付	ご依頼人様確認	
□郵送 □店頭交付	□評価基準日 □マル優 □手数料	検印			確認印	□戸籍謄本 □家庭裁判所選任証明 □その他（　　　　）
					確認印	□印鑑証明書 □運転免許証 □その他（　　　　）

手数料領収書

| 日付 | 7.5.19 |

故 有吉 花子　相続人代表 有吉 浩一　代理人　行政書士 竹之内 豊　様

内　訳	件数	金額（税抜）	内　訳	件数	金額（税抜）
残高証明書	1	700	口座振替		
通帳 証書 キャッシュカード 再発行			給与振込		
両　替			保護預り		
相続税評価書	1	1,500			

金　額　百万　千　円　¥ 2 4 2 0

上記金額欄に記載の金額には消費税が含まれています。

ご連絡欄

| 封緘 開封 | 容器番号 第 一 番 保護 一 番 | 契約始期 年 月 日 | 契約終期 年 月 日 |

当金庫をご利用くださいましてありがとうございました。

証印
7. 5. 19
商業中金大宮支店

株式会社　商業組合中央金庫

| 現物資料 45 〉 残高証明書（郵送で事務所に到着） |

残 高 証 明 書

令和 7 年 5 月 21 日

〒339-0057
さいたま市岩槻区本町 1-1-1
故　有吉　花子　様
相続人代表　有吉　浩一　様
代理人　行政書士　竹之内　豊　様

株式会社商業組合中央金庫
大宮支店

令和 07 年 01 月 16 日現在における貴ご名義の普通預金、定期預金、債券買入預金、債券償還受入預金の残高を下記のとおり証明いたします。

取引の種類	残　高	摘　要
定期預金	￥1,000,000	
総合口座普通預金	￥3,015,388	
以下余白		

(注) 1．この証明書の金額は訂正いたしません。
　　　2．預金の残高には、他店券によるご入金分も含まれています。

件に関するお問い合わせは、
相続事務センターまでお願いします。
フリーダイヤルは、
0120-395-×××　です。

令和 7 年 5 月 21 日

行政書士
故 有吉 花子 様　相続人 有吉 浩一 様　代理人 竹之内 豊 様

商業中金　大宮支店

定期預金の評価額について

評価基準日における定期預金の評価額は、下記の通りです。

評価基準日　令和 7 年 1 月 16 日

（単位：円）

口座番号	定期種類	元金 (a)	利率 (%)	利息額 (b)	所得税 (c)	地方税 (d)	評価額 (a+b-c-d)
5432101	マイハーベスト３年	1,000,000	0.250%	627	96	31	1,000,500
合　計		1,000,000		627	96	31	1,000,500

・定期預金の評価額＝評価日時点の預金残高＋評価日時点で解約した場合の既経過利息－源泉徴収税額
・源泉徴収税額＝所得税（既経過利息 × 利子所得税率（※））＋地方税（既経過利息 ×5%）
※利子所得税率：平成 49 年 12 月 31 日までは 15.315％で計算します。
（ただし、マル優を適用している場合は 0 円で計算します。）

本件に関するお問い合わせは、
相続事務センターまでお願いします。
フリーダイヤルは、
0120-395-××× です。

ロ） 税務経理銀行（支店窓口型）

　事務所に最寄りの支店に電話で予約を入れた上，当該支店を訪問して，残高証明書を請求した。

【遺言が無い場合の残高証明書を請求するために銀行に提出した書類（P60 参照）】

1.　相続人の範囲を証する書類
　法定相続情報一覧図の写し
2.　行政書士が相続預貯金の払戻しの委任を受けたことを証する書面
　(1)相続人代表者からの委任状（署名・実印での押印がされたもの）
　(2)相続人代表者の印鑑登録証明書
　(3)行政書士の次の書類等
　　①実印
　　②身分証明書
　　　イ）証明写真付きの公的証明書（運転免許証，マイナンバーカード等）
　　　ロ）行政書士であることを証するもの（行政書士証票・会員証）
　　③印鑑登録証明書
3.　被相続人の払戻口座に関するもの
　(1)通帳
　(2)キャッシュカード

※1・2の書全ての書類は，支店で写しを取りその場で返却された。

委　任　状

事　務　所　東京都千代田区麹町3丁目2番1号
　　　　　　エキスパートビル321号

住　　　所　東京都国分寺市本町2丁目1番地の23

電　　　話　03-3210-0123　携帯：090-1234-5678

職業・氏名　行政書士　竹之内　豊（登録番号：第010819××号）

所　　　属　東京都行政書士会（会員番号：第47××号）

　　　　上記の者に，下記の権限を委任いたします。

　被相続人　有吉花子（最後の本籍：埼玉県さいたま市岩槻区本町1丁目1番地，最後の住所：埼玉県さいたま市岩槻区本町1丁目1番地の1，昭和11年9月24日生，令和7年1月16日死亡）の死亡により発生した相続による，被相続人名義の税務経理銀行に預託している一切の預金，投資信託等に関する，残高証明書・取引開示に関する文書の請求・受領，名義変更，払戻し，解約及び当該預金等の元利金等の受領，並びに税務経理銀行に提出する相続手続に必要な一切の書類の　受領・作成・提出等。
　以上遺産分割及び相続手続に必要な一切の権限及び行為。

以上

令和7年5月10日

住　　　所　<u>埼玉県さいたま市緑区東浦和1-2-3</u>

電話番号　<u>090（4349）89××</u>

氏　　　名　<u>被相続人の長男　有吉　浩一</u>　

（生年月日：昭和41年3月16日）

| 現物資料 48 〉 | 残高証明依頼書【代理人（＝行政書士）記入】 |

残高証明依頼書兼預金口座振替依頼書

	店番号	0	0	5

お取引店　**春日部**

株式会社　税務経理銀行

おところ	〒185-0012 フリガナ　トウキョウトコクブンジシホンチョウ **東京** 都道 府県 **国分寺市本町 2-1-23**	お申込日　2 年 5 月 26 日
		お電話番号 （ 03 ）3210 - 0123

おなまえ	フリガナ　ギョウセイショシ タケノウチユタカ 被相続人 有吉 花子 相続人 有吉 浩一　相続人代理人 行政書士 竹之内 豊	お届け印 （豊/竹之内 印）	お取引（預金・融資・外為等）のお届け印を押印してください

当方名義の取引について下記のとおり残高証明書を発行してください。なお、証明書の発行にあたっては貴行所定の手数料を、お支払いたします。口座振替によりお支払する場合は、裏面記載事項の1.～4.を承認のうえ依頼いたします。

記

1. 残高証明ご依頼取引（ご希望の取引に○印または科目をご記入ください）および発行通数

証明科目	預金：当座預金・普通預金・通知預金・定期預金・貯蓄預金 融資（ローン）・代理貸付・外為関係（注1）・投資信託・譲渡性預金・短期社債・社債・債券・金 特定取引（ご依頼の明細を下欄にご記入ください）	作成様式 （和文）・英文 （注2）	発行通数 **1** 通

（注1）外貨建ての融資は外為関係に○印をご記入ください。
（注2）英文残高証明書の発行は、個別方式のみの取扱となります。

（特定取引明細）

科　目	金　額	摘　要（口座番号）	備　考

2. 残高証明ご依頼日（包括による依頼期間は裏面5の通りとします。）

1	令和2年 1 月 16 日現在	個別
2	毎月　　　日現在	包括
3	毎年 1　2　3　4　5　6　7　8　9　10　11　12月の　　　日現在	

└─ご希望の月に○をつけてください。（複数可）

3. 手数料支払方法

1	発行依頼時払い			
2	預金口座振替	手数料 引落口座	お名前（注3）	お届け印
			当座・普通・（　）	

（注3）上記と同じご名義の場合は「本人」とお書きください。上記お届け印と手数料引落口座届出印が同一の場合、押印は不要です。

4. ご郵送先住所（注4）

〒 フリガナ	お届け印
都道 府県	

（注4）上記住所と送付先住所が異なる場合にご記入のうえ、お届け印を押印してください。
なお、残高証明書内訳表および明細表には、原則としてご郵送先住所を出力いたします。

- （銀行使用欄） -

外　為		融　資		預　金		作成方法の登録（個別）	交付方法	受　付		
検証	作成者	検証	作成者	検証	作成者	検証	□郵送	決定	引落口座 照合者	照合者
						□NIP作成	□店頭			
						□自店作成	□渉外担当者持参 □その他（　）			

解除日付・検証	センター作成（包括）	手数料引落登録（包括）		（初回）発行手数料の徴求		
	検証	記帳日付	取引番号及び手数料金額 検証	金額	徴求日	検証
		4月 10月	（　　円）	**880** 円	年 月 日	
		4月 10月	（　　円）			

口座番号 当座・普通・（　）	手数料引落登録取引コード	51867	発行登録取引コード	51845

手数料領収証

2025年 5月 26日		消 費 税 込 手 数 料 金 額	百万 千 円 ￥880

おなまえ

被相続人　有吉花子
相続人　有吉　浩一
相続人代理人　行政書士　竹之内　豊　様

いつも格別のお引き立てに預りありがとうございます。

手数料として上記金額を領収いたしました。

引き続きお引き立てくださいますようお願いいたします。

手数料種類	1.預金小切手発行手数料 (359 受入雑手数料)	5.手形小切手帳代金 (343 手形小切手帳代金)	9.小切手手形返却手数料 (351 取立手数料)
	2.夜間金庫(ご利用票綴代金・基本料金) (359 受入雑手数料)	6.自動振替取扱手数料 (347 自動振替取扱手数料)	10.振込・送金手数料 (350 振込・送金手数料)
	3.諸証明書発行手数料 (359 受入雑手数料)	7.地方公金取扱手数料 (349 その他代理事務手数料)	11.
	4.(カード・通帳・証書)再発行手数料 (359 受入雑手数料)	8.特別近手・託手取立手数料 (351 取立手数料)	12.

摘要		税 抜 手 数 料 金 額	1 冊 枚	通 口	800	円

(手数料専用伝票)

出 納 印
7.5.26
税務経理銀行麹町支店

税務経理銀行

| 現物資料 50 | 残高証明書（郵送で事務所に到着） |

預 金 残 高 証 明 書

有吉　花子　様

科　　目	金　　額　　摘　　要 内未決済他手によるご入金金額		令和7年1月16日現在の
普通預金	円 ＊805	円 ＊0	貴方ご名義の左記科目の預金残高
	円 ＊＊	円 ＊＊	に相違ないことを証明いたします。
	円 ＊＊	円 ＊＊	
	円 ＊＊	円 ＊＊	
	円 ＊＊	円 ＊＊	令和7年5月26日
	円 ＊＊	円 ＊＊	株式会社　税務経理銀行
	円 ＊＊	円 ＊＊	春日部支店
	円 ＊＊	円 ＊＊	電話　048-×××-×××

金額に訂正のあるものは無効です。

この証明書は上記預金に対する担保設定状況や差押命令の送達状況等を証明する
ものではありません。

残 高 証 明 書 内 訳 表

令和 7 年 1 月 16 日

株式会社　税務経理銀行

春 日 部 支 店

有吉　花子　様

電話　048－×××－×××

科　　目	口座番号	金　　額 (内未決済他手による入金額)	満期日 年　月　日	備　　考 #入金指定科目等	期間 年　ヵ月
普通預金	7654321	＊805 (＊0)			

＊＊取立手形は基準日残現在資金化されていません

税務経理銀行

ハ）　ゆうちょ銀行

ゆうちょ銀行の場合，所定の委任状を使用するなど留意点がいくつかある。ゆうちょ銀行の貯金の払戻手続の流れは次のとおりである。

【図表 46】ゆうちょ銀行の手続の流れ

1. ゆうちょ銀行※で相続手続の書類を一式入手する

⬇

2. ゆうちょ銀行※に書類を提出する（残高証明書の請求を含む。）

⬇

3. 貯金事務センターから「相続手続に関するご案内」が届く

⬇

4. ゆうちょ銀行※に「必要書類一覧表」に基づき書類を提出する

⬇

5. 貯金事務センターから「相続手続完了のお知らせ」が届く

⬇

6. ゆうちょ銀行※で貯金の払戻手続を行う

※全国どのゆうちょ銀行でも可

以下，残高証明書の請求まで詳述する。

a）　ゆうちょ銀行で相続手続の書類を一式入手する

ゆうちょ銀行で相続手続の書類を一式入手する（注）。その際，委任状を入れるように伝えること（伝えないと通常含まれていない）。

ゆうちょ銀行は，ゆうちょ銀行が指定する項目が記載されていない委任状を受付しない。そのため，ゆうちょ銀行所定の様式の委任状を使用すること。

（注）　ゆうちょ銀行のホームページからも入手できる（「ゆうちょ銀行の相続手続」で検索できる）。

b)　ゆうちょ銀行に書類を提出する

　ゆうちょ銀行に「調査結果のお知らせ」（＝残高証明書に相当する書類）及び「相続手続に関するご案内」（＝当該被相続人に関する相続貯金の払戻請求に必要な書類と手続の案内に関する書類）の請求をする。提出した書類は，受付したゆうちょ銀行から貯金事務センターに転送されて審査される。

【遺言が無い場合にゆうちょ銀行に提出した書類】

1.　相続人の範囲を証する書類
　(1)法定相続情報一覧図の写し
　(2)★相続確認表（(P205【現物資料52】参照）

2.　行政書士が相続手続の委任を受けたことを証する書面
　(1)★相続人代表者からの委任状（署名・実印での押印がされたもの）
　　(P210「現物資料55」参照）
　(2)相続人代表者の印鑑登録証明書
　(3)行政書士の次の書類等
　　①実印
　　②身分証明書
　　　イ）証明写真付きの公的証明書（運転免許証，マイナンバーカード等）
　　　ロ）行政書士であることを証するもの（行政書士証票・会員証）
　　③印鑑登録証明書

3.　被相続人の払戻口座に関するもの
　★相続貯金等記入票（P207【現物資料53】参照）

4.　残高証明書の請求に準ずる書類
　(1)★貯金等照会書（相続用）（P208【現物資料54】参照）
★：ゆうちょ銀行の所定の様式

現物資料 52 〉 相続確認表【代理人（＝行政書士）記入】

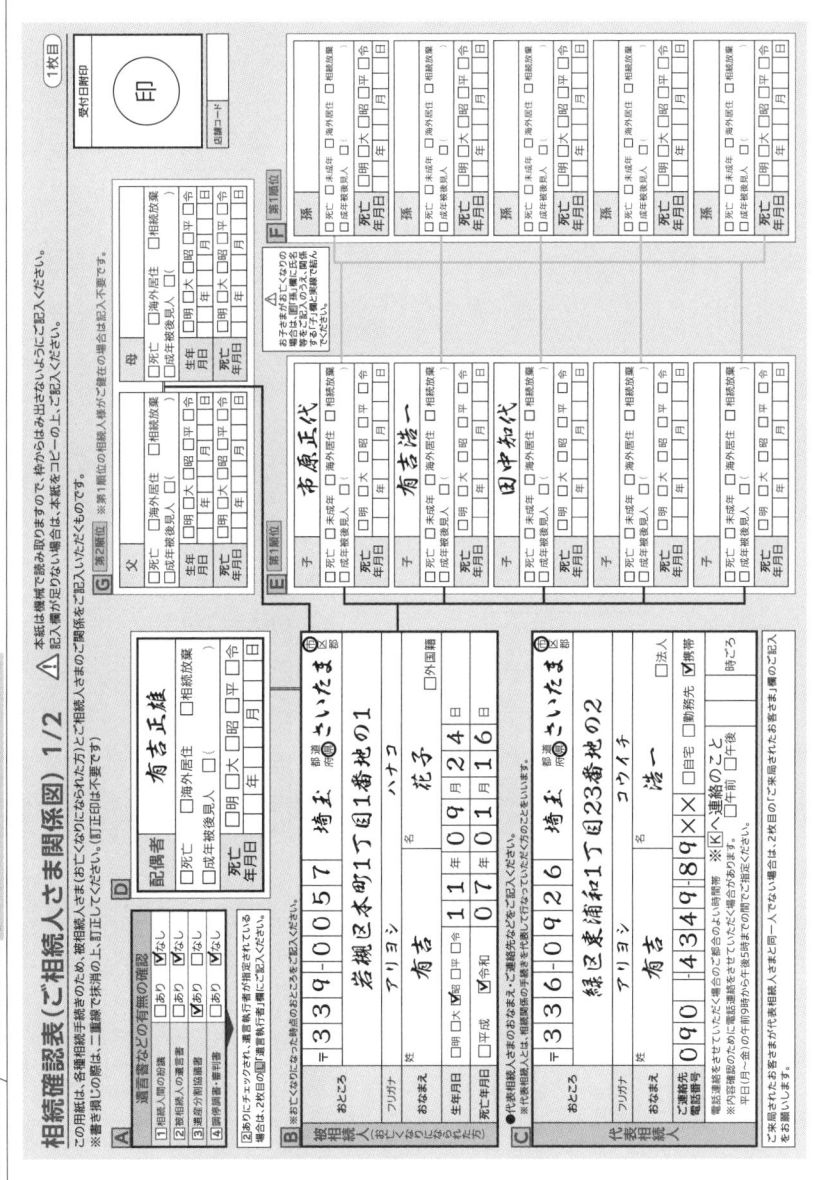

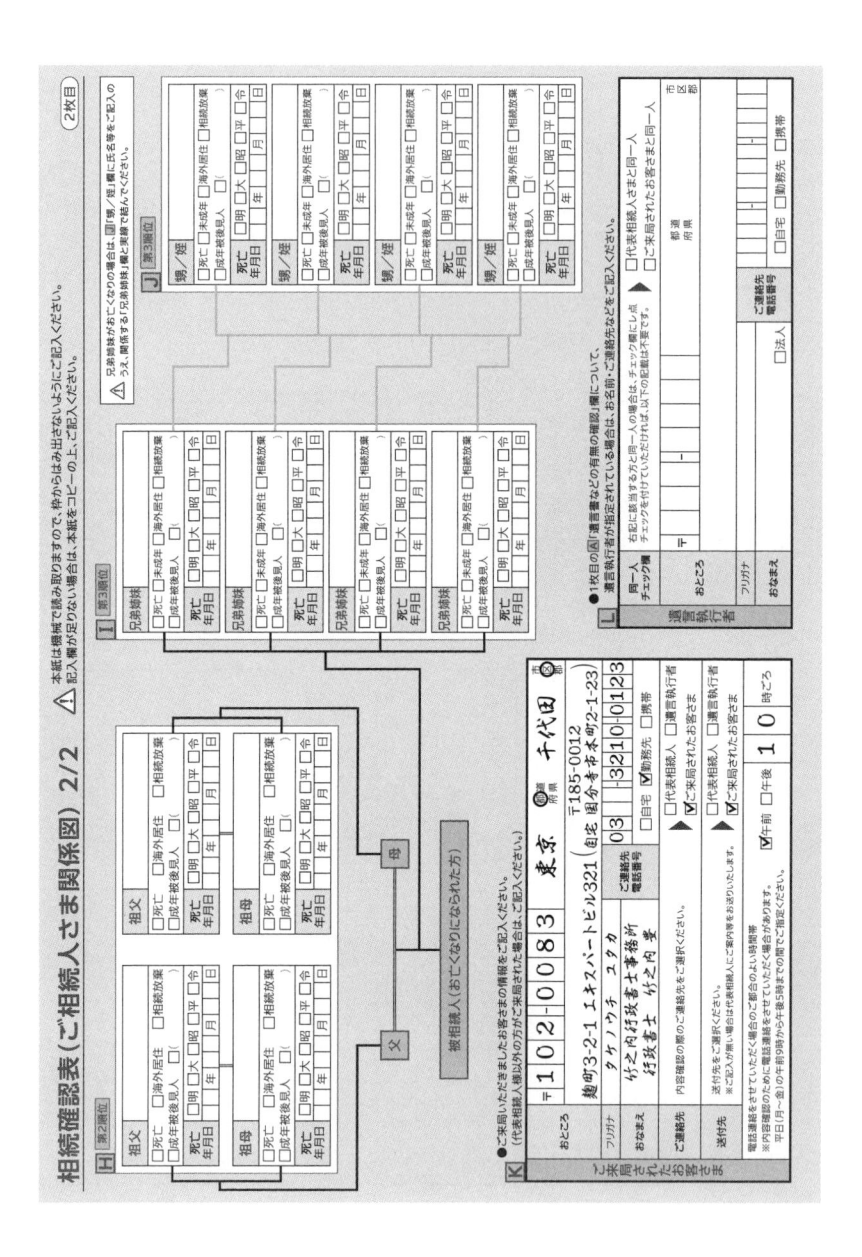

相続確認表（ご相続人さま関係図）2/2

206

現物資料53 〉 相続貯金等記入票 [代理人（＝行政書士）記入]

相続貯金等記入票

※3枚目の記入人は、貯金・国債・投資信託・被相続人名義の貯金等の通帳番号の記号番号をもれなくご記入ください。

この用紙には、相続の対象となる貯金等の記入人は、貯金・国債・投資信託に、貯金等口座の場合に限ります。　⚠本証は機械で読み取りますので、枠からはみ出さないようにご記入ください。

※太枠内についてご記入ください。
※通帳口座には、通帳又は証書はございません。
※証書口座の発行又は名義書換を希望される場合は、図書欄に「払戻証書」又は「名義書換」とご記入ください。（通常貯金は、原則、名義書換できません。）
※払戻証書又は名義書換（投資信託は名義書換を希望される場合のみのお取り扱いとなります。）

⚠ 図証が通帳式の定額・定期貯金・定期貯金に証書番号の記入必要ありません。
　 図証は証書発行番号は記載不要。（通常貯金・定期貯金・定額・担保定額・定期貯金など）
　 図証欄が「通帳式の定額・定期貯金の場合に証書番号をご記入ください（記入①:01～05、記入例②:01）

M 貯金等の 種類	N 通帳等の記号番号 ※証書発行番号は記載不要	証書番号	O 通帳又は 貯金証書の 有無	P 備考	取扱店使用欄		貯金事務センター使用欄	
					支払停止の済否	税区分	その他	
通常貯金	1 0 3 0 0 - 1 2 3 4 5 6 7	-	☑あり ☐なし(紛失)		☐済 ☐否( )	☐非課税 ☐過去非課税		
	- - -	-	☐あり ☐なし(紛失)		☐済 ☐否( )	☐非課税 ☐過去非課税		
	- - -	-	☐あり ☐なし(紛失)		☐済 ☐否( )	☐非課税 ☐過去非課税		
	- - -	-	☐あり ☐なし(紛失)		☐済 ☐否( )	☐非課税 ☐過去非課税		
	- - -	-	☐あり ☐なし(紛失)		☐済 ☐否( )	☐非課税 ☐過去非課税		
その他	- - -	-	☐あり ☐なし(紛失)		☐済 ☐否( )	☐非課税 ☐過去非課税		

※お客さまのご記入は不要です。

投資信託の有無 Q
☐あり → 投資信託に証書等を保管しているファンド名は分かりますか？
　　　　（居住用財産特例等は証されています。）
☑なし → 特に対応は必要ありません。

記号番号不明の
貯金等の有無 R
☑あり → 「貯金等番号」をご記入ください。
　　　　そのため、必要書類をご記入の上、提出してください。
☐なし → 来店での調査には2週間程度を要します。「必要書類のご案内」の解決には、その分追加でお時間をいただきます。
　　　　不明の貯金等がない場合は「なし」に☑印をご記入ください。

☐分かる／☐口座はあるがファンド名はない
☐分からない

取扱店使用欄

特記事項

捺印　☐
仮払　☐

窓口案内状況　☐

S 振込先記号番号 [代表相続人通常貯金記号番号]

（取扱店→受付貯金事務センター）

（3枚目）

［認証NaVKコード:52013　改定年月日:2021.1.4］

記号番号不明な貯金がなければ、本書の記入・提出は不要です。

両面印刷

A

貯金等照会書（相続用）

受付番号

調査対象者欄の記入内容に基づき、調査対象者名義の貯金等の預け入れの有無および貯金通帳等の記号番号を調査してください。
（独立行政法人郵便貯金簡易生命保険管理・郵便局ネットワーク支援機構が管理している郵便貯金については、同機構に調査を請求します。）

1．ご請求者

おなまえ ※ フリガナのご記入は不要です。	竹之内　豊	様

相続確認表に記載いただいた内容で、貯金等照会書の請求者様に該当する内容にチェックしてください。

- [ ] 「代表相続人」欄と同一
- [✓] 「ご来局されたお客さま」欄と同一
- [ ] 「遺言執行者」欄と同一

ご請求印 ※1

※1　残高証明が必要な場合は料金引落口座（通常貯金または通常貯蓄預金に限る）のお届け印を押してください。

2．調査対象者（被相続人）※調査は、当行における調査実施日時点（原則受付日の2～3日後）で未解約のものが対象です。

フリガナ	アリヨシ　ハナコ	フリガナ	
届出氏名	有吉　花子	旧氏名※2	

生年月日	☐西暦　☐大正　☑昭和　☐平成　☐令和　　1 1 年 0 9 月 2 4 日

届出住所	〒 3 3 9 - 0 0 5 7　電話番号（左詰め）　　　- 　　- 　　　　埼玉 ☐都☐道 ☐府☑県　さいたま市岩槻区本町 1-1-1

その他届出住所※3	〒　　-　　電話番号（左詰め）　　　☐都☐道☐府☐県
	〒　　-　　電話番号（左詰め）　　　☐都☐道☐府☐県
	〒　　-　　電話番号（左詰め）　　　☐都☐道☐府☐県

調査対象とする貯金等の種類	☑通常貯金　☑定額・定期貯金（担保定額・定額貯金を含む。）　☑国債 ☑投資信託　☑振替口座　☐その他（　　　　　　　　）

※2　旧姓等、届出氏名と異なる名義を使用されていた可能性がある場合にご記入ください。
※3　転居、改称、区画整理等、届出住所と異なる表記でお届けされている可能性がある場合にご記入ください。

裏　面　も　ご　記　入　く　だ　さ　い　。

🏣 ゆうちょ銀行

3. 調査内容等　　※調査日・期間の指定を「不要」とした場合は、調査実施日時点（原則受付日の2～3日後）で調査します。

調査日・期間の指定 ※ 受付日から10年以内をご指定可能です。 ※8 ☐ 不要	☑ ①調査日指定	☐ 西暦　☐ 平成　☑ 令和	7 年 0 1 月 1 6 日
	☐ ②調査期間指定	（自）☐ 西暦　☐ 平成　☐ 令和	年　　月　　日
		～（至）☐ 西暦　☐ 平成　☐ 令和	年　　月　　日
	指定理由	\multicolumn{2}{l}{相続財産の調査に使用するため（死亡日）}
残高証明書の発行要否※5 ☑ 不要	発行通数	通	
	証明日付 （指定する場合のみご記入ください。）	☐ 西暦　☐ 平成　☐ 令和	年　　月　　日
	発行料金の引落し口座の記号番号※6	記号　　　　　－　番号	
	時価評価額の表示の有無※7	☐ 基準価額に基づき計算した時価評価額の表示を希望 ☐ 解約価額に基づき計算した時価評価額の表示を希望	

※5　証明書の発行には、1通につき1,100円の料金がかかります。
※6　通常貯金または通常貯蓄貯金に限ります。
※7　投資信託の残高証明書の発行を希望する場合に限り、ご記入ください。
※8　民営化前に預入された貯金について貯金の調査を行う場合は、ご指定の期間（10年以内）を超えて調査を行います。
　　その場合、通常のお手続きよりも、回答にお時間をいただきますので、あらかじめご了承ください。

4. その他（以下、必要な場合のみご記入ください）

別名で届出されている場合のみご記入ください　※　雅号やペンネーム、法人名の一部を略して使用している場合などにご記入ください。

フリガナ	
届出氏名	

預入時の状況が分かる場合のみ、わかる範囲でご記入ください

預入年月	☐ 西暦　☐ 昭和　☐ 平成　☐ 令和	年　　月～　　年　　月頃
預入取扱局	局（店）	預入金額（右詰め）　　　　　円

＜取扱店使用欄＞

確認書類	請求人証明書類 （添付不要）	（確認書類） ・証明書類（　　　　　　　） ・発行者名（　　　　　　　） ・発行番号（　　　　　　　） ※　相続の場合の確認書類 ☐ 戸籍謄本 ☐ 法定相続情報一覧図の写し ☐ その他（　　　　　　　）	日附印
	端末入力	☐ 種目（95）入力　※相続における支払停止の場合に入力	検査　　受付
	備　考		

（取引郵便局・取扱店→受持貯金事務センター）　　　【規程 Navi コード：52013 改正年月日：2024.1.4】　　　ゆうちょ銀行

※ 委任状は、手続きを委任する方がすべての欄を自筆でご記入およびご捺印ください。

委 任 状（相 続 用）

次の取り扱いを委任します。　　　　　　　　2025 年 4 月 19 日

委任者	おところ	郵便番号（ 336 － 0926 ） さいたま市緑区東浦和 1-2-3	実印	（浩有一吉）
	フリガナ	アリヨシ　コウイチ		
	おなまえ	有吉　浩一　　　　　　様		
	日中ご連絡先 電話番号	090 － 4349 － 89XX		
受任者 （代理人）	おところ	郵便番号（ 102 － 0083 ） 千代田区麹町 3-2-1 エキスパートビル 321号	（自宅〒185-0012 国分寺市本町 2-1-23）	
	フリガナ	タケノウチ　ユタカ		
	おなまえ	行政書士　竹之内　豊　　　　様		
	日中ご連絡先 電話番号	03 － 3210 － 0123		

※ □枠欄には、該当の項目にレ印を付けてください。

チェック	委任する内容
□	相続手続に関する書類の提出
□	相続手続完了後の書類等の受領
□	相続手続による払戻金の受領（払戻証書の換金、通常貯金への入金）
□	相続手続に関する不備返却書類の受領
□	相続手続に関する電話連絡
☑	上記項目のすべて
□	
□	

（ご注意）
・この委任状に基づき代理人様がお手続きをされる際は、代理人様のおところ・おなまえが確認できる公的証明資料および代理人様の印章をお持ちください。
　なお、委任内容により、委任者様の公的証明資料の提示および印章が必要となる場合がございます。
・代理人様からご請求をお受けした際、手続きを委任したご本人にお電話で委任内容を確認させていただく場合がございます（確認できない場合はお取り扱いいたしかねますので、あらかじめご了承ください）。
・内容に不備がある場合は受け付けができないことがございますので、ご注意ください。
・文字が消えるボールペンは使用できません。
・記載内容を訂正する場合は、訂正箇所を二重線で抹消し、その上に実印を押印のうえ、正しい内容をご記入ください。

＜取扱店使用欄＞

備考		委任確認	□確認年月日　　年　　月　　日 □確認時刻　　時　　分	受付	日附印

ゆうちょ銀行

※委任者が自書・押印すること

現物資料 56 〉 預り証（控）

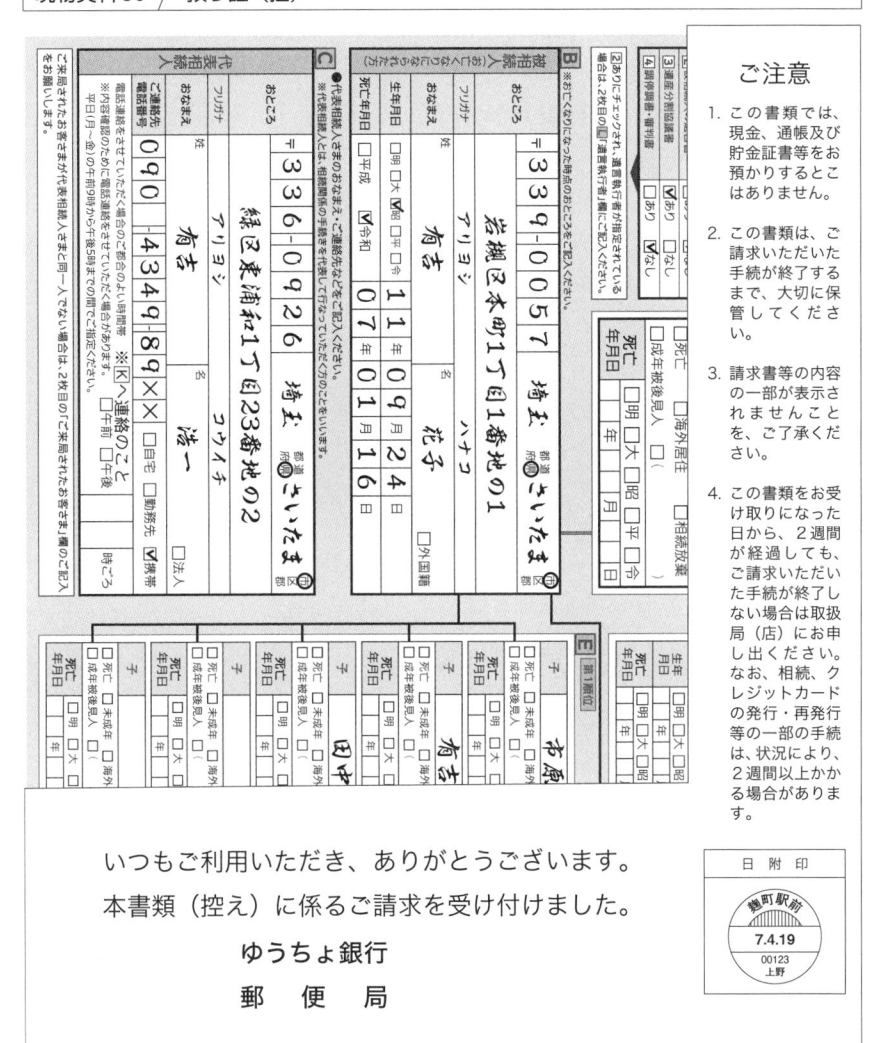

いつもご利用いただき、ありがとうございます。
本書類（控え）に係るご請求を受け付けました。

ゆうちょ銀行

郵　便　局

c) ゆうちょ銀行から「控」が交付される

　ゆちょ銀行が，内容を確認する。その結果，書類に不備な無ければ，預り証として「控」(提出した書類の写しに、日付印が押印されたもの) が交付される (P211【現物資料 56】参照)。

d)　貯金事務センターから「相続手続に関するご案内」が届く

　貯金事務センターから貯金の払戻手続の案内及び必要書類が届いた (p213〜215【現物資料 57〜59】参照)。

現物資料 57	相続手続に関するご案内（送り状）

2025 年 5 月 13 日

102-0083
東京都千代田区麹町 3 丁目 2-1

エキスパートビル 321
竹之内行政書士事務所

竹之内豊　様

特定記録

c59560228335c

 ゆうちょ銀行

相続手続に関するご案内

　有吉花子様のご逝去を悼み謹んでお悔やみ申し上げますとともに、心からご冥福をお祈りいたします。

　さて、故人名義の貯金等の相続手続にあたり、「相続に関する必要書類のご案内」をお送りいたしますので、必要な書類をご準備いただき、ゆうちょ銀行または郵便局の貯金窓口にご提出くださいますよう、お願い申し上げます。

　書類の準備に際してご不明な点がございましたら、下記お問い合わせ先にご連絡をお願いします。

《特記事項》

〈お問い合わせ先〉

株式会社ゆうちょ銀行　東京貯金事務センター
相続課　相続照会担当
TEL　048-600-××××
受付時間　平日 9：00 〜 17：00

お客様受付番号	202501-005678-05

整理番号：001-25-123456

調査結果のお知らせ

令和 7 年 4 月 28 日

000-0000
202501-005678-05

（照会番号）C000111012

行政書士　竹之内　豊　様

株式会社ゆうちょ銀行
東京貯金事務センター所長

いつもゆうちょ銀行をご利用いただきまして、誠にありがとうございます。
ご指定の内容に基づき、貯金等の有無について調査しました結果を下記のとおり回答いたします。
今後とも一層のご愛顧を賜りますようお願い申し上げます。

記

【調査対象者】
名義人さま　有吉　花子　様
お届けの住所　〒339-0057　埼玉県さいたま市岩槻区本町 1-1-1

【調査結果】
上記調査対象者名義の令和 7 年 1 月 15 日時点において存在する貯金等は、次のとおりです。

NO：00001　通常貯金　　　　　　記号番号：10300－1234567　　　税区分：課税
　　　　　　　　　　　　　　　　残高または元金：9,595,626 円

以上

※　本書は、上記の貯金等の残高または元金を証明するものではありません。
　　残高証明書が必要な場合（有料）等は、次の書類をお持ちのうえ、お近くのゆうちょ銀行または郵便局（投資信託は投資信託取扱郵便局に限ります）の貯金窓口でお手続きください。
　　・調査結果のお知らせ（本書）
　　・ご本人さまであることを確認できる証明書類（運転免許証や健康保険証など）
　　・ご印鑑（各種請求をされる場合）
※　この書面の内容に関しご不明点がございましたら、下記のお問い合わせ先にご連絡くださいますよう、よろしくお願いいたします。
　　なお、個別のお取引内容等につきましては、お電話でご本人様であることを確認することができないため、お答えいたしかねます。
　　恐れ入りますが、上記の書類をお持ちになり、お近くのゆうちょ銀行または郵便局の貯金窓口にお問い合わせください。
※　「残高または元金」欄には、調査日現在の残高または元金（国債の場合は額面金額、投資信託の場合は残高口数）を記載しております。
　　（利子は含まれておりません。）
※　税区分欄には、当行において調査を行った日現在の税区分を出力しております。
※　お預け入れの際に、氏名のフリガナやマンション名等を省略等されている場合や、転居された後に貯金等のご住所変更のお届けがない場合は、調査結果に反映されていないことがございます。あらかじめご了承ください。
※　調査結果に別名使用の振替口座が含まれている場合、「名義人さま」欄には口座名称または別名を記載しております。
※　名義人がお亡くなりになっている場合、財産保全のため、相続手続のご請求がなされるまでは、支払停止の設定を行っております。
※　独立行政法人郵便貯金簡易生命保険管理・郵便局ネットワーク支援機構が管理する郵便貯金につきましては、同機構から郵便貯金管理業務の委託を受けてこのお知らせをお送りしています。
※　投資一任サービスのお取引内容については、お近くのゆうちょ銀行の店舗にお問い合わせください。
整理番号：001-25-1212

株式会社ゆうちょ銀行
　東京貯金事務センター
相続請求課第二相続受付担当
TEL:(048)600-3587　（平日 9：00 ～ 17：00）

ゆうちょ銀行

現物資料 59 〉 必要書類一覧表

202501-005678-05

必要書類一覧表（1/1）

相続手続きに必要な書類は要否欄に○がある書類ですので、ご準備をお願いします。
ご用意いただいた書類の部数を部数欄にご記入ください。
※各種提出書類は原本を郵便局貯金窓口またはゆうちょ銀行へご持参ください。
　窓口において、コピーを取得し、ご返却いたします。
※相続確認表と同時にご提出いただいた必要書類（戸籍謄本等）については改めてご準備いただく必要はございません。
※必要書類は貯金事務センターで確認しますので、不備等があった場合は追加で書類をいただくことがございます。ご了承ください。

NO	書類名	要否	部数	お客様確認欄	取扱店確認欄	備考
1	戸（除）籍謄本または法定相続情報一覧図写し ・被相続人様の初婚（未婚の場合は 16 歳）からお亡くなりになるまでつながる謄本 ・被相続人様のご両親で亡くなられた方の死亡の事実が確認できるもの	○	※提出される部数をご記入ください	□	□	※複数の方が同一の書類で確認できる場合は、各人での取得は不要です。
2	印鑑登録証明書※発行後 6 か月以内のもの	○		□	□	相続人様全員の分 請求人様の分
3	貯金等相続手続請求書（名義書換請求書兼支払請求書）	○		□	□	
4	請求人様の本人確認書類	○		□	□	※運転免許証、健康保険証、マイナンバーカード等
5	被相続人様の通帳・証書 ※通常貯金通帳および定期性貯金の貯金証書は、窓口で確認後返却いたします。	○		□	□	紛失されている場合は提出不要です。
6	被相続人様のキャッシュカード ※紛失されている場合は提出不要です。	○		□	□	
7	委任状 ※代理人様がお手続きされる場合	○		□	□	
8	代理人の本人確認書類 ※代理人様がお手続きされる場合	○		□	□	事務所宛で送付希望の場合、弁護士会等発行の事務所住所が確認できる書類もご提出ください。
9	遺産分割協議書	○		□	□	
10	必要書類一覧表、貯金事務センター行きの封筒	○		□	□	

通信欄	【貯金事務センター→取扱店への連絡事項】 　窓口処理：　× 　必要書類一覧表に記載がない書類をお持ちになった場合は、書類名・部数を記入の上、すべて送付してください 【取扱店→貯金事務センターへの連絡事項】	取扱店日附印

お客さま受付番号　202501-005678-05

二） 財産目録を作成する

残高証明書を基に財産目録を作成する。

現物資料 60 〉 財産目録

被相続人　有吉花子様　相続人　有吉浩一様

被相続人　有吉花子様の相続財産について，下記のとおりご報告いたします。

記

No.	銀行名	支　店	種　類	口座番号	金　額※
1	商業中金	さいたま支店	定期	5432101	￥1,000,000
			普通	1234321	￥3,015,388
2	税務経理銀行	春日部支店	普通	7654321	￥805
3	ゆうちょ銀行		通常貯金	1300-1234567	￥9,595,626
				合　計	￥13,611,819

※金額は 2025（令和 7）年 1 月 16 日時点（被相続人死亡日）のものです。

以上

2025 年 5 月 10 日

〒 102-0083
東京都千代田区麹町 3 丁目 2 番 1 号
エキスパートビル 321 号
電　話　03（3210）0123
竹之内行政書士事務所

行政書士　竹之内　豊　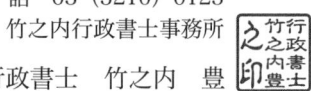

③　遺産分割協議書の作成

相続人代表者に相続人の範囲と相続財産の範囲と評価を法定相続情報一覧図の写しと財産目録を提示して説明した。そして，相続人代表者からヒアリ

ングした相続人全員による合意内容に基づいて遺産分割協議書を作成した。

　その結果，相続人全員が遺産分割協議書の内容に合意し，署名・押印した。

現物資料 61 ＞ 遺産分割協議書

遺産分割協議書

　令和 7 年 1 月 16 日　有吉花子（最後の住所：埼玉県さいたま市岩槻区本町 1 丁目 1 番地 1 号，最後の本籍：埼玉県さいたま市岩槻区本町 1 丁目 1 番地，昭和 11 年 9 月 24 日生，以下「被相続人」という）の死亡により開始した相続につき，共同相続人　有吉正雄（被相続人の夫），市原正代（被相続人の長女），有吉浩一（被相続人の長男），田中知世（被相続人の二女）の以上 4 名は，被相続人の遺産を次のとおり分割することに合意する。

第 1 条　相続人　有吉浩一は，次の預貯金債権を含む全ての金融資産を取得する。

(1)　商業組合中央金庫　さいたま支店
　　　①定期預金　口座番号 5432101
　　　②総合口座普通預金　口座番号　1234321

(2)　税務経理銀行　春日部支店
　　　普通預金　口座番号 7654321

(3)　ゆうちょ銀行
　　　通常貯金　記号番号 10300-1234567

第 2 条　相続人　有吉浩一は，第 1 条の遺産を取得する代償として，第 1 条の全ての金融資産を換価した後，その換価金から遺言者の一切の債務を弁済し，かつ，遺言の執行に関する費用を控除した残金を，相続人　市原正代，田中知世の両名に，3 分の 1 ずつ支払う。なお，支払いは換価金から遺言者の一切の債務及び遺言の執行に関する費用の弁済が完了した日より，20 日以内に行なうものとする。

第3条　本協議書に記載なき遺産及び後日判明した遺産は，相続人有吉浩一がこれを全て取得する。

　以上のとおり協議が真正に成立したことを証するため，本協議書を作成し，各自署名押印する。

　　　　　　令和　7　年　6　月　10　日

　　　　　　住　　　所　埼玉県さいたま市岩槻区本町1-1-1

　　　相続人（被相続人の夫）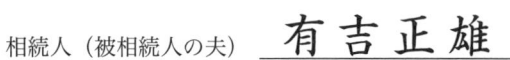　有吉正雄
　　　　　　　　　　　　　　　（昭和6年3月8日生）

　　　　　　住　　　所　埼玉県春日部市粕壁1-10-1 レジデンス春日部505号

　　　相続人（被相続人の長女）　市原正代
　　　　　　　　　　　　　　　（昭和40年3月29日生）

　　　　　　住　　　所　埼玉県さいたま市緑区東浦和1-2-3

　　　相続人（被相続人の長男）　有吉浩一
　　　　　　　　　　　　　　　（昭和41年3月16日生）

　　　　　　住　　　所　埼玉県さいたま市大宮区寿能町1-172-1

　　　相続人（被相続人の二女）　田中知世
　　　　　　　　　　　　　　　（昭和43年6月4日生）

④　払戻請求をする

　遺産分割協議が成立次第，各銀行に対して直ちに相続預貯金の払戻請求を行った。

イ）　商業中金（相続センター型）

　口座を設けていた支店で残高証明書を請求した後，相続センターから払戻手続に関する書類一式が届いた。そして，書類に則り，以下の手続を行った。

a）　必要書類を提出する

　次の書類を作成又は収集して，相続センターに郵送した。

【払戻請求を行うために銀行に提出した書類】

> 1.　送り状（任意）(p220【現物資料62】参照)
> 2.　払戻請求に関する書類等
>   (1)相続関係届出書（P221【現物資料63】参照)
>   (2)総合口座通帳
>   (3)委任状（相続人全員分）(P223【現物資料64】参照)
> 3.　遺産分割協議が成立したことを証する書類等
>   (1)遺産分割協議書（原本）
>   (2)印鑑登録証明書（相続人全員分）
> ※代理人（＝行政書士）の身分証明書（印鑑登録証明書他）は，残高証明書を請求した際に提出したものを充当することで銀行に了解を得たため今回は提出していない。
> ※相続人の範囲を証明する「法定相続情報一覧図の写し」は，残高証明書を請求したときに支店に提出し，支店で本書の写しを取ったため，今回は提出していない。

2025/06/15

商業中金　相続事務センター　米田様

〒102-0083
東京都千代田区麹町3丁目2番1号
エキスパートビル321号
電　話　03（3210）0123
竹之内行政書士事務所
行政書士　竹之内　豊
TEL　03（3201）0123
E-mail office@y-takenouchi.com

お世話になっております。

　被相続人有吉花子様に関する下記書類をお届けいたします。ご査収の程，よろしくお願いいたします。
　ご不明な点等ございましたら当職までご連絡ください。

　以上，よろしくお願いいたします。

添付書類

1. 相続関係届出書
2. 総合口座通帳
3. 遺産分割協議に関する書類
　　(1)遺産分割協議書（原本）
　　(2)印鑑登録証明書……4通（相続人全員）
　　(3)委任状……4通（相続人全員）

※当職の印鑑登録証明書，身分証明書及び法定相続情報一覧図の写しは，支店に提示済のため，今回は同封しておりません。

以上

| 現物資料63 | 相続関係届出書【代理人（＝行政書士）記入】 |

相 続 関 係 届 出 書

| お届日 | 令和7年 | 6月 | 15日 |

株式会社 商業組合中央金庫 御中

被相続人

おところ 令和7年 1月 16日 死亡
埼玉県さいたま市岩槻区本町 1-1-1

おなまえ
有吉 花子 様

お取引店名 大宮 支店

お客様番号 5055××

相続関係者（自署・捺印いただきますようお願いいたします）

相続人・受遺者・遺言執行者（該当を○でかこんでください）
ご住所 （相続人代理人）
東京都国分寺市本町 2-1-23 ご実印
続柄・お名前
行政書士 竹之内 豊
生年月日 昭和40年11月22日

相続人・受遺者・遺言執行者（該当を○でかこんでください）
ご住所 ご実印
続柄・お名前
生年月日 年 月 日

相続人・受遺者・遺言執行者（該当を○でかこんでください）
ご住所 ご実印
続柄・お名前
生年月日 年 月 日

相続人・受遺者・遺言執行者（該当を○でかこんでください）
ご住所 ご実印
続柄・お名前
生年月日 年 月 日

相続人・受遺者・遺言執行者（該当を○でかこんでください）
ご住所 ご実印
続柄・お名前
生年月日 年 月 日

過日死亡いたしました上記被相続人の貴金庫との取引における相続手続については、下記のとおりお取扱いください。
　この届出書にもとづき下記お取扱いのうえは、後日、万一紛議等が生じても上記の相続関係者において連帯してその責に任じ、貴金庫にはいっさい迷惑・損害をおかけしません。

記

１．相続債券の表示・取扱内容

債券の明細（残高は 年 月 日現在）			取扱内容		備考
銘柄	回号	額面（円）	お受取人（相続人、受遺者、遺言執行者）	A:名義書替(マスター間振替) B:中途換金(買入消却) C:その他	
	号				
	号				
	号				
	号				
	号				
	号				
	号				
	号				
	号				続き（有・無）

●上記債券のうちワリショー・リッショー・リッショーワイドにかかる上記手続きにつきましては、所定の書類の提出はいたしませんので、貴金庫所定の方法でお取扱いください。その他の取扱いにつきましては、貴金庫所定の手続きに従います。

２．相続預金の表示・取扱内容

預金の明細 （残高は令和２年２月２５日現在）		取扱内容			
取引種目 （口座番号）	金額 （円）	お受取人 （相続人、受遺者、遺言執行者）	A：名義書替 B：（中途）解約 C：その他	備考
定期預金 （5432101）	￥1000000	有吉 浩一	B	
普通預金 （1234321）	￥3015388	有吉 浩一	B	
				続き（有・無）

●上記相続預金の払戻しにあたっては、預金規定にかかわらず、所定の書類の提出はいたしませんので、貴金庫所定の方法で
お取扱いください。その他の取扱いにつきましては、貴金庫所定の手続きに従います。

３．解約金振込先

フリガナ お受取人	銀行名	支店名	種目	口座番号
アリヨシ コウイチ 有吉 浩一	A．商工中金 Ⓑ．税務経理 （銀行）・信金 信組・農協	さいたま支店	普通 貯蓄 当座	1192567

●上記の口座に解約元利金をお振込ください。また、振込手数料は振込金より差し引いてください。

４．喪失

取引種類	口座番号	喪失物（通帳・ｷｬｯｼｭｶｰﾄﾞ等）	取引種類	口座番号	喪失物（通帳・ｷｬｯｼｭｶｰﾄﾞ等）	備考
預金	1234321	キャッシュカード				

●上記の物件は喪失のため提出できませんので、貴金庫所定の方法でお取扱いください。なお、後日上記物件が発見された場合
には私どもの責任において廃棄するものとし、本取扱いについて貴金庫にはいっさい迷惑・損害をおかけしません。

以上

〔ご注意〕
●記入方法でご不明な点があれば、担当者までお問い合わせください。
●残高は、原則としてお届け日時点での残高を記入してください。
●相続人全員を確定できる範囲の戸籍謄本または認証文付き法定相続情報一覧図の写しをご提出ください。
●遺産分割が既に終了している場合は、それを証する書面（印鑑証明書添付の遺産分割協議書など）の「原本」を
ご提出ください（確認させていただいたあと、直ちにご返却します）。

金庫使用欄											
＜営業課(融資取引がある場合)＞		⇔	＜窓口サービス課＞								
課長	営業窓口	⇔ →	検印	照合		管理簿記入	オペレーター	印鑑用金庫登録	お取引起票確認	印鑑照合	受付

＜営債伝 131415＞ H30.7（10）または（30：喪失届と兼用する場合）個別

現物資料 64 ＞ 委任状

委　任　状

事　務　所　東京都千代田区麹町 3 丁目 2 番 1 号
　　　　　　エキスパートビル 321 号
住　　　所　東京都国分寺市本町 2 丁目 1 番地の 23
電　　　話　03-3210-0123　携帯：090-1234-5678
職業・氏名　行政書士　竹之内　豊（登録番号：第 010819××号）
　　　　　　所　　属　東京都行政書士会（会員番号：第 47××号）

　　　　　上記の者に，下記の権限を委任いたします。

　被相続人　有吉花子（最後の本籍：埼玉県さいたま市岩槻区本町 1 丁目 1 番地，最後の住所：埼玉県さいたま市岩槻区本町 1 丁目 1 番地の 1，昭和 11 年 9 月 24 日生，令和 7 年 1 月 16 日死亡）の死亡により発生した相続による，被相続人名義の商業組合中央金庫に預託している一切の預金，投資信託等に関する，残高証明書・取引開示に関する文書の請求・受領，名義変更，払戻し，解約及び当該預金等の元利金等の受領，並びに商業組合中央金庫に提出する相続手続に必要な一切の書類の受領・作成・提出等。
　以上遺産分割及び相続手続に必要な一切の権限及び行為。

　　　　　　　　　　　　　　　　　　　　　　　　　　　　　　　以上

　　　　　　　　　　令和 7 年 6 月 10 日

　　住　　　所　埼玉県さいたま市岩槻区本町 1 丁目 1 番地の 1

　　電話番号　　048（953）20××

　　氏　　　名　被相続人の夫　有　吉　正　雄
　　　　　　　　　　　　　　　　（昭和 6 年 3 月 8 日生）

※他の相続人も同文書に署名押印して提出した。

b) 払戻手続完了の通知が届く

　払戻手続が完了後，銀行から以下の書類が事務所に書留で届いた。

【払戻手続完了後，銀行から届いた書類】

・送付状（P225【現物資料 65】参照）

・預金お利息計算書（P226【現物資料 66】参照）

・振込受付書（P227【現物資料 67】参照）

・解約済通帳

〈返却書類〉

・印鑑登録証明書（相続人全員分）……4 通

・遺産分割協議書（原本）………………………1 通

・委任状（相続人全員分）………………4 通

令和7年6月17日

竹之内行政書士事務所
行政書士　竹之内　豊　様

商 業 中 金

相続事務センター
フリーダイヤル　0120-395-××××
担当：米田

書類ご送付について

　毎度格別のご愛顧を賜り厚く御礼申し上げます。

　さて、ご依頼いただいておりましたご相続のお手続きが終了いた

しましたので、下記書類同封申し上げます。よろしくご査収ください。

記

【故　有吉　花子　様ご相続関係書類】

・預金お利息計算書　　　　2通

・振込受付書　　　　　　　1通

・解約済通帳　　　　　　　1冊

〈ご返却書類〉

・印鑑登録証明書　　　　　4通

・遺産分割協議書　　　　　1通

・委任状　　　　　　　　　4通

以上

預金お利息計算書　　No. ....

おなまえ 222666
故　有吉　花子　様
　　相続人代理人行政書士　竹之内　豊　様

	お取扱日	ご解約日
	07-06-17	07-06-17

ご預金種目	口座番号	通帳番号	満期日	ご継続の内容		満期日
定期預金	5432101	0027822	07-07-11	新口座No. 新元金		利率

お利息計算	ご預金額(A)　円	お利息額(B)　円	税区分	税金(国税)(C) 円	税金(地方税)(D) 円	税引後お利息(B-C-D)円
	1,000,000	7,529	分離課税	1,152	376	6,001
	備考		支払調書 利息額　　　　　円		当座貸越利息額(E)　円	差引後支払額(A+B-C-D-E)円
			税　金　　　　　円			1,006,001

お利息の内訳	お利息区分	期　　間	利率 %	元金または積数　　円	お利息額 ※　円	差引お支払額の内訳　　円	
	約　　定	3 年	0.250	1,000,000	7,528	現　金	
	期 限 後	61 日	0.001	1,000,000	1	普通預金	1,006,001

※普通預金のお利息額＝積数(毎日の最終残高の合計)×利率÷365 日　　取扱店　大宮
　　毎度お引き立てにあずかりありがとうございます。
　　お預りのご預金につき、上記のとおり計算いたしましたので、
　　どうぞおあらためください。
　　今後ともよろしくお願い申し上げます。

証印　7. 6. 17　池袋U...　商業中金　TEL 048-822-51XX

預金お利息計算書　　No. ....

おなまえ 222666
故　有吉　花子　様
　　相続人代理人行政書士　竹之内　豊　様

	お取扱日	ご解約日
	07-06-17	07-06-17

ご預金種目	口座番号	通帳番号	満期日	ご継続の内容		満期日
普通預金	1234321			新口座No. 新元金		利率

お利息計算	ご預金額(A)　円	お利息額(B)　円	税区分	税金(国税)(C) 円	税金(地方税)(D) 円	税引後お利息(B-C-D)円
	4,021,407	1	分離課税	0	0	1
	備考		支払調書 利息額　　　　　円		当座貸越利息額(E)　円	差引後支払額(A+B-C-D-E)円
			税　金　　　　　円			4,021,408

お利息の内訳	お利息区分	期　　間	利率 %	元金または積数　　円	お利息額 ※　円	差引お支払額の内訳　　円	
	約　　定		0.001	72,369,600	1	現　金	
						本支店勘定	4,020,418
						為替受入手数料	990

※普通預金のお利息額＝積数(毎日の最終残高の合計)×利率÷365 日　　取扱店　大宮
　　毎度お引き立てにあずかりありがとうございます。
　　お預りのご預金につき、上記のとおり計算いたしましたので、
　　どうぞおあらためください。
　　今後ともよろしくお願い申し上げます。

証印　7. 6. 17　池袋U...　商業中金　TEL 048-822-51XX

現物資料 67 ＞ 振込受付書

| 1 ◯ | 預金払戻請求書・預金口座振替による振込受付書（兼手数料受取書） |
| 2 | 振込金受取書（兼手数料受取書） |

◯振込先金融機関へは受取人名のほか預金種目・口座番号（口座番号不明のときは、住所または電話番号）を通知します。またお振込指定が文書以外の場合には受取人名等をカナ文字により送信します。振込依頼書に記載相違などの不備があった場合には照会等のために振込が遅延することがあります。

◯やむを得ない事由による通信機器回線の障害または郵便局の遅延などによって、振込が遅延することもありますのでご了承ください。

手数料は消費税を含みます

| 手数料 | 千 百 拾 円 |
| | ¥ 9 9 0 |

| 店番号 |
| |

| お振込日 | 令和 07 年 06 月 17 日 | 振込金額 | 百億 拾億 億 千万 百万 拾万 万 千 百 拾 円 ¥ 4 0 2 0 4 1 8 | 引落口座番号 |

| 商業中金 ☐ | 税 務 経 理 | 銀行 信金 信組 農協 その他 | さいたま | 支店 |

| 預金種目 | 普通 当座 貯蓄 その他 ◯ | 1192567 | ご 依 頼 人 |

お受取人	アリヨシ　コウイチ	コ　アリヨシ　ハナコ　サマ ソウゾクニンダイリニン　ギョウセイショシ タケノウチ　ユタカ
	有吉　浩一　　　　　様	故　有吉 花子 様 相続人代理人 行政書士 竹之内 豊様
		日中のご連絡先 電話　　　−　　　−

| 摘要 | | ご依頼人取引先番号 | 証印 7. 6. 17 池袋 U．．．ク |

当金庫本支店への振込のため受け入れた下記の小切手等が不渡りとなったときは、その金額の振込を取消し小切手等は権利保全の手続をしないで当店において返却します。

| 小切手等 | |

当金庫をご利用いただきありがとうございました。
今後ともよろしくお願い申し上げます。

株式会社 商業組合中央金庫

ロ) 税務経理銀行（支店窓口型）

　事務所に最寄りの支店（＝残高証明書を請求した支店）に電話で予約を入れた上，訪問して相続預金の払戻請求を行った。

　a) 必要書類を提出する

　　以下の書類を払戻請求を行うために銀行に提出した。

【払戻請求を行うために銀行に提出した書類】

1. 払戻請求に関する書類等
   (1)相続に関する依頼書（＝銀行所定の様式）（P230【現物資料69】参照）
   (2)総合口座通帳
   (3)委任状（相続人全員分）（P229【現物資料68】参照）
2. 遺産分割協議が成立したことを証する書類等
   (1)遺産分割協議書（原本）
   (2)印鑑登録証明書（相続人全員分）

※代理人（＝行政書士）の身分証明書（印鑑登録証明書他）及び実印は，残高証明書を請求した際に提出したものを充当することで銀行に了解を得たため今回は提出していない。ただし，持参すること。

※相続人の範囲を証明する「法定相続情報一覧図の写し」は，残高証明書を請求したときに既に提示しているため今回は提示する必要はないが，持参すること。

現物資料 68	委任状

委　任　状

事　務　所　東京都千代田区麹町 3 丁目 2 番 1 号
　　　　　　エキスパートビル 321 号
住　　　所　東京都国分寺市本町 2 丁目 1 番地の 23
電　　　話　03-3210-0123　携帯：090-1234-5678
職業・氏名　行政書士　竹之内　豊（登録番号：第 010819××号）
　　　所　　属　東京都行政書士会（会員番号：第 47××号）

　　　　　上記の者に，下記の権限を委任いたします。

記

　被相続人　有吉花子（最後の本籍：埼玉県さいたま市岩槻区本町 1 丁目 1 番地，最後の住所：埼玉県さいたま市岩槻区本町 1 丁目 1 番地の 1，昭和 11 年 9 月 24 日生，令和 7 年 1 月 16 日死亡）の死亡により発生した相続による，被相続人名義の税務経理銀行に預託している一切の預金，投資信託等に関する，残高証明書・取引開示に関する文書の請求・受領，名義変更，払戻し，解約及び当該預金等の元利金等の受領，並びに税務経理銀行に提出する相続手続に必要な一切の書類の受領・作成・提出等。
　以上遺産分割及び相続手続に必要な一切の権限及び行為。

以上

令和 7 年 6 月 10 日

住　　　所　　埼玉県さいたま市岩槻区本町 1 丁目 1 番地の 1

電話番号　　048（953）20××

氏　　　名　被相続人の夫　有 吉 正 雄　（昭和 6 年 3 月 8 日生）

※他の全ての相続人も同文書に署名押印して提出した。

相続に関する依頼書 兼 特定口座開設者死亡届出書 兼 非課税口座開設者死亡届出書
兼 未成年者口座開設者死亡届出書

提出日	令和 7 年 6 月 17 日

税務経理銀行

下記被相続人の、貴行との取引（以下「本件取引」といいます）における相続手続について、下記のとおり取り扱うよう依頼します。

なお、私ども（右記「相続人等関係者」）は、本件取引を巡り係争となっている事実はなく、上記手続の権限を有することを表明・保証します。本取扱について後日紛議が生じた場合は、私どもが責任をもって対処し、万一貴行に損害が生じた場合には、私どもが損害の一切を補償し、貴行には何ら負担、迷惑をかけません。

1. 被相続人（亡くなられた方）の住所・名前 ※1

住所	埼玉県さいたま市岩槻区本町 1-1-1
名前	（フリガナ）　アリヨシ　ハナコ 有吉　花子

※1 被相続人の住所、名前は亡くなられた時のご住所と戸籍謄本に記載のお名前、
　　または当行にお届け出のご住所・お名前をご記入ください。

2. 確認事項

(1) この依頼書に記載された取引（預金、金、公共債、投資信託）の相続手続にあたっては、各取引規定に関わらず、払戻請求書等の差入れは行いませんので、貴行所定の方法で取り扱うよう依頼します。

(2) この依頼書に記載された取引（預金、金、公共債、投資信託）の相続手続は、貴行が正式にこの依頼書を受理した日以降の貴行所定の手続可能な日に行ってください。
また、外貨預金の解約時は、貴行による計算実行時の外国為替相場を適用してください。

(3) 外貨預金、金、公共債または投資信託の解約時は、元本割れする場合があることを理解しています。

(4) 残高が無い被相続人名義の預金口座、金保護預り口座、債券保護預り口座ならびに投資信託保護預り口座については、この依頼書への明細の記入の有無に関わらず、貴行所定の方法により解約されることに同意します。

(5) 上記(4)の取扱により解約された口座から発生した利息は、[　　　　　　　]に加算してください。

(6) 被相続人名義の通帳、証書およびキャッシュカードは無効であることを認め、提出できないときには私どもの責任において破棄します。

(7) 私どもが提出した必要書類（この依頼書を含む）に不備や不足があったときには、貴行は手続を行わず、書類一式を一旦返送することに同意します。

〈銀行使用欄（投信口座保有先のみ）〉 ── 〈銀行使用欄〉

※ 被相続人の店番号、取引店名、投信保護預り口座番号を記入

店番号	取引店名	投信保護預り口座番号

被相続人の生年月日
年　月　日

死亡日
年　月　日

（非課税口座の場合）

直近に設定されている勘定設定期間の区分 ※1
☐ 【非課税管理勘定（第1期）】2014年～2017年
☐ 【非課税管理勘定（第2期）】2018年～2023年
☐ 【累積投資勘定】2018年～2037年

（特定口座の場合）

勘定の種類
特定保管勘定

印鑑セへの写し 送付確認 ※4	登録検証	投信開設登録 ※3	NISA開設登録 ※1 ※2 ※3	特定開設登録 ※1 ※2 ※3
	（主）		☐ 登録セ集中	☐ 登録セ集中

廃止する非課税（または未成年者）口座が開設されている営業所 ※1	
所在地	〒
部店名	株式会社 三井住友銀行

※1 特定、NISA（つみたてNISA・ジュニアNISA含む）の契約が無い場合は、斜線を引く
※2 特定、NISA（つみたてNISA・ジュニアNISA含む）の契約先で他店受付の場合、登録センターに連絡書類イメージ送信して、開設登録を依頼
　（「登録セ集中」にチェックする。なお、集中依頼した担当者の押印は不要）
※3 オンライン業務およびPSのいずれも登録が必要
※4 登録検証後、「相続に関する依頼書(1ページ目)」の写しを、印鑑証保管センターに送付（送付確認した担当者が確認印を押捺）

3. 相続人等関係者 ※2

私ども相続人等関係者（相続人、受遺者、遺言執行者その他本件取引の手続権限を有する者）は、後記
預金等の払戻しを受ける権限があることを表明・保証します。他に権利を主張する者があらわれた場合に
おいては、責任をもって対処するものとし、貴行より当該預金等の返還請求があったときは、ただちにこれ
に従うものとします。

また、私どもに、北朝鮮に住所又は居所を有する者（以下、「北朝鮮居住者」といいます）がいないこと、
理由の如何を問わず後記預金等の払戻し代り金を北朝鮮居住者に支払わないことを確約いたします。

相続人等関係者① □相続人 □受遺者 □遺言執行者 ☑(手続代理人)	住所	東京都国分寺市本町2-1-23	実印
	名前	竹之内 豊	（印）
相続人等関係者② □相続人 □受遺者 □遺言執行者 □( )	住所		実印
	名前		
相続人等関係者③ □相続人 □受遺者 □遺言執行者 □( )	住所		実印
	名前		
相続人等関係者④ □相続人 □受遺者 □遺言執行者 □( )	住所		実印
	名前		
相続人等関係者⑤ □相続人 □受遺者 □遺言執行者 □( )	住所		実印
	名前		
相続人等関係者⑥ □相続人 □受遺者 □遺言執行者 □( )	住所		実印
	名前		

※2 相続人等関係者の住所・名前は、印鑑登録証明書に記載のご住所・お名前をご記入ください。

- 〈銀行使用欄〉 -

□遺産分割協議前の請求　　□遺産分割協議に基づく請求　□遺言による受遺者の請求
□遺言による遺言執行者の請求　□遺産整理人による請求(相続人全員の委任)
□相続財産管理人による請求　□特50　□特300　□特1000
□裁判所の調停・審判・判決・和解(裁判所名:＿＿＿＿＿＿＿＿＿＿＿＿　＿＿＿年＿＿号)
□その他( )

	受理日	年　月　日
	受付店	
	遺言の有無	□あり □なし
	貸金庫の有無	□あり □なし

事態		決定・検証	センター確認	受付店			
				検証	外為法確認	印鑑照合	担当者
				㊞	担②		担①

※外為法確認は担当者とは別の担当者が確認し、押印

4. 相続する預金および金に関する取引種類・取扱方法の明細

下記割合で分割できない端数については、[   ]に加算してください。

相続する取引の種類		取扱内容		
取引店名 取引種類	口座番号 通貨 ※3	受取人名	受取割合または 金額※4	取扱方法
☑支店 □出張所 □普通 □定期 □積立 □外貨普通 □外貨定期 □(　　　)	□USD □EUR □AUD □(　　　)	有吉　浩一		☑払戻円貨 □払戻外貨 □名義変更
□支店 □出張所 □普通 □定期 □積立 □外貨普通 □外貨定期 □(　　　)	□USD □EUR □AUD □(　　　)			□払戻円貨 □払戻外貨 □名義変更
□支店 □出張所 □普通 □定期 □積立 □外貨普通 □外貨定期 □(　　　)	□USD □EUR □AUD □(　　　)			□払戻円貨 □払戻外貨 □名義変更
□支店 □出張所 □普通 □定期 □積立 □外貨普通 □外貨定期 □(　　　)	□USD □EUR □AUD □(　　　)			□払戻円貨 □払戻外貨 □名義変更
□支店 □出張所 □普通 □定期 □積立 □外貨普通 □外貨定期 □(　　　)	□USD □EUR □AUD □(　　　)			□払戻円貨 □払戻外貨 □名義変更
□支店 □出張所 □普通 □定期 □積立 □外貨普通 □外貨定期 □(　　　)	□USD □EUR □AUD □(　　　)			□払戻円貨 □払戻外貨 □名義変更
□支店 □出張所 □普通 □定期 □積立 □外貨普通 □外貨定期 □(　　　)	□USD □EUR □AUD □(　　　)			□払戻円貨 □払戻外貨 □名義変更
□支店 □出張所 □普通 □定期 □積立 □外貨普通 □外貨定期 □(　　　)	□USD □EUR □AUD □(　　　)			□払戻円貨 □払戻外貨 □名義変更
□支店 □出張所 □普通 □定期 □積立 □外貨普通 □外貨定期 □(　　　)	□USD □EUR □AUD □(　　　)			□払戻円貨 □払戻外貨 □名義変更
□支店 □出張所 □普通 □定期 □積立 □外貨普通 □外貨定期 □(　　　)	□USD □EUR □AUD □(　　　)			□払戻円貨 □払戻外貨 □名義変更
□支店 □出張所 □普通 □定期 □積立 □外貨普通 □外貨定期 □(　　　)	□USD □EUR □AUD □(　　　)			□払戻円貨 □払戻外貨 □名義変更
□支店 □出張所 □普通 □定期 □積立 □外貨普通 □外貨定期 □(　　　)	□USD □EUR □AUD □(　　　)			□払戻円貨 □払戻外貨 □名義変更

※3 外貨預金の場合のみご記入ください。　　　　※4 同一口座について受取人が2名以上の場合にご記入ください。

5. 貸金庫 ※5

下記の取扱方法のとおり依頼します。なお、戻し手数料の受領は、相続人等関係者のうち下記手続者に委任します。また別途、手続者が格納物件の返却証を提出します。

取引店名	貸金庫番号	手続者名	取扱方法	喪失物
			左記取引の解約、格納物件の 引渡しを依頼します。	□貸金庫鍵 □貸金庫カード(本人) □貸金庫カード(代理人)

※5 貸金庫の解約および格納物件の引取は、手続者が取引店に来店のうえ、お手続ください。

6. 相続する公共債・投資信託の取引種類・取扱方法の明細

下記割合で分割できない端数については、 [　　　　　　　　　　] に加算してください。

(特定口座の場合)租税特別措置法第37条の11の3 第1項の規定の適用を受けている特定口座開設者が死亡し、当該特定口座につきその相続が開始されましたので、租税特別措置法施行令第25条の10の8の規定によりこの旨届け出ます。

(非課税口座の場合)租税特別措置法第9条の8及び同法第37条の14第1項から第4項までの規定の適用を受けている非課税口座開設者が死亡しましたので、租税特別措置法施行令第25条の13の5の規定により、この旨届け出ます。

(未成年者口座の場合)租税特別措置法第9条の9第1項及び同法第37条の14の2第1項から第4項までの規定の適用を受けている未成年者口座開設者が死亡しましたので、租税特別措置法施行令第25条の13の8第17項の規定により読み替えて適用する第25条の13の5の規定により、この旨届け出ます。

相続する取引の種類		取扱内容		
取引店名	口座・証券番号		受取割合、金額	取扱方法
取引種類	銘柄名	受取人名	または口数※6	
□投資信託 □公共債	□支店 □出張所			□払戻円貨 □払戻外貨 □名義変更
□投資信託 □公共債	□支店 □出張所			□払戻円貨 □払戻外貨 □名義変更
□投資信託 □公共債	□支店 □出張所			□払戻円貨 □払戻外貨 □名義変更
□投資信託 □公共債	□支店 □出張所			□払戻円貨 □払戻外貨 □名義変更
□投資信託 □公共債	□支店 □出張所			□払戻円貨 □払戻外貨 □名義変更

※6 同一銘柄につき受取人が2名以上の場合にご記入ください。
　　金額指定による解約時に、約定時点の残高がご指定の金額に満たない場合は、全部解約としたうえで、ご指定金額の割合で案分して受取人にお支払いします。

7. 通帳・証書などの喪失

下記口座の通帳・証書は、喪失のため提出できません。

取引店名		口座・証券番号	喪失物
取引種類			
□普通　□定期　　　□積立 □外貨普通　□外貨定期　□(　　　)	□支店 □出張所 □公共債		□通帳・証書
□普通　□定期　　　□積立 □外貨普通　□外貨定期　□(　　　)	□支店 □出張所 □公共債		□通帳・証書
□普通　□定期　　　□積立 □外貨普通　□外貨定期　□(　　　)	□支店 □出張所 □公共債		□通帳・証書
□普通　□定期　　　□積立 □外貨普通　□外貨定期　□(　　　)	□支店 □出張所 □公共債		□通帳・証書
□普通　□定期　　　□積立 □外貨普通　□外貨定期　□(　　　)	□支店 □出張所 □公共債		□通帳・証書

お振込み 振込依頼書（兼入金伝票）

▼翌営業日以降をご指定の場合は必ずご記入ください
お振込指定日 令和 ☐☐年 ☐☐月 ☐☐日

お振込先

銀行名	▼漢字でご記入ください	▼該当する金融機関の番号をご記入ください	支店名	▼漢字／9文字以上の場合は欄内につめてご記入ください
	税 務 経 理 ☐☐☐☐	**1** 1.銀 行 3.信 組 2.信 金 4.その他		さ い た ま ☐☐☐ 支店

預金種目	1.普通 4.貯蓄 **1** 2.当座 9.その他（ ）	口座番号 ▼右づめでご記入ください 1 1 9 2 5 6 7	金額	百億 十億 億 千万 百万 十万 万 千 百 十 円

お受取人

▼カタカナ名（姓と名の間は1マス空けてご記入ください）濁点、半濁点は一字としてご記入ください

お名前 ア リ ヨ シ ☐ コ ウ イ チ ☐☐☐☐☐☐

有吉　浩一　様

ご依頼人

▼カタカナ名（姓と名の間は1マス空けてご記入ください）濁点、半濁点は一字としてご記入ください

お名前 ア リ ヨ シ ☐ コ ウ イ チ ☐☐☐☐☐☐

有吉　浩一　様

ご住所 日中のご連絡先（ 090 - 3232 - 0123 ）

さいたま市緑区東浦和 1-23-2

非居住者円の場合は「1」を記入 ☐

☐ 1. 全額他店券 2. 全額本交 3. 一部他店券 4. 一部本文	他店券金額（本支店の場合のみ記入する）	決 定

当期損益勘定（コード350）

別段預金（普通・当座）

金種内訳

ご依頼人口座番号 預金種目☐ 口座番号☐☐☐☐☐☐

株式会社　税務経理銀行

●太枠の中およびお振込指定日をボールペンで強くご記入ください。
●ご連絡先は、日中に連絡が可能なお電話番号をご記入ください。
●お受取人・ご依頼人のカナ名が31文字の場合は、続きを余白にご記入ください。
●お受取人・ご依頼人のお名前がカタカナの場合は、「カタカナ名」のみでのお手続きも承ります。
　この場合、「お名前」の記入がなくとも、依頼書は完結されたものとして取扱います。
●法人格のフリガナは略称でご記入ください。（例）株式会社→カ）
●お振込手続き後の訂正・組戻には、別途当行所定の手数料が必要となります。

区 分 （該当に◯）	消費税込手数料額
実収 別収	☐☐☐
後 払	

ジャーナル通番

現金区分	現金 振替
	出 納 印
	振替相手
	当座・普通・貯蓄・別段・本店

税務経理銀行

送信済（記帳） 検証	OCR 発電決定	決定	事 態	決定	振込手数料 検証	起 票	
			☐自店発信 ☐本人確認不要 ☐翌営業日発信 ☐原資確認不要	別担		決定 起票者	

b)　払戻手続完了の通知が届く

　払戻手続が完了後，銀行から以下の書類が事務所に書留で届いた。

払戻手続完了後，銀行から届いた書類

・案内状 (P236【現物資料 71】参照)
・払戻請求書・預金口座振替による払込受付書 (P237【現物資料 72】参照)
・解約済通帳

〒102-0083
東京都千代田区麹町 3-2-1
エキスパートビル 321
竹之内行政書士事務所
行政書士　竹之内　豊　様

2025 年 6 月 28 日

〈お問い合わせ先〉
〒162-08××
東京都千代田区麹町 3-3-3
税務経理銀行　麹町支店
TEL　03-3267-40××
平日　9：00 ～ 17：00

相続手続書類送付のご案内

いつも税務経理銀行をご利用いただき、誠にありがとうございます。

相続に関するお手続きが完了いたしました。

つきましては、書類等を送付いたしますので、ご査収ください。

ご不明な点やお困りの点などがありましたら、お手数ではございますが、上記お問合せ先にご連絡ください。

その際、被相続人様のお取引店名（または店番号）とお名前をお知らせください。

税務経理銀行

現物資料 72 ＞ 払戻請求書・預金口座振替による払込受付書

払戻請求書・預金口座振替による振込受付書（兼振込手数料受取書）

お振込指定日 令和 ▼翌営業日以降をご指定の場合は必ずご記入ください　年　月　日

お振込先			
銀行名	▼漢字でご記入ください 税務経理	▼該当する金融機関の番号をご記入ください 1 　1.銀行 3.信組 2.信金 4.その他	支店名 ▼漢字／9文字以上の場合は欄内につめてご記入ください さいたま　支店
預金種目	1.普通 4.貯蓄 2.当座 9.その他 1	口座番号 ▼右づめでご記入ください 1 1 9 2 5 6 7	金額 百億 十億 億 千万 百万 十万 万 千 百 十 円 ¥ 8 0 5

お受取人

▼カタカナ名（姓と名の間は1マス空けてご記入ください　濁点、半濁点は一字としてご記入ください）

ア	リ	ヨ	シ		コ	ウ	イ	チ							

お名前　有吉　浩一　様

ご依頼人

▼カタカナ名（姓と名の間は1マス空けてご記入ください　濁点、半濁点は一字としてご記入ください）

タ	ケ	ノ	ウ	チ		ユ	タ	カ							

お名前　竹之内　豊　様

ご住所　千代田区麹町 3-2-1　エキスパートビル 321

日中のご連絡先（ 090-1234-5678 ）

1. 全額他店券 2. 全額本交 3. 一部他店券 4. 一部本交	他店券金額	

当行本支店への振り込みのために受け入れた上記の小切手等が不渡りとなったときは、その金額の振り込みを取り消し、その小切手等は権利保全の手続きをしないで当店において返却します。また、振込規定を店頭に備え付けておりますので、ご必要の方はお申し出くだ さい。なお裏面の抜粋を掲載しております。

○振込依頼書に記載相違等の不備があった場合には、照合等のために振り込みが遅延することがあります。
○通信機器、回線の障害または郵便物の遅延等やむを得ない事由によって振り込みが遅延することもありますのでご了承ください。

消費税込手数料額 免除

株式会社 *税務経理銀行*

出納印 7.6.25　税務経理銀行飯田橋

このたびは税務経理銀行をご利用いただきまして、誠にありがとうございました。
今後とも引き続きお引き立て賜りますよう、お願い申し上げます。
お振り込みは早くて便利な自動サービス機をご利用ください。
現金でのお振り込みは、平日　午後 6 時までお取り扱いいたします。
キャッシュカードでのお振り込みは、平日　午後 6 時以降、土・日曜日、祝日も
お取り扱いいたします。（一部店舗を除く）

ハ） ゆうちょ銀行

　ゆうちょ銀行から送られてきた「必要書類一覧表」に基づき以下の書類を提出した。

【ゆうちょ銀行に提出した書類等】

1. 本人確認書類（＝受任者である行政書士の確認書類）
　(1)印鑑登録証明書
　(2)身分証明証（行政書士会員証及び運転免許証）
2. ゆうちょ銀行所定の書類等
　(1)必要書類一覧表（P241【現物資料74】参照）
　(2)貯金等相続手続請求書（P244【現物資料75】参照）
　(3)貯金通帳 ※
　(4)キャッシュカード※
※紛失の場合は，「必要書類一覧表」の備考欄に「紛失」と記載する。
3. 相続人に関する書類
　(1)委任状（全部払戻し等に関するもの）（P245【現物資料76】参照）
　　相続人全員の署名・押印がされたもの
　(2)相続人全員の印鑑登録証明書
4. 遺産分割に関する書類
　遺産分割協議書（原本）

現物資料 73 〉　封筒（ゆうちょ銀行）

※送られてきたこの封筒に書類を入れて提出する。提出したゆうちょ銀行の
　窓口で内容を確認するため，封筒にのり付けをしないこと。
（表面）

（裏面）

〔お客さまへ〕

お預りする際に書類の部数に不足がないかを
確認し、書類の内容については、相続の審査
等を行う専門の部署で確認します。
**このため、封筒にはのり付けせずに、郵便局
の貯金窓口またはゆうちょ銀行直営店の窓口
にご提出ください。**
※ポストには投函しないでください。

バーコード

チ35040（2019.07・MBS）

| 現物資料 74 | 必要書類一覧表（ゆうちょ銀行） |

　提出する前に内容を確認して「お客さま確認欄」に☑を入れる。本書類は
ゆうちょ銀行の窓口が内容を確認して「取扱店確認欄」に☑を入れた後に受
付日附印を押印して返却される。

行政書士が「お客さま確認欄」に☑を入れた書類

202501-005678-05

必要書類一覧表（1/1）

相続手続きに必要な書類は要否欄に○がある書類ですので、ご準備をお願いします。
ご用意いただいた書類の部数を部数欄にご記入ください。
※各種提出書類は原本を郵便局貯金窓口またはゆうちょ銀行へご持参ください。
　窓口において、コピーを取得し、ご返却いたします。
※相続確認表と同時にご提出いただいた必要書類（戸籍謄本等）については改めてご準備いただく必要はございません。
※必要書類は貯金事務センターで確認しますので、不備等があった場合は追加で書類をいただくことがございます。ご了承ください。

NO	書類名	要否	部数	お客様確認欄	取扱店確認欄	備考
1	戸（除）籍謄本または法定相続情報一覧図写し ・被相続人様の初婚（未婚の場合は16歳）からお亡くなりになるまでつながる謄本 ・被相続人様のご両親で亡くなられた方の死亡の事実が確認できるもの	○	※提出される部数をご記入ください	☐	☐	※複数の方が同一の書類で確認できる場合は、各人での取得は不要です。 ※「相続確認表」と同時に提出済
2	印鑑登録証明書※発行後6か月以内のもの	○	4	☑	☐	相続人様全員の分 請求人様の分
3	貯金等相続手続請求書（名義書換請求書兼支払請求書）	○	1	☑	☐	
4	請求人様の本人確認書類 （運転免許証・行政書士証票）	○	2	☑	☐	※運転免許証、健康保険証、マイナンバーカード等
5	被相続人様の通帳・証書 ※通常貯金通帳および定期性貯金の貯金証書は、窓口で確認後返却いたします。	○	1	☑	☐	紛失されている場合は提出不要です。
6	被相続人様のキャッシュカード ※紛失されている場合は提出不要です。	○	1	☑	☐	
7	委任状 ※代理人様がお手続きされる場合	○		☐	☐	
8	代理人の本人確認書類 ※代理人様がお手続きされる場合	○		☐	☐	事務所宛て送付希望の場合、弁護士会等発行の事務所住所が確認できる書類もご提出ください。
9	遺産分割協議書	○	1	☑	☐	
10	必要書類一覧表、貯金事務センター行きの封筒	○	1	☑	☐	

通信欄	【貯金事務センター→取扱店への連絡事項】 　窓口処理：　× 　必要書類一覧表に記載がない書類をお持ちになった場合は、書類名・部数を記入の上、すべて送付してください 【取扱店→貯金事務センターへの連絡事項】	取扱店日附印

お客さま受付番号　202501-005678-05

ゆうちょ銀行の窓口が「取扱店確認欄」に☑を入れて受付日附印を押印して返却された書類

202501-005678-05

必要書類一覧表（1/1）

相続手続きに必要な書類は要否欄に○がある書類ですので、ご準備をお願いします。
ご用意いただいた書類の部数を部数欄にご記入ください。
※各種提出書類は原本を郵便局貯金窓口またはゆうちょ銀行へご持参ください。
　窓口において、コピーを取得し、ご返却いたします。
※相続確認表と同時にご提出いただいた必要書類（戸籍謄本等）については改めてご準備いただく必要はございません。
※必要書類は貯金事務センターで確認しますので、不備等があった場合は追加で書類をいただくことがございます。ご了承ください。

NO	書類名	要否	部数	お客様確認欄	取扱店確認欄	備考
1	戸（除）籍謄本または法定相続情報一覧図写し ・被相続人様の初婚（未婚の場合は16歳）からお亡くなりになるまでつながる謄本 ・被相続人様のご両親で亡くなられた方の死亡の事実が確認できるもの	○	※提出される部数をご記入ください	☐	☐	※複数の方が同一の書類で確認できる場合は、各人での取得は不要です。 ※「相続確認表」と同時に提出済
2	印鑑登録証明書※発行後6か月以内のもの	○	4	☑	☑	相続人様全員の分 請求人様の分
3	貯金等相続手続請求書（名義書換請求書兼支払請求書）	○	1	☑	☑	
4	請求人様の本人確認書類 （運転免許証・行政書士証票）	○	2	☑	☑	※運転免許証、健康保険証、マイナンバーカード等
5	被相続人様の通帳・証書 ※通常貯金通帳および定期性貯金の貯金証書は、窓口で確認後返却いたします。	○	1	☑	☑	紛失されている場合は提出不要です。
6	被相続人様のキャッシュカード ※紛失されている場合は提出不要です。	○	1	☑	☑	
7	委任状 ※代理人様がお手続きされる場合	○		☐	☐	
8	代理人の本人確認事項 ※代理人様がお手続きされる場合	○		☐	☐	事務所宛て送付希望の場合、弁護士会等発行の事務所住所が確認できる書類もご提出ください。
9	遺産分割協議書	○	1	☑	☑	
10	必要書類一覧表、貯金事務センター行きの封筒	○	1	☑	☑	

通信欄	【貯金事務センター→取扱店への連絡事項】 　窓口処理：　× 　必要書類一覧表に記載がない書類をお持ちになった場合は、書類名・部数を記入の上、すべて送付してください 【取扱店→貯金事務センターへの連絡事項】	取扱店日附印 最新蒲田建富 7. 6. 18 01034

お客さま受付番号　202501-005678-05

現物資料 75 〉 貯金等相続手続請求書【代理人（＝行政書士）記入】

貯金等相続手続請求書（名義書換請求書兼支払請求書）

日附印

⚠それぞれの相続人ご本人様が自署してください。　⚠本紙は機械で読み取りますので、枠からはみ出さないようにご記入ください。

被相続人	死亡日	平成☐ 令和☑ 07年01月16日	フリガナ	アリ ヨシ ハナ コ
	おところ	埼玉 都道府(県) さいたま (市)区郡 岩槻区本町1-1-1	おなまえ	有 吉 花 子
			生年月日	☐明 ☐大 ☑昭 ☐平 11年09月24日
代表相続人（請求人）	おところ	〒		
	フリガナ		実印	
	おなまえ		電話番号	－ －
			生年月日	☐明 ☐大 ☐昭 ☐平 年 月 日

代表相続人以外の相続人	おところ		実印	おところ		実印
	おなまえ			おなまえ		
	おところ		実印	おところ		実印
	おなまえ			おなまえ		
	おところ		実印	おところ		実印
	おなまえ			おなまえ		

☐遺言執行者　☑遺産整理受任者			実印
おところ	〒185-0012 自宅：国分寺市本町2-1-23 事務所：千代田区麹町3-2-1 エキスパートビル321		(竹之内豊)
おなまえ	行政書士　竹之内　豊	電話番号 03 - 3210 - 0123	

貯金等をしておりました上記被相続人は死亡し、私(共)が上記1の貯金等(被相続人が請求した現金払が現金払規定の定めにより契約解除となった場合の払出金の戻入れを受ける権利を含みます。)を相続することになりました。ついては、私(共)は、同貯金等を指定した代表相続人に名義書換えすることに同意します。なお、同貯金等の相続人その他の権利関係を有する者は、私(共)以外に存在しません。

上記のとおり相違なく、また、書面の記載内容についても相違ありません。万一、私ども以外の者から権利を主張されるなど、本件に関して後日どのような紛議が生じた場合においても、私(共)が連携して責任を負い、ゆうちょ銀行又は郵便局に対しては一切迷惑・損害をおかけしません。

①貯金等の明細

次表の貯金等について、代表相続人の名義に書き換え又は支払いを行ってください。
⚠「貯金の種類欄」は略称記入可。（通常貯金→通常、担保定額・定期預金→担保など）

貯金の種類	記号・番号	備考
通常貯金	10300-1234567	払戻証書
その他		

※1　通帳式の定額・定期貯金又は担保定額・定期貯金は通帳に預入されている全ての証書番号の貯金について解約の手続きをいたします。
※2　払戻証書の発行又は名義書換を希望される場合は、備考欄に「払戻証書」又は「名義書換」とご記入ください（通常貯金は、原則、名義書換できません）。
※3　記入欄に収まらない記号番号等がある場合はその他欄にご記入ください。

②外国に居住されている相続人の有無

☐いる ⟶ いる場合は下段に居住国を記載してください。（複数いる場合は全て記入してください。）

☑いない

③払戻金を通常貯金へご入金の場合、通常貯金の記号番号およびお名前(口座名義人)をご記入ください。

	記号（6桁目がある場合は※欄にご記入ください。）	番号（右詰めでご記入ください。）
記号番号	1　　　0 ※	
フリガナ		
おなまえ		

＜貯金事務センター使用欄＞

確認者印		確認区分	☐本人 ☐代貯 ☐法顧
特記事項			

ゆうちょ銀行

現物資料 76 〉 相続預貯金の全部払戻し等に関する委任状（ゆうちょ銀行）

相続貯金等の全部払戻し等に関する委任状

令和7年6月10日

ゆうちょ銀行　あて

　下記のとおり、被相続人が所有する相続貯金等（貯金又は振替口座）について、その全額の払戻し等及び払戻金の受領に関する一切の権利を、相続又は遺言により権利を有した共同相続人全員が同意の上、代理人に委任します。

　なお、相続貯金等について、相続人その他権利関係を有する者は、共同相続人欄に記載の者以外に存在しません。また、今後万一、共同相続人欄に記載の者以外の者から権利を主張されるなど、本件に関して後日、どのような紛議が生じた場合のおいても、共同相続人欄に記載の者（連帯保証人を含む。）が連帯して責任を負い、ゆうちょ銀行又は郵便局に対して、一切の迷惑・損害をおかけしません。

記

1　委任者（共同相続人）

住所	さいたま市岩槻区本町 1-1-1	電話番号 048-953-20XX	（実印）正者雄吉
氏名	有吉　正雄	被相続人との関係（　夫　）	

住所	春日部市粕壁1　レジデンス春日部 505号	電話番号 070-3348-61XX	（実印）正市代席
氏名	市原　正代	被相続人との関係（ 長女 ）	

住所	さいたま市緑区東浦和 1-2-3	電話番号 090-3232-01XX	（実印）浩者一吉
氏名	有吉　浩一	被相続人との関係（ 長男 ）	

住所	さいたま市大宮区寿能町 1-172-1	電話番号 090-4071-20XX	（実印）知田世中
氏名	田中　知世	被相続人との関係（ 二女 ）	

2　受任者（代理人）

住所	自宅：国分寺市本町 2-1-23 事務所：千代田区飯田橋 1-2-3 アサヒビル 123	電話番号 03-3210-0123
氏名	行政書士 竹之内　豊	

3　被相続人が所有する相続貯金等

被相続人	死亡年月日　令和7年 1月 16日	氏名 有吉　花子		
	住所　さいたま市岩槻区本町 1-1-1			
相続貯金等	種類	記号番号	種類	記号番号
	通常預金	10300-1234567		

※「1　委任者」の欄は，各相続人が自書の上押印（実印）する。

b)　貯金事務センターから「相続手続完了のお知らせ」が届く

貯金事務センターから相続手続完了の通知及び貯金払戻証書が届く。

| 現物資料 77 | 相続手続完了のお知らせ（送付状）（ゆうちょ銀行） |

2025 年 7 月 2 日

102-0083
東京都千代田区麹町 3-2-1

エキスパートビル 321

行政書士　竹之内豊　様

簡易書留

c59560228335c

 ゆうちょ銀行

相続手続完了のお知らせ

平素はゆうちょ銀行・郵便局をご利用いただき、誠にありがとうございます。

過日ご請求いただきました相続手続が完了いたしましたので、下記の書類を送付いたします。

今後ともゆうちょ銀行・郵便局をご利用くださいますようお願い申し上げます。

《同封書類》

書類の名称	数量	書類の名称	数量
お支払金額の内訳	部	相続関係書類一式	部
貯金払戻証書	1 部	遺言書	部
貯金通帳等（お客さま名義）	部	非課税貯蓄者死亡届出書（控）	部
未記入金明細書	1 部	非課税貯蓄異動申告書（控）	部
払戻証書発行内訳書	部	署名証明・在留証明書	部
戸籍謄本等	部	相続放棄申述受理証明書	部
死亡の事実がわかる証明書類	部	配当金領収証	部
貯金通帳等（被相続人さま名義）	1 部	振替払出証書	部
印鑑登録証明書	部	口座閉鎖通知書	部
遺産分割協議書	部	お知らせ	部

※1　払戻金の通常貯金への入金を希望されたお客さまにつきましては、入金が完了しましたので、通帳に記帳のうえご確認ください。

※2　払戻証書の送付を希望されたお客さまにつきましては、払戻証書、印章およびご本人さまであることを確認できる証明書類をお持ちのうえ、お近くのゆうちょ銀行または郵便局の貯金窓口で現金をお受け取りください。

※3　通常貯金の名義書換を希望されたお客様につきましては、名義変更に伴い、自動払込み、キャッシュサービス等のお取扱いを廃止いたしました。これらのお取扱いをご希望の場合は、あらためてお申し込みをお願いします。

〈お問い合わせ先〉

| 株式会社ゆうちょ銀行　東京貯金事務センター
相続課　相続受付担当
TEL　048-600-××××
受付時間　平日 9：00 〜 17：00 |

| お客様受付番号 | 50120-011×× |

表面

貯金払戻証書

| 通 常 | 記号番号 | 10300 - 1234567 | 証書発行番号 | I | 確認済 |

金　額　＊9595668 円　　　うち利子額　0円
　　　　　　　　　　　　　　　税　　額　　0円

＊＊＊　　上記の金額を令和07年01月04日までにお近くの郵便局またはゆうちょ銀行でお受け取りください。

有吉花子様　遺産整理受任者
行政書士　竹之内　豊　様　　　令和02年07月01日発行　　（印）　　払渡日附印

株式会社ゆうちょ銀行

上記の金額を受け取りました。
おところ　　　　　　　　　　　　　　　（印）

おなまえ
裏面の注意書きをご覧ください。

収入印紙
課税相当額以上
で営業に関する
ものに限り収入
印紙を貼付

（印）

裏面

委任欄	（代理人）おなまえ
	上記の者を代理人としてこの証書の金額を受け取ることを委任します。
	（委任者）おところ
	おなまえ

c)　ゆうちょ銀行で貯金の払戻手続を行う

　ゆうちょ銀行以外の銀行に相続貯金を振り込む場合，ゆうちょ銀行から直接当該銀行に振り込むことはできないことに注意を要する。この場合，一旦，行政書士のゆうちょ銀行の口座に振り込み，同時に相続人代表者の指定口座に振り込む手続を行う。

現物資料 79 〉 貯金払戻証書（記入済）（ゆうちょ銀行）

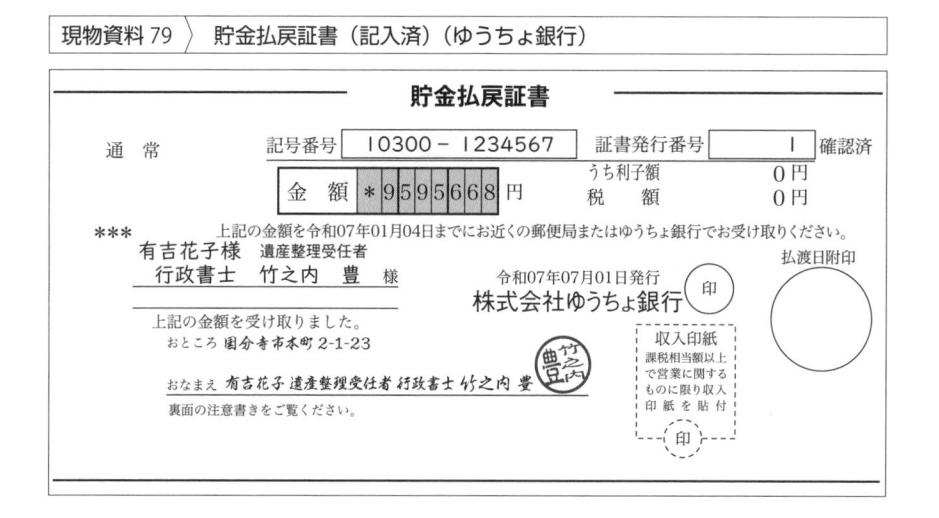

貯金払戻証書

| 通　常 | 記号番号 | 10300 − 1234567 | 証書発行番号 | Ｉ | 確認済 |

金　額　＊9595668 円

うち利子額　0円
税　額　0円

＊＊＊　上記の金額を令和07年01月04日までにお近くの郵便局またはゆうちょ銀行でお受け取りください。

有吉花子様　遺産整理受任者
行政書士　竹之内　豊　様

令和07年07月01日発行　㊞
株式会社ゆうちょ銀行

払渡日附印

上記の金額を受け取りました。
おところ 国分寺市本町 2-1-23

おなまえ 有吉花子 遺産整理受任者 行政書士 竹之内 豊　㊞

裏面の注意書きをご覧ください。

収入印紙
課税相当額以上
で営業に関する
ものに限り収入
印 紙 を 貼 付

㊞

電信払込み請求書・電信振替請求書

※太枠からはみ出ないようにボールペンではっきりとご記入ください。　※裏面の注意事項をお読みください。

お受取人

受取人口座番号

記号 **10300** ▲ 番号（左詰めでご記入ください。）**31221122** 備考

▲ 総合口座の場合は通帳に記載のある方のみご記入ください。

おなまえ

フリガナ　タケノウチ　ユタカ

竹之内　豊　様

送金金額 十億 億 千万 百万 十万 万 千 百 十 円 **¥95959668**

▲ 金額の頭部に「¥」をご記入ください。

ご依頼人

おところ

郵便番号（ 185 ‒ 0012 ）

国分寺市本町 2-1-13

フリガナ

おなまえ

本　人 様

日中ご連絡先電話番号

携帯 会社 自宅

090-1234-5678

通知番号

お受取人が指定した番号がある場合にご記入ください。

※受取口座が総合口座の場合、送金の内容を普通郵便でお受取人に通知します。（有料）

お届け印

払出口座番号

記号 ▲ 番号（左詰めでご記入ください。）

→

▲ 総合口座の場合は通帳に記載のある方のみご記入ください。

現物資料 81 ＞　振替払込受領書・振替受付票（ゆうちょ銀行）

振替払込金受領証・振替受付票

総合

取扱年月日	07-07-08	取扱時刻	14:25	適　　用	3
取扱店番号	01034	処理通番	N051	被代行店番号	

請求種別
　　　電 信 払 込 み

受取先口座番号	10300 － 31221122	お受取人おなまえ	竹之内　豊	様
送金元口座番号		ご依頼人おなまえ	本　人	様

送金金額	*9,595,668 円	送金料金	円	特殊取扱料金	円
合計金額	*9,595,668 円				

通知番号桁数	桁	払出明細番号	号	受入明細番号	号

ご依頼人おところ

印紙税申告納
付につき麹町
税務署承認済

ご注意
1　この受領証（受付票）は、お取扱いの証拠となるものですから大切に保管してください。
2　口座番号の先頭の数字が「0」の場合は振替口座、「1」の場合は総合口座です。
3　料金には、消費税が含まれています。

JP ゆうちょ銀行

8000034 **振込依頼書（兼振替払出請求書）［電信扱い］** 「ゆうちょ銀行」以外の銀行宛

振込規定及びゆうちょ銀行所定の関係規定に同意の上、依頼します。
⚠ 総合口座の場合は通帳に記載のある方のみご記入ください。

※料金は、振込金とは別に、払出口座の預り金からいただきます。
※お受取人負担のお取扱いはできません。
※□枠欄は、該当の項目にレ印をつけてください。
※太枠からはみ出さないようにボールペンではっきりとご記入ください。

ご依頼日 **令和7** 年 **7** 月 **8** 日

| | 金融機関名 | **税務経理** | ☑銀行 □信金 □信組 □農協 □その他 | 支店名 | **さいたま** 支店 |

お受取人

| 預金種目 | ☑1 普通（総合） □2 当座 □4 貯蓄 □9 その他 | 口座番号 **1192567** | 金額 **¥95955668** |

※ 金額の頭部に「¥」をご記入ください。

フリガナ **アリヨシ コウイチ**
おなまえ **有吉 浩一** 様

ご依頼人

おところ 郵便番号（185 - 0012）**国分寺市本町2-1-13**

フリガナ **タケノウチ ユタカ**

おなまえ **竹之内 豊** 様

日中ご連絡先電話番号 **090 - 1234 - 5678**

通知番号 ※お受取人様に通知を希望される番号（最大10桁）がある場合（お名前の前に数字を入れる場合）に左詰めでご記入ください。

払出口座番号 記号 **103000** 番号（左詰めでご記入ください） **31221122** →

お届け印

払出口座名義人（代理人）

おところ 郵便番号（ － ） ※口座名義人がご依頼人の場合、ご記入は不要です。

おなまえ 様

▶A14:31 3001008595860 責3001000279382
料目 総合 取扱年月日 07-07-08 取扱時間 14:31 6
取扱店番号 01034 処理通番 N051 受払摘要
振込先 0009 123 1 1192567 代行店番号
請求種別 振込
お受取人おなまえ アリヨシ コウイチ 様
払出口座番号 10300 - 31221122 払出口座名義人 竹之内 豊 様
ご住所 東京都国分寺市本町２丁目 1-23

依頼人名 タケノウチ ユタカ
振込金額 ＊9,595,668 円 振込料金 ＊880 円（消費税等を含む。）
合計金額 ＊9,596,548 円 払出明細番号
振込先 税務経理銀行 振込予定日 07-07-08
さいたま支店

| ＜取扱局使用欄＞ モ 筆記なし:1 通帳証:2 ド カード:3 | | | 本・代・使（ ） 確認（ ） | 本・代・法 任・顧 | 備考 | 検査 | 印鑑照合 | 受付 |

(1枚目) **OCR用** （取扱郵便局・取扱店 →受持貯金事務センター） 〒64600[2021.08-TF] **JP** ゆうちょ銀行

⑤　業務完了

業務完了に伴い，納品書を作成の上，以下の資料を納品した。

現物資料 83 〉 納品書

有吉浩一　様

　被相続人　有吉花子様の遺産分割に係る下記書類をお届けいたします。ご査収の程，よろしくお願いいたします。

記

1.「相続人の範囲」を証する資料
(1)法定相続情報一覧図の写し
(2)戸籍謄本等
　　①被相続人の出生から死亡に至る戸籍謄本等（夫の戸籍謄本を含む）……5 通
　　②相続人の戸籍謄本……3 通
　　③相続人の戸籍の附票……4 通

2.　相続財産の範囲と評価を証する書類
(1)財産目録
(2)金融機関に係る書類
　　①商業中金
　　　イ）残高証明書
　　　ロ）定額預金の評価額について
　　　ハ）預金お利息計算書……2 通
　　　ニ）預金払戻請求書・預金口座振替による振込受付書（兼振込手数料受取書）
　　　ホ）総合口座通帳
　　②税務経理銀行
　　　イ）預金残高証明書
　　　ロ）残高証明書内訳表
　　　ハ）払戻請求書・預金口座振替による振込受付書（兼振込手数料受取書）
　　　ニ）普通預金通帳
　　③ゆうちょ銀行
　　　イ）調査結果のお知らせ
　　　ロ）ご利用明細票（振込金額）
　　　ハ）総合口座通帳

3. 遺産分割に係る書類
(1)遺産分割協議書（相続人の「印鑑登録証明書」付き）……2通

以上

2025 年 7 月 15 日

〒 102-0083
東京都千代田区麹町 3 丁目 2 番 1 号
エキスパートビル 321 号
電　話　03 (3210) 0123
竹之内行政書士事務所

行政書士　竹之内　豊　　行政書士竹之内豊印

2 相続人の中に「海外居住者」がいる事例

　一般に，遺産分割協議書の署名押印の方法は，1 通の遺産分割協議書を共同相続人間で回覧する，又は共同相続人全員が一堂に会して行うのいずれかである。しかし，相続人が多数存在する，相続人同士が遠距離に居住している，何らかの事情で相続人同士が会うことを望んでいない等の場合は，これらの方法を採ることが困難になる。

　そこで，このような場合に遺産分割協議を円滑に完遂し，相続預貯金の払戻しを速やかに実現する方法を，相続人の中に海外居住者がいる事例で再現する。

【依頼の概要】

　吉田直子は夫（吉田実）を亡くしてから葬儀や四十九日法要など，ヘルパーの仕事を抱えながら慌ただしく済ませました。早く相続預貯金の払戻しをしたいのだが，仕事は人手が足らず簡単に休めない。また，子どもに頼もうにも，長女（山本彩）は仕事をしながら子育ての真っ最中だし，二女（吉田亜紀）は数年前からカナダで働いていて頼むことはできない。このままではいたずらに時間が過ぎて行くだけだった。

　どうしたものかと思案していたそのとき，数年前に母校のゼミの懇親

会で出会った後輩が頭に浮かんだ。確か「行政書士をしていて専門は相続です」と言っていたはずだ。そこで，その時もらった名刺を探し出して電話をした。そして，後日事務所で打合せを行うことが決まった。

- ▶　被相続人：吉田実
- ▶　相続人の範囲：妻・吉田直子，長女・山本彩，二女・吉田亜紀（カナダ在住）　以上3名
- ▶　相続人代表者：妻・吉田直子
- ▶　相続財産の範囲：銀行1行に預金あり

面談において相続人代表者に次頁のロードマップを提示した。

面談＝受任

遺産分割の前提条件の調査
　(1)相続人の範囲
　　　➡戸籍の収集（職務上請求書を使用）
　　　➡法務局に「法定相続情報一覧図」を請求
　(2)相続財産の範囲と評価
　　　➡銀行に残高証明書を請求
　　　➡「財産目録」の作成

相続人全員で遺産の分け方を協議する
※二女は在外公館に「署名証明」と「在留証明」を請求する。

全員合意＝協議成立

全員合意の矢印

「遺産分割協議書」の作成
➡相続人全員で署名押印
※同文書の遺産分割協議書に各人が，それぞれ署名押印
　（二女は署名のみ）する。

銀行に相続預貯金の払戻請求を行う
➡相続預貯金が相続人代表者（＝妻）の口座に払戻しされる。

① 「相続人の範囲」の調査

　相続人代表者に職務上請求書の使用の承諾を得て調査した結果，相続人の範囲は，妻（＝相続人代表者），長女及び二女の以上３名に確定した。

現物資料 85 ＞　法定相続情報一覧図の写し

法定相続情報番号　0210－24－02333

被相続人　吉田　実　　法定相続情報

最後の住所
東京都板橋区上板橋二丁目 36 番地 7 号
最後の本籍
沖縄県那覇市東三丁目 2 番地 1
出生　昭和 28 年 9 月 9 日
死亡　令和 6 年 3 月 12 日
　（被相続人）
吉田　実

住所　東京都板橋区上板橋二丁目 3 番地 4 号
　　　サンライズ上板橋 101
出生　昭和 58 年 9 月 30 日
　（長女）
山本　彩

住所　東京都板橋区上板橋二丁目 36 番地 7 号
出生　昭和 31 年 9 月 19 日
　（　妻　）
吉田　直子　（申出人）

住所　カナダ国ブリティッシュコロンビア州
　　　バンクーバー市東 21 番街 718 番地
出生　昭和 60 年 8 月 24 日
　（二女）
吉田　亜紀

以下余白

作成日：令和 6 年 5 月 7 日
作成者：住所　東京都千代田区麹町 3-2-1 エキスパートビル麹町 321
　　　　氏名　行政書士　竹之内　豊

これは、令和　6 年　5 月　8 日に申出のあった当局保管に係る法定相続情報一覧図の写しである。

令和　6 年　5 月 16 日
東京法務局板橋出張所

　　　　　　　登記官　　　　　　　　小松　文夫　　　印

注）本書面は、提出された戸除籍謄本等の記載に基づくものである。相続放棄に関しては、本書面に記載され
　　ない。また、被相続人の死亡に起因する相続手続及び年金等手続以外に利用することはできない。

整理番号　S14696

② 「相続財産の範囲と評価」の調査〜残高証明書の請求から財産目録の作成まで

　面談で，相続人代表者からヒアリングした被相続人が口座を設けていた銀行は，いなほ銀行（支店窓口型）の1行であった。

　以下，残高証明書の請求から財産目録の作成までを，銀行の払戻手続を業務の手順に則って見てみる。

イ）　残高証明書を請求する。

　被相続人が口座を設けていた支店に電話で予約を入れた上，訪問して残高証明書を請求した。

【残高証明書を請求するために銀行に提出した書類】

> 1. 相続人の範囲を証する書類
>   法定相続情報一覧図の写し
> 2. 行政書士が相続預貯金の払戻しの委任を受けたことを証する書面
>   (1)相続人代表者からの委任状（署名・実印での押印がされたもの）（P259
>   【現物資料86】参照）
>   (2)相続人代表者の印鑑登録証明書
>   (3)行政書士の次の書類等
>   　①実印
>   　②身分証明書
>   　　イ）証明写真付きの公的証明書（運転免許証，マイナンバーカード等）
>   　　ロ）行政書士であることを証するもの（行政書士証票・会員証）
>   　③印鑑登録証明書
> 3. 被相続人の払戻口座に関するもの
>   (1)通帳
>   (2)キャッシュカード
>
> ※1・2の全ての書類は，支店で写しを取りその場で返却された。

現物資料 86 〉 委任状（遺産分割・銀行の相続手続・相続人代表者）

委　任　状　

事　務　所　東京都千代田区麹町 3 丁目 2 番 1 号
　　　　　　エキスパートビル 321 号
住　　　所　東京都国分寺市本町 2 丁目 1 番地の 23
電　　　話　03-3210-0123　携帯：090-1234-5678
職業・氏名　行政書士　竹之内　豊（登録番号：第 010819××号）
所　　　属　東京都行政書士会（会員番号：第 47××号）

　　　　　上記の者に，下記の権限を委任いたします。

　被相続人　吉田実（最後の本籍：沖縄県那覇市東 3 丁目 2 番地 1，最後の住所：東京都板橋区上板橋 2 丁目 36 番地 7 号，昭和 28 年 9 月 9 日生，令和 6 年 3 月 12 日死亡）の死亡により発生した相続による，被相続人名義のいなほ銀行に預託している一切の預金，投資信託等に関する，残高証明書・取引開示に関する文書の請求・受領，名義変更，払戻し，解約及び当該預金等の元利金等の受領，並びにいなほ銀行に提出する相続手続に必要な一切の書類の受領・作成・提出等。
　以上遺産分割及び相続手続に必要な一切の権限及び行為。

2024 年 5 月 10 日

　　住　　　所　　東京都板橋区上板橋 2 丁目 36 番地 7 号

（委任者）　電話番号　　090（1212）88××

　氏　　　名　　被相続人吉田実　妻　吉田　直子
　　　　　　　　　（生年月日：昭和 31 年 9 月 19 日）

以上

残高証明依頼書（相続用）

西暦 2024 年 5月15日

株式会社 いなほ銀行

被相続人名義の残高証明書を、
下記の要領で発行するよう依頼
します。

被相続人	吉 田 実
相続人（続柄 ）	
おところ	〒185- 0012
	東京都国分寺市本町2-1-23
おなまえ	
	相続人 吉田直子
	代理人 竹之内 豊 （ご実印）
お電話番号	（ 03 ）3210 - 0123

次の1または2に必要事項をご記入ください。また、3に証明日をご記入ください。

1. すべての取引を証明する場合

□すべての取引	各 通	お取引店（ 支店）（ 支店）（ 支店）

2. 指定した取引を証明する場合

お取引種類	通数	お取引店		
☑円預金	1 通	（ 板橋 支店）	（ 支店）	（ 支店）
□外貨預金	通	（ 支店）	（ 支店）	（ 支店）
□投資信託	通	（ 支店）	（ 支店）	（ 支店）
□債券保護預り	通	（ 支店）	（ 支店）	（ 支店）
□円貸出金	通	（ 支店）	（ 支店）	（ 支店）
□金融債総合口座	通	（ 支店）	（ 支店）	（ 支店）
□	通	（ 支店）	（ 支店）	（ 支店）
□	通	（ 支店）	（ 支店）	（ 支店）

3. 証明日

西暦 2024 年 3 月 12 日	現在

4. 手数料のお支払い □下記口座からの振替 □現金 □小切手・払戻請求書 □その他（ ）

手数料等引落指定口座	店名	店番号	科目	口座番号	おなまえ	
証明書発行手数料および証明書郵送料実費を、右記口座より貴行所定の日に小切手または通帳および払戻請求書なしで引落してください			当座 普通 貯蓄			お届け印

証明書はお取引店毎・お取引種類毎に発行いたします。1通毎に手数料がかかります。

※預金保険機構に休眠預金として移管済みの場合
□ 死亡日時点残高（既経過利息を含む）の証明が必要（取引証明書発行手数料を別途いただきます）
（チェックがない場合、移管日時点の残高を参考情報として表示いたします）

（お願い）次の書類を添付してください。
・被相続人様の死亡の事実が確認できる戸籍謄本等
・ご依頼人様が相続人であることを確認できる戸籍謄本等（相続人の代理人等の場合は、委任状等も確認させていただきます）
・ご依頼人様の印鑑証明書（発行後6ヵ月以内のもの）

（銀行使用欄）							□ 36311
CIF番号（※1）	実務主任 作成内容確認	交付予定日 年 月 日	交付方法 窓口・郵送 その他（ ）	経過利息の証明要否（※2） 要・否	受付日 年 月 日	受付店（店番号・店名）	照合 受付 （印）

※1・発行対象を全て記入
・名義変更後に作成する場合は、相続関係届書等で確認し相続人の新旧CIF番号を確認し記入
・相続開始時点の取引を確認し、証明対象取引漏れに注意する

・※本票、相続人等の確認書類、作成時の資料（相続発生受付票等）を確認

交付日（郵送日）	担当
年 月 日	

※2 既経過利息についてお客さまにご説明のうえ、使用用途と既経過利息の証明要否を確認する

手数料	金額 756	収納日 年 月 日	（権限者）減/免のみ	担当 （印）

5107Y027「残高証明依頼書（相続用）」(10Y)20. 01

260

現物資料 88 〉 受取書（手数料領収書）

2024 年　5 月 15 日　　　　受　取　書

被相続人　吉田　実
相続人　吉田　直子
　　　代理人　竹之内　豊 様

金額	百万		千			円
				¥	7 5	6

1　送 金 取 立 手 数 料　7　夜間金庫関係手数料
2　手形小切手交付手数料　8　両 替 手 数 料
3　給 与 振 込 手 数 料　9　カード発行手数料
4　再 発 行 手 数 料　10　その他
5　新 規 手 数 料　　（＿＿＿＿＿手数料）
6　証 明 書 発 行 手 数 料

上記金額を領収いたしました。なお、金額には
消費税および地方消費税が含まれております。

株式
会社 いなほ銀行　（240）板橋支店

出 納
いなほ銀行
24.05.15
板橋支店
川島

相 続 関 係 書 類 お 預 り 書

（発 行 番 号　　　／　　　）

おなまえ
行政書士　竹之内　豊 様

	物　件　名	通数	受領印
1	除籍謄本・戸籍謄本		
2	印鑑証明書（被相続人妻（写）・代理人 行政書士（写））	各１	
3	遺産分割協議書・遺言書・各種審判書等の写し（あるものに○）委任状	１	
4	相続関係届書		
5	振込依頼書		
6	通帳（口座番号　　　　　　　　　　　）		
7	証書（口座番号　　　　　　　　　　　）		
8	非課税貯蓄者死亡届書　　法定相続情報一覧図の写し	１	
9			
10	カードローン 新型 カード 有 カードローン解約証／カード喪失 喪失届・喪失物件取扱依頼書		
11			
12			
13	代理人行政書士会員証（写）　運転免許証（写）	各１	
14	入鋏済キャッシュカード(本人・代理人)（口座番号　　　）		
15	入鋏済カードローンカード（口座番号　　　　）		
16	書替後の新印鑑届（名義書替の場合のみ）		

通帳等のご返却方法	ご依頼日
○ご郵送 ・ご来店（　月　　日）・その他（　　　）	2024年　5月　15日

上記お受付いたしました。受付に際しては、所定欄に銀行受付者印を押なつします。
この受付者印のないお預り書は無効といたします。
なお、本お預り書の記載事項は、正規の手続が完了したうえは無効といたします。

受付者印

いなほ銀行　板橋支店

ロ）　残高証明書が届く

支店に請求してから1週間後に事務所に残高証明書が届いた。

残　高　証　明　書

〒102-0083
東京都千代田区麹町 3-2-1
エキスパートビル 321

被相続人　吉田　実　様
　相続人　吉田　直子　様
　代理人　行政書士　竹之内　豊　様

2024年 3月12日　現在

金 額 合 計	￥19,243,751※

種　類　・　番　号	金　　額	摘　　要
普 通 預 金　3711998	19,243,751	
定 期 預 金　7656513	0	
以 下 余 白		

貴ご名義勘定の残高は上記の通りでございます。

2024 年 5 月 16 日

株式会社　いなほ銀行
（店名）　板橋支店

（注）　1．この証明書の金額は訂正いたしません。
　　　　2．預金の残高には他店券によるご入金も含まれております。

ハ）　財産目録を作成する

残高証明書を基に財産目録を作成した。

現物資料 91	財産目録

被相続人　吉田実様　相続人　吉田直子様

被相続人　吉田実様の相続財産について，下記のとおりご報告いたします。

記

	銀行名	支　店	種　類	口座番号	金　額
1	いなほ銀行	板橋支店	普　通	3711998	19,243,751
			定　期	7656513	0
				合　計	¥19,243,751

※金額は 2024 年 3 月 12 日現在

2024 年 5 月 20 日

〒102-0083
東京都千代田区麹町 3 丁目 2 番 1 号
エキスパートビル 321 号
電　話　03 (3210) 0123
竹之内行政書士事務所

行政書士　竹之内　豊

---

③　遺産分割協議書の作成

相続人代表者に，相続人の範囲及び相続財産の範囲と評価を，「法定相続情報一覧図の写し」と「財産目録」を提示して説明した。そして，相続人代表者からヒアリングした相続人全員による合意内容に基づいて遺産分割協議書を作成した。

※　二女がカナダ在住のため，1 通の遺産分割協議書を相続人間で署名押

印するのが困難なため，相続人ごとに同一文書の遺産分割協議書に署名押印（ただし，二女は署名のみ）した。

遺産分割協議書

令和 6 年 3 月 12 日　吉田実（最後の住所：東京都板橋区上板橋 2 丁目 36 番地 7 号，最後の本籍：沖縄県那覇市東 3 丁目 2 番地 1，昭和 28 年 9 月 9 日生）の死亡により開始した相続につき，共同相続人　吉田直子（被相続人の妻），山本彩（被相続人の長女），吉田亜紀（被相続人の二女）の以上 3 名は，吉田実の遺産を次のとおり分割することに合意する。

第 1 条　相続人吉田直子は，いなほ銀行板橋支店に預託してある次の預金債権の全てを取得する。
　　(1)普通預金　口座番号　3711998
　　(2)定期預金　口座番号　7656513

第 2 条　本協議書に記載なき遺産及び後日判明した遺産は，相続人吉田直子がこれを全て取得する。

以上のとおり協議が真正に成立したことを証するため，本協議書を作成し署名押印する。

令和 6 年 5 月 31 日

住　　所　東京都板橋区上板橋 2 丁目 36 番地 7 号

相 続 人　（被相続人の妻）　吉田　直子
（昭和 31 年 9 月 19 日生）

遺産分割協議書

　令和6年3月12日　吉田実（最後の住所：東京都板橋区上板橋2丁目36番地7号，最後の本籍：沖縄県那覇市東3丁目2番地1，昭和28年9月9日生）の死亡により開始した相続につき，共同相続人　吉田直子（被相続人の妻），山本彩（被相続人の長女），吉田亜紀（被相続人の二女）の以上3名は，吉本実の遺産を次のとおり分割することに合意する。

第1条　相続人吉田直子は，いなほ銀行板橋支店に預託してある次の預金債権の
　　　全部を取得する。
　　　(1)普通預金　口座番号　3711998
　　　(2)定期預金　口座番号　7656513

第2条　本協議書に記載なき遺産及び後日判明した遺産は，相続人吉田直子がこ
　　　れを全て取得する。

　以上のとおり協議が真正に成立したことを証するため，本協議書を作成し署名押印する。

令和6年5月30日

　住　　　所　<u>東京都板橋区上板橋2丁目3番地4号　サンライズ上板橋101</u>

　相 続 人　　<u>（被相続人の長女）　山 本　彩</u>　（印）
　　　　　　　　　　　　　　（昭和58年9月30日生）

遺産分割協議書

　令和6年3月12日　吉田実（最後の住所：東京都板橋区上板橋2丁目36番地7号，最後の本籍：沖縄県那覇市東3丁目2番地1，昭和28年9月9日生）の死亡により開始した相続につき，共同相続人　吉田直子（被相続人の妻），山本彩（被相続人の長女），吉田亜紀（被相続人の二女）の以上3名は，吉田実の遺産を次のとおり分割することに合意する。

第1条　相続人吉田直子は，いなほ銀行板橋支店に預託してある次の預金債権の全部を取得する。
　　　(1)普通預金　口座番号　3711998
　　　(2)定期預金　口座番号　7656513

第2条　本協議書に記載なき遺産及び後日判明した遺産は，相続人吉田直子がこれを全て取得する。

　以上のとおり協議が真正に成立したことを証するため，本協議書を作成し署名する。

2024年6月10日

　　　　住　　　所　　カナダ国ブリテッシュコロンビア州　バンクーバー市
　　　　　　　　　　　東21番街　718番地

　　　　相 続 人　　（被相続人の二女）　吉田　亜紀
　　　　　　　　　　　　　　　　（昭和60年8月24日生）

④　払戻請求をする

　被相続人が口座を設けていた支店（＝残高証明書を請求した支店）に電話で予約を入れた上，訪問して相続預金の払戻請求を行った。

イ）　払戻請求を行うため書類を提出する

　　払戻請求を行うために銀行に提出した書類は次のとおり。

【払戻請求を行うために銀行に提出した書類】

1. 払戻請求に関する書類等
   (1)相続関係届出書（＝銀行所定の様式）
   (2)総合口座通帳
   (3)キャッシュカード
   (4)委任状（相続人全員分）
2. 遺産分割協議が成立したことを証する書類等
   (1)遺産分割協議書（原本）（P266～268【現物資料 92】参照）
   (2)法定相続情報一覧図の写し
   (3)印鑑登録証明書（妻と長女）
   (4)海外在住の二女は印鑑登録証明書に代わるものとして次の２つの書
   　 類を提出した（P273【現物資料 94】，P274【現物資料 95】参照）。
   　 ①在留証明
   　 ②署名証明
3. 受任者（＝行政書士）に関する書類等
   (1)印鑑登録証明書
   (2)実印
   (3)運転免許証
   (4)行政書士証票

委　任　状

事　務　所　東京都千代田区麹町 3 丁目 2 番 1 号
　　　　　　エキスパートビル 321 号
住　　　所　東京都国分寺市本町 2 丁目 1 番地の 23
電　　　話　03-3210-0123　携帯：090-1234-5678
職業・氏名　行政書士　竹之内　豊（登録番号：第 010819××号）
　所　　属　東京都行政書士会（会員番号：第 47××号）

上記の者に，下記の権限を委任いたします。

　被相続人　吉田実（最後の本籍：沖縄県那覇市東 3 丁目 2 番地 1，最後の住所：東京都板橋区上板橋 2 丁目 36 番地 7 号，昭和 28 年 9 月 9 日生，令和 6 年 3 月 12 日死亡）の死亡により発生した相続による，被相続人名義の<u>いなほ銀行</u>に預託している一切の預金，投資信託等に関する，残高証明書・取引開示に関する文書の請求・受領，名義変更，払戻し，解約及び当該預金等の元利金等の受領，並びに<u>いなほ銀行</u>に提出する相続手続に必要な一切の書類の受領・作成・提出等。
　以上遺産分割及び相続手続に必要な一切の権限及び行為。

令和 6 年 5 月 31 日

住　　　所　<u>　東京都板橋区上板橋 2 丁目 36 番地 7 号　</u>

電話番号　<u>　090（1212）88××　</u>

氏　　　名　<u>被相続人吉田実　妻</u>　吉田　直子

（生年月日：昭和 31 年 9 月 19 日）

委任状（長女）

委　任　状　

事　務　所　東京都千代田区麹町 3 丁目 2 番 1 号
　　　　　　エキスパートビル 321 号
電　　　話　03-3210-0123　携帯：090-1234-5678
職業・氏名　行政書士　竹之内　豊（登録番号：第 010819××号）
　　　　　　所　　属　東京都行政書士会（会員番号：第 47××号）

　　　上記の者に，下記の権限を委任いたします。

　被相続人　吉田実（最後の本籍：沖縄県那覇市東 3 丁目 2 番地 1，最後の住所：東京都板橋区上板橋 2 丁目 36 番地 7 号，昭和 28 年 9 月 9 日生，令和 6 年 3 月 12 日死亡）の死亡により発生した相続による，被相続人名義のいなほ銀行に預託している一切の預金，投資信託等に関する，残高証明書・取引開示に関する文書の請求・受領，名義変更，払戻し，解約及び当該預金等の元利金等の受領，並びにいなほ銀行に提出する相続手続に必要な一切の書類の受領・作成・提出等。
　以上遺産分割及び相続手続に必要な一切の権限及び行為。

令和 6 年 5 月 30 日

住　　　所　　東京都板橋区上板橋2丁目3番地4号　サンライズ上板橋101

電話番号　　090（1212）21××

氏　　　名　　被相続人の長女　山本　彩
　　　　　　　　　　　（昭和 58 年 9 月 30 日生）

委　任　状

吉田　亜紀

事　務　所　東京都千代田区麹町3丁目2番1号
　　　　　　エキスパートビル321号
住　　　所　東京都国分寺市本町2丁目1番地の23
電　　　話　03-3210-0123　携帯：090-1234-5678
職業・氏名　行政書士　竹之内　豊（登録番号：第010819××号）
　　所　　属　東京都行政書士会（会員番号：第47××号）

　　　　上記の者に，下記の権限を委任いたします。

　被相続人　吉田実（最後の本籍：沖縄県那覇市東3丁目2番地1，最後の住所：東京都板橋区上板橋2丁目36番地7号，昭和28年9月9日生，令和6年3月12日死亡）の死亡により発生した相続による，被相続人名義のいなほ銀行に預託している一切の預金，投資信託等に関する，残高証明書・取引開示に関する文書の請求・受領，名義変更，払戻し，解約及び当該預金等の元利金等の受領，並びにいなほ銀行に提出する相続手続に必要な一切の書類の受領・作成・提出等。
　以上遺産分割及び相続手続に必要な一切の権限及び行為。

2024年6月10日

住　　　所　　カナダ国ブリテッシュコロンビア州　バンクーバー市
　　　　　　　東21番街　718番地

電話番号　　001-010-1-123456789

ふり　かな
氏　　　名　被相続人の二女　吉田　亜紀
　　　　　　　　　　　　　（昭和60年8月24日生）

現物資料 94 ＞　在留証明（印鑑登録証明書に代わるもの）

形式　1

在　留　証　明　願

令和　6 年　6 月　5 日

在バンクーバー日本国総領事　殿

申請者氏名 証明書を 使う人	吉田　亜紀	生年 月日	明・大 ㊙昭・平	60 年　8 月 24 日
来訪者氏名 （※ 1）		申請者との関係 （※ 1）	
申請者の 本籍地 （※ 2）	沖縄　都・道 府・㊙県	那覇市東3丁目2番地1 （市区群以下を記入してください。※ 2）	
提出理由	亡父吉田実の 遺産分割のため	提出先	銀行

私（申請者）が現在、下記の住所に存在していることを証明してください。

現 住 所	日本語	カナダ国ブリティッシュコロンビア州	バンクーバー市　東 21 番街 718 番地
	外国語	718　E21nd Ave, Vancouver,	B.C., CANADA
上記の場所に住所（又は居所）を 定めた年月日（※ 2）		（平成・昭和）	年　　月

（※ 1）申請者と同じときは記入不要です。
（※ 2）申請理由が恩給、年金受給手続きのとき、及び提出先が同欄の記載を必要としないときは記入を省略することができます。

在　留　証　明

証第 CC14-01907 号

上記申請者の在留の事実を証明します。

令和　6 年　6 月　5 日　　在バンクーバー日本国総領事館
総領事　　岡本誠一

（手数料：　$13.00　）

形式2：単独

証明書

以下身分事項等記載欄の者は、本職の面前で以下の署名欄に
署名 (及び拇印を押印) したことを証明します。

身 分 事 項 等 記 載 欄	
氏 名：	吉田　亜紀
生 年 月 日：	昭和 60 年 08 月 24 日
日 本 旅 券 番 号：	TK1234321
備 考：	

※氏名の漢字等綴りは申請人の申告に基づく場合があります。

署名：　吉田　亜紀　　　　(拇印)　

証第　ＣＣ14-01908 号

令和6年6月5日

在バンクーバー日本国総領事館

総領事　岡本誠一　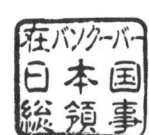

(手数料：＄18.00)

(注) 外国に在住している者は印鑑登録証明書に代わるものとして，在留証明と署名
証明を提出する (在留証明と署名証明の詳細は，外務省ホームページ https://
www.mofa.go.jp を参照)。

相 続 関 係 届 出 書

株式会社　いなほ銀行

お届け日　西暦 **2024** 年　**6** 月 **24** 日

1　被相続人(亡くなられた方)

（フリガナ）	ヨシダ　ミノル	お亡くなりになった日
おなまえ	吉田　実　　様	西暦 **2024** 年 **3** 月 **12** 日

2　相続手続依頼人

・相続手続依頼人の方、それぞれ本人が、印鑑証明書と同じ「おところ、おなまえ、印」にてご記入・ご捺印ください。なお、残高証明書が必要な場合は、係へご相談ください。
・記入欄が不足する場合は裏面記入欄（あるいは本紙を複数枚）をご使用ください。

相続手続依頼人の代表者	おところ　〒 185-0012　　ご実印
相続人・受遺者・遺言執行者(該当を○で囲んでください) おなまえ （フリガナ） 　　タケノウチ　ユタカ 相続人　吉田直子他２名　代理人 行政書士　竹之内　豊　　　様	東京都国分寺市本町 　　　2-1-23　　　㊞ 日中のご連絡先　（ 090 ）1234-5678 お電話番号　　　（ 03 ）3210-0123

相続人・受遺者・遺言執行者(該当を○で囲んでください)　おところ　　　　ご実印
おなまえ   　　　　　　　　　　様

相続人・受遺者・遺言執行者(該当を○で囲んでください)　おところ　　　　ご実印
おなまえ   　　　　　　　　　　様

相続人・受遺者・遺言執行者(該当を○で囲んでください)　おところ　　　　ご実印
おなまえ   　　　　　　　　　　様

相続人・受遺者・遺言執行者(該当を○で囲んでください)　おところ　　　　ご実印
おなまえ   　　　　　　　　　　様

過日死亡いたしました上記被相続人の貴行との次の取引における相続手続については、下記のとおり取扱うよう依頼します。

この届書にもとづき下記のとおり取扱いいただきましたうえは、後日、万一紛議が生じても、上記の相続手続依頼人において連帯してその責に任じ、貴行にはいっさい迷惑・損害をかけません。

この届書にもとづき 相続手続を依頼する取引	預金　➡　後記 **3** 投資信託　➡　後記 **3** 債券　➡　後記 **3**	貸金庫等　➡　後記 **5** 金保護預り　➡　後記 **6**

記

3 預金・投資信託・債券のお取扱い方法

記入欄が不足する場合、裏面の記入欄をご使用ください。

取引種目 店番号－口座番号	取扱内容(※1) ・[解約払戻]・[名義変更] のいずれかを○印で囲んでください ・[解約払戻] は、○の中にお受取方法欄の番号をご記入ください ・[名義変更] は、新名義とする方のおなまえをご記入ください	取扱日 解約払戻または 売却約定または 名義変更の日	通帳・証書・ 取引証の喪失(※2) 喪失している場合 は、○印で囲んで ください
普通 貯蓄 定期 外貨普通 外貨定期 投資信託 債券 その他( ) 357-3711998	(解約払戻) 受取方法⇒ **4** 欄のNo. 1 名義変更 新名義人＿＿＿＿＿＿＿＿様 口座番号（ ＿ ）	年 月 日	喪 失
普通 貯蓄 (定期) 外貨普通 外貨定期 投資信託 債券 その他( ) 357-7656513	(解約払戻) 受取方法⇒ **4** 欄のNo. 1 名義変更 新名義人＿＿＿＿＿＿＿＿様 口座番号（ ＿ ）	年 月 日	喪 失
普通 貯蓄 定期 外貨普通 外貨定期 投資信託 債券 その他( )	解約払戻 受取方法⇒ **4** 欄のNo. 名義変更 新名義人＿＿＿＿＿＿＿＿様 口座番号（ ＿ ）	年 月 日	喪 失
普通 貯蓄 定期 外貨普通 外貨定期 投資信託 債券 その他( )	解約払戻 受取方法⇒ **4** 欄のNo. 名義変更 新名義人＿＿＿＿＿＿＿＿様 口座番号（ ＿ ）	年 月 日	喪 失

[投資信託のファンド名・債券の銘柄 等]

- 上記預金・投資信託・債券の解約払戻・売却にあたっては、各取引規定にかかわらず払戻請求書等の提出はいたしませ
  ので、貴行所定の方法でお取扱いください。取扱日の指定がない場合は、貴行所定の処理日によりお取扱いください。
- 上記で「喪失」と表示したものは、通帳、証書または取引証について所在が不明で提出できません。後日発見した場合は
  私どもの責任において廃棄するものとし、本取扱について貴行にはいっさい迷惑・損害をおかけしません。

＊1 価格変動リスクのある投資信託、外貨預金や公共債を解約する場合、元本割れが生じる可能性もございますので、お取引店へご相談ください。
＊2 キャッシュカード、カードローンカードは手続に不要ですので、お持ちの場合は、裁断のうえ廃棄願います。

4 お受取り方法

3 あるいは **6** で「解約払戻」をご指定の場合、お受取り方法をご記入ください。

ご注意　お振込みは、相続預金口座のお取引店ごとに別々のお取扱いとなります。
　　　　外為送金の場合、別途「外国送金依頼書兼告知書」のご提出をお願いいたします。(＊3)

3 あるいは **6** でご記入いただいた番号の欄に、ご入金先の口座名義・銀行名・支店名・科目・口座番号をご記入ください。
「③店頭でお受取り」の場合は、受取人（ご来店される方）のおなまえをご記入ください。ご来店時には、ご実印をお持ちください。

No.	口座へご入金		銀行名	支店名	科目・口座番号
	・下記口座に入金または振込をしてください。 ・他行宛振込手数料が必要となる場合は振込金より差し引いてください。				
1	フリガナ ヨシダ ナオコ 吉田 直子 様	口座名義	いなほ銀行 税務経理銀行 (銀行) 信金 信組	板橋 支店	(普通) 貯蓄 当座 その他 1 4 7 7 0 1 1
	振込依頼人名のご指定がある場合、カタカナ名をご記入ください。(＊4)〔				
No.	口座名義		銀行名	支店名	科目・口座番号
2	フリガナ ＿＿＿＿＿＿ 様		いなほ銀行 銀行 信金 信組	支店	普通 貯蓄 当座 その他
	振込依頼人名のご指定がある場合、カタカナ名をご記入ください。(＊4)〔				
3	店頭でお受取り	・店頭窓口で解約払戻金を受領します。 なお、別途「受取書」を提出します。		受取人 （ご来店される方）	様

＊3 みずほ銀行本支店宛の外貨建送金（居住者間）で、お受取り方法が上記①②いずれかの場合、ご提出は不要です。
＊4 「振込依頼人名」のご指定がない場合、「ゴホンニン　ゴソウゾクブン」とさせていただきます。

- 貸金庫、金保護預り取引がある場合、あるいは上記 **2**・**3** の欄が不足する場合は、裏面をご確認ください。

裏面へつづく

276

現物資料 97 ▷ 相続関係書類お預かり書

相 続 関 係 書 類 お 預 り 書

（発 行 番 号 　　　／　　　）

おなまえ

行政書士　竹之内　豊 様

	物　件　名	通数	受領印
1	除籍謄本・戸籍謄本		
2	印鑑証明書（2）、在留証明（1）、署名証明（1）、委任状（3）	7	
3	遺産分割協議書・遺言書・各種審判書等の写し（あるものに○）	1	
4	相続関係届書	1	
5	振込依頼書	1	
6	通帳（口座番号 357-3711998（7665513）　　　）	1	
7	証書（口座番号　　　　　　　　　　　　　　）		
8	非課税貯蓄者死亡届書　　　法定相続情報一覧図	1	
9			
10	カードローン　新型　カード　有　カードローン解約証／カード喪失　喪失届・喪失物件取扱依頼書		
11			
12			
13	代理人行政書士証票（写）　運転免許証（写）	各1	
14	入鋏済キャッシュカード(本人・代理人)(口座番号　　　　)		
15	入鋏済カードローンカード（口座番号　　　　）		
16	書替後の新印鑑届（名義書替の場合のみ）		

通帳等のご返却方法	ご依頼日
○ご郵送　 ○ご来店（　　月　　日）　○その他（　　　）	令和　6年　6月 24日

上記お受付いたしました。受付に際しては、所定欄に銀行受付者印を押なつします。
この受付者印のないお預り書は無効といたします。
なお、本お預り書の記載事項は、正規の手続が完了したうえは無効といたします。

いなほ銀行　板橋支店

ロ）　払戻手続完了の通知が届く

　銀行での手続が完了後，以下の書類が事務所に書留で届いた。

現物資料 98 〉 送付書

送　付　書　発送日付：(西暦) 2024 年　6 月 26日

〒102-0083
東京都千代田区麹町 3 − 2 − 1
エキスパートビル 321 号
竹之内行政書士事務所
竹之内　豊　様

お送りする書類			
	1 通	計算書	通
	1 通	振込受取書・振込受付書	通
	通	領収書(税金・健康保険料)	通
	通	申込書（控）	通
	1 通	通帳	通
	通	受取書	通
	1 通	ごあいさつ	通
	通		通
	通		通
	通		通

ご通信欄

毎度格別のお引き立てを賜りまことにありがとうございます。
右記書類をご送付申しあげますので内容をお改めのうえ
お納めくださいます様お願い申しあげます。

いなほ銀行　板橋支店

現物資料 99 〉 ごあいさつ

ごあいさつ

いつもいなほ銀行をご利用いただきましてありがとうございます。
ご指示のとおりお手続きいたしましたので、同封書類の**お手続内容を
ご確認のうえご査収**ください。
なお、ご不明な点がございましたらお取引店へお問い合わせください。
今後とも一層のご愛顧賜りますよう、よろしくお願い申しあげます

いなほ銀行

振込金（兼手数料）受取書

預金払戻請求書
預金口座振替 による 振込受付書（兼手数料
受取書）

お振込先

お受取人	お振込先				

銀行名：税務経理

銀行 信金 信組 農協 労金その他
◎○○○○○○
銀行機関区分

支店名：板橋　支店

預金種目：普通 当座 貯蓄その他　◎○○○○

口座番号：1477011

振込方法：電信文書 ◎○

金額 億 千万百万十万 万 千 百 十 一
お振込金額：1924577 8 円

おなまえ（カタカナ）：ヨシタ゛　ナオコ

漢字など：吉田　直子　様

振込手数料（消費税等込み）　864 円

ご依頼人

お受取人さまが指定した番号がある場合
振込依頼人番号
カタカナ：コ゛ホンニン　コ゛ソウゾ゛クフ゛ン

漢字など：ご本人　ご相続分　様

日中のご連絡先
電話番号・携帯電話番号（090-1234-5678）

小切手等

●振込資金の小切手等が不渡りとなったときにはその金額の振込を取消し、その小切手等は権利保全の手続きをしないで当店においてご返却しますのでご了承ください。
●ご指定の口座から預金を払戻して振込む場合、その払い戻しができないときには振込はできませんのでご注意ください。
●振込先銀行・支店へは、依頼人名（カナ文字）・受取人名（カナ文字）のほか預金種目・口座番号を通知します。
●振込依頼書に記載相違などの不備があった場合には、照会等のために振込が遅延する、および、組戻・変更手数料がかかることがあります。

変更手数料	648 円	組戻手数料	864 円

金額はすべて消費税等を含みます。(2014年4月1日現在)
●やむを得ない事由による通信機器、回線の障害によって振込が遅延することがありますのでご了承ください。
●この振込金受取書または振込受付書は、振込ができない場合などに必要となりますので、大切に保管してください。

いなほ銀行
06.6.26
板橋支店

午後2時以降　店頭は大変混雑いたしますので、振込依頼書はなるべく午前中にお持ちいただきますようお願い申し上げます。

いなほ銀行をご利用いただきましてありがとうございました。

いなほ銀行

| 現物資料 101 | 普通預金（総合口座）・貯蓄貯金利息計算書 |

INAHO　　普通預金（総合口座）・貯蓄預金利息計算書

吉　田　直　子　　様

店番号	口座番号	お支払日
357	3711998	24 - - 6 - 26

長い間のご利用ありがとうございました
今後ともよろしくお願い申し上げます。

預金種類
普通預金

お利息額Ⓐ(円)	税率 %	税金Ⓑ(円)	国税 地方税
1,634	15・315		250
	5・000		81

預　金　元　金　Ⓒ	19,245,339円
差引お支払利息Ⓓ(Ⓐ－Ⓑ)	1,303円
繰　越　お　利　息　Ⓔ	0円
お　支　払　額(Ⓒ＋Ⓓ－Ⓔ)	19,246,642円

2024 年　6 月 26 日　　　株式
会社 いなほ銀行
板　橋　支　店
電話 03-3939-51XX

⑤　**業務完了**

　業務完了に伴い納品書を作成の上，次頁の資料を納品した。

現物資料 102 ＞　納品書

吉田直子　様

　被相続人　吉田実様の遺産分割に係る下記書類をお届けいたします。ご査収の程，よろしくお願いいたします。

記

1.「相続人の範囲」を確定する資料
(1)法定相続情報一覧図の写し
(2)戸籍謄本等
　　①被相続人の出生から死亡に至る戸籍謄本等（妻・二女の戸籍謄本を含む）
　　……8 通
　　②長女の戸籍謄本……1 通
　　③相続人の戸籍の附票……2 通

2.　相続財産に係る書類
(1)財産目録……1 通
(2)金融機関（いなほ銀行）に係る書類
　　①残高証明書……1 通
　　②振込受付書……1 通
　　③利息計算書……1 通
　　④預金通帳（解約済）……1 通

3.　遺産分割に係る書類
(1)遺産分割協議書……1 通
(2)妻と長女の印鑑登録証明書……各 1 通
(3)二女の在留証明・署名証明……各 1 通

以上

2024 年 7 月 2 日

〒 102-0083
東京都千代田区麹町 3 丁目 2 番 1 号
エキスパートビル 321 号
電　話　03（3210）0123
竹之内行政書士事務所

行政書士　竹之内　豊

4-2 遺言が「有る」場合

遺言がある場合の銀行の相続手続を，筆者が受任した案件を基に，実務の流れに忠実に現物資料を交えて再現する。

【依頼の概要】

以前遺言作成を受任した依頼者の死亡が，被相続人（＝遺言者）の長女（＝遺言執行者）から行政書士に連絡が入った。行政書士は，早速長女と面談を行った。その結果，遺言執行者である長女の代理人として遺言執行事務を受任することとなった。

なお，被相続人が行政書士に遺言作成を依頼した経緯は以下のとおりである。

> 被相続人は，生命保険会社が主催する遺言作成セミナーに参加した。被相続人は以前から遺言を作成しようと考えていたが，なかなか考えがまとまらず残すまでに至らなかった。しかし，講師の行政書士の話を聞いて遺言の重要性を再確認した。そこで，行政書士に依頼をする決意をした。
>
> 完成した遺言書（公正証書遺言）には長女が遺言執行者に指定されており，行政書士は遺言者に遺言書と関係書類を渡した際に，「長女に遺言書と関係書類を渡し，相続が発生したら直ちに私（＝行政書士）に連絡を入れるように伝えてください」と指示した。

- ▶ 被相続人（＝遺言者）：木下隆夫
- ▶ 相続人の範囲：妻・木下正子，長女・高橋美奈子，長男・木下忠彦 以上3名
- ▶ 遺言執行者：長女・高橋美奈子
- ▶ 相続財産の範囲：ふじさわ信用金庫，ゆうちょ銀行　以上2行

　面談において遺言執行者（＝被相続人の長女）に以下のロードマップを提示した。その結果，行政書士は，遺言執行者から遺言執行事務を受任した。

現物資料 103 〉 遺言がある場合のロードマップ

面談＝受任

(1)「相続人の範囲」の調査
　➡戸籍の収集（職務上請求書を使用）
　➡「法定相続情報一覧図」の作成及び申出

(2)遺言の内容を相続人に通知する（改正民法1007条2項関係）

(3)「相続財産の範囲と評価」の調査及び払戻請求（改正民1014③）
　➡銀行に残高証明書を請求する
　➡各銀行に払戻請求をする

(4)財産目録を作成して相続人に交付する（民法1011条1項関係）

委 任 状

事 務 所　東京都千代田区麹町 3 丁目 2 番 1 号
　　　　　　エキスパートビル 321 号
住　　　所　東京都国分寺市本町 2 丁目 1 番地の 23
電　　　話　03-3210-0123　携帯：090-1234-5678
職業・氏名　行政書士　竹之内　豊（登録番号：第 010819××号）
　　　　　所　　属　東京都行政書士会（会員番号：第 47××号）

上記の者に，下記の権限を委任いたします。

記

被相続人木下隆夫（大正 12 年 4 月 7 日生，令和 5 年 1 月 18 日死亡，最後の住所地：神奈川県藤沢市南藤沢 1 丁目 1 番 11 号，最後の本籍：神奈川県鎌倉市長谷 4 丁目 3962 番地）の死亡により発生した相続による，遺言の内容を実現するため，相続財産の管理その他遺言の執行に必要な一切の行為をする権利義務。

以上

2023 年 4 月 5 日

住　　　所　　神奈川県鎌倉市御成町 1-15-1-105 号

電話番号　　090（8090）28××

氏　（ふり）名　（がな）　遺言執行者　高橋美奈子
（たかはしみなこ）

（昭和 22 年 5 月 9 日生）

■1 「相続人の範囲」の調査

　遺言作成時に推定相続人の範囲の調査を行った結果，推定相続人は，配偶者（＝妻），長女（＝遺言執行者）及び長男の以上3名であった。

　そこで，相続人の範囲を確定するために，遺言執行者の承諾を得た上で，職務上請求書を使用して被相続人の死亡及び相続人の戸籍謄本（全部事項証明書）を取得した上で法定相続情報証明制度を活用して，法定相続情報一覧図の写しを取得した。その結果，相続人の範囲は，遺言作成時と同様，妻，長女及び長男の以上3名であった。

法定相続情報番号　0210−24−02333

被相続人　　木下　隆夫　　　法定相続情報

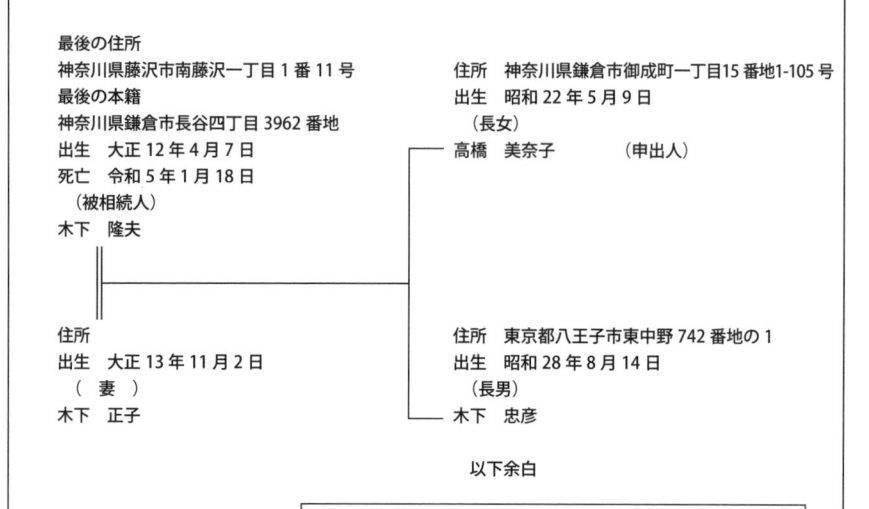

最後の住所
神奈川県藤沢市南藤沢一丁目 1 番 11 号
最後の本籍
神奈川県鎌倉市長谷四丁目 3962 番地
出生　大正 12 年 4 月 7 日
死亡　令和 5 年 1 月 18 日
　（被相続人）
木下　隆夫

住所
出生　大正 13 年 11 月 2 日
　（　妻　）
木下　正子

住所　神奈川県鎌倉市御成町一丁目15 番地1-105 号
出生　昭和 22 年 5 月 9 日
　（長女）
高橋　美奈子　　　（申出人）

住所　東京都八王子市東中野 742 番地の 1
出生　昭和 28 年 8 月 14 日
　（長男）
木下　忠彦

以下余白

作成日：令和 5 年 4 月 15 日
作成者：住所　東京都千代田区麹町 3-2-1 エキスパートビル麹町 321
　　　　氏名　行政書士　竹之内　豊

これは、令和　5 年　4 月 17 日に申出のあった当局保管に係る法定相続情報一覧図の写しである。

令和　5 年　4 月 26 日
横浜地方法務局湘南支局

　　　　　　　　　　　　　　　登記官　　　　　　　　　山田　慎一　　印

注）本書面は、提出された戸除籍謄本等の記載に基づくものである。相続放棄に関しては、本書面に記載され
　　ない。また、被相続人の死亡に起因する相続手続及び年金等手続以外に利用することはできない。
　　　　　　　　　　　　　　　　　　　　　　　　　　　整理番号　S14699

❷ 遺言の内容を相続人に通知する（改正民法 1007 条 2 項関係）

　改正民法 1007 条 2 項に基づき，遺言執行者から遺言執行事務の委任を受けた後に，遅滞なく，遺言の内容を相続人に通知した。

遺言者　亡木下隆夫　相続人　各位

遺言者　木下隆夫　最後の本籍　神奈川県鎌倉市長谷 4 丁目 3962 番地
　　　　　　　　　最後の住所　神奈川県藤沢市南藤沢 1 丁目 1 番 11 号
　　　　　　　　　死亡年月日　令和 5 年 1 月 18 日

2023 年 4 月 19 日

神奈川県鎌倉市御成町 1-15-1-105 号
遺言執行者　高橋美奈子

遺言執行者就職の通知

拝啓

　私は，遺言者より，令和 3 年 12 月 2 日付公正証書遺言（横浜地方法務局所属公証人北村規夫・令和 3 年第 955 号）により遺言執行者として指定を受けました。

　この遺言は，遺言者が死亡した令和 5 年 1 月 18 日より，その効力が生じました。

　これを受け，私は，令和 5 年 4 月 1 日をもって，遺言執行者の就任を承諾し，今後，遺言執行者の任に当たることを，ここに通知いたします（同封した遺言公正証書の謄本の写しをご参照ください）。

　なお，私は，遺言の内容を実現する範囲で，法律上，相続財産の管理その他遺言の執行に必要な一切の行為をする権限義務を有します。

　これに伴い，相続人のみなさまは，故人の預金の払戻し等の相続財産の処分その他遺言の執行を妨げる行為をすることができません。この点ご理解ご協力のほど，お願いいたします。

　最後に，私は行政書士竹之内豊殿に遺言執行事務を委託いたしました。これにより，同人はその委託事務の処理について遺言執行者と同一の権限を有します。遺言事項及び遺言執行事務についてご不明の点がございましたら，下記行政書士竹之内豊殿までご連絡ください。

敬具

【連絡先】
〒 102-0083
東京都千代田区麹町 3 丁目 2 番 1 号
エキスパートビル 321 号
電　話　03（3210）0123
竹之内行政書士事務所
行政書士　竹之内　豊

現物資料 107 ＞ 同封した公正証書遺言

令和 3 年第 955 号

遺 言 公 正 証 書

謄　本　

　本公証人は，遺言者木下隆夫の嘱託により，証人竹之内豊，証人北山一彦の立会のもとに，遺言者の口授を筆記してこの証書を作成する。

第 1 条　遺言者は，次の預貯金を含む遺言者の有する一切の金融資産を，遺言執行者をして換価させ，その換価金から遺言者の一切の債務を弁済し，かつ，遺言の執行に関する費用を控除した残金を，次の者に次の割合により相続させる。
（取得者及び取得割合の表示）
(1) 妻　　木下正子（大正 13 年 11 月 2 日生）に 100 分の 15
(2) 長女　高橋美奈子（昭和 22 年 5 月 9 日生）に 100 分の 70
(3) 長男　木下忠彦（昭和 28 年 8 月 14 日生）に 100 分の 15
（預貯金の表示）
(1) ふじさわ信用金庫　本町支店
　　普通預金　口座番号：1084061
(2) ゆうちょ銀行
　　定額貯金　記号・番号：50230-3611092
(3) ゆうちょ銀行
　　通常貯金　記号・番号：10280-87734902

第 2 条　妻木下正子が遺言者の死亡以前に死亡したときは，第 1 条で妻木下正子に相続させるとした財産を，長男木下忠彦に相続させる。

第 3 条　遺言者は，第 1 条及び第 2 条記載の財産を除く遺言者の有する一切の財産を，長女高橋美奈子に相続させる。

第 4 条　遺言者は，祖先の祭祀を主宰すべき者として，長女高橋美奈子を指定する。

第 5 条　遺言者は，この遺言の遺言執行者として，長女高橋美奈子を指定する。また，同人に差支えあるときは次の者を指定する。
(1) 住　　所　東京都国分寺市本町二丁目 1 番地の 23
　　職　　業　行政書士

氏　　名　竹之内　　豊
　　生年月日　昭和 40 年 11 月 22 日生
(2) 住　　所　千葉県船橋市本町七丁目 1 番地 1 号
　　　　　　　タイガースマンション船橋 201 号
　　職　　業　税理士　北 山　一　彦
　　生年月日　昭和 51 年 1 月 2 日生

　　なお，上記遺言執行者らは，それぞれ単独で本遺言を執行することができる。
2．遺言執行者は，貸金庫の単独での開扉・内容物の取り出し・名義変更及び
解約の権限，預貯金の解約・払戻し・新規口座の設定・相続人への名義変更，
動産その他財産の売却等の処分（廃棄を含む），債務・費用の支払など本遺言の
執行に必要な全ての行為をすることができる。
3．遺言執行者は，必要がある場合には，第三者に遺言執行事務を委託するこ
とができる。委託された第三者は，その委託事務の処理について，遺言執行者
と同一の権限を有する。
4．竹之内豊又は北山一彦が遺言執行者となる場合の報酬は，長女高橋美奈子
と協議の上決めるものとする。

〔付言事項〕
　　長女高橋美奈子は，私と妻の身の回りの世話を献身的にしてくれました。財
産を多めに残すのはその感謝の証です。
　　妻の支えと二人の子どもに恵まれてとても幸せな人生を過ごせました。妻と
子どもたちに感謝しています。
　　私の死後，この遺言が速やかに執行されて，私が亡き後，家族が協力し合っ
て幸せな人生を送ることを切に願います。

以　上

本旨外要件

神奈川県藤沢市南藤沢 1 丁目 1 番 11 号
　　無　職
　　遺言者　　　　　木 下　隆 夫
　　　　　　　　　　大正 12 年 4 月 7 日生
上記は，印鑑証明書の提出により，人違いでないことを証明させた。

東京都国分寺市本町二丁目 1 番地の 23
　　行政書士
　　証　人　　　　　竹 之 内　　豊
　　　　　　　　　　昭和 40 年 11 月 22 日生

千葉県船橋市本町七丁目1番地1号
　　　タイガーズマンション船橋201号
　税理士
　証　人　　　　北　山　一　彦
　　　　　　　　昭和51年1月2日生

　上記について遺言者並びに証人に読み聞かせたところ，各自筆記の正確なこと
を自任し次に署名捺印する。
　　　　　　　　木　下　隆　夫　㊞
　　　　　　　　竹　之　内　豊　㊞
　　　　　　　　北　山　一　彦　㊞

　この証書は，下記日時場所において民法第969条第1号ないし第4号の方式に
従って作成し同条第5号に基づき本公証人次に署名捺印する。

令和3年12月2日
　神奈川県○○市○○町二丁目11番2号
　横浜地方法務局所属

　　　公証人　山　田　規　夫　㊞

❸「相続財産の範囲と評価」の調査

　被相続人が口座を設けていた銀行は，遺言執行者である長女によると，ふ
じさわ信用金庫とゆうちょ銀行の2行であった。
　払戻し方法は，ふじさわ信用金庫は支店窓口型である。以下，それぞれの
銀行の払戻手続を業務の手順に沿って見てみる。

委 任 状

事 務 所 　東京都千代田区麹町 3 丁目 2 番 1 号
　　　　　　エキスパートビル 321 号
住 　 　 所 　東京都国分寺市本町 2 丁目 1 番地の 23
電 　 　 話 　03-3210-0123 　携帯：090-1234-5678
職業・氏名 　行政書士 　竹之内 　豊（登録番号：第 010819 ×× 号）
　　　　　　所 　 属 　東京都行政書士会（会員番号：第 47 ×× 号）

　　　上記の者に，下記の権限を委任いたします。

　遺言者 　木下隆夫（大正 12 年 4 月 7 日生，令和 5 年 1 月 18 日死亡，最後の住所：神奈川県藤沢市南藤沢 1 丁目 1 番 11 号，最後の本籍：神奈川県鎌倉市長谷 4 丁目 3962 番地）の死亡により発生した相続による，被相続人名義のふじさわ信用金庫に預託している一切の預金等に関する残高証明書の請求・受領，名義変更，払戻し，解約，当該預金等の元利金等の受領，貸金庫の単独での開扉・内容物の取り出し・名義変更，及びふじさわ信用金庫に提出する一切の書類の作成・提出・受領等，以上遺言（作成公証人・横浜地方法務局所属山田規夫・令和 3 年第 955 号）の内容を実現するため，相続財産の管理その他遺言の執行に必要な一切の行為をする権利義務。

以上

令和 5 年 4 月 5 日

住 　 　 所 　　神奈川県鎌倉市御成町 1-15-1-105 号

電話番号 　　090 （8090） 28 ××

氏 　 　 名 　遺言執行者 　高橋美奈子

（昭和 22 年 5 月 9 日生）

４ 払戻請求をする

① ふじさわ信用金庫（支店窓口型）

　残高証明書の請求及び払戻請求をするために，口座を開設していた支店にアポイントを入れた上で，払戻手続を行うこととなった。

　　イ）　銀行と打合せ～残高証明書の請求及び相続預貯金の払戻請求をする

　　　銀行に提出した書類は次のとおり。

【残高証明書の請求及び相続預貯金の払戻請求に提出した書類】

1. 払戻請求に関する書類等
   (1)相続手続依頼書（＝銀行所定の様式）
   (2)総合口座通帳……1 通
   (3)定期積立証書……1 通
   (4)キャッシュカード
   (5)委任状（遺言執行者）
   (6)印鑑登録証明書（遺言執行者）
2. 公正証書遺言（謄本）
3. 相続人の範囲を証する書類等
   法定相続情報一覧図の写し
4. 受任者（＝行政書士）に関する書類等
   (1)印鑑登録証明書
   (2)実印
   (3)運転免許証
   (4)行政書士証票

※ 銀行担当者は被相続人の現時点での口座の状況を調査する。そして，その結果を基に，担当者の指示にしたがい記入する。したがって，必ずしも遺言に列挙した内容と口座等が同じになるとは限らない。

相続手続依頼書

ふじさわ信用金庫　御中

令和5年4月23日

被相続人	住　所	神奈川県藤沢市南藤沢1-1-11	令和5年1月18日死亡
	氏　名	木下隆夫	

【お願い】　1. ご相続される方，それぞれご本人がご記入ください。
　　　　　　2. 印鑑登録証明と同じ「住所・氏名・印」にてご記入ください。
　　　　　　3. 「相続人・受遺者・遺言執行者・相続財産管理人」は該当するものを○で囲んでください。

相続手続依頼人	相続人 受遺者 遺言執行者 相続財産管理人	住　所 千代田区麹町3-2-1さわやかアパートビル123	相続人 受遺者 遺言執行者	住　所
		氏　名 遺言執行者　髙橋美奈子 代理人　行政書士　竹之内豊 ㊞		氏　名 ㊞実印
	相続人 受遺者	住　所	相続人 受遺者	住　所
		氏　名 ㊞実印		氏　名 ㊞実印
	相続人 受遺者	住　所	相続人 受遺者	住　所
		氏　名 ㊞実印		氏　名 ㊞実印
	相続人 受遺者	住　所	相続人 受遺者	住　所
		氏　名 ㊞実印		氏　名 ㊞実印

　　　貴金庫とお取引いたしておりました上記被相続人は過日死亡いたしました。つきましては、被相続人の預金（出資金）取引における相続手続については、私共、上記相続手続依頼人は連署のうえ、右記の通りお取扱いくださるよう依頼します。
　　　この依頼書にもとづき右記取扱内容のとおりお取扱いいただきましたうえは、後日万一紛議が生じても上記の相続人・受遺者・遺言執行人・相続財産管理人において連携してその責を負い、貴金庫には一切迷惑・損害をかけません。

【添付書類】

必要書類に○をつける	添付書類（★表示は調停・審判がある場合）（写）…当金庫側で複写する。	【遺言書の有無…有・無】（公正証書の場合検認不要）　相続形態	単純承認	限定承認	遺言執行者指定	遺言執行者無指定	相続人不存在	名義変更依頼
	被相続人の除籍の記載がある戸籍謄本または除籍謄本		○	○	○	○	○	○
	相続人全員の戸籍謄本		○	○	○	○		○
	遺産分割協議書原本（写）		○					○
	遺言書原本（写）（▲印は関連がある場合）		▲		○	○		▲
	家庭裁判所の限定承認審判書謄本（写）			○				
	家庭裁判所の調停調書謄本又は審判書謄本と確定証明書（写）		★					★
	家庭裁判所の審判書謄本又は申述受理証明書（相続放棄の場合）（写）		★					★
	家庭裁判所による相続財産管理人の選任審判書謄本（写）						○	
	家庭裁判所による預金払戻請求を許可する審判書謄本（写）						○	
	相続人全員の印鑑登録証明書		○	○	○	○		
	相続財産管理人の印鑑登録証明書						○	
	遺言執行者の印鑑登録証明書				○			

※なお、場合によっては上記以外の書類を提出して頂くことがあります。

<h1 style="text-align:center">記</h1>

1. 相続預金の相続手続依頼確認欄（該当欄の□に✔印をしてください）

□ （1）単純承認（遺産分割協議書による）の場合
　　下記、2. の通り指定された相続人へお支払い又は名義変更を、関係書類を添えて依頼します。

□ （2）限定承認の場合
　　家庭裁判所の審判に基づき＿＿＿＿＿＿＿＿＿＿が相続財産管理人に選任されましたので、関係書類を添付して依頼します。

☑ （3）遺言執行者指定の場合
　　被相続人の遺言により　**高橋美奈子**　が遺言執行者に指定されましたので、関係書類を添付して依頼します。

□ （4）遺言執行者無指定の場合
　　下記預金は、遺言により＿＿＿＿＿＿＿＿＿＿が相続することになりましたので、関係書類を添付して依頼します。

□ （5）相続人不存在の場合
　　家庭裁判所より相続財産管理人として＿＿＿＿＿＿＿＿＿＿が選任されましたので、関係書類を添付して依頼します。

2. 相続預金の表示・取扱内容（該当欄の□に✔印をしてください）

☑ （1）相続手続依頼人、若しくはその代表者による一括受領の場合　　遺言執行者　高橋美奈子
　　下記相続預金については、相続手続依頼人、若しくはその代表である代理人　行政書士　竹之内　豊にお支払いください。

□ （2）名義変更がある場合、または複数の相続人による各自受領の場合
　　下記相続預金（取引内容）については、取扱内容のとおり相続しましたので、それぞれの相続人に払戻し若しくは名義変更してください。

3. 確認表示
　　上記1.および2.の✔印は、左記相続手続き依頼人の　遺言執行者　高橋美奈子　代理人　行政書士　竹之内　豊が行ったもので

相続預金 （取引内容）			取扱内容		
科目	口座番号	金額（円）	払戻・名義変更 区分	払戻または　名義変更を受ける相続人名	
普通	1084061	5489183	払戻・名義変更	高橋　美奈子	
定期	0356643	3000000	払戻・名義変更	〃	
〃	0393564	2000000	払戻・名義変更	〃	
〃	0395657	4000000	払戻・名義変更	〃	
〃	0398493	3003477	払戻・名義変更	〃	
〃	0402094	3000000	払戻・名義変更	〃	
〃	0402109	1400000	払戻・名義変更	〃	
定期積金	0249981	720000	払戻・名義変更	〃	

上記相続預金を受領しました。

氏名　遺言執行者　高橋美奈子 　代理人　行政書士　竹之内　豊　　　年　　　月　　　日

※ 相続人が払戻を受ける場合、各預金の**預金証書（通帳）**および**相続預金払戻請求書**（預金積金払戻請求書）をご提出していただきます。
　なお、満期日以前に払戻をされる場合は、別途、中途解約依頼書を提出願います。
※ ご来店の際は、本人の確認書類（運転免許証等）を提示願います。

【信用金庫使用欄】

預金係　係印	検印	融資係　係印	融資係　検印	次長印	部店長印

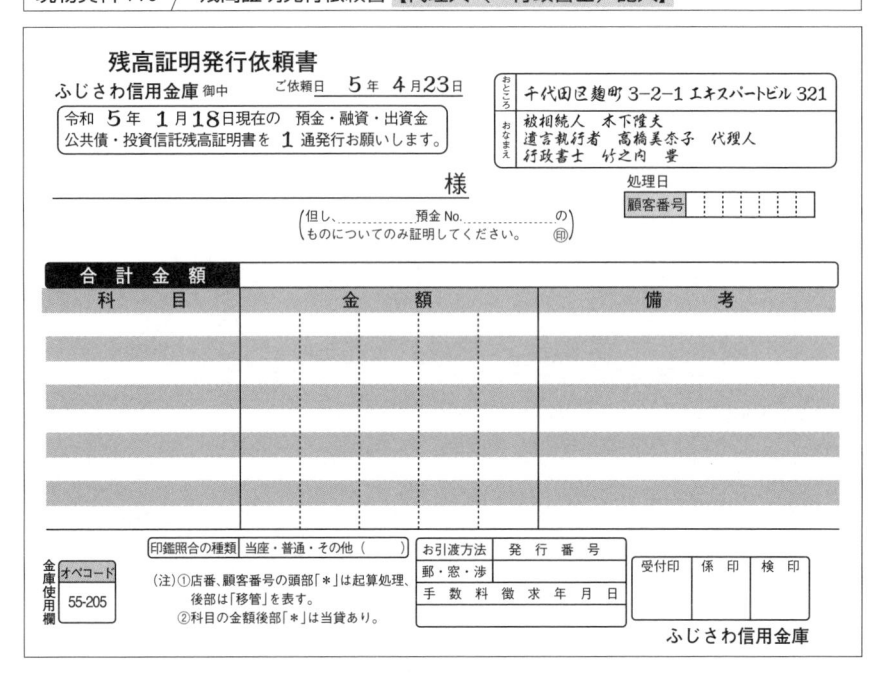

残高証明発行依頼書

ふじさわ信用金庫 御中　　ご依頼日　5年 4月23日

令和 5年 1月18日現在の　預金・融資・出資金
公共債・投資信託残高証明書を 1 通発行お願いします。

_____ 様

（但し、_____預金 No._____ の）
（ものについてのみ証明してください。 ㊞）

おところ　千代田区麹町 3-2-1 エキスパートビル 321

おなまえ
被相続人　木下謹夫
遺言執行者　高橋美奈子　代理人
行政書士　竹之内 豊

処理日
顧客番号 ｜ ｜ ｜ ｜ ｜ ｜

合 計 金 額		
科　　目	金　　額	備　　考

印鑑照合の種類　当座・普通・その他（　　　）

金庫使用欄　オペコード 55-205

（注）①店番、顧客番号の頭部「＊」は起算処理、
　　　後部は「移管」を表す。
　　　②科目の金額後部「＊」は当貸あり。

お引渡方法　発 行 番 号
郵・窓・渉
手 数 料 徴 求 年 月 日

受付印　係 印　検 印

ふじさわ信用金庫

298

現物資料 111 ＞ 領収書

領　収　書

5年 4月23日

金　額	百万		千		円
			￥8	6	4

被相続人　木下隆夫

遺言執行者　高橋美奈子

代理人　行政書士　竹之内豊 様

□ 小 切 手 用 紙　　□ 残高証明書発行手数料
□ 手 形 用 紙　　□ 出資証券再発行手数料
☑ 手 形 用 紙　　□ 夜 間 金 庫 利 用 等
□ 自己宛小切手発行手数料　□ 貸 金 庫 利 用 料
□ 振 込 手 数 料　　□ 代 金 取 立 手 数 料
□ 再 発 行 手 数 料　　□ 両 替 手 数 料
(通帳・証書・キャッシュカード・ローンカード)　(両替　　枚数　　枚)
□ その他（相続評価証明書　　　　　　）

として上記の金額正に領収いたしました。

ふじさわ信用金庫

取扱店　本 町 支 店
電話(0466)26-2100

担当者印

収 納 印
05.4.23
本町支店
ふじさわ信用金庫

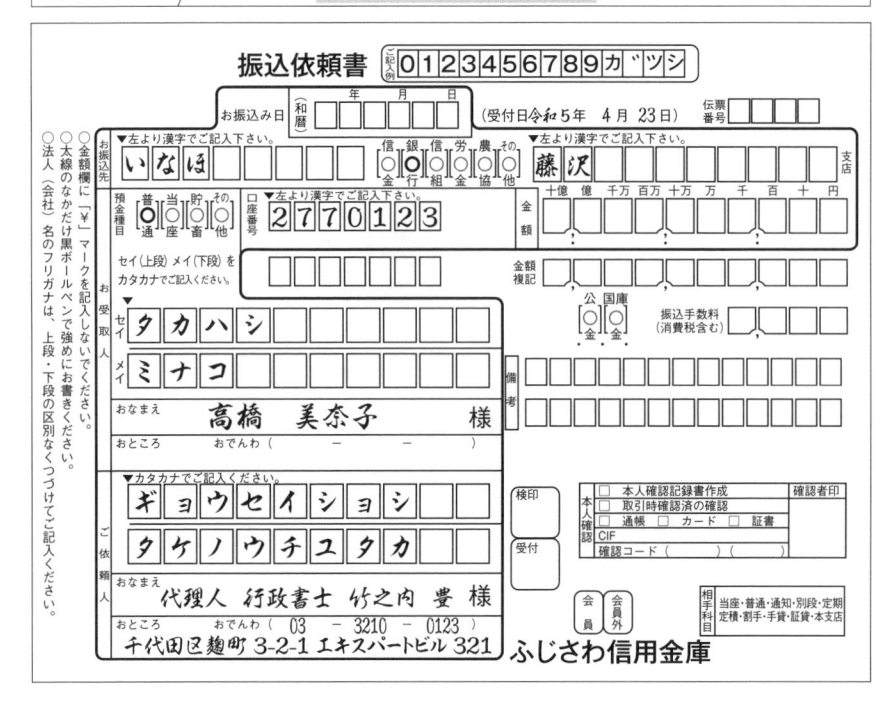

現物資料 113 ＞ お預り証

お 預 り 証　　No＿＿＿＿

被相続人　木下隆夫　　　　　　　　令和 5 年 4 月 23日
遺言執行者　高橋美奈子
代理人　行政書士　竹之内豊 様

ふじさわ信用金庫　本町支店
担 当 者　　　　矢口

亡　　木下　隆夫　　　様の相続手続について、

下記書類をお預りいたしました。

＊　お預りします相続関係書類は、お預り書類欄に担当者印を押印します。

＊お預り 書類	相続関係書類	原本又は写 （○で囲む）	部 数	備 考
	被相続人の戸籍（除籍）謄本	原本・写		
	相続人の戸籍謄（抄）本	原本・写		
	遺産分割協議書	原本・写		
印	遺言書（公正証書・自筆証書）	原本・写	Ｉ	
	遺言書（自筆証書）の検認調書	原本・写		
印	相続手続依頼書	原本・写	Ｉ	
	相続人の印鑑証明書	原本・写		
	相続財産管理人の選任審判書謄本	原本・写		
	相続財産管理人の印鑑証明書	原本・写		
印	遺言執行者の印鑑証明書	原本・写	Ｉ	
	家庭裁判所発行の調停調書謄本	原本・写		
	家庭裁判所発行の審判書謄本	原本・写		
	確定証明書（審判書の場合）	原本・写		
	相続放棄申述受理証明書	原本・写		
	限定承認審判書謄本	原本・写		
	念書（　　　　　　　　　）	原本・写		
印	法定相続情報一覧図の写し	原本・写	Ｉ	
印	委任状、本人確認書類	原本・写	3	
印	代理人の印鑑証明書	原本・写	Ｉ	
		原本・写		

＊　相続手続が完了しましたら本「お預り証」は無効となります。

受 取 証

被相続人　木下隆夫
遺言執行者　高橋美奈子
お名前代理人　行政書士　竹之内豊様

No. B062906

令和 5 年 4 月 23 日

◎◎◎
現金または受取証は通帳・証書に記載した氏名・金額は訂正いたしません。
この受取証に記載した氏名・金額は訂正いたしません。
本証は正規の手続きが完了のうえは無効といたします。
現金または証書は本証と引換えにお渡しいたします。

※本証は後日お返しいただきますので大切に保管してください。

科　目	入　　金　　　額	通帳等	払戻請求書 小 切 手	備　　考
普通預金		⦿有　無	**7**枚	
預金		有　無	枚	
預金		有　無	枚	
定期預金		⦿有　無	**1**枚	
		有　無	枚	
		有　無	枚	

新規　入金
書替　現払
記帳　⦅振替⦆
取立　照合
繰越　返済
その他

会　員
○ 非会員
5万円未満

上記のとおりお受取りいたしました。

取扱者印

収入印紙
会員外且つ
5万円以上
貼　付

ふじさわ信用金庫　　　　本町　支店

ロ) 銀行から受任者に「残高証明書」と「預金払戻請求書による振込受付書」
　が届く

　相続手続を行った支店（＝被相続人が口座を開設していた支店）から残高証
明書が簡易書留で届いた。

顧 客

残 高 証 明 書

木 下 隆 夫 様

令和5年4月23日

令和5年 1月 18日 現在における貴 社 ご名義の
殿

下記勘定残高につき相違ないことを証明いたします。

1枚目 / 2枚

合 計 金 額		¥ 17,212,638* 円	
科 目	金	額	備 考
普通預金 1084061		5509161	
定期預金 0356643		300000	
0393564		2000000	
0395657		4000000	
0398493		3003477	
0402094		300000	
0402109		1400000	
定期積金 0249981		700000	以下余白

1. 金額を訂正したものおよび発行証印のないものは無効とします。
2. 科目の金額後部の「*」は（当座貸越あり）の表示です。
3. 本証明書には利息，損害金は含みません。

ふじさわ信用金庫
本町支店
電話(0466)26-3100

コード 13459 2/2 H26.7

顧 客

残 高 証 明 書

木 下 隆 夫 様

令和5年4月23日

令和5年 1月 18日 現在における貴 社 ご名義の
殿

下記勘定残高につき相違ないことを証明いたします。

2枚目 / 2枚

合 計 金 額		＊＊＊＊＊＊＊＊＊＊＊＊＊＊＊＊ 円	
科 目	金	額	備 考
全ての取引の残高を証明するものです。			
資金化前他店券がある場合，その残高も含まれています。			以下余白

1. 金額を訂正したものおよび発行証印のないものは無効とします。
2. 科目の金額後部の「*」は（当座貸越あり）の表示です。
3. 本証明書には利息，損害金は含みません。

ふじさわ信用金庫
本町支店
電話(0466)26-3100

コード 13459 2/2 H26.7

現物資料116 〉 預金払戻請求書による振込受付書

□ 振込金（兼振込手数料）受取書
☑ 預金払戻請求書による振込受付書（兼振込手数料受取書）

お振込み日 （和暦） 0 1 0 5 0 9 （受付日　年　月　日）

お振込先：いなほ　　　　　信金・銀行・信組・労金・農協・その他　○信金　藤沢　　　　　　　支店

預金種目：○普通　当座　貯蓄　その他
口座番号 2 7 7 0 1 2 3
金額 （¥）1 7 2 1 2 5 8 2

お受取人：
セイ タカハシ
メイ ミナコ
おなまえ 高橋　美奈子　様
おところ　おでんわ（　　−　　−　　）

振込手数料（消費税含む）（¥）8 6 4

（ご注意）
○振込依頼書に記載相違等の不備があった場合には、照会等のためお振込みが遅延または入金できないことがあります。
○通信機器・回線の障害など、やむを得ない事由によってお振込が遅延することもありますのでご了承ください。
○得意先係でのお預りは、受付年月日の翌営業日のお振込みとなりますのでご了承ください。
○記載された個人情報は、当該事務手続きのためにのみ利用しそれ以外の目的では利用いたしません。

ご依頼人：
▼カタカナでご記入ください。
ギョウセイショシ
タケノウチユタカ
おなまえ 代理人　行政書士　竹之内　豊　様
おところ　おでんわ（ 03 − 3210 − 0123 ）
千代田区麹町3-2-1 エキスパートビル321

毎度ありがとうございます。
全国どこへでもお振込みができる当金庫の窓口を今後ともご利用ください。

会員　会員外

収納印 5.5.9 本町支店 ふじさわ信用金庫

ふじさわ信用金庫

② ゆうちょ銀行

ゆうちょ銀行の相続手続の流れは，「**4-1**■**②ハ）**」（P203）・「**4-1**■**④ハ）**」（P238）を参照のこと。

イ） ゆうちょ銀行に書類を提出する

まず，ゆうちょ銀行の窓口（全国どの店舗でも可）又はホームページから，相続手続の書類を一式入手する。次に，ゆうちょ銀行に「相続結果のお知らせ」（＝残高証明書に相当する書類）及び「相続手続に関するご案内」（＝当該被相続人に関する相続貯金の払戻請求に必要な書類と手続の案内の資料）の請求をする。提出した書類は，提出したゆうちょ銀行から貯金事務センター（相続専門の部門）に転送されて審査される。

ゆうちょ銀行に提出した書類は次のとおり。

【遺言が「有る」場合にゆうちょ銀行に提出した書類】

1. 公正証書遺言（原本）
2. 相続人の範囲を証する書類
   (1)法定相続情報一覧図の写し
   (2)★相続確認表（「相続関係説明図」に相当するもの）（P308【現物資料117】参照）
3. 行政書士が相続手続の委任を受けたことを証する書面
   (1)★遺言執行者（＝被相続人の長女）からの委任状（署名・実印での押印がされたもの）（P313【現物資料120】参照）
   (2)遺言執行者の印鑑登録証明書
   (3)行政書士の次の書類等
      ①実印
      ②身分証明書
         イ）証明写真付きの公的証明書（運転免許証，マイナンバーカード等）
         ロ）行政書士であることを証するもの（行政書士証票・会員証）
      ③印鑑登録証明書

4. 被相続人の払戻口座に関するもの

★相続貯金等記入票（P310【現物資料118】参照）

5. 残高証明書の請求に準ずる書類

★貯金等照会書（相続用）（P311【現物資料119】参照）

★：ゆうちょ銀行の所定の様式

　　なお，委任状を除く原本は，公正証書遺言，戸籍謄本等の全ての原本は，提出したゆうちょ銀行で写しを取り，その場で還付される。

ロ）ゆうちょ銀行から「控」が交付される

　ゆうちょ銀行が書類の内容を確認する。その結果，書類に不備が無ければ，預り証として「控」（提出した書類の写しに、日付印が押印されたもの）が交付される（P314【現物資料121】参照）。

相続確認表（ご相続人さま関係図）1/2

⚠ 本紙は機械で読み取りますので、枠からはみ出さないようにご記入ください。
記入欄が足りない場合は、本紙をコピーの上、ご記入ください。

（1枚目）

この用紙は、各種相続手続きのため、被相続人さま（お亡くなりになられた方）とご相続人さまのご関係をご記入いただくものです。
※書き損じの際は、二重線で抹消の上、訂正してください。(訂正印は不要です)

A 遺言書などの有無の確認

		あり	なし
1	相続人間の紛議	□	☑
2	被相続人の遺言書	☑	□
3	遺産分割協議書	□	□
4	調停調書・審判書	□	□

2ありにチェックされ、遺言執行者が指定されている場合は、2枚目の「⑪遺言執行者」欄にご記入ください。

D 配偶者

木下正子

□死亡 　□海外居住 　□相続放棄
□成年被後見人 □（ ）

死亡年月日 □明 □大 □昭 □平 □令 　年 　月 　日

G 第2順位 ※第1順位の相続人様がご健在の場合は記入不要です。

父

□死亡 □海外居住 □相続放棄
□成年被後見人 □（ ）
生年月日 □明 □大 □昭 □平 □令 年 月 日
死亡年月日 □明 □大 □昭 □平 □令 年 月 日

母

□死亡 □海外居住 □相続放棄
□成年被後見人 □（ ）
生年月日 □明 □大 □昭 □平 □令 年 月 日
死亡年月日 □明 □大 □昭 □平 □令 年 月 日

受付日附印

店舗コード

B 被相続人（お亡くなりになられた方）

※おなくなりになった時点のおところをご記入ください。

〒251-0055 神奈川 都道府県 藤沢 市郡

南藤沢1-1-11

フリガナ キノシタ タカオ

おなまえ 姓 木下 名 隆夫 □外国籍

生年月日 □明 ☑大 □昭 □平 □令 12年 04月 07日

死亡年月日 □平成 ☑令和 05年 01月 18日

C 代表相続人

●代表相続人さまのおなまえ・ご連絡先などをご記入ください。
※代表相続人さまとは、相続関係の手続きを代表しておこなっていただく方のことをいいます。

〒248-0012 神奈川 都道府県 鎌倉 市郡

御成町1-15-1-105

フリガナ

おなまえ 姓 高橋 名 美奈子 □法人

ご連絡先電話番号 090-8090-28×× □自宅 □勤務先 ☑携帯

電話連絡をさせていただく場合のご都合のよい時間帯 Kに連絡のこと
※内容確認のためにお電話連絡をさせていただく場合があります。 □午前 □午後 時ごろ
　平日（月〜金）の午前9時から午後5時までの間でご指定ください。

ご来店されたお客さまが代表相続人さまと同一人でない場合は、2枚目の「ご来局されたお客さま」欄のご記入をお願いします。

E 第1順位

子 高橋美奈子
□死亡 □未成年 □海外居住 □相続放棄
□成年被後見人 □（ ）
死亡年月日 □明 □大 □昭 □平 □令 年 月 日

子 木下忠彦
□死亡 □未成年 □海外居住 □相続放棄
□成年被後見人 □（ ）
死亡年月日 □明 □大 □昭 □平 □令 年 月 日

子
□死亡 □未成年 □海外居住 □相続放棄
□成年被後見人 □（ ）
死亡年月日 □明 □大 □昭 □平 □令 年 月 日

子
□死亡 □未成年 □海外居住 □相続放棄
□成年被後見人 □（ ）
死亡年月日 □明 □大 □昭 □平 □令 年 月 日

子
□死亡 □未成年 □海外居住 □相続放棄
□成年被後見人 □（ ）
死亡年月日 □明 □大 □昭 □平 □令 年 月 日

⚠ お子さまがお亡くなりの場合は、「孫」欄に氏名等をご記入のうえ、関係する「子」欄と実線で結んでください。

F 第1順位

孫
□死亡 □未成年 □海外居住 □相続放棄
□成年被後見人 □（ ）
死亡年月日 □明 □大 □昭 □平 □令 年 月 日

孫
□死亡 □未成年 □海外居住 □相続放棄
□成年被後見人 □（ ）
死亡年月日 □明 □大 □昭 □平 □令 年 月 日

孫
□死亡 □未成年 □海外居住 □相続放棄
□成年被後見人 □（ ）
死亡年月日 □明 □大 □昭 □平 □令 年 月 日

孫
□死亡 □未成年 □海外居住 □相続放棄
□成年被後見人 □（ ）
死亡年月日 □明 □大 □昭 □平 □令 年 月 日

孫
□死亡 □未成年 □海外居住 □相続放棄
□成年被後見人 □（ ）
死亡年月日 □明 □大 □昭 □平 □令 年 月 日

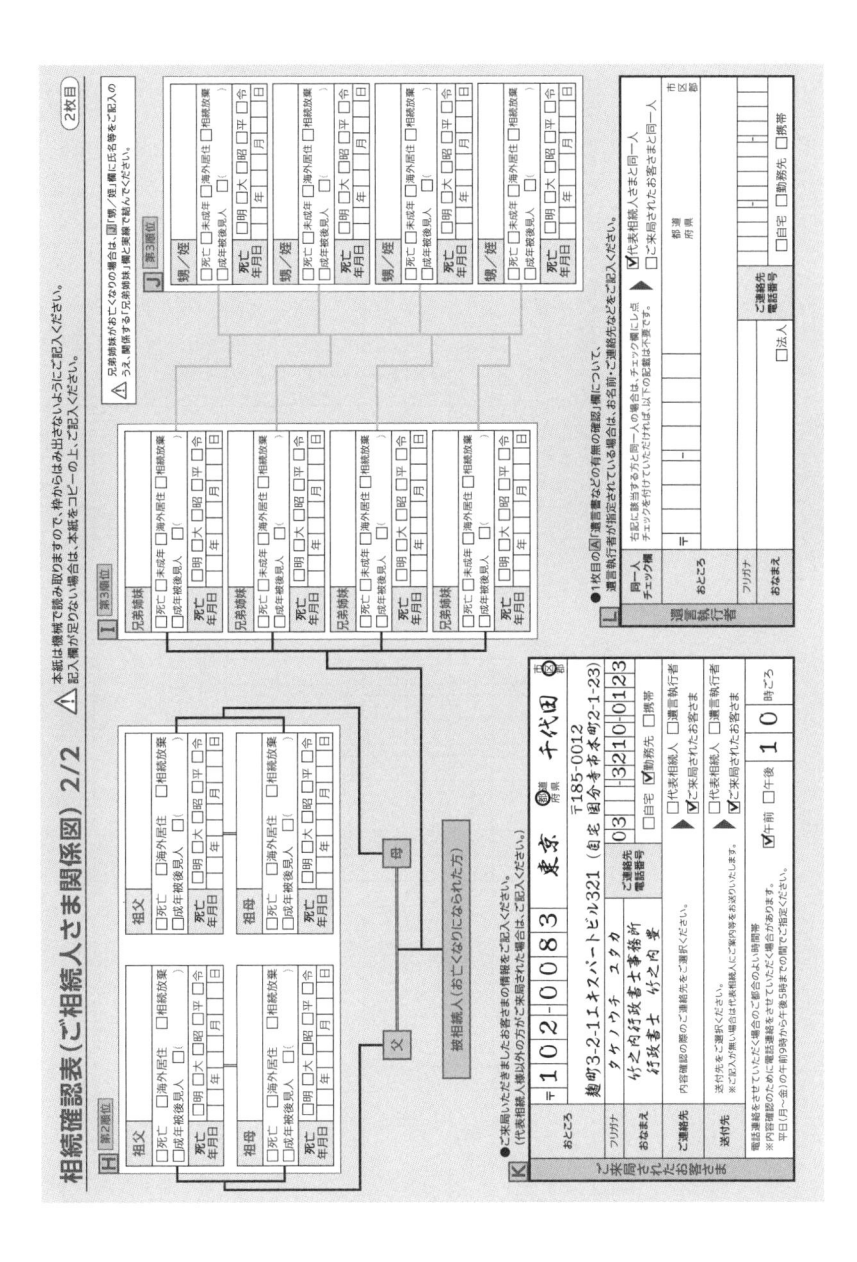

現物資料118 〉 相続貯金等記入票【代理人（＝行政書士）記入】

相続貯金等記入票
※3枚目の記入は、貯金・国債・投資信託・振替口座等の場合に限ります。⚠本紙は機械で読み取りますので、枠からはみ出さないようにご記入ください。　3枚目

この用紙には、相続の対象となる貯金等（被相続人名義の貯金等）の通帳等の記号番号をもれなくご記入ください。
※太枠内についてご記入ください。
※振替口座には、通帳又は証書はございません。
※払戻証書の発行又は名義書換を希望される場合は、P備考欄に「払戻証書」又は「名義書換」とご記入ください。（通常貯金は、原則、名義書換できません。）
　（国債・投資信託は名義書換（投資信託は移管）のみのお取り扱い）となります。）

⚠ M欄が「通帳式の定額・定期貯金」「担保定額・定期貯金」の場合に証書番号をご記入ください。（記入例 ①：01～05、記入例②：01）
⚠ M欄は略称記入可。（通常貯金→通常、担保定額・定期貯金→担保など）

M 貯金等の種類	N 通帳等の記号番号 ※再発行番号は記載不要。	証書番号	O 通帳又は貯金証書等の有無	P 備考	取扱店使用欄 支払停止の済否	貯金事務センター使用欄 税区分	その他
定額	50230-36110092 - ~		☑あり ☐なし（紛失）		☐済 ☐否	☐非課税 ☐過去非課税	
通常	10280-87734902 - ~		☑あり ☐なし（紛失）		☐済 ☐否	☐非課税 ☐過去非課税	
	- ~		☐あり ☐なし（紛失）		☐済 ☐否	☐非課税 ☐過去非課税	
	- ~		☐あり ☐なし（紛失）		☐済 ☐否	☐非課税 ☐過去非課税	
	- ~		☐あり ☐なし（紛失）		☐済 ☐否	☐非課税 ☐過去非課税	
その他 （　）	- ~		☐あり ☐なし（紛失）		☐済 ☐否	☐非課税 ☐過去非課税	

※ お客さまのご記入は不要です。

投資信託の有無 Q	☐あり ➡ 投資信託口座番号・保有しているファンド名はお分かりですか？（取引残高報告書等に記載されています。） ☐なし ➡ 特に対応は必要ありません。 ☑不明 ➡「貯金等照会書」に必要事項をご記入の上、提出してください。このため、「必要書類のご案内」の郵送には、その分追加でお時間をいただきます。	☐分かる／☐口座はあるがファンドはない ☐分からない ※調査には2週間程度を要します。	取扱店使用欄 特記事項 葬儀 ☐ 仮払 ☐
記号番号不明の貯金等の有無 R	☑あり ※貯金等の調査には2週間程度を要します。このため、「必要書類のご案内」の郵送にはその分追加でお時間をいただきますので、不明の貯金等がない場合は「なし」に✓印をご記入ください。 ☐なし		
S 振込先記号番号（代表相続人通常貯金記号番号）		-	窓口案内状況 ☐

（取扱店→受持貯金事務センター）

【規定Naviコード：52013 改正年月日：2021. 1. 4】

現物資料119 貯金等照会書（相続用）【代理人（＝行政書士）記入】

記号番号不明な貯金がなければ、本書の記入・提出は不要です。

両面印刷

A

貯金等照会書（相続用）

受付番号

調査対象者欄の記入内容に基づき、調査対象者名義の貯金等の預け入れの有無および貯金通帳等の記号番号を調査してください。
（独立行政法人郵便貯金簡易生命保険管理・郵便局ネットワーク支援機構が管理している郵便貯金については、同機構に調査を請求します。）

1．ご請求者

おなまえ ※ フリガナの ご記入は不要です。	竹之内　豊	様

相続確認表に記載いただいた内容で、貯金等照会書の請求者様に該当する内容にチェックしてください。

- ☐ 「代表相続人」欄と同一
- ☑ 「ご来局されたお客さま」欄と同一
- ☐ 「遺言執行者」欄と同一

ご請求印 ※1

（竹之内豊印）

※1 残高証明が必要な場合は料金引落口座（通常貯金または通常貯蓄預金に限る）のお届け印を押してください。

2．調査対象者(被相続人)

※調査は、当行における調査実施日時点（原則受付日の2～3日後）で未解約のものが対象です。

フリガナ	キノシタ　タカオ	フリガナ	
届出氏名	木下　隆夫	旧氏名※2	

生年月日	☐西暦 ☑大正 ☐昭和 ☐平成 ☐令和	12年 04月 07日

届出住所	〒251-0055　電話番号（左詰め）0466-22-78XX 神奈川 ☐都 ☐道 ☐府 ☑県　藤沢市南藤沢1-1-11

その他届出住所※3	〒 － 電話番号（左詰め）　－　－ ☐都 ☐道 ☐府 ☐県 〒 － 電話番号（左詰め）　－　－ ☐都 ☐道 ☐府 ☐県 〒 － 電話番号（左詰め）　－　－ ☐都 ☐道 ☐府 ☐県

調査対象とする 貯金等の種類	☑通常貯金 ☑定額・定期貯金（担保定額・定額貯金を含む。）☑国債 ☑投資信託 ☑振替口座 ☐その他（　　　　　　　）

※2 旧姓等、届出氏名と異なる名義を使用されていた可能性がある場合にご記入ください。
※3 転居、改称、区画整理等、届出住所と異なる表記でお届けされている可能性がある場合にご記入ください。

裏 面 も ご 記 入 く だ さ い 。

🅟 ゆうちょ銀行

3. 調査内容等　　※調査日・期間の指定を「不要」とした場合は、調査実施日時点（原則受付日の2〜3日後）で調査します。

調査日・期間の指定 ※ 受付日から10年以内をご指定可能です。※8 □ 不要	☑ ①調査日指定	□ 西暦 □ 平成 ☑ 令和			5	年	0	1	月	1	8	日
	□ ②調査期間指定	（自）□ 西暦 □ 平成 □ 令和		年		月		日
		〜（至）□ 西暦 □ 平成 □ 令和		年		月		日
	指定理由	相続財産の調査に使用するため（死亡日）						
残高証明書の発行要否※5 ☑ 不要	発行通数		通					
	証明日付（指定する場合のみご記入ください。）	□ 西暦 □ 平成 □ 令和		年		月		日
	発行料金の引落し口座の記号番号※6	記号				−	番号			
	時価評価額の表示の有無※7	□ 基準価額に基づき計算した時価評価額の表示を希望 □ 解約価額に基づき計算した時価評価額の表示を希望						

※5　証明書の発行には、1通につき1,100円の料金がかかります。
※6　通常貯金または通常貯蓄貯金に限ります。
※7　投資信託の残高証明書の発行を希望する場合に限り、ご記入ください。
※8　民営化前に預入された貯金について貯金の調査を行う場合は、ご指定の期間（10年以内）を超えて調査を行います。
　　その場合、通常のお手続きよりも、回答にお時間をいただきますので、あらかじめご了承ください。

4. その他（以下、必要な場合のみご記入ください）

別名で届出されている場合のみご記入ください ※ 雅号やペンネーム、法人名の一部を略して使用している場合などにご記入ください。

フリガナ	
届出氏名	

預入時の状況が分かる場合のみ、わかる範囲でご記入ください

預入年月	□ 西暦 □ 昭和 □ 平成 □ 令和			年		月	〜			年		月頃
預入取扱局		局（店）	預入金額(右詰め)						円

<取扱店使用欄>

確認書類	請求人証明書類（添付不要）	（確認書類）・証明書類（　　　　　）・発行者名（　　　　　）・発行番号（　　　　　）※ 相続の場合の確認書類 □ 戸籍謄本 □ 法定相続情報一覧図の写し □ その他（　　　　　）		日附印	
	端末入力	□ 種目（95）入力 ※相続における支払停止の場合に入力		検査	受付
	備　考				

（取引郵便局・取扱店→受持貯金事務センター）　　【規程 Navi コード：52013 改正年月日：2024.1.4】　　🅟🅟 ゆうちょ銀行

現物資料 120 ＞ 委任状（遺言執行者）

※　委任状は、手続きを委任する方がすべての欄を自筆でご記入およびご捺印ください。

委 任 状（相 続 用）

次の取り扱いを委任します。　　　　　　　　　令和5年　4　月　5　日

委任者	おところ	郵便番号（　248　-　0012　） 神奈川県鎌倉市御成町 1-15-1-105		
	フリガナ	タカハシ　ミナコ		
	おなまえ	高橋　美奈子　　　　様	実印	高橋美奈子
	日中ご連絡先 電話番号	0467-　20　-24XX		
受任者（代理人）	おところ	郵便番号（　102　-　0083　） 千代田区麹町 3-2-1 エキスパートビル 321 号	自宅〒185-0012 国分寺市本町 2-1-23	
	フリガナ	タケノウチ　ユタカ		
	おなまえ	行政書士　竹之内　豊　　　様		
	日中ご連絡先 電話番号	03　-　3210　-　0123		

※　□枠欄には、該当の項目にレ印を付けてください。

チェック	委任する内容
□	相続手続に関する書類の提出
□	相続手続完了後の書類等の受領
□	相続手続による払戻金の受領（払戻証書の換金、通常貯金への入金）
□	相続手続に関する不備返却書類の受領
□	相続手続に関する電話連絡
☑	上記項目のすべて
□	
□	

（ご注意）
・この委任状に基づき代理人様がお手続きをされる際は、代理人様のおところ・おなまえが確認できる公的証明資料および代理人様の印章をお持ちください。
　なお、委任内容により、委任者様の公的証明資料の提示および印章が必要となる場合がございます。
・代理人様からご請求をお受けした際、手続きを委任したご本人にお電話で委任内容を確認させていただく場合がございます（確認できない場合はお取り扱いいたしかねますので、あらかじめご了承ください）。
・内容に不備がある場合は受け付けができないことがございますので、ご注意ください。
・文字が消えるボールペンは使用できません。
・記載内容を訂正する場合は、訂正箇所を二重線で抹消し、その上に実印を押印のうえ、正しい内容をご記入ください。

＜取扱店使用欄＞

備考		委任確認	□確認年月日　　　　年　　　月　　　日 □確認時刻　　　　時　　　分	受付

日付印

RP ゆうちょ銀行

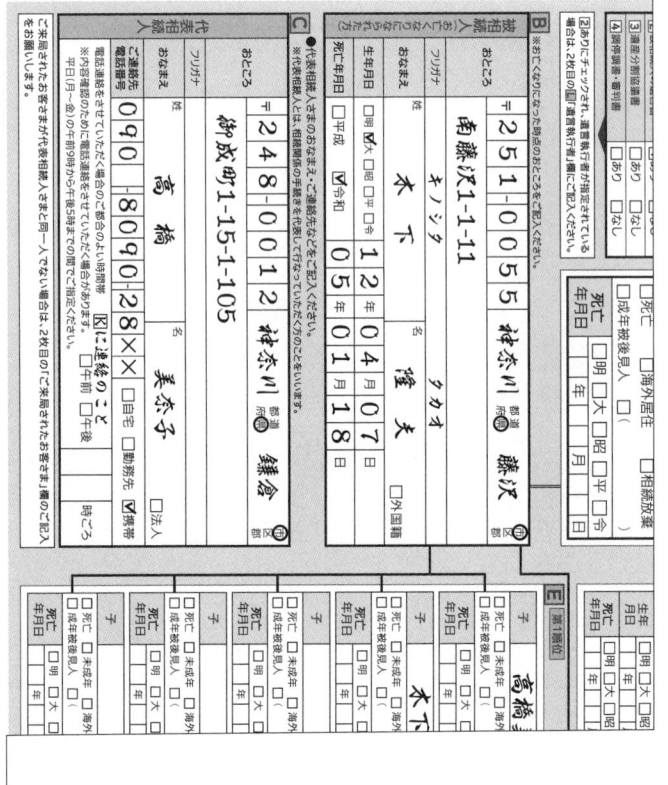

ご注意

1. この書類では、現金、通帳及び貯金証書等をお預かりすることはありません。

2. この書類は、ご請求いただいた手続が終了するまで、大切に保管してください。

3. 請求書等の内容の一部が表示されませんことを、ご了承ください。

4. この書類をお受け取りになった日から、2週間が経過しても、ご請求いただいた手続が終了しない場合は取扱局（店）にお申し出ください。なお、相続、クレジットカードの発行・再発行等の一部の手続は、状況により、2週間以上かかる場合があります。

いつもご利用いただき、ありがとうございます。

本書類（控え）に係るご請求を受け付けました。

ゆうちょ銀行

郵　便　局

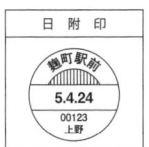

日附印

鶴町駅前
5.4.24
00123
上野

ハ）　貯金事務センターから「相続手続に関するご案内」が届く

貯金事務センターから貯金の払戻手続の案内及び必要書類が届いた。

2023 年 5 月 8 日

102-0083
東京都千代田区麹町 3-2-1

エキスパートビル 321
竹之内行政書士事務所

竹之内豊　様

| 特定記録 |

c59560228335c

JP ゆうちょ銀行

相続手続に関するご案内

　木下隆夫様のご逝去を悼み謹んでお悔やみ申し上げますとともに、心からご冥福をお祈りいたします。

　さて、故人名義の貯金等の相続手続にあたり、「相続に関する必要書類のご案内」をお送りいたしますので、必要な書類をご準備いただき、ゆうちょ銀行または郵便局の貯金窓口にご提出くださいますよう、お願い申し上げます。
　書類の準備に際してご不明な点がございましたら、下記お問い合わせ先にご連絡をお願いします。

《特記事項》

〈お問い合わせ先〉

株式会社ゆうちょ銀行　東京貯金事務センター
相続課　相続照会担当
TEL　048-600-××××
受付時間　平日 9：00 〜 17：00

お客様受付番号 50120-011××

316

現物資料 123 〉 調査結果のお知らせ（残高証明書に相当する書類）

整理番号：001-20-079××

1/1 頁

調査結果のお知らせ

令和 5 年 5 月 8 日

竹之内　豊　様

株式会社ゆうちょ銀行
東京貯金事務センター所長

いつもゆうちょ銀行をご利用いただきまして、誠にありがとうございます。
ご指定の内容に基づき、貯金等の有無について調査しました結果を下記のとおり回答いたします。
今後とも一層のご愛顧を賜りますようお願い申し上げます。

記

【調査対象者】
名義人さま　木下　隆夫　様
お届けの住所　〒251-0055　神奈川県藤沢市南藤沢 1 丁目 1-11

【調査結果】
上記調査対象者名義の令和 5 年 1 月 18 日時点において存在する貯金等は、次のとおりです。

種類	記号番号	残高または元金	税区分	備考
通常貯金	10280-87734902	1,251,876 円	課税	
定額貯金	50230-3611092	7,000,000 円	課税	
以上				

※　本書は、上記の貯金等の残高または元金を証明するものではありません。
　　残高証明書が必要な場合（有料）や本書の内容にご不明な点がある場合には、次の書類をお持ちのうえ、お近くのゆうちょ銀行または郵便局（投資信託は投資信託取扱郵便局に限ります）の貯金窓口でお手続きください。
　　・調査結果のお知らせ（本書）
　　・ご本人さまであることを確認できる証明書類（運転免許証や健康保険証など）
　　・ご印鑑（各種請求をされる場合）
※　「残高または元金」欄には、調査日現在の残高または元金（国債の場合は額面金額、投資信託の場合は残高口数）を記載しております。（利子は含まれておりません。）
※　税区分欄には、当行において調査を行った日現在の税区分を出力しております。
※　お預け入れの際に、氏名のフリガナやマンション名等を省略等されている場合や、転居された後に貯金等のご住所変更のお届けがない場合は、調査結果に反映されていないことがございます。あらかじめご了承ください。
※　調査結果に別名使用の振替口座が含まれている場合、「名義人さま」欄には口座名称または別名を記載しております。
※　名義人がお亡くなりになっている場合、財産保全のため、相続手続のご請求がなされるまでは、支払停止の設定を行っております。
※　独立行政法人郵便貯金簡易生命保険管理・郵便局ネットワーク支援機構が管理する郵便貯金につきましては、同機構から郵便貯金管理業務の委託を受けてこのお知らせをお送りしています。
株式会社ゆうちょ銀行
　東京貯金事務センター
相続請求課第二相続受付担当
TEL:(048)600-3587　（平日 9：00 〜 17：00）

202301-005678-05

必要書類一覧表 （1/1）

相続手続きに必要な書類は要否欄に○がある書類ですので、ご準備をお願いします。
ご用意いただいた書類の部数を部数欄にご記入ください。
※各種提出書類は原本を郵便局貯金窓口またはゆうちょ銀行へご持参ください。
　窓口において、コピーを取得し、ご返却いたします。
※相続確認表と同時にご提出いただいた必要書類（戸籍謄本等）については改めてご準備いただく必要はございません。
※必要書類は貯金事務センターで確認しますので、不備等があった場合は追加で書類をいただくことがございます。ご了承ください。

NO	書類名	要否	部数	お客様確認欄	取扱店確認欄	備考
1	戸（除）籍謄本または法定相続情報一覧図写し ・被相続人様の初婚（未婚の場合は16歳）からお亡くなりになるまでつながる謄本 ・被相続人様のご両親で亡くなられた方の死亡の事実が確認できるもの	○	※提出される部数をご記入ください	□	□	※複数の方が同一の書類で確認できる場合は、各人での取得は不要です。
2	印鑑登録証明書※発行後6か月以内のもの	○		□	□	遺言執行者の分 請求人様の分
3	貯金等相続手続請求書（名義書換請求書兼支払請求書）	○		□	□	
4	請求人様の本人確認書類	○		□	□	※運転免許証、健康保険証、マイナンバーカード等
5	被相続人様の通帳・証書 ※通常貯金通帳および定期性貯金の貯金証書は、窓口で確認後返却いたします。	○		□	□	紛失されている場合は提出不要です。
6	被相続人様のキャッシュカード ※紛失されている場合は提出不要です。	○		□	□	
7	委任状 ※代理人様がお手続きされる場合	○		□	□	
8	代理人の本人確認事項 ※代理人様がお手続きされる場合	○		□	□	事務所宛て送付希望の場合、弁護士会等発行の事務所住所が確認できる書類もご提出ください。
9	委任状（全部払戻しに関するもの）	○		□	□	
10	遺言書等（公正証書遺言以外は遺言書検認証書も必要）	○		□	□	
11	必要書類一覧表、貯金事務センター行きの封筒	○		□	□	
12		○		□	□	

通信欄	【貯金事務センター→取扱店への連絡事項】 　窓口処理：　× 　必要書類一覧表に記載がない書類をお持ちになった場合は、書類名・部数を記入の上、すべて送付してください 【取扱店→貯金事務センターへの連絡事項】	取扱店日附印

お客さま受付番号	202301-005678-05

ハ）「必要書類一覧表」に基づき書類を提出する

　ゆうちょ銀行に「必要書類一覧表」に基づき書類を提出する。提出した書類は次のとおり。

【ゆうちょ銀行に提出した書類】

1.　本人確認書類（＝受任者である行政書士の確認書類）
　　(1)証明写真付きの公的証明書（運転免許証，マイナンバーカード等）
　　(2)行政書士であることを証するもの（行政書士商標・会員証）

2.　ゆうちょ銀行所定の書類等
　　(1)★必要書類一覧表（P322【現物資料126】参照）
　　(2)★貯金等相続手続請求書（P323【現物資料127】参照）
　　(3)貯金通帳
　　※　(4)キャッシュカードは紛失のため，「必要書類一覧表」の備考欄
　　　　に「紛失」と記載した。

3.　遺言執行者に関する書類
　　　★委任状（全部払戻し等に関するもの）（P324【現物資料128】参照）
　　　遺言執行者の署名・押印がされたもの

★印：ゆうちょ銀行所定の書類

※送られてきたこの封筒に書類を入れて提出する。提出したゆうちょ銀行の窓口で内容を確認するため，封筒にのり付けはしないこと。

【表面】

【裏面】

〔お客さまへ〕

お預りする際に書類の部数に不足がないかを
確認し、書類の内容については、相続の審査
等を行う専門の部署で確認します。
このため、封筒にはのり付けせずに、郵便局
の貯金窓口またはゆうちょ銀行直営店の窓口
にご提出ください。
※ポストには投函しないでください。

バーコード

チ35040（2018.10・MBS）

「お客さま確認欄」に☑を入れる。窓口では提出された書類の過不足等を確認の上「取扱店確認欄」に☑をいれる。

202501-005678-05

必要書類一覧表（1/1）

相続手続きに必要な書類は要否欄に○がある書類ですので、ご準備をお願いします。
ご用意いただいた書類の部数を部数欄にご記入ください。
※各種提出書類は原本を郵便局貯金窓口またはゆうちょ銀行へご持参ください。
　窓口において、コピーを取得し、ご返却いたします。
※相続確認表と同時にご提出いただいた必要書類（戸籍謄本等）については改めてご準備いただく必要はございません。
※必要書類は貯金事務センターで確認しますので、不備等があった場合は追加で書類をいただくことがございます。ご了承ください。

NO	書類名	要否	部数	お客様確認欄	取扱店確認欄	備考
1	戸（除）籍謄本または法定相続情報一覧図写し ・被相続人様の初婚（未婚の場合は16歳）からお亡くなりになるまでつながる謄本 ・被相続人様のご両親で亡くなられた方の死亡の事実が確認できるもの	○	※提出される部数をご記入ください	☐	☐	※複数の方が同一の書類で確認できる場合は、各人での取得は不要です。
2	印鑑登録証明書※発行後6か月以内のもの	○		☐	☐	遺言執行者の分 請求人様の分
3	貯金等相続手続請求書（名義書換請求書兼支払請求書）	○		☐	☐	
4	請求人様の本人確認書類	○		☑	☑	※運転免許証、健康保険証、マイナンバーカード等
5	被相続人様の通帳・証書 ※通常貯金通帳および定期性貯金の貯金証書は、窓口で確認後返却いたします。	○		☑	☑	紛失されている場合は提出不要です。
6	被相続人様のキャッシュカード ※紛失されている場合は提出不要です。	○		☐	☐	紛失
7	委任状 ※代理人様がお手続きされる場合	○		☐	☐	
8	代理人の本人確認事項 ※代理人様がお手続きされる場合	○		☐	☐	事務所宛て送付希望の場合、弁護士会等発行の事務所住所が確認できる書類もご提出ください。
9	委任状（全部払い戻しに関するもの）	○		☑	☑	
10	遺言書等（公正証書遺言以外は遺言書検認証書も必要）	○		☐	☐	
11	必要書類一覧表、貯金事務センター行きの封筒	○		☑	☑	
12		○		☐	☐	

通信欄	【貯金事務センター→取扱店への連絡事項】 　窓口処理：　× 　必要書類一覧表に記載がない書類をお持ちになった場合は、書類名・部数を記入の上、すべて送付してください 【取扱店→貯金事務センターへの連絡事項】	取扱店日附印

お客さま受付番号　202301-005678-05

現物資料127 〉 貯金等相続手続請求書【代理人（＝行政書士）記入】

貯金等相続手続請求書（名義書換請求書兼支払請求書）WEBサイト用

（代理人印）

日附印

△それぞれの相続人に本人様が自署してください。　△本誌は協議で継承人取り扱い様ですので、枠から枠が出さないようにご記入ください。

	死亡日	平成 □ 令和 ☑ 05 年	1 月 18 日

被相続人

おところ 〒248-0012 南藤沢1-1-11

フリガナ タカハシ ミナコ

おなまえ 高橋 美奈子 実印

代表相続人（請求人）

| フリガナ | キ ムラ タカオ |
| おなまえ | 木村 隆夫 |

生年月日 □明大 □昭 ☑平 12年 4月 6日

おところ 鎌倉市御成町1-15-1-105 実印

電話番号 090-8090-28××

相続人以外の相続人

生年月日	□明 □大 ☑昭 □平 22年 5月 9日
おところ	実印
おなまえ	

（複数記入欄、各相続人のおところ・おなまえ・実印欄）

□遺言執行者　☑遺産整理受任者

おところ 〒186-0002 自宅：国分寺本町2-1-23
事務所：千代田区飯田橋1-2-3 アサヒビル123

おなまえ 行政書士 竹之内 愛 ㊞

電話番号 03-3210-0123

① 貯金等の明細

△次等の貯金・定期貯金は代表相続人の名義に書換え又は支払いを行ってください。
△貯金の種類欄には通常貯金入元、定期貯金＝通常・通常定額・定期預金＝証券など

貯金の種類	記号・番号	備考
通常貯金	10280-87734902	
定額貯金	50280-36110092	
その他		

※1 通帳の定額・定期貯金又は担保定額・定期貯金が払済の場合・証書に記入ください
※2 記入欄の記号・番号が多数ある場合はその他欄に記入ください

（②外国に居住されている相続人の有無）
□いる　☑いない

いる→ 複数名は下記に書ください

③払戻金を通常貯金へ入金の場合、通常貯金の記号番号および
お名前（口座名義人）をご記入ください。

記号	番号
1	0

フリガナ

おなまえ

確認区分 □本人 □代人 □貯 □法 □識

貯金事務センター使用印

相続貯金等の全部払戻し等に関する委任状

令和 5 年 5 月 10 日

ゆうちょ銀行　あて

　下記のとおり、被相続人が所有する相続貯金等（貯金又は振替口座）について、その全額の払戻し等及び払戻金の受領に関する一切の権利を、相続又は遺言により権利を有した共同相続人全員が同意の上、代理人に委任します。

　なお、相続貯金等について、相続人その他権利関係を有する者は、共同相続人欄に記載の者以外に存在しません。また、今後万一、共同相続人欄に記載の者以外の者から権利を主張されるなど、本件に関して後日、どのような紛議が生じた場合のおいても、共同相続人欄に記載の者（連帯保証人を含む。）が連帯して責任を負い、ゆうちょ銀行又は郵便局に対して、一切の迷惑・損害をおかけしません。

記

1　委任者（共同相続人）

住所　鎌倉市御成町 1-15-1-105	電話番号 （実印） 090-8090-28XX
氏名　　高橋　美奈子	被相続人との関係（　　）
住所	電話番号 （実印）
氏名	被相続人との関係（　　）
住所	電話番号 （実印）
氏名	被相続人との関係（　　）
住所	電話番号 （実印）
氏名	被相続人との関係（　　）

2　受任者（代理人）

住所　自宅：国分寺市本町 2-1-23 　　　事務所：千代田区飯田橋 1-2-3 アサヒビル 123	電話番号
氏名　遺産整理受任者　行政書士　竹之内　豊	03-3210-0123

3　被相続人が所有する相続貯金等

被相続人	死亡年月日　令和5年　1月　18日		氏名	
	住所　藤沢市南藤沢 1-1-11		木下　隆夫	
相続貯金等	種類	記号番号	種類	記号番号
	通常預金	10280-87734902		
	定額預金	5023-3611092		

※「1　委任者」の欄は、遺言執行者が自書し押印する。

現物資料 129 〉	預り証（控）

202501-005678-05

必要書類一覧表（1/1）

相続手続きに必要な書類は要否欄に○がある書類ですので、ご準備をお願いします。
ご用意いただいた書類の部数を部数欄にご記入ください。
※各種提出書類は原本を郵便局貯金窓口またはゆうちょ銀行へご持参ください。
　窓口において、コピーを取得し、ご返却いたします。
※相続確認表と同時にご提出いただいた必要書類（戸籍謄本等）については改めてご準備いただく必要はございません。
※必要書類は貯金事務センターで確認しますので、不備等があった場合は追加で書類をいただくことがございます。

NO	書類名	要否	部数	お客様確認欄	取扱店確認欄	備
1	戸（除）籍謄本または法定相続情報一覧図写し ・被相続人様の初婚（未婚の場合は 16 歳） 　からお亡くなりになるまでつながる謄本 ・被相続人様のご両親で亡くなられた方の死亡の 　事実が確認できるもの	○	※提出される部数をご記入ください	□	□	※複数の方が同 できる場合は は不要です。
2	印鑑登録証明書※発行後6か月以内のもの	○		□	□	遺言執行者の分 請求人様の分
3	貯金等相続手続請求書（名義書換請求書兼支払請求書）	○		□	□	
4	請求人様の本人確認書類	○		☑	☑	※運転免許証、 イナンバーカー
5	被相続人様の通帳・証書 ※通常貯金通帳および定期性貯金の貯金証書は、窓口で確認後返却いたします。	○		☑	☑	紛失されている です。
6	被相続人様のキャッシュカード ※紛失されている場合は提出不要です。	○		□	□	紛失
7	委任状 ※代理人様がお手続きされる場合	○		□	□	
8	代理人の本人確認事項 ※代理人様がお手続きされる場合	○		□	□	事務所宛て送付 護士会等発行の できる書類も
9	委任状（全部払い戻しに関するもの）	○		☑	☑	
10	遺言書等（公正証書遺言以外は遺言書検認証書も必要）	○		□	□	
11	必要書類一覧表、貯金事務センター行きの封筒	○		☑	☑	
12		○		□	□	

【貯金事務センター→取扱店への連絡事項】 窓口処理・×	取扱

いつもご利用いただき、ありがとうございます。

本書類（控え）に係るご請求を受け付けました。

ゆうちょ銀行

郵　便　局

日　附　印
鶴町駅前 5.5.13 00123 上野

ニ） 貯金事務センターから「相続手続完了のお知らせ」が届く

　貯金事務センターから「相続手続完了のお知らせ」が届き，その中に貯金払戻証書が同封されている。

| 現物資料 130 | 相続手続完了のお知らせ（送付状） |

2023 年 5 月 20 日

102-0083
東京都千代田区麹町 3-2-1

エキスパートビル 321

竹之内豊　様

〈簡易書留〉

c59560228335c

 ゆうちょ銀行

相続手続完了のお知らせ

　平素はゆうちょ銀行・郵便局をご利用いただき、誠にありがとうございます。

　過日ご請求いただきました相続手続が完了いたしましたので、下記の書類を送付いたします。

　今後ともゆうちょ銀行・郵便局をご利用くださいますようお願い申し上げます。

《同封書類》

書類の名称	数量	書類の名称	数量
お支払金額の内訳	部	相続関係書類一式	部
貯金払戻証書	2 部	遺言書	部
貯金通帳等（お客さま名義）	部	非課税貯蓄者死亡届出書（控）	部
未記入金明細書	1 部	非課税貯蓄異動申告書（控）	部
払戻証書発行内訳書	1 部	署名証明・在留証明書	部
戸籍謄本等	1 部	相続放棄申述受理証明書	部
死亡の事実がわかる証明書類	部	配当金領収証	部
貯金通帳等（被相続人さま名義）	2 部	振替払出証書	部
印鑑登録証明書	部	口座閉鎖通知書	部
遺産分割協議書	部	お知らせ	部

※１　払戻金の通常貯金への入金を希望されたお客さまにつきましては、入金が完了しましたので、通帳に記帳のうえご確認ください。

※２　払戻証書の送付を希望されたお客さまにつきましては、払戻証書、印章およびご本人さまであることを確認できる証明書類をお持ちのうえ、お近くのゆうちょ銀行または郵便局の貯金窓口で現金をお受け取りください。

※３　通常貯金の名義書換を希望されたお客様につきましては、名義変更に伴い、自動払込み、キャッシュサービス等のお取扱いを廃止いたしました。これらのお取扱いをご希望の場合は、あらためてお申し込みをお願いします。

〈お問い合わせ先〉

株式会社ゆうちょ銀行　東京貯金事務センター
相続課　相続照会担当
TEL　048-600-××××
受付時間　平日 9：00 ～ 17：00

| お客様受付番号 | 202301-005784-05 |

ホ）　貯金の払戻手続を行う

　貯金払戻証書が届いたら，ゆうちょ銀行で貯金の払戻手続を行う。ゆうちょ銀行以外の銀行に相続貯金を振込む場合は，ゆうちょ銀行から直接当該銀行に振り込むことはできない。そのため，一旦，行政書士のゆうちょ銀行の口座に振り込み（P331【現物資料 133】参照），同時に遺言執行者の指定口座に振り込む手続を行う。

貯金払戻証書

通　常　　記号番号 | 10280 － 87734902 |　証書発行番号 | I | 確認済

金　額 ＊ 1 2 5 1 8 8 2 円

うち利子額　　　0円
税　額　　　　0円

＊＊＊　　　上記の金額を令和5年11月18日までにお近くの郵便局またはゆうちょ銀行でお受け取りください。

木下隆夫様　遺産整理受任者
行政書士　竹之内　豊　様

令和5年05月16日発行
株式会社ゆうちょ銀行　印

払渡日附印

上記の金額を受け取りました。
おところ　東京都国分寺市本町 2-1-23

おなまえ　木下隆夫 遺産整理受任者 行政書士 竹之内 豊

裏面の注意書きをご覧ください。

収入印紙
課税相当額以上
で営業に関する
ものに限り収入
印紙を貼付

印

貯金払戻証書

通　常　　記号番号 | 50230 － 3611092 － 6 |　証書発行番号 | I | 確認済

金　額 ＊ 7 0 6 6 2 0 6 円

うち利子額　　83082円
税　額　　　16876円

＊＊＊　　　上記の金額を令和5年11月18日までにお近くの郵便局またはゆうちょ銀行でお受け取りください。

木下隆夫様　遺産整理受任者
行政書士　竹之内　豊　様

令和5年05月16日発行
株式会社ゆうちょ銀行　印

払渡日附印

上記の金額を受け取りました。
おところ　東京都国分寺市本町 2-1-23

おなまえ　木下隆夫 遺産整理受任者 行政書士 竹之内 豊

裏面の注意書きをご覧ください。

収入印紙
課税相当額以上
で営業に関する
ものに限り収入
印紙を貼付

印

印

現物資料 133 ＞ お預け入れ（入金票）【代理人（＝行政書士）記入】

お預け入れ（通常貯金・通常貯蓄貯金）
（入金票）

※太枠からはみ出ないようにボールペンではっきりとご記入ください。　※□枠欄は、該当の項目にレ印をつけてください。

おなまえ　竹之内　豊　様

名義人様の
ご連絡先
電話番号

▲ 左詰めでご記入ください。
※お客様のお届け電話番号として登録いたします。（登録を希望されない場合は、記入不要です。）

090□□-1234-5678

代理人の場合（　　－　　－　　）

金額　￥1251882
千万 百万 十万 万 千 百 十 円

▲ 金額の頭部に「￥」をご記入ください。

性別
（名義人様）
（任意）

☑男　□女

モード	暗証なし：1 カード：2	OCR必須	翌日本締	報告番号 合同預入	□□□□	備考	確認区分	本・代・法 人・貯・顧	郵送確認	要 ・ 不要	預入限度額	受付

OCR用　　　ゆうちょ銀行

お預け入れ（通常貯金・通常貯蓄貯金）
（入金票）

※太枠からはみ出ないようにボールペンではっきりとご記入ください。　※□枠欄は、該当の項目にレ印をつけてください。

おなまえ　竹之内　豊　様

名義人様の
ご連絡先
電話番号

▲ 左詰めでご記入ください。
※お客様のお届け電話番号として登録いたします。（登録を希望されない場合は、記入不要です。）

090□□-1234-5678

代理人の場合（　　－　　－　　）

金額　￥7066206
千万 百万 十万 万 千 百 十 円

▲ 金額の頭部に「￥」をご記入ください。

性別
（名義人様）
（任意）

☑男　□女

モード	暗証なし：1 カード：2	OCR必須	翌日本締	報告番号 合同預入	□□□□	備考	確認区分	本・代・法 人・貯・顧	郵送確認	要 ・ 不要	預入限度額	受付

OCR用　　　ゆうちょ銀行

振込依頼書（兼振替払出請求書）［電信扱い］ 「ゆうちょ銀行」以外の銀行宛

| ご依頼日 | 2023 年 5 月 23 日 | ※料金は、振込金とは別に、払出口座の預り金からいただきます。
※お受取人負担のお取扱いはできません。 |

お受取人

| 金融機関名 | いなほ | ☑銀行 □信金 □信組
□農協 □その他 | 支店名 | 藤沢 支店 |

| 預金種目 | ☑1 普通（総合） □2 当座
□4 貯蓄 □9 その他（　） | 口座番号 | 2770123 | 金額 | ¥1,251,882 |

フリガナ タカハシ ミナコ
おなまえ 高橋 美奈子 様

ご依頼人

おところ 郵便番号（185 - 0012 ）
国分寺市本町2-1-13

フリガナ タケノウチ ユタカ

おなまえ 竹之内 豊 様

| 日中ご連絡先電話番号 | 090 - 1234 - 5678 | 通知番号 | ※お受取人様に通知を希望される番号（最大10桁）がある場合
（お名前の前に数字を入れる場合）に左詰めでご記入ください。 |

| 払出口座番号 | 記号 10300 ▲ | 番号 31221122 |

| 払出口座名義人（代理人） | おところ | 郵便番号（　－　） |
| | おなまえ | 様 |

▶A14:56　30010009456XX

科 目 総合　取扱年月日 05-05-23
　　　　　　取扱店番号 010XX

請求種別 振込

　　　　払出口座番号 10300 － 31221122

依頼人名 タケノウチ ユタカ

　　　　振込金額 ＊1,251,882 円
　　　　合計金額 ＊1,252,746 円

振込先 いなほ銀行
　　　　藤沢支店

取扱時間 14:56
処理通番 N055
振込先 0001 3XX 1 27783XX
お受取人おなまえ タカハシ ミナコ 様
払出口座名義人 竹之内 豊 様
ご住所 東京都国分寺市本町2丁目 1-23

振込料金 ＊864 円（消費税等を含む。）
払出明細番号

振込予定日 05-05-23

受払摘要
代行店番号

ご利用ありがとうございました

ゆうちょ銀行

332

振込依頼書（兼振替払出請求書）［電信扱い］ 「ゆうちょ銀行」以外の銀行宛

| ご依頼日 | 2023 年　5 月　23 日 | ※料金は、振込金とは別に、払出口座の預り金からいただきます。
※お受取人負担のお取扱いはできません。 |

お受取人

| 金融機関名 | いなほ | ☑銀行　□信金　□信組
□農協　□その他 | 支店名 | 藤沢 支店 |

| 預金種目 | ☑1 普通（総合）　□2 当座
□4 貯蓄　□9 その他 | 口座番号 | 2770123 | 金額 | ￥7,066,206 |

| フリガナ | タカハシ　ミナコ |
| おなまえ | 高橋　美奈子　様 |

ご依頼人

おところ	郵便番号（185 - 0012） 国分寺市本町2-1-13
フリガナ	タケノウチ　ユタカ
おなまえ	竹之内　豊　様

| 日中ご連絡先電話番号 | 090 - 1234 - 5678 | 通知番号 | |
※お受取人様に通知を希望される番号（最大10桁）がある場合（お名前の前に数字を入れる場合）に左詰めでご記入ください。

| 払出口座番号 | 記号　10300　▲　番号　31221122 |

| 払出口座名義人（代理人） | おところ | 郵便番号（　−　） |
| | おなまえ | 様 |

▶A15:02　30010009456XX　責30010002794XX
科 目 **総合**　取扱年月日　05-05-23　　取扱時間　15:02
　　　　取扱店番号　010XX　　処理通番　N063　　　　受払摘要
請求種別　**振込**　　振込№　0001 3XX 1 27783XX　代行店番号
　　　　　　　　　お受取人おなまえ　タカハシ　ミナコ　　　　様
払出口座番号　10300 - 31221122　払出口座名義人　竹之内　豊　　　　様
　　　　　　　　　ご住所　東京都国分寺市本町２丁目 1-23
依頼人名 タケノウチ　ユタカ
　　振込金額　＊7,066,206 円　振込料金　＊864 円（消費税等を含む。）
　　合計金額　＊7,067,070 円　払出明細番号
振込先　**いなほ銀行 藤沢支店**　　　**振込予定日**　05-05-23
　　　　　ご利用ありがとうございました
ご注意　1　振込内容に誤りがないかお確かめください。
　　　　2　この振込依頼書は、お取扱いの証拠となりますので大切に保管してください。
　　　　3　口座番号の先頭の数字が「0」の場合は振替口座、「1」の場合は総合口座です。
　　　　4　料金には、消費税が含まれています。

📮 ゆうちょ銀行

5 相続財産の目録を作成して相続人に交付する（民法 1011 条 1 項関係）

　民法 1011 条 1 項に基づき，相続財産の目録を作成して，相続人に交付する。

現物資料 135 ⟩ 財産目録の交付通知

被相続人　木下隆夫様　相続人　各位

被 相 続 人　木 下 隆 夫
最後の本籍　神奈川県鎌倉市長谷4丁目3962番地
最後の住所　神奈川県藤沢市南藤沢1丁目1番11号
死亡年月日　令和5年1月18日

財産目録交付のご案内

拝啓
　当職は，被相続人木下隆夫様　遺言執行者高橋美奈子様より委任を受け遺言執行事務を行っている行政書士の竹之内豊と申します。

　本日は，被相続人木下隆夫様の財産目録を作成いたしましたのでここにお届けいたします。

　ご不明な点などございましたら当職までご連絡ください。ご説明差し上げます。

敬具

添付書類

1. 財産目録……1通

以上

2023年5月24日

〒102-0083
東京都千代田区麹町3丁目2番1号
エキスパートビル321号
電　話　03（3210）0123
竹之内行政書士事務所
遺言執行者 高橋美奈子 代理人

行政書士　竹之内　豊　㊞

2023.5.20 作成

故　木下隆夫様　財産目録

銀行名	支店	種別（口座）	金額
ふじさわ信用金庫	本町支店	普通（1084061）	¥5,509,161
〃	〃	定期（0356643）	¥300,000
〃	〃	定期（0393564）	¥2,000,000
〃	〃	定期（0395657）	¥4,000,000
〃	〃	定期（0398493）	¥3,003,477
〃	〃	定期（0402094）	¥300,000
〃	〃	定期（0402109）	¥1,400,000
〃	〃	定期積立（0249981）	¥700,000
ゆうちょ銀行	——	通常貯金（10280-87734902）	¥1,251,876
〃	——	定額貯金（50230-3611092）	¥7,000,000
		合　　計	¥25,464,514

※令和 5（2023）年 1 月 18 日現在における金額です。

6 業務完了

　業務完了に伴い納品書を作成の上，以下の資料を納品した。

現物資料 137 ＞ 納品書

被相続人　木下隆夫様
遺言執行者　高橋美奈子様

　被相続人　木下隆夫様の遺言執行業務が完了いたしました。遺言執行に係る下記書類をお届けいたします。ご査収の程，よろしくお願いいたします。

記

1. 遺言公正証書（謄本）……1 通

2. 「相続人の範囲」を確定する資料
(1)法定相続情報一覧図の写し
(2)戸籍謄本等
　①被相続人の出生から死亡に至る戸籍謄本等（妻の戸籍謄本を含む）……5 通
　②相続人の戸籍謄本……2 通
　③相続人の戸籍の附票……3 通

3. 相続財産に係る書類
(1)ふじさわ信用金庫
　①残高証明書……1 通
　②預金払戻請求書による振込受付書
　③普通預金通帳……1 通
(2)ゆうちょ銀行
　①調査結果のお知らせ……1 通
　②振込依頼書（兼振替払出請求書）……2 通
　③貯金通帳……2 通
(3)財産目録（「財産目録交付のご案内」付き）

以上

2023 年 5 月 25 日

〒 102-0083
東京都千代田区麹町 3 丁目 2 番 1 号
エキスパートビル 321 号
電　話　03（3210）0123
竹之内行政書士事務所
行政書士　竹之内　豊　【印】

第5章 「7つのプロセス」で見る「銀行の相続手続」Q&A ❺⑥

第5章では、本書のまとめとして、銀行の相続手続業務に臨む心得、知識及び技を7つのプロセスごとにQ&A形式にまとめた。

Q（問い）を見てA（回答）がすんなりと浮かぶようになれば、面談と実務で適切な助言や判断が反射的にできるようになる。その結果、相談者から信頼を得て、高い受任率と満足行く報酬を実現することができる。また、速やかな業務遂行を依頼者に提供できることで、顧客価値を実現し、依頼者をリピーターやキーマンに変えることを可能にする。

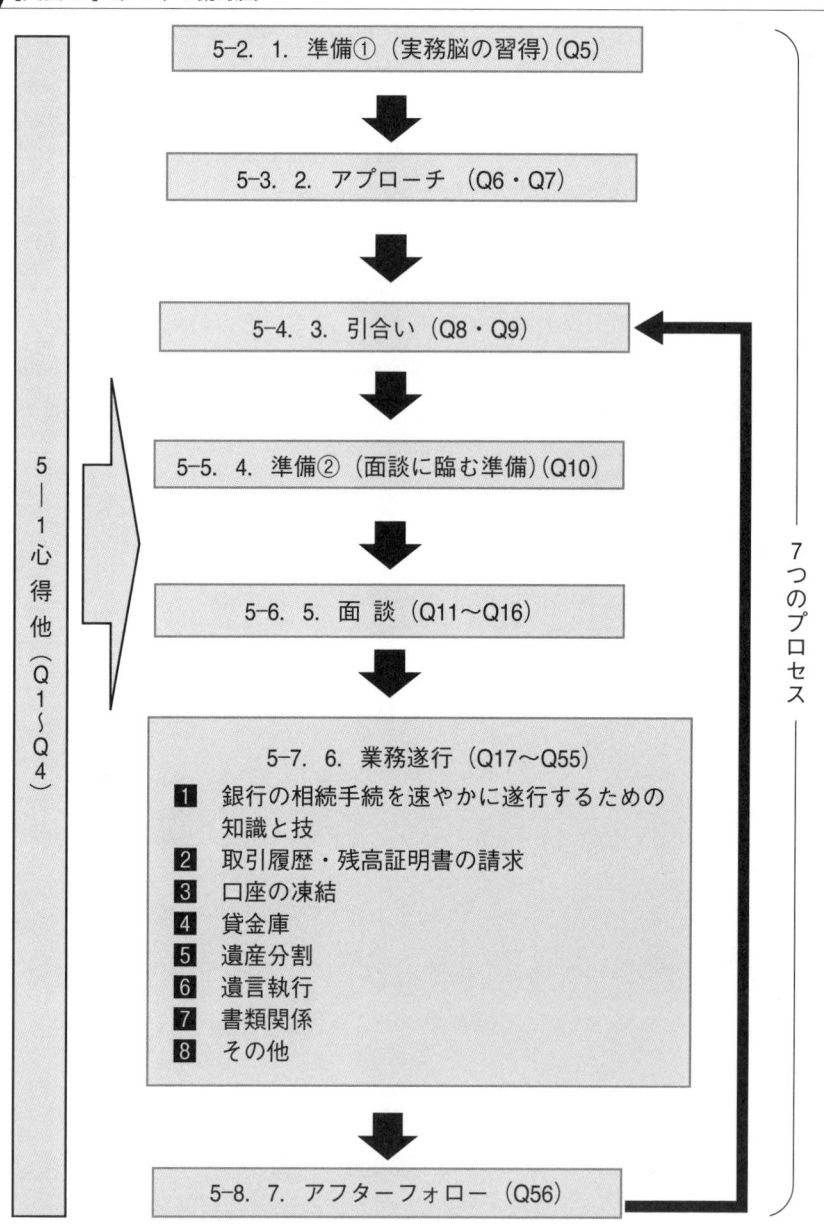

5-2. 1. 準備① （実務脳の習得）(Q5)

5-3. 2. アプローチ （Q6・Q7）

5-4. 3. 引合い （Q8・Q9）

5-5. 4. 準備② （面談に臨む準備）(Q10)

5-6. 5. 面 談 （Q11〜Q16）

5-7. 6. 業務遂行 （Q17〜Q55）

1 銀行の相続手続を速やかに遂行するための知識と技
2 取引履歴・残高証明書の請求
3 口座の凍結
4 貸金庫
5 遺産分割
6 遺言執行
7 書類関係
8 その他

5-8. 7. アフターフォロー （Q56）

5−1 心 得 他 （Q1〜Q4）

7つのプロセス

5-1　心得　他

　銀行の相続手続に通底する、業務を行う意義、及び業務に臨む心得等について確認する。

Q1　行政書士が銀行の相続手続を行う意義

　行政書士が銀行の相続手続を行う意義は何でしょうか。

A

　行政書士が銀行の相続手続を行う意義は 3 つあります。

　1 つ目は、行政書士法の「国民の権利利益の実現に資する」（行書 1）という目的を果たすことです。つまり、行政書士という権利義務・事実証明に関する書類作成の専門家が関与することで、相続手続が速やかに遂行し、国民の権利利益の実現に資することができます。また、速やかに相続手続が完遂することで、いわゆる"争族"を防止することが期待できます（相続開始時は相続人間が円満な関係であっても、手続が長期化すると、相続人間で疑心暗鬼が生じたり、相続人の配偶者など相続人以外の者が口出しをしたりして、紛争状態になってしまうこともままある）。

　2 つ目は、その結果、相続財産が相続人等へ速やかに承継されるので、経済の活性化にもつながります。

　3 つ目は、相続人と銀行間のストレスを解消することです。相続人は銀行の相続手続が思うように進まないとストレスを感じます。たとえば、私は銀行で相続手続をしていると、隣のブースから「何度も足を運んでいるのに、なぜ払戻しできないんですか！」といった不満の声を耳にすることがあります。行員は、心の中で「一度で書類をそろえて欲しい（これでは仕事が進まない……）」と嘆いているに違いありません。

　このような状態になってしまうと、顧客と銀行間のコミュニケーションが

うまくいかなくなって、なかなか手続が進まなくなってしまいます。その両者の間に、相続手続に精通した行政書士が入ることにより、手続が速やかに進み、両者のストレスを解消することができるのです。

Q2　銀行の相続手続に臨む心得

　銀行の相続手続に臨むにあたり、心得ておくべきことは何でしょうか。

A

　依頼者は、仕事や家事で忙しかったり体が不自由などの理由で、銀行や役所に出向いたり相続手続に時間を割いたりすることが困難な事情を抱えています。また、「できるだけ速やかに相続預貯金を承継したい」と切に希望しています。だから手続の専門家である行政書士にお金を払ってまでして依頼するのです。

　このような依頼者に対して、「戸籍謄本を（役所に請求して）集めてきてください」「（銀行に出向いて）残高証明書を請求してきてください」など指示をしたら、依頼者は「自分が動かなければならないのなら、依頼しなければよかった」と不満に思うに違いありません。

　以上から、依頼者を「動かさない」及び「業務をスピーディーに行う」という2つの姿勢が、銀行の相続手続に臨む重要な心得となります。

☑ ここが実務の**ポイント②**

　銀行の相続手続業務には、依頼者を「動かさない」及び「スピーディーな業務遂行」の 2 つを心得て臨む。

Q3 銀行に対する心得

　銀行は、相続人以外の第三者が相続手続に行くと警戒すると聞いたことがあります。銀行とうまく付き合って依頼者に相続預貯金を速やかにお届けするには、銀行に対してどのような心得で臨めばよいでしょうか。

A ────────────────────────────

　銀行を「依頼者の希望を叶えるパートナー」と捉えて業務に臨みましょう。依頼者の立場に立って業務を遂行するのは当然ですが、案件ごとに、銀行が業務を処理しやすいようにするにはどのような書類を提出すればよいのか、どのような手順で進めればよいのか、というように、銀行の立場で物事を考えることは、速やかな業務遂行を実現する上で大切です。

　銀行に相続手続に行くと、専門家が「どうして遺産を（相続人に）払戻ししないのか」「何でこのような書類を提出しなければならないのか」といったように行員に不満をぶつけている光景を目にすることがあります。実際、法的に不要と考えられる書類を銀行から要求されることがあります。たとえば、私の経験では、公正証書遺言に基づく遺言執行にもかかわらず、銀行所定の「相続届」に相続人全員の署名押印を求められたことがありました。その時は、銀行に対して、その要求が不条理であることを論理的に説明して、その要求を撤回してもらいました。

　このように、行政書士が法に基づいて論理的に銀行と協議すれば、銀行が行政書士の要求を受け入れて手続を進めることもあります。一方、譲歩した方がよい場合もあります。たとえば、遺言執行の場合に、相続人の範囲が確定できる戸籍謄本等の提出です。この場合は、行政書士が職務上請求に基づ

き収集すれば済むので受け入れてもよいのではないでしょうか。

顧客価値実現を基準に考えて、「譲れるところは譲り、譲れないところは断る」という姿勢が大切です。それには、「依頼者目線」と「銀行目線」という「複眼的目線」で業務を遂行することが求められます。

行政書士の使命は銀行と対峙することではありません。「依頼者の利益（＝顧客価値）は何か」を肝に銘じながら行動すれば、自ずと銀行と良好な関係を構築できて、速やかな業務遂行が実現できるはずです。

> ☑ ここが実務の**ポイント**③
>
> 「依頼者目線」と「銀行目線」の「複眼的目線」で業務を遂行すれば、速やかに業務を完遂できる。

Q4 銀行の相続手続の特徴と事務所経営の観点からみたメリット

銀行の相続手続の特徴と銀行の相続手続を行うことによる事務所経営上のメリットを教えてください。

A

依頼者の立場から「お金の流れ」を見ると、一般の業務は依頼者から行政書士への報酬や申請手数料などお金が出ていく一方です。それに対して、銀行の相続手続の場合は、同様に報酬等の出費はあるものの、それを遥かに上回る遺産が依頼者に入ります。そのため、行政書士が提示した見積に対する理解が、他の業務に比べて多少得やすい傾向があります。

このように、銀行の相続手続は「依頼者にお金が入る」という特徴があり、その結果として満足行く報酬を得やすく、事務所経営上の観点からも専門の一つにしておきたい分野といえます。

☑ ここが実務の**ポイント④**

　銀行の相続手続は依頼者にお金（＝遺産）が入るという特徴があり、見積に対して比較的理解が得やすい。

5-2　1. 準備①～取り扱う業務の専門レベルの知識を習得する場

　銀行の相続手続を速やかに遂行するために、必要な業務の流れについて確認する。

Q5　銀行の相続手続の全体像

　新たな収益源として銀行の相続手続を行いたいと考えています。しかし、未経験のため業務がイメージできません。銀行の相続手続の全体像を教えてください。

A

　相談者は、「今、自分が抱えている先の見えない切実な不安や悩みを速やかに解決したい」と切に願って行政書士のもとを訪れます。したがって、面談に臨むにあたり、業務全体を俯瞰できる知識（＝俯瞰力）は不可欠です。なぜなら、俯瞰力を駆使して相談者に問題解決の道筋（＝ロードマップ）を提示することで、相談者は先行きを見通すことができて安心できるからです。そして、その安心が、行政書士に対する信頼を生み、受任につながるのです。

　そこで、銀行の相続手続で多くを占める遺産分割協議に基づく相続預貯金の払戻請求の流れについて、「7 つのプロセス」（P91 参照）に則って説明します。

　まずは「**準備①**」です。面談の場で相談者に着手から業務完了までの道筋

（＝ロードマップ）が提示できるように知識を習得します。

　次に「**アプローチ**」です。行政書士が銀行の相続手続を行うことをほとんどの方が知りません。あらゆる機会を捉えて「銀行の相続手続を行います」と友人・知人等に宣伝します。

　アプローチの結果「**引合い**」、つまり問い合わせが入ります。問い合わせの段階で「相続人の範囲」と「相続財産の範囲と評価」それに相続人が開設していた金融機関の行数を聞ける範囲でヒアリングします。そして、ヒアリングの内容に基づいて面談の準備を整えます（「**準備②**」）。また、費用がわからなければ依頼のしようがありません。面談前に「見積書」の準備も忘れずにしましょう。

　「**面談**」で実際に相続人代表者である相談者に会います。そして、お話を聴いた上で、遺産承継までの道筋を「ロードマップ」で示し、それに係る費用を「見積書」で提示します。相談者が行政書士に対して「この者なら速やかに相談手続をしてくれるに違いない」と確信し、費用に納得すれば受任となります（この瞬間「相談者」は「依頼者」に転じます）。なお、業際問題と口座凍結についても忘れずに説明しましょう。

　受任したら、いよいよ「**業務遂行**」です。まず、遺産分割の前提条件である「相続人の範囲」と「相続財産の範囲と評価」を調査します。銀行の相続手続に関しては、依頼者（＝相続人代表者）から委任状をもらい、銀行に対して「残高証明書」を請求します（第1回銀行訪問）。

　「相続人の範囲」と「相続財産の範囲と評価」の資料が整ったら、法務局に法定相続情報一覧図の写しを請求し、「財産目録」を作成します。そして、これを基に、相続人間で遺産分割協議を行います。

　相続人間で協議が成立したら、その内容を「遺産分割協議書」に記載し、協議成立の証しとして相続人全員が遺産分割協議書に署名押印をして印鑑登録証明書を提出します。なお、この時に、相続人全員から銀行の相続手続に関する「委任状」にも署名押印をもらうことがポイントです。

　そして、「遺産分割協議書」「委任状」及びその他の必要書類を整えて、銀行に相続預貯金の払戻請求を行います（第2回銀行訪問）。以上が遺産分割における銀行の相続手続の一連の流れとなります。

　なお、特段問題がなければ、受任から業務完了（払戻手続の完了）までは、3 か月以内を目標にしましょう。

　最後に、「**アフターフォロー**」です。単発で業務が終わってしまわないように、年賀状や暑中見舞いを依頼者に出すなどして継続的な関係を構築して、「依頼者」を「リピーター」や「キーマン」に変えるようにしましょう。

【図表 48】7 つのプロセスで見る銀行の相続手続の流れ

1.　準備①
　～面談の場で相談者に「ロードマップ」が提示できるように知識を習得する。

2.　アプローチ
　～銀行の相続手続を行うことを宣伝する。

3.　引合い
　～相談希望者（見込み客）から問い合わせが入る。面談を行うための情報を入手する。

4.　準備②
　～引合いの内容に基づいて面談の準備を整える。

5.　面談
　～「相談者」を「依頼者」に変える。

6. 業務遂行

(1) 遺産分割協議の前提条件を確定する。
　　① 「相続人の範囲」の調査
　　　　役所に戸籍謄本等を請求
　　　　➡「相続人の範囲」の確定
　　　　➡「相続関係説明図」の作成又は「法定相続情報一覧図」の請求
　　② 「相続財産の範囲と評価」の調査
　　　　銀行訪問（第1回）：「残高証明書」の請求
　　　　➡「相続財産の範囲と評価」の確定
　　　　➡「財産目録」の作成
(2) 共同相続人間で遺産分割協議を行う
　　　　➡共同相続人間で協議が成立
　　　　➡「遺産分割協議書」を作成する
(3) 遺産分割協議の成立
(4) 銀行訪問（第2回）
　　相続預貯金の払戻請求をする。
　　➡相続人代表者の口座に払戻しされる。

7. アフターフォロー

～依頼者を「リピーター」にする流れを作る。

 ここが実務の**ポイント**⑤

　顧客価値を実現するには、業務を俯瞰できる知識（＝俯瞰力）が不可欠である。
面談に臨む前にロードマップを描けるように準備しておくこと。

5-3 2. アプローチ〜ターゲット顧客に自分の存在をアピールする場

銀行の相続手続の受任に効果的なアプローチ方法について確認する。

Q6 アプローチの方法

銀行の相続手続の受任に効果的なアプローチ方法を教えてください。

A

　前述のとおり、行政書士が銀行の相続手続を行っていることを知っている人はほとんどいません。したがって、行政書士から積極的にアプローチする必要があります。たとえば、友人・知人、前職の仕事関係者などの「顔がわかる人」へあらゆる機会を捉えて「銀行の相続手続を行っています」とアピールしましょう。

　年賀状や暑中見舞いに「業務内容：相続預貯金の払戻手続の代行」と記載するのもよいでしょう。

　また、遺産分割で必ず行うのが「相続人の範囲の確定」です。その際、役所に戸籍謄本を郵送請求するには手数料を「定額小為替」で支払います。その「定額小為替」は郵便局で購入します。そこで、郵便局に「相続手続で必要な戸籍の収集代行いたします」という内容のポスターを掲示するのもよいでしょう。なぜなら、相続手続で多くの方がつまずくのが戸籍の収集だからです。戸籍の収集が思うように進まない方は、このポスターを見て「一度問い合せしてみよう」と思うに違いありません。そして、そこに「銀行の相続手続も代行します」と併記するのです。相続手続でつまずいている方が見れば、「戸籍も集めてくれるし銀行の相続手続も代行してくれるならとても助かる」となり、引合いにつながる確率がさらに高くなるでしょう。

Q7　アプローチの決め台詞

アプローチの際に、受任に効果的な決め台詞を教えてください。

A

　面倒な資料の収集や相続預貯金の払戻手続等の、相続手続に伴う一切の手続を行政書士が行うことを伝えましょう。具体的には、資料の収集として、「相続人の範囲」を確定するために被相続人の出生から死亡までの戸籍謄本等と相続人の戸籍謄本が必要です。また、「相続財産の範囲と評価」を確定するために、不動産の履歴事項全部証明書、固定資産税評価証明書及び名寄帳、そして銀行からは、相続預貯金の残高証明書等を収集しなければなりません。

　加えて、銀行には、残高証明書の請求時と相続預貯金の払戻時の最低２回足を運ぶ必要があることを伝えると、自ずと「結構面倒だな」と感じるはずです。

　締めとして、「原則として、『印鑑登録証明書』だけ用意いただければ結構です（その他の手続は全て当事務所が行います）」と伝えましょう。「いざ、という時には（この行政書士に）連絡しよう」と思っていただけるはずです。

5-4 3. 引合い〜ターゲット顧客から相談のオファーを受ける場

相談希望者を面談のステージに引き上げて銀行の相続手続を受任するための技と注意すべき点を確認する。

Q8 銀行の相続手続の受任率をアップするために用意してもらう資料

銀行の相続手続を受任するために、面談希望者に引合いで、何を面談時に用意するように伝えたらよいでしょうか。

A

被相続人の通帳やカードなど、金融機関との取引に関する資料を用意するように伝えます。面談の場にこれらの資料があると、「(被相続人は) この銀行に口座を開設されていたのですね」といった具合に銀行の相続手続をご案内しやすくなるからです。

✅ ここが実務のポイント⑧

面談時に相続預貯金の通帳やカードを用意してもらうと、銀行の相続手続の受任率が高くなる。

Q9 引合い段階での注意点

引合いの段階で注意する点を教えてください。

A

相続発生当初は相続人間の関係性が良好でも、時間が経過するに従い、悪

化することはめずらしくありません。そのため、相続手続は「スピード優先」が特に大切です。したがって、できるだけ早く面談の場を設けて相談希望者と会うことが肝心です。

　引合いで用意してもらう資料を伝えた後に、「お伝えした資料はお手元にあればお持ちください」といったように「必ず」用意しなければならないものではないことを伝えましょう。そうしないと、資料を収集するのに時間がかかって面談に至るまで日数を要したり、「言われた資料を集めないといけない」とプレッシャーを感じて面談がキャンセルになったりすることもあります。

　引合いの目的は、相談希望者を面談のステージに上げることです。このことを肝に銘じて、できるだけ早く相談希望者と会えるように、面談日時と場所を引合いの場で取り決めましょう。

☑ **ここが実務のポイント⑨**

引合いでは、できるだけ早く「会う」ことを最優先する。

5-5　4. 準備②〜適確な面談を実施するための準備の場

　銀行の相続手続の受任率をアップするための、面談前の準備のポイントを確認する。

Q10　受任率をアップするイメージトレーニング

　銀行の相続手続を受任するための、面談前の準備のポイントについて教えてください。

A

　面談のイメージトレーニングをすると、面談がスムーズに進むようになるので受任率が格段にアップします。以下、イメージトレーニングの事例をご紹介します。

　面談ではまず、事実関係の確認として、どういう相続人がいて（相続人の範囲）、どのような相続財産があるのか（相続財産の範囲と評価）を確認します。

　次に、遺言の有無に応じて、遺言執行又は遺産分割の法的観点に立った説明を行います。そして、受任から業務完了までの道筋（＝ロードマップ）を提示します。ロードマップは、面談準備の段階で用意したロードマップに面談で入手した情報を書き加えて、相談者に提示します。すると先行きが見えないことで不安だった相談者は、解決までの道筋をイメージできて安心します。そのロードマップの中に銀行の相続手続も入れておくのです（銀行の相続手続は銀行を訪問したり、"戸籍謄本の束"又は法定相続情報一覧図の写しなど提出しなければならないことも伝える）。

　この段階まで来ると、相談者は「自分で行うには荷が重い」「依頼した方が早く解決できる」と依頼に心が傾いてきます。そうなると「依頼したらいくらかかるのだろう」と「費用」が気になってきます。そこで用意しておいた見積書に、面談で入手した情報（相続人の人数や被相続人が口座を開設してた銀行の行数等）を加えて見積金額を算出して提示します。

　そして、金額に合意できれば委任契約を締結します。また、可能であれば銀行の相続手続に関する委任状を返信用封筒と共に手渡して、「署名押印の上、印鑑登録証明書を同封して3日以内に投函するように」と指示します。さらに、職務上請求について説明し、使用の許可を得て「相続関係説明図」を作成する、又は法定相続情報一覧図を入手するため役所に戸籍謄本等の請求を直ちに行います。

　忘れてはならないのは「業際」の説明です。委任契約書に記載することはもちろんですが、面談でも「紛争状態になってしまった場合、又は紛争になると（行政書士が）判断した場合は、行政書士法により業務の継続はできません（＝辞任する）」とハッキリ伝えましょう。業際について説明すると、相談

者は「もめたら（行政書士に）辞任されてしまう。そうなると厄介だ。もめないようにしよう」と思うので、紛争抑止の効果も期待できます。

　以上の流れを繰り返しイメージすれば、テンポよく面談を進めることができるようになります。そのテンポのよさが相談者の信頼を得ることにつながり、高い受任率と満足行く報酬を実現するのです。

【図表49】面談のイメージ

(1)事実関係の確認
> 「相続人の範囲」と「相続財産の範囲と評価」、「遺言書の有無」及び「進捗状況」を確認する。

↓

(2)遺産分割又は遺言執行の説明

↓

(3)「ロードマップ」の提示
> 着手から業務完了までの道筋と期間を提示する。
※相続預貯金の払戻手続も記載する。

↓

(4)銀行の相続手続の説明
> 相続預貯金の払戻手続を案内する。

↓

(5)「見積書」の提示
> あらかじめ用意しておいた見積書に、面談で入手した情報を書き加えて全額を算出して提示する。

(6)「委任契約」の締結及び職務上請求書の使用承諾
> 業務範囲、報酬額・支払条件、免責事項（業際等※）等を明示した委任契約を締結する。
> 職務上請求書の使用承諾を得た上で、直ちに戸籍謄本等を役所に請求する。
※「業際」の説明
> 相続人間又は受遺者間等に、調停・訴訟の因をなす紛争状態が生じた場合又は、行政書士が生じるおそれがあると判断した場合は、行政書士法により業務継続ができない（＝辞任する）ことを伝える。

> ▶ 面談当日に取得する、又は面談から3日以内を目処に委任状（包括的委任、銀行の相続手続、固定資産税評価証明書等）を印鑑登録証明書といっしょに返信してもらう

☑ **ここが実務のポイント⑩**

イメージトレーニングをして面談に臨むとテンポよく進んで受任率が高くなる。また、ロードマップに銀行の相続手続を入れておくこと。

5-6　5. 面談〜相談者との実質的なファーストコンタクトの場

銀行の相続手続を満足行く報酬で受任し、なおかつ速やかに業務を遂行し、顧客価値を実現するための面談での知識と技を確認する。

Q11　銀行に連絡する前にすべきこと

銀行の相続手続を開始する前に、依頼者に説明しておいた方がよいことはありますか。

A

銀行に相続手続を行うと、その時点で被相続人が設けていた口座の入出金が停止されてしまいます（いわゆる「口座の凍結」）。口座が凍結されてしまうと、たとえば、被相続人がアパートを所有しており、借主から被相続人の口座へ家賃の振込がされている場合、借主は家賃の振込ができなくなってしまいます。その他、公共料金などの自動引落し（＝口座振替）もできなくなります。

このような事態を回避するために、銀行に相続手続を行う前に、口座凍結

について説明した上で、「口座が凍結されてしまうとお困りになることはありませんか」と相続人代表者や受遺者に確認してから銀行の相続手続を開始するようにしましょう。

もし、支障があるようなら、公共料金の振替口座を変更する等対策を講じた後に銀行手続をするようにしましょう。変更手続が速やかに行うことができない場合は、行政書士がサポートして手続を進めることも検討しましょう。

> ☑ ここが実務の**ポイント⑪**
>
> 銀行の相続手続を開始する前に、依頼者に被相続人の口座凍結による支障の有無を確認する。

> **Q12** 銀行の相続手続の受任率をアップする技
>
> 銀行の相続手続を受任するための効果的な方法はありますか。

A

行政書士が銀行の相続手続を行うことはほとんど知られていません。そこで、面談では必ず銀行の相続手続を行うことを伝えましょう。さらに、Q10で指摘したとおり、ロードマップに銀行の相続手続を記載します。すると、相談者は「ずいぶん面倒だな」「(払戻手続をするために) 会社を休まないといけないな」など不安な気持ちになってきます。そこで「銀行の手続も行います」とお声掛けすると、「やってくれるの！」と興味津々で手続の話に耳を傾けます。

また、ロードマップに日付を記載することで、相談者は相続預貯金を払い戻せる目処が立つので依頼に一層前向きになります。ただし、着手後に面談で聞いていなかった事実が判明するなどして予定のとおり進まないことも当然あります。日付は余裕を見込んで付けるようにしましょう。

4 月 1 日（＝本日）：(1)面談～事実関係・現状の確認
　　　　　　　　　➡ご依頼（＝受任）
　　　　　　　　　(2)業務開始
　　　　　　　　　　①事実関係の調査
　　　　　　　　　　　イ）「相続人の範囲」の確定
　　　　　　　　　　　　　➡「戸籍謄本等」の請求
　　　　　　　　　　　　　➡「相続関係説明図」の作成又は
　　　　　　　　　　　　　　「法定相続情報一覧図」の請求
　　　　　　　　　　　ロ）「相続財産の範囲と評価」の確定
　　　　　　　　　　　　　➡★銀行訪問（第 1 回）：残高証明書の請求
　　　　　　　　　　　　　➡「財産目録」の作成

5 月 1 日頃：(1)事実関係の調査結果報告
　　　　　　　(2)遺産分割の内容確認
　　　　　　　➡「遺産分割協議書（案）」の作成

6 月 1 日頃：遺産分割協議の成立
　　　　　　　➡「遺産分割協議書」に相続人全員が署名押印する。

6 月 10 日頃：★銀行訪問（第 2 回）
　　　　　　　➡払戻手続（「遺産分割協議書」「相続届」等を提出する）

6 月 20 日頃：★相続預貯金の払戻しが完了

★：銀行の相続手続関連

 ここが実務の**ポイント⑫**

ロードマップに銀行の相続手続を日付を付して記載すると受任率が一層高くなる。

Q13　受任を引き寄せる「5 つ」の決め台詞

面談で銀行の相続手続の受任を "ぐっ" と引き寄せる「決め台詞」を教えてください。

A

次の 5 つの決め台詞が受任を一気に引き寄せます。

1 つ目は、「銀行に出向く必要がありません」です。一般に、相続預貯金の払戻手続を行うには、銀行に残高証明書の請求と払戻しの手続で最低 2 回行く必要があります。たとえば、被相続人が 5 行の銀行に口座を設けていたら、5 行×2 回で 10 回も出向かなければならなくなります。しかも、書類の不足や不備があればさらに回数は増えてしまいます。このように、相談者（相続人代表者や遺言執行者）に面談の場で訪問回数を具体的にお伝えすると、大抵は「こんなに大変なのか……」と思うはずです。

2 つ目は、「『印鑑登録証明書』だけご用意ください」です。銀行の相続手続を行うには、戸籍謄本、遺産分割協議書、相続届等が必要なことを相談者に説明した上で、「『印鑑登録証明書』だけご提出ください。その他の書類や資料は私（＝行政書士）が作成又は役所に請求して取得します」と伝えます。それを聞いた相談者は、「これは助かる！」と思うはずです。

3 つ目は、「費用は銀行の〇分の 1 です」です。一般には、「遺産整理業務」「相続手続代行サービス」といったタイトルで各銀行がホームページに掲載しています（P361【現物資料 139】参照）。

おそらく、見積を算出したら、銀行の費用と比べて "お徳" な金額になると思います。算出した見積書と銀行の手数料の両方を提示して、相談者に見比べてもらうのもよいでしょう。

4 つ目は、「銀行に遺産の内容を知らせずに済みます」です。銀行が遺産整理業務を行う真の目的は、遺産の内容を把握することです。そして、遺産を承継した相続人等に資産運用の営業を行うのです。そういったことを「煩わしい」と感じる方は少なくありません。

5つ目は、4番目と関連しますが、「業務完了後の営業行為はいたしません」です。業務完了後に依頼者に承諾を得た上で、アフターフォローの一環として年賀状や暑中見舞いの「季節の挨拶」はさせて頂きますが、承継した遺産の運用についての営業行為は一切しないことをお伝えします。ただし、「資産運用を相談したい」というご要望があれば、税理士やファイナンシャルプランナー等のパートナーをご紹介するとよろこばれるでしょう。

　以上5つの決め台詞は「面倒なことはしたくない」「速やかに手続を終わらせたい」そして「費用は抑えたい」という依頼者の心理を突いています。ぜひ試してみてください。

現物資料 139 ＞ 銀行の遺産整理業務の費用

「相続手続代行サービス」の手数料

手数料は相続手続代行サービス対象財産の財産額（※ 1）に以下の割合を乗じて計算した合計金額となります。ただし、手数料の最低額は 110 万円（税込）となっております。

		財産額	報酬料率 （消費税等込み）
1	A グループ名銀行の お預り資産（※ 2）		一律 0.33 %
2	1 を除くその他の財産	5,000 万円以下の 部分に対して	2.20 %
		5,000 万円超 1 億円以下の 部分に対して	1.65 %
		1 億円超 3 億円以下の 部分に対して	1.10 %
		3 億円超の 部分に対して	0.55 %

- ・ （※ 1）財産額の評価方法は、当社所定の計算になります。
- ・ （※ 2）A グループ各銀行のお預り資産とは、A 銀行、B 銀行、C 銀行、D 銀行にお預入れの預金、信託、投資信託、国債等をいいます。

「相続手続安心パック」の手数料

ご利用条件

前提条件		基本要件
・相続人は 5 人以下 ・相続財産は不動産と金融資産（株式を除く）のみ ・取引金融機関は証券会社を含まず、かつ A 銀行のみではない ・本契約時までに遺産分割協議がととのう見込みで財産目録は不要	**＋**	・不動産は自宅（私道負担含む）のみ ・取引金融機関は 5 社以内

▼

全てを満たす
550,000 円
★追加費用となる場合
・自宅を除く不動産の件数
・取引金融機関が５社を超える件数
１件増えるごとに
88,000 円
※追加要素数の上限は３件となります。

●次に示すものを含む諸費用等は、別途お客さままたは相続財産にご負担いただきます。

- 戸籍謄本等、法定相続情報一覧図の写し、固定資産評価証明書、不動産登記簿謄本等の取得費用
- 不動産相続登記に係る登録免許税、司法書士報酬、相続税申告等に要する税理士報酬
- 預貯金等の残高証明書等の発行手数料　など

参考：都市銀行のホームページを参考に作成した。

☑ ここが実務の**ポイント⑬**

「銀行に出向く必要がありません」「『印鑑登録証明書』だけご用意ください」「費用は銀行の〇分の１です」「銀行に遺産の内容を知らせずに済みます」そして「業務完了後の営業行為はいたしません」の５つの決め台詞は、受任を一気に引き寄せる。

Q14 銀行の相続手続の委任状の技

速やかに銀行の相続手続を遂行できる委任状の技を教えてください。

A ────────────────────────────────

　ポイントは、銀行に「銀行側から見て安心できる委任状」を提出すること
です。銀行側から見て安心できるとは、内容に信ぴょう性が高いことを意味
します。そのためには、委任状を見た銀行が、委任者（＝相続人代表者、相続
人、遺言執行者等）が受任者（＝行政書士）に委任した内容が明確にわかるよう
に、委任事項が個別具体的に列挙されていることが必要です。反対に、「相
続手続全般」「全ての相続手続」といった包括的な内容では、銀行は慎重に
審査せざるを得なく、その結果、業務遅滞が発生するおそれが否定できませ
ん。

　加えて、手続を行う銀行ごとに委任状を作成することで、一層銀行は安心
できるようになります。

> ☑ **ここが実務のポイント⑭**
>
> 「銀行が安心できる」という観点に立ち、委任事項を具体的に記した委任状を、
> 払戻手続を行う銀行ごとに作成する。

> **Q15**　銀行の相続手続の委任状をもらうタイミング
>
> 　銀行の相続手続を速やかに遂行するには、どのタイミングで委任状をもら
> えばよいでしょうか。

A ────────────────────────────────

　銀行の相続手続における委任状の役割は2つあります。1つは、遺産を評
価するために「残高証明書」を請求すること。もう1つは、遺産分割協議又
は遺言に基づいた払戻手続を行うことです。

　まず、残高証明書の請求は、共同相続人の1人からの委任状で行うことが
できるので（P60参照）、受任後できるだけ早く（面談当日もしくは面談から1週

間以内）相続人代表者から印鑑登録証明書とともに取得するようにしましょう。

　次に、相続預貯金の払戻手続を行う場合ですが、遺産分割協議の場合は、原則として共同相続人全員から委任状を取得する必要があります。取得するタイミングは、遺産分割協議書に署名押印をしてもらう時に、委任状も同時に署名押印をもらうようにします（その際に、印鑑登録証明書も提出してもらうこと）。そうしないと、相続人は、遺産分割協議書と委任状の署名押印を別々にしなければならないといった二度手間を強いられてしまいます。その結果、書類が整うまで日数を要してしまい業務遅滞を発生させるおそれがあります。

　以上は遺産分割協議による払戻しについてですが、遺言執行による場合は、遺言執行者から委任状をもらえば残高証明書の請求及び相続預貯金の払戻手続を行うことができます。

☑ ここが実務の**ポイント**⑮

　残高証明書は相続人代表者のみから委任状を取得すれば請求できる。また、遺産分割協議書と委任状への署名押印は同時にもらい、その時に印鑑登録証明書も提出してもらうように段取ること。

Q16　共同相続人の一部からの葬儀費用を支出するための預貯金払戻請求

　共同相続人の1人から、「葬儀費用を支出するために被相続人名義の預貯金を直ちに払い戻したい」との相談がありました。葬儀社への支払期日は1か月後であり、相続人の中には外国に居住している者もいるなど、期日までに遺産分割協議を成立させて払戻しまで完了させることは実際困難です。相談者の要望に応えるにはどのように対応すればよいでしょうか。

　改正民法909条の2による「遺産分割前における預貯金の払戻制度」の活用を検討しましょう。

　銀行は、共同相続人の 1 人から同条による払戻しを求められた場合、当該相続人からの聴取により、その預金について遺産分割が成立していないこと、遺贈・特定財産承継遺言の対象となっていないことを確認した上で[注1]、必要書類として、戸籍謄本（全部事項証明書）等又は「法定相続情報一覧図の写し」の提出を求め、①被相続人が死亡した事実、②相続人の範囲、及び③払戻しを求める相続人の法定相続分と本人確認を確認します。それらの確認ができれば、銀行は、法定の限度までの払戻しに応じなければなりません[注2]。なお、同条は、払戻しを受ける目的が何であるかを問わないこととしているため、銀行から払戻金の使途（葬儀費用であるか否かなど）を問われることはないと考えます。

　なお、改正民法 909 条の 2 後段では、同条前段の規定に基づき権利行使がされた預貯金債権については、その権利行使をした共同相続人が遺産の一部分割によりこれを取得したものとみなすこととしています。これにより、仮に共同相続人の一部の者が、同条前段の規定に基づき払い戻した預貯金の額がその者の具体的相続分を超過する場合でも、当該共同相続人は、遺産分割においてその超過部分を清算すべき義務を負うことになり、共同相続人間の公平が確保されることとなります。

✅ ここが実務のポイント⑯

　遺産分割前の相続預貯金の払戻しの相談には、民法 909 条の 2（遺産の分割前における預貯金債権の行使）の活用を検討する。

注1　遺贈や特定財産承継遺言の対象となった預貯金は遺産に属さないこととなるため、民法 909 条の 2 による払戻しの対象とならないが、銀行としては、所定の債務者対抗要件（民 467・改正民 899 の 2 ②）が具備されるまでは、当該預貯金が遺産属していることを前提に対応すれば足りる（『一問一答』P79）。

注2　払戻手続時には、銀行所定の相続預金払戻請求書と印鑑登録証明書の提出を受け、法定の限度額の範囲内で申出額の払戻しを行う。なお、民法 909 条の 2 による払戻しは、法定の限度額までであれば複数回に分けて行うことも可能であるため、銀行は、払戻履歴の管理と確認を行うと考えられる。

顧客価値を実現するために、銀行の相続手続を速やかに遂行するための知識と技を確認する。

■1 銀行の相続手続を速やかに遂行するための知識と技

銀行の相続手続を速やかに遂行するための業務全般の知識と技を確認する。

Q17　受任当日に行う3つの事務

銀行の相続手続を速やかに遂行するために、「受任直後に実行すべきこと」は何がありますか。

A

受任直後に実行すべきことは3つあります。

1つ目は、職務上請求書を使用して戸籍謄本を役所に請求することです。2つ目は依頼者（＝相続人代表者又は遺言執行者）に、銀行の相続手続等の委任状を郵送することです。そして、3つ目は、自分の印鑑登録証明書を取得することです。

1つ目の「職務上請求書の使用による戸籍謄本の請求」ですが、受任したら依頼者に職務上請求について説明して、職務上請求による戸籍謄本等の請求の承諾を得ます（決して無断で使用しないこと）。そして、戸籍の収集は想定以上に時間を要してしまうことがあるので、承諾を得たら直ちに役所に請求しましょう。

2つ目の「委任状の郵送」ですが、面談で受任したらその場で相続手続に必要な委任状に署名と実印での押印をしてもらい、印鑑登録証明書を提出してもらうのが理想的です。しかし、面談当日に実印と印鑑登録証明書を用意

していただくのは、実際のところ困難でしょう。そこで、面談で受任したら、委任状の内容を説明した上で、面談当日に依頼者へ委任状を郵送します（返信の期日を指定し、印鑑登録証明書を同封するように指示すること。また、切手を貼り付けた返信用封筒を同封すること）。そうすれば、受任から 2 週間程度で残高証明書を入手できます。

3 つ目の「自分の印鑑登録証明書の取得」ですが、行政書士は、相続人又は遺言執行者の代理人として銀行の相続手続を遂行していくことになります。その際、受任者である行政書士は銀行の相続手続の書類に実印を押印して業務を進めます（**P374「Q24 脚注」参照**）。そのため、印鑑登録証明書が必要になります。なお、これにより相続人、受遺者及び遺言執行者は、銀行所定の相続届等の様式に署名押印しなくて済みます。

以上の 3 点を受任後に直ちに行うことで、銀行の相続預貯金の払戻しを含めた相続手続を速やかに遂行することができます。

☑ ここが実務のポイント⑰

受任したら、直ちに「戸籍の請求」「委任状の郵送」そして「自分の印鑑登録証明書の取得」の 3 つを実行する。

Q18 銀行の相続手続を要領よく行うための 4 つの知識

銀行の相続手続を要領よく行うために、提出書類に関して知っておくとよいことはありますか。

A

4 つあります。1 つ目は「委任状」に関することです。遺産分割の場合は、最終的には共同相続人全員からもらうことになりますが、まずは、相続人代表者のみでかまいません（残高証明書の請求は共同相続人の 1 人でもできる）。なお、遺言執行の場合は、原則として遺言執行者のみから委任状をもらえば足

ります。

　２つ目は「相続人の範囲が確定できる戸籍謄本等」に関することです。具体的には、被相続人の出生から死亡までの戸籍謄本等及び共同相続人全員の戸籍謄本を提示します。残高証明書を請求するための最初の銀行訪問時にこれらの戸籍謄本等を相続関係説明図と共に銀行に提出すると、銀行は直ちに相続人の範囲を確認できるので、後々の手続が速やかに進行します。また、万一相続人の見落としをしてしまった場合、銀行から指摘されるので「相続人の範囲の誤認」という事故防止にもつながります。なお、「法定相続情報一覧図の写し」を提出すれば、原則、戸籍謄本等を提出する必要はありません。また、法務局で相続人の範囲を確認するので、相続人の範囲を誤ることは、まずあり得ません。

　ただし、相続関係が複雑等の理由で、整えるのに日数を要する場合は、残高証明書の請求時には「被相続人と依頼者（＝相続人代表者）が相続関係にあることが証明できる戸籍謄本等」だけを取得し提出するだけでもかまいません。

　また、職務上請求書で共同相続人の「戸籍の附票」も収集するとよいでしょう。これがあると、遺産分割協議書と委任状を作成する際に、相続人の住所をあらかじめ印字できるので、相続人の負担を減らし、なおかつ住所の誤記を防ぐことができます。

　ところで、遺言執行の場合は、銀行に対して被相続人の死亡が確認できる戸籍謄本を提出すれば足りますが、遺言執行者がその任務を開始したときは、遅滞なく、遺言の内容を相続人に通知し（改正民 1007 ②）、相続財産の目録を作成してこれを相続人に交付すべき義務（民 1011 ①）があります。この義務を履行するためには、相続人の範囲を確定し相続人の住所を特定する必要があるため、結果的に、遺産分割業務と同様に相続人の範囲を確認するための戸籍謄本等と戸籍の附票を請求することになります。

　３つ目は「相続関係説明図」に関することです。窓口の行員に相続関係説明図を示しながら相続関係を説明すると、行員はすんなりと理解できるので

手続がスムーズに進みます。なお、相続関係が複雑など案件の内容によっては、前述の法定相続情報証明制度を活用して「法定相続情報一覧図の写し」を提出することをお勧めします。

4つ目は「通帳とキャッシュカード」に関することです。相続手続では、通帳とキャッシュカードを銀行に提出することになります。ただし、探してみたものの見つからない場合は、「紛失」として銀行所定の相続届に記載すれば済みます。もし、相続人代表者や遺言執行者から「見当たらない」と回答がきたら、「それでは（これ以上探さなくても）結構です」と伝えて、必要以上に負担を掛けないようにしましょう。

✅ ここが実務のポイント⑱

委任状の署名押印は、まず、相続人代表者からもらう。次に、遺産分割協議が成立したら遺産分割協議書といっしょに共同相続人全員からもらう。相続関係説明図を銀行に提示すれば手続はスムーズに進む。また、状況に応じて、法定相続情報証明制度を活用する。

Q19　うっかり忘れがちなこと

銀行の相続手続でうっかり忘れそうになったことはありますか。

A

自分自身のことは盲点となることがあります。

銀行の相続手続は、受任者である行政書士の「印鑑登録証明書」と「実印」で進めていきます（**P374「Q24 脚注」参照**）。しかし、私は、銀行に手続に行くときに印鑑登録証明書は持参したのですが、うっかり実印を忘れてしまい、出直す羽目に陥ってしまったことがあります。

このように、「自分自身」のことについては案外抜けてしまうものです。

くれぐれもご注意ください。

☑ ここが実務の**ポイント**⑲

「自分自身」のことは案外忘れがち。銀行には自分の「印鑑登録証明書」と「実印」を必ず持参すること。

Q20 銀行の相続手続の３つの型（銀行の相続手続の窓口）

銀行に相続手続を行う場合、窓口はどこになりますか。

A

都市銀行の多くは被相続人が口座を開設していた以外の支店でも受付けし、その後の手続にも応じています（支店窓口型）。

一方、信用金庫等の中小金融機関では、口座開設の支店に限定するところもあります（口座開設支店型）。

また、最初は任意の支店で受け付けるが、以後の手続は相続の専門部署である相続センターで行うという銀行もあります（相続センター窓口型）。

相続センター窓口型の場合、原則として、戸籍謄本等の原本を相続センターに送り、相続センターで審査を行った後、原本が返却されます。そのため、この方式では原本が手元から離れてしまう期間が発生してしまうので、その間他行の払戻手続や不動産の登記申請が遅滞してしまうことがあります。そこで、相続センターに事情を説明すれば、申請書類の提出を支店に行い、その支店で原本照会を行った上で写しを取り、支店はその写しを相続センターに届けてくれます。そうすれば、原本はその場で還付してもらうことができます（P125【図表41】、P371Q21参照）。

☑ **ここが実務のポイント⑳**

　銀行の相続手続の受付窓口には、「支店窓口型」「口座開設支店型」「相続セン
ター窓口型」の 3 つがある。■

Q21 原本還付と法定相続情報証明制度

　複数の銀行の相続手続を行うことになりました。そのため、戸籍謄本や印
鑑登録証明書等の原本を銀行に提出してしまうと原本が返却されるまでの間
他行の手続が滞ってしまいます。原本は還付されるのでしょうか。また、還
付される場合はいつ頃に返却されるのでしょうか。

A

　通常、銀行の窓口に戸籍謄本、委任状、印鑑登録証明書、遺言書等の原本
を提出すると、その場でコピーして帰るときに返却されます。ただし、前述
のように、相続センターで手続をする場合は、原本を一度相続センターに郵
送する必要が生じます。その場合は相続センターで行わなければならない銀
行（＝相続センター窓口型）を最後に回せば業務遅滞を発生することなく業務
を遂行できます。その方法が困難な場合は、支店で写しを取ってもらい、そ
の写しを支店経由で相続センターへ転送してもらうように相続センターに交
渉してみましょう。たいていは受け入れてもらえます。

　なお、不動産登記を司法書士に依頼する場合は、戸籍謄本等の原本を司法
書士に預けなければなりません。そして、司法書士に預けてから登記が完了
して原本が返却されるまで通常 2〜3 週間を要します。したがって、不動産
登記は銀行の相続手続が全て完了してから行うのがよいでしょう。

　ただし、不動産登記を早くする事情がある場合は、法定相続情報証明制度
を利用して「法定相続情報一覧図の写し」で相続手続を進めていくことも検
討してみましょう。

　法定相続情報証明制度を利用して法務局から「法定相続情報一覧図の写

し」を取得して銀行に提出すれば、相続人の範囲を証明する戸籍謄本等（いわゆる"戸籍の束"）を原則提出しないで済みます。そして、行政書士は、法定相続人（＝申出人）の資格者代理人として、法務局に対して「法定相続情報一覧図の写し」の請求を行うことができます（不登規247①・②二、戸10の2③）。ただし、この請求をするにも戸籍謄本等の原本を法務局に提出する必要があり、請求から「法定相続情報一覧図の写し」を入手するまで10日程度を要します。なお、一覧図の写しは、相続手続に必要な範囲内で複数請求でき、手数料は無料です。

> ☑ ここが実務の**ポイント㉑**
>
> 戸籍謄本や印鑑登録証明書等の原本は支店窓口での打合せ当日に返却される。なお、法定相続情報証明制度を利用して「法定相続情報一覧図の写し」を入手すれば、原則、銀行に"戸籍の束"を提出する必要はなくなる。

Q22 銀行へのアポイント

> 銀行に打合せに行く前にアポイントを入れた方がよいでしょうか。業務が立て込んでいて、予定が立ちにくいので、できればノーアポで訪問したいと思っています。

A

アポイントを入れてしまうと、銀行の都合もあるため希望する日時に訪問できないこともあります。ご質問の趣旨は、できればご自身の都合のよい時に銀行に行って手続を済ませたいということだと思います。

以前は都市銀行ではノーアポでも対応していました。しかし、近年は、事前に予約を入れないと対応しない支店も増えてきました。また、地方銀行や信用金庫では以前から原則予約制としているところが多いようです。

予約制の場合、自分の都合を優先して訪問できないというデメリットがあ

る一方、予約を入れておくと銀行は訪問時に被相続人に関する資料を用意しているので打合せが要領よくできて、銀行での停滞時間を短くできるというメリットがあります。したがいまして、銀行に行く前には事前に予約を入れることをお勧めします。

なお、銀行に予約を入れた時点で口座は凍結されてしまいます。そのため、事前に相続人代表者や遺言執行者に口座が凍結されることを伝え、もし支障があるようなら、事前に対策を講じてから銀行にアポイントを入れるのがよいでしょう。

☑ **ここが実務のポイント㉒**

銀行には予約を入れてから打合せに行くこと。予約を入れた時点で被相続人の口座は凍結されるので注意を要する。

Q23 アポイントでの伝達事項

銀行にアポイントを入れる際に、「これは伝えておくべき」ということがあれば教えてください。

A ────────────────

相続預貯金の払戻手続では、銀行は二重払いのリスクを負っています。そのため、銀行は、電話をかけてきた者の立場に関心を寄せます。したがって、たとえば、冒頭で「行政書士の〇〇と申します。御行に口座を設けていた□□様がお亡くなりになりました。そこで、相続人代表者であるご長男の△△様から相続手続について委任を受けてお電話しました」と依頼者と自分の立場（関係性）を明確に伝えます。

このように自分の立場を明確に伝えることで、その後の話はスムーズに展開します。

Q24　銀行に提出する身分証明書

　行政書士が銀行に提示する身分証明書は何がよいでしょうか。また、相続人又は遺言執行者は、印鑑登録証明書の他に身分証明書として提出する書類はあるでしょうか。

A

　行政書士が相続人又は遺言執行者の代理人として銀行の相続手続をするには、印鑑登録証明書と実印が必要です[注3]。その他、行政書士としての身分を明らかにするために「行政書士証票」及び所属行政書士会から発行された「会員証」も用意します。さらに、公的証明書として「運転免許証」や「マイナンバーカード」等の写真付き証明書も用意しましょう。

　相続人又は遺言執行者は、原則として印鑑登録証明書で大丈夫です。ただし、「運転免許証」や「マイナンバーカード」等の公的証明書を求められるときがあるので、あらかじめ写しを提出してもらうとよいでしょう。また、相続預貯金の振込口座の通帳の写しもあれば、銀行所定の相続届を記載するときに便利です。

　相続手続で不動産登記や相続税の申告が伴う場合は、パートナーの司法書士、税理士に必要書類を事前に確認して、依頼者に銀行の相続手続の必要書類と合わせて提出してもらうようにしましょう。そうすれば、二度手間三度

注3　印鑑登録証明書と実印に代わり、職印証明書と職印でも可能である。ただし、職印証明書を入手するには、所属する行政書士会への請求等で日数を要すること、及び金融機関が印鑑登録証明書の対応に慣れていることなどから、本書では、印鑑登録証明書及び実印での手続を基本としている。

手間が防げて依頼者の負担軽減と速やかな相続手続が実現できます。

【図表 50】銀行に提出する行政書士又は相続人若しくは遺言執行者の身分証明書

区　　分	内　　容
行政書士 （相続人・遺言執行者の代理人）	・印鑑登録証明書及び実印（職印証明証及び職印でも可） ・行政書士を証するもの 　➡行政書士証票、会員証 ・官公署が発行した写真付きの証明書 　➡運転免許証、マイナンバーカード、パスポート等
相続人又は遺言執行者	・印鑑登録証明書 ・官公署が発行した写真付きの証明書の写し 　➡運転免許証、マイナンバーカード、パスポート等 ※銀行には提出しないが、「相続預貯金の払込み口座の通帳の見開き頁の写し」を取得しておくと銀行所定の相続届に払込口座情報を記載するときに役立つ。

☑ **ここが実務のポイント㉔**

　相続登記や相続税の申告が伴う場合は、事前に、司法書士又は税理士に必要書類を提示してもらい、相続人等に必要書類の取得に二度手間をかけさせないようにする。

Q25 銀行の相続手続の所要時間

　銀行に相続手続に行くと、入店から退店まで所要時間はどの程度かかりますか。見積を提示する際の参考にしたいと思います。

A

　予約を入れていても、1 回の訪問で 1 時間から 1 時間半くらいかかります。窓口が混雑していると 2 時間位かかってしまうこともあります。これに事務

所から銀行までの往復時間を含めると半日から丸一日かかることになります。したがって、見積を算出する際に、この所要時間を見込むことは"満足行く報酬"を得るためのポイントになります。また、相談者の多くは銀行の相続手続を自ら行った経験はありませんので、この所要時間を面談で説明すると「面倒な上にこんなに時間がかかるのか。自分にはそのような（時間的）余裕はない」となって受任率アップにもつながります。

　なお、銀行訪問の当日にスケジュールを入れ過ぎると、次の訪問先に約束の時間とおりに伺えなくなるなど支障が出るおそれがあります。当日のスケジュールは余裕を見込んで立てるようにしましょう。

> ☑ **ここが実務のポイント㉕**
>
> 　銀行での相続手続の所要時間は1回の訪問で2時間程度を見込むこと。これに移動時間も含めると半日程度を要する。この時間を相談者に説明し見積に反映することは"高い受任率"と"満足行く報酬"の実現につながる。

Q26　「相続届」の入手

初回の銀行訪問時に、銀行から入手すべき書類はありますか。

A ——————————————————

　初回の訪問時（通常、残高証明書の請求）で、相続手続で銀行に提出する書類を入手しましょう。この書類は一般に「相続届」と呼ばれています。この書類には手続の方法や提出書類が詳しく書かれているので早めの相続届の入手が速やかな相続手続につながります。相続届は請求しないと配布しない銀行もありますので、こちらから「『相続届』をください」とリクエストしましょう。

☑ ここが実務の**ポイント**㉖

初回の訪問時に「相続届」をリクエストして入手する。

Q27 担当者の指名

　銀行の窓口の担当者はその都度代わるのでしょうか。最初に銀行を訪問したときの担当者の対応が機敏だったので次回もその方に対応してもらいたいと思っています。

A

　もし、行員の対応がよかったら、名刺交換をして「今後も窓口になっていただけますか」と依頼しましょう。大抵は受け入れてくれます。そうすれば、問い合わせなどしたときにスムーズに話がかみ合うのでお互いに早く仕事を終わらせることができます。また、相続センターが窓口の場合は、電話対応した方の名前を聞いて、今後もその方が窓口になるのか確認しておきましょう。

☑ ここが実務の**ポイント**㉗

窓口の対応がよかったら以後も担当してもらうようにリクエストする。

---

2 取引履歴・残高証明書の請求

　銀行の相続手続で必須の取引履歴・残高証明書の請求に係る知識と技を確認する。

Q28　共同相続人の一部による預貯金口座の取引履歴及び残高証明書の請求の可否

　先日、兄と亡父の遺産分けの話し合いをした方から次のような相談を受けました。「兄から亡父の財産目録を提示されましたが、預貯金の額が思っていたより少なく納得がいきません。そこで、亡父の預金口座の取引履歴と残高証明書を銀行に請求しようと思います。兄に知られずに私一人でできるでしょうか。相続人は私と兄の二人です」

　私（行政書士）は、相談者の代理人として銀行に被相続人の預金口座の取引履歴と残高証明書を請求することはできるでしょうか？

A

　相続人が単独で、銀行に対して預貯金口座の取引履歴や残高証明書の開示請求ができるかという質問です。取引履歴は、預貯金口座の過去の入出金の推移が記された書類であり、残高証明書は、特定日（相続の場合は通常死亡日）の預貯金口座の残高を記した書類です。

　結論としては、相続人であれば、単独で金融機関に対して預貯金の取引履歴も残高証明書も請求できます。その根拠は、預金者が死亡して相続が開始すれば、相続人は相続開始の時から被相続人の一身に専属したものを除いてその財産に属した権利義務一切を継承し（民896）、相続人が数人あるときは、相続財産はその共有に属するものとされるからです（民898）。つまり、相続人の一部からの取引履歴と残高証明書の請求は、共有財産である「預金者の地位」としての依頼なので、銀行はこれに応じる義務があるということです。

　また、預金の取引履歴の開示請求に関して、最高裁は、「預金者が死亡した場合、その共同相続人の一人は、預金債権の一部を相続により取得するにとどまるが、これとは別に、共同相続人全員に帰属する預金契約上の地位に基づき、被相続人名義の預金口座についてその取引経過の開示を求める権利を単独で行使できるというべきであり、他の共同相続人の同意がないことは

上記権利行使を妨げる理由となるものではない」と判じました（最判平21
[2009]・1・22判時2034号29頁）。

　つまり、共同相続人全員の預金契約上の地位の準共有を観念して（民
264）、その「保存行為」として取引履歴開示請求権の単独行使を認めるとい
う考えを採用したということです（民252⑤）。

　以上から、行政書士は、相続人の一人から委任を受ければ、代理人として
銀行に被相続人の預金口座の取引履歴と残高証明書を請求することができま
す。

☑ ここが実務のポイント㉘

　相続人は、単独で金融機関に対して相続預貯金の取引履歴も残高証明書も請求で
きる。

Q29　残高証明書の届け先

　銀行から「残高証明書は先生（＝行政書士）のご自宅（＝印鑑登録証明書
の住所）に郵送します」と告げられてしまいました。業務上、事務所に郵送
してもらいたいのですが可能でしょうか。

A

　身分証明書の一つとして提示した印鑑登録証明書には、住所しか記載され
ていません。そのため、銀行は受任者の住所を印鑑登録証明書を基準に考え
ます。

　そこで、事務所に残高証明書等の書類を郵送してもらうためには、印鑑登
録証明書と事務所の住所を紐付ける証明書を提示する必要があります。たと
えば、東京都行政書士会の会員証（顔写真付き）には、「事務所」と「自宅」
の住所が併記されています。筆者の経験上、そのことを銀行に伝えて会員証

を銀行に提示すれば、事務所に書類を郵送してくれます。

☑ ここが実務の**ポイント**㉙

　事務所に残高証明書等の資料を郵送してもらうには、印鑑登録証明書の住所と事務所所在地を紐付けることができる「会員証」等の証明書を提示してみる。

Q30 残高証明書の請求に必要な戸籍謄本

　相続人代表者から遺産分割による相続手続を受任しました。そこで、相続財産の調査のために銀行に残高証明書を請求しようと思います。戸籍謄本はどの範囲まで提出する必要がありますか。

A

　被相続人と相続人代表者が相続関係にあることを証明できる戸籍謄本等を銀行に提出すれば残高証明書を請求できます。

　このように、「相続人の範囲」を確定する戸籍謄本等（被相続人の出生から死亡及び相続人全員の戸籍謄本等）を提出しなくても残高証明書を請求することができます。ただし、残高証明書を請求するときに「相続人の範囲」を確定する戸籍謄本等又は法定相続情報一覧図の写しを銀行に提出すれば、銀行は相続人の範囲を早い段階で知ることができるので、速やかな相続手続の遂行が期待できます。

☑ ここが実務の**ポイント**㉚

　残高証明書の請求に必要な戸籍謄本は、「被相続人の死亡」及び「被相続人と相続人代表者（＝依頼者）が相続関係にあることが証明できる戸籍謄本」を提示すれば足りる。

Q31 残高証明書の発行に要する日数

銀行に残高証明書を請求後、どのくらいで入手できますか。また、急ぐ場合はどのような手段がありますか。

A

通常、請求から事務所に郵送で到着するまで 1 週間程度を要します。ただし、信用金庫と地方銀行の中には、請求当日に発行するところもあります。なお、口座が開設されていた支店に請求すれば、発行まで 2〜3 日は短縮できます。

☑ ここが実務のポイント㉛

残高証明書は請求後 1 週間程度で入手できる。なお、急ぐ場合は口座を開設していた支店に直接請求する。

3 口座の凍結

銀行の相続手続で必須の口座の凍結に係る知識と技を確認する。

Q32 口座凍結が実行される場面

依頼者である被相続人の長男（＝相続人代表者）が、自分が知らぬ間に、亡父の死亡直後に銀行口座が凍結されてしまったことを不思議がっていました。相続において口座の凍結はどのようなときに行われるのでしょうか。

A

口座開設者が死亡して入出金が一切できなくなる、いわゆる "口座の凍

結"の主な原因は、次の4つの場合が考えられます。

(1)　銀行が相続人等から預金者が死亡した報告を受けたとき

　相続人の中に、「勝手に引き落とされたら困る」と思う者がいれば、口座の入出金を停止する目的で銀行に通知するかもしれません。

(2)　銀行が預金者の死亡を営業回りやマスコミの報道で知ったとき

　信用金庫の営業担当者はこまめに営業エリアを回っています。聞くところによると、葬儀会場の前を通る時に「○○家の葬儀」といった立て看板を注意深く見ているようです。そして、顧客と思われる場合は、支店の担当者が調査して口座開設者の死亡が確認できれば凍結します。また、著名人はマスコミで報道されたり新聞の死亡欄に掲載されて死亡したことが公になる場合があります。このような場合も、事実確認をした上で凍結します。

(3)　所轄の税務署から照会を受けたとき

　被相続人の所轄の税務署から照会が入ることにより、死亡の事実を知り凍結する場合があります。

(4)　他の金融機関から連絡を受けたとき

　他行からの連絡により死亡の事実を知り凍結する場合があります。

☑ ここが実務の**ポイント**㉜

銀行は預金者の死亡が確認できれば直ちに口座を凍結する。

Q33　口座凍結を行う理由

　銀行は、なぜ預金者の死亡を確認すると直ちに口座を凍結するのでしょうか。

A

　いくつか理由はありますが、一番の理由は二重払いのリスクを回避するためと考えられます。万一、銀行が預金者の死亡の事実を知ったにもかかわら

ず、預金の入出金停止措置を講じなかったために、不正な払戻し等が行われた場合には、たとえ払戻請求者が真正な届出印を持参したような場合でも、銀行は免責されず、その結果、遺産分割等による二重払いのリスクの存在は否定できません。そのため、銀行は預金者が死亡した事実を確認した場合は、直ちに当該口座の入出金停止措置、すなわち口座を凍結するのです。

> ☑ ここが実務の**ポイント**㉝
>
> 　銀行は預金者の死亡を確認した場合、二重払いのリスクを回避するために、直ちに預金口座の入出金停止措置（口座の凍結）を実行する。

4 貸金庫

　銀行の相続手続で必須の貸金庫に係る知識と技を確認する。

> ## Q34 　貸金庫の法的性質
>
> 　銀行の相続手続で、貸金庫の開扉等をめぐって銀行とトラブルになることがあると聞きました。そこで、貸金庫の法的性質を教えてください。また、相続人は、内容物を確認するために、単独で貸金庫を開扉することは可能でしょうか。

A

　貸金庫の法的性質は、賃貸借と考えるのが通説です。貸金庫契約の借主たる地位も当然に相続の対象となるため、相続人が複数いる場合については、借主たる地位が各相続人に不可分に帰属することになり、貸金庫利用権、賃借権については、各相続人の準共有の状態になるものと解されます。

　貸金庫を開扉することは、貸金庫利用権の帰属や内容等について変更を加える行為ではないと考えられることから、処分行為や利用・改良行為には該

当せず、開けるだけであれば単なる保存行為であると考えるのが自然です。そうすると、各相続人は他の相続人の同意なくして貸金庫を開扉できることになります（民252⑤）。

また、相続人は相続財産について調査権を有しています（民915②）。貸金庫を開扉して内容物を確認することは、当該調査の一環と考えることができることからも、各相続人は他の相続人の同意なくして、貸金庫を開扉できると考えます。したがって、相続人は単独で貸金庫の開扉を銀行に対して求めることができ、銀行はその要求に応じる義務があると考えます。

> ☑ **ここが実務のポイント㉞**
>
> 相続人は貸金庫を他の相続人の同意なく単独で開扉できる。

Q35　貸金庫の内容物の取り出し

共同相続人の1人が、貸金庫の内容物を取り出すことは可能でしょうか。

A

貸金庫を開扉して内容物を確認するだけでなく、貸金庫の内容物を持ち出す行為は、貸金庫契約に付随する保存行為や相続財産の調査（調査権・民915②）の範囲を超えるものと言わざるを得ず、相続人の1人に対してこれを許容することは認められないと考えられます。つまり、開扉して内容物を確認するまではよいが、持ち出すことは認められないということです。

実際のところ、銀行側からしてみると、開扉して内容物を確認するだけならともかく、持ち出しまで認めたということになると、他の相続人からクレームを付けられるリスクが高くなるおそれがあります。当然、銀行としてはこのような事態を回避したいと考えます。したがって、相続人の1人が貸金庫の内容物の持ち出しを希望する場合は、銀行は、その条件として通常、他の共同相続人全員からの内容物の取り出しの同意を証する書面を求めてく

ると考えられます。

☑ ここが実務のポイント㉟

相続人は、単独で貸金庫を開扉して内容物の確認をすることはできるが、内容物を持ち出すことは原則できない。

Q36 貸金庫内の「現金」の取り出し

依頼者から、「銀行の貸金庫に亡き父が残した現金があります。私の相続分だけ取り出す手続をお願いします」と依頼を受けました。共同相続人の1人が単独で貸金庫にある現金を法定相続分の限度内で取り出すことは可能でしょうか。

A

依頼者は、貸金庫内の現金を、法定相続分の範囲内であれば取り出してよいのではないかとお考えのようです。

判例は、現金について、法定相続分に応じて当然に分割帰属することを否定しています（最判平4［1992］4・10家月44巻8号16頁）。これにより、現金については、遺産分割前は各相続人の共有状態にあるものと解されています。したがって、相続人の1人から、法定相続分の限度で現金を持ち出したい旨の要望があっても、銀行は他の相続人の同意がなければこれを認めることは特段の事由がない限りないと考えられます。

☑ ここが実務のポイント㊱

相続人は貸金庫内の遺産である現金を法定相続分の限度であっても単独で取り出すことはできない。

Q37 貸金庫内の遺言書の取り出し

父は銀行の貸金庫に自筆証書遺言を入れたまま死亡しました。この場合、遺言書を貸金庫から取り出すにはどのような手続をしたらよいでしょうか。

A

Q35・36 の相続人単独での開扉は認めるが、内容物の取り出しは認められないという回答のとおり、銀行は後日の紛争防止のため、貸金庫の内容物の取り出しのときに、原則として、共同相続人全員の立会いをもとめてきます。

もし、他の相続人の立会いが困難であれば、銀行に、公証人立会いの下、事実実験公正証書の作成を提案するのも一案です。「当方で公証人を手配して『事実実験公正証書』を作成して、貸金庫の開扉と遺言書の取り出しをお願いしたい」と依頼するのです（事実実験公正証書については P78 参照）

ところで、貸金庫に入れていた遺言書が公正証書遺言であれば、公証役場に対して戸籍謄本等で相続人であることを証明できれば、貸金庫を開扉しなくても、公正証書遺言の正本又は謄本を請求し入手することができます。

また、2019（平成 31）年 7 月 10 日に施行された遺言書保管法により、自筆証書遺言を遺言書保管所に保管すれば、相続人、受遺者、遺言執行者等の関係相続人等（遺言保管 9 ①に掲げる者）は、遺言書保管官に対し、遺言書保管所に保管されている遺言書について、その遺言者が死亡している場合に限り、遺言書保管ファイルに記録した事項を証明した書面である遺言書情報証明書の交付を請求することができるので（遺言保管 9 ①括弧書き②）、自筆証書遺言を貸金庫に預ける必要性が生じません。

> ☑ **ここが実務のポイント㊲**
>
> 貸金庫内の遺言書を取り出すには、事実実験公正証書の活用を検討してみる。なお、公正証書遺言であれば、公証役場に正本又は謄本を請求できる。また、自筆証書遺言を遺言書保管所に保管していれば、遺言書情報証明書の交付を遺言書保管官

に請求すれば、その内容を知ることができる。

5 遺産分割

銀行の相続手続で必須の遺産分割に係る知識と技を確認する。

Q38 「遺産分割協議書」の作成の技

銀行の相続手続が速やかに遂行する遺産分割協議書の作成ポイントを教えてください。

A

銀行は、払戻請求をする相続預貯金の口座が遺産分割協議書に個別具体的に記載されていると、相続人間で払戻しに合意していることを明確に確認できるので安心できます。その結果、速やかに払戻手続に応じます。

具体的には、「銀行名」「支店名」「種別」「口座番号」等を遺産分割協議書に明記します。ただし、誤記してしまうと払戻手続ができなくなる場合もあるので、通帳を見ながら記載するなどして慎重に行いましょう。

なお、相続人の 1 人が全ての遺産を取得する場合でも、金融資産については同旨により取得する口座を個別具体的に記載した上で、文末に「○○は、その他の全ての遺産を取得する。」と記すとよいでしょう。

✅ ここが実務のポイント㊳

遺産分割協議書に金融資産を個別具体的に明記すると、遺産分割協議書の信ぴょう性が高くなり速やかな払戻しにつながる。

Q39 遺産分割協議成立前の葬儀費用の払戻請求

依頼者（＝被相続人の長男）が、「遺産分割協議が成立する前に亡父の預金口座から葬儀費用を引き出したい」と言っています。銀行は、払戻しに応じるでしょうか。

A

葬儀には、相当な金額がかかる場合もめずらしくありません。しかも、葬儀が終わってから1か月以内に支払わなければならないのが通常であり、「できれば葬儀費用も被相続人の遺産の中から支払いたい」とお考えの相続人もいらっしゃるでしょう。

葬儀費用の負担者については争いがあり、共同相続人説、相続財産説、遺産分割決定説、喪主説、慣習説の5つがありますが、特に地位を確立した見解はありません。

しかも、最高裁判所は、平成28［2016］年12月19日の最高裁判決で、「遺産分割の対象に預貯金は含まない」としてきた従来の判例を、「預貯金は遺産分割の対象に含む」という判断に変更しました。この判例変更により、銀行は、葬儀費用を目的とする払戻し（いわゆる「便宜払い」）には事実上応じないと考えられます。

この判例変更によって、葬儀費用の支払いの他に、次のような事情で、被相続人が有していた預貯金を遺産分割前に払い戻す必要があっても、相続人全員の同意を得ることができなければ預貯金を払い戻すことができない、という不都合が生じることになりました。

▶ 共同相続人において被相続人の債務を弁済する必要がある。
▶ 被相続人から扶養を受けていた相続人の当面の生活費を被相続人の預貯金から支出する必要がある。 等

そこで、2018（平成30）年7月に成立した改正相続法では、共同相続人の

各種の資金需要に迅速に対応することを可能にするために、各共同相続人が、遺産分割前に、裁判所の判断を経ることなく、一定の範囲内で遺産に含まれる預貯金債権を行使できる制度（＝遺産分割前における預貯金の払戻制度）を設けました（改正民 909 の 2、2019（令和元）年 7 月 1 日施行）。

そして、単独で払戻しをすることができる額は、次の計算式によります。

【計算式】

> 単独で払戻しをすることができる額＝(相続開始時の預貯金債権の額)×
> (3 分の 1)×(当該払戻しを求める共同相続人の法定相続分)
> ※ただし、同一の金融機関に対する権利行使は、法務省令で定める額
> 　(150 万円) を限度とする。

なお、909 条の 2 の規定については、施行日前に開始した相続についても、適用されます（民附則 5 ①）。

✅ ここが実務の**ポイント**㊴

遺産分割協議成立前に、相続預貯金を払戻ししたい場合は、遺産分割前の払戻制度の活用を検討してみる。

---

6 遺言執行

銀行の相続手続で必須の遺言執行に係る知識と技を確認する。

Q40　遺言執行者名義の口座開設の可否

遺言作成の依頼者が死亡しました。私は、遺言執行者に指定されていたので、遺言執行者に就任しました。そこで、相続財産である預貯金その他の金融資産の払戻金等を管理するための専用口座を開設したいと思います。しかし、最近銀行は新規口座を設けることに対して慎重だと聞いています。遺言執行者の口座を開設することはできるでしょうか。

A

遺言執行者は、遺言の内容を実現するため、相続財産の管理その他遺言の執行に必要な一切の行為をする権利義務を有しています（改正民 1012 ①）。そのため「相当かつ適切」と認める行為をすることができます（最判昭 44 [1969]・6・26 民集 23 巻 7 号 1175 頁）。そして、相当かつ適切な行為とは、次の 3 つが考えられます。

---

① 遺言の対象とされた財産について調査を行う行為
② 遺言の対象とされた財産を収集して自己の管理下に置く行為
③ 遺言の対象とされた財産を換価処分する行為

また、改正民法 1014 条 3 項において、特定財産承継遺言により預貯金が特定の相続人に承継されたときには、遺言執行者が預貯金の払戻しの請求及びその預金又は貯金に係る契約の解約の申入れをすることができる（ただし、解約の申入れについては、その預貯金債権の全部が特定財産承継遺言の目的である場合に限る、1014 ③ただし書）とされました。

以上から、遺言執行者は、遺言執行に必要な範囲で遺言の対象とされた預貯金その他の金融資産の払戻し等や動産・不動産の換価処分を行い、それにより得られた金銭を相続人や受遺者に引き渡すまで自ら管理することになります。そして、その管理のために遺言執行者名義で預金口座を開設すること自体は、遺言執行者の行為として何ら問題はないので、銀行は遺言執行者から口座開設の申出があれば応じることとなります。

そして、口座名義は、一般的に「被相続人○○○○　遺言執行者□□□□」とされ、遺言執行者の口座であることが明確に表記されます。

✅ ここが実務の**ポイント**⑩

遺言執行者は、遺言の内容を実現するために、相続財産の管理その他遺言の執行に必要な「相当かつ適切」な行為をするために遺言執行者名義の口座を開設するこ

とができる。

Q41 遺言執行者として遺言執行者名義の口座を管理する際の留意点

　遺言作成を受任した依頼者が死亡しました。私はその遺言書で遺言執行者に指定されていたので、遺言執行者に就職して、遺言の内容を相続人に直ちに通知しました（改正民 1007 ②）。

　そこで、相続預貯金の払戻手続を行うために払戻手続を実施する銀行で遺言執行者の口座を開設しました。今後この口座に相続預貯金が振り込まれることになりますが、その際に心得ておくべきことはありますか。

A

　当然のことですが、当該口座に振り込まれた金銭は、受遺者のものであって、遺言執行者のものではありません。このことを肝に銘じておく必要があります。なお、ご質問のように、相続預貯金を遺言執行者の口座に払戻しする場合は、依頼（案件）ごとに遺言執行専用の口座を開設しましょう。これに反し、行政書士個人の口座に振り込むような「公私混同」のおそれがある行為は絶対に止めましょう。

　行政書士が依頼者のお金を横領したという懲戒処分を目にすることがあります。お金は人を変えてしまうことがあります。他人事と思わずに「自分事」として十分注意しましょう。

✅ ここが実務のポイント㊶

　遺言執行者に就職して相続預貯金を遺言執行者の口座に払戻しする際は、専用の口座を開設すること。また、振り込まれたお金は受遺者のものであることを肝に銘じること。

Q42 遺言執行による払戻し完了後、新しい遺言書が発見された場合の当該払戻しの効力

遺言に基づく払戻しが完了しました。ところが、相続人代表者から「新たに遺言書が見つかったので遺言執行をやり直して欲しい」と相談を受けました。この場合、払戻しを無効にして、新たな遺言に基づいて改めて払戻しを銀行に要求することは可能でしょうか。

A

遺言が複数ある場合、前の遺言が後の遺言と抵触するときは、その抵触する部分については、後の遺言で前の遺言を撤回したものとみなします（民1023①）。このように、遺言は、遺言者の最終意思を尊重する建前にあるため、死亡に近い方の「後の遺言」が「前の遺言」より優先されることになります。このことを「後遺言優先の原則」といいます。

しかし、銀行には、特段の事情がない限り、前の遺言に基づき払戻しを行っても、当該払戻しは債権の受領権者としての外観を有する者（民法（債権関係）改正前の準占有者）に対する弁済として有効であり（民478）、払戻しが完了した後に「遺言書が出てきた」と主張しても、銀行としては、二重払いに応じることはまずありません。

これを踏まえ、"身を守る"観点から、遺言執行の相談を受けた際は、「他に遺言はありませんか」と確認すべきでしょう。さらに、公正証書遺言については遺言検索システムを、自筆証書遺言については遺言書保管法に基づく「遺言書保管事実証明書」と「遺言書情報証明書」について相談者に案内すれば、責めを負うことはないと考えます。

なお、遺言が複数ある場合は、相続人間に紛争調停・訴訟の因をなす紛争状態に発展するおそれがあるので、着手前であれば、業務を受任しない又はパートナー弁護士を紹介する、着手後であれば、辞任する又はパートナー弁護士を紹介するなどして、業務を終了するのが賢明と考えます。

✓ ここが実務のポイント㊷

　遺言執行後に新たな遺言書が発見されても、銀行は新たに発見された遺言書に基づいた払戻しにはまず応じない。"身を守る"観点からも面談時に他の遺言書の有無の確認と遺言検索システム並びに遺言書保管法の制度について案内をしておくこと。

column

不本意だった「1通目」の遺言書

　以前、80代の女性から遺言作成の依頼を受けました。相続人は子ども2人（同居している長女と別居している長男）、夫は既に死亡しています。

　実は相談者は既に、長女にほとんどの遺産を残す内容の公正証書遺言を残していました。長女から「私とこれから公証役場に行って、署名とハンコを押してきてちょうだい」と突然言われ、言われるがまま公正証書遺言に署名押印してしまったというのです。しかし、相談者は「長男にほとんどの遺産を残したい」と言うのです。理由をお聞きすると「長女には既に多額の財産を贈与しているので、遺産を残すつもりはありません。この前は訳も分からず（公証役場に）連れていかれて断ることができる雰囲気ではありませんでした。それに、もし断ったら長女から冷たく扱われてしまいます。それで仕方なく署名押印してしまったのです」と遺言を作成した理由を語りました。

　結局、相談者は「以前作成した全ての遺言を撤回し、長男にほとんどの遺産を残す」という内容の「2通目」の公正証書遺言を作成しました。

　このように、「2通目」の遺言を残している人もいます。しかし、複数の遺言書が後々判明すると複雑な権利関係が発生し、相続人間の紛争につながりかねません。紛争を抑止する観点からも、面談の際には、遺言検索システムと遺言書保管制度の案内をしておいた方がよいでしょう。

Q43 受益相続人が遺言者の死亡以前に死亡した場合の代襲相続人への払戻しの可否

被相続人の孫から「祖父は『長男（＝相談者の父）にＡ銀行の全ての預金を相続させる。』という内容の遺言を残していました。しかし、父は祖父より３か月前に交通事故に遭い死亡してしまいました。そこで亡父の代襲相続人である私にＡ銀行の預金を払い戻す手続を行ってください」と相談を受けました。Ａ銀行は代襲相続人である相談者に遺言に基づいて払戻しを実行するでしょうか。

A

遺言者が「相続させる」とした相続人（＝受益相続人）が、遺言者より先に死亡してしまった場合、死亡した受益相続人の代襲相続人が、当該受益相続人に代わって「相続させる」とした遺産を承継することができるかという質問です。

民法は、遺贈に関しては、被相続人の死亡以前に受遺者が死亡した場合は、遺贈は効力を生じないと規定しています（民994①）。したがって、遺贈の場合は、代襲相続の問題は生じません。しかし、質問のような「相続させる」遺言の受益相続人が遺言者より以前に死亡した場合に、受益相続人の子が代襲相続するか否かについては明文の規定が存在しないため問題となっていました。

裁判例においても見解が分かれていましたが、最高裁判所は、遺言の際の遺言者の意思解釈を重視して次のように判じて、代襲相続を否定する見解を明確に採用しました。

　「『相続させる』旨の遺言をした遺言者は、通常、遺言時における特定の推定相続人に当該遺産を取得させる意思を有するにとどまるものと解される。」と述べた上で、「『相続させる』旨の遺言は、当該遺言により遺産を相続させるものとされた推定相続人が遺言者の死亡以前に死亡した

場合には、当該『相続させる』旨の遺言に係る条項と遺言書の他の記載との関係、遺言書作成当時の事情及び推定相続人の代襲者その他の者に遺産を相続させる旨の意思を有していたとみるべき特段の事情のない限り、その効力を生ずることはないと解するのが相当である。」(最判平 23 [2011]・2・22 民集 65 巻 2 号 699 頁)。

この最高裁判決にしたがい、銀行は「特段の事情」のない限り、受益相続人の子(=代襲相続人)からの預貯金の払戻請求に応じることはありません。

この判決以来、補充遺言(予備的遺言)の重要性が注目されました。したがって、遺言作成の相談を受けた際は、補充遺言を案内した上で、補充遺言記載の有無の意思確認をすべきです。なお、筆者の経験上、ご案内するとほとんどの方は補充遺言を採用します。

☑ ここが実務のポイント㊸

相続させる遺言(=特定財産承継遺言)がなされ、遺言者の死亡以前に受益相続人が死亡した場合、銀行は、「特段の事情」がない限り、受益相続人の代表者への払戻しに応じない。したがって、遺言作成の相談を受けた際は、補充遺言を案内した上で、補充遺言の記載の有無の意思確認をすること。

Q44 遺言があることを知らずに行った遺言内容と異なる払戻しの効力と行政書士の責任

相続人代表者の甲(=被相続人の長女)が面談で、「(被相続人である父は)遺言書を残していない」と言っていたので、遺産分割協議を成立させて銀行に払戻手続を実行しました。

払戻手続が完了してから数日後、相続人の乙(=被相続人の二女)から、「『全ての預貯金を乙に相続させる。』という自筆証書遺言が遺品の中から出てきました。銀行に伝えて(乙に払い戻すように手続を)やり直してください」と言われてしまいました。銀行はこの要求に応じるでしょうか。ちなみ

A

　面談で、相続人代表者が「遺言書はない」と言っていたので、その言葉を信じて遺産分割協議を成立させて一件落着と思っていたら、数日後、相続人の1人から「遺言書が見つかったから手続をやり直してください」となってしまったという案件です。そして、この場合、銀行は、一度遺産分割協議書に基づいて払戻しをしたが、発見された遺言書に基づく遺言執行による払戻しに応じるか、そして、応じない場合、行政書士は責任を問われてしまうかという質問です。

　遺言書が有効であれば、本来当該預貯金は乙に払戻しされるべきものでした。したがって、遺産分割協議に基づく払戻しは、受遺者でない者に対する払戻しとして無効になるのが原則です。しかし、銀行が遺産分割協議書に基づいて故意過失なく払戻しに応じたとすれば、当該払戻しは債権の受領権者としての外観を有する者（民法（債権関係）改正前の準占有者）に対する弁済として有効であり（民478）、その後になされた乙からの払戻請求を拒絶することができます。実際、今回のようなケースにいちいち銀行が応じていたら、二重払いの乱発になってしまうでしょう。

　では、銀行は遺言書の有無の確認はどの程度行えばよいのでしょうか。東京高等裁判所の判決で、「特段の事情のない限り、預金者である被相続人の遺言の有無については、払戻しの請求をした相続人に対して一応確かめれば足り、それ以上の調査をする義務はなく、これをしないでも払戻しについて過失があるということはできない」（東京高判昭48［1973］・5・28判タ226号158頁）と判示しました。したがって、銀行は遺言の存否について、口頭または書面で遺言がないことを確認すれば足り、それ以上の調査義務まではないと解されます。

　このことは、相続預貯金の払戻手続の際に銀行に提出する「相続届」に記

載されています。一般的に次のような内容が記載されています。

> 他に遺言書・遺産分割協議書がないことを確認します。本件に関し、私ども（筆者注：相続届に署名押印した共同相続人）以外の者が、右預金等につき相続権を主張したり、権利を主張するようなことがあり、貴行に損害が生じることがあっても、貴行に責めがある場合を除き、私どもが連帯して引き受け、貴行には一切迷惑・損害をかけません。

　以上を踏まえると、ご質問のような事態、すなわち、「遺産分割協議成立後の遺言書による遺言執行の必要性の発生」という状況になってしまったら、行政書士の初動に問題があるとみなされて責めを負う可能性も否定できません。たとえば、乙から「甲が先生（＝行政書士）に相談に来た時に、遺言の有無を確認したのですか！？」と責められることもあり得るということです。

　そこで、「身を守る」という観点から、遺産分割の相談を受けた際には、「遺言書はありませんか？」と銀行同様にきちんと確認すべきでしょう。もし、「そう言われると自信がない……」ということになれば、公正証書遺言に関しては「遺言検索システム」を、自筆証書遺言に関しては遺言書保管法に基づく「遺言書情報証明書」と「遺言書保管事実証明書」について案内しましょう。

　なお、遺言書情報証明書の交付を請求することができるのは、関係相続人等（遺言保管9①一・二・三）であり、遺言書保管事実証明書の請求（ある者の遺言書が遺言書保管所に保管されているか否かの確認）は、遺言者が死亡していれば、何人もすることができます（遺言保管10①）。

　相談者に対して以上の確認・手続を行えば、遺産分割後に遺言書が発見される可能性は低くなるので、万一遺産分割後に遺言書が発見されても行政書士が責めを負う可能性は低いと考えます。

「遺言書はない」と確信している相談者に対しても、万一に備えて、遺言の有無を確認し、さらに遺言検索システムと遺言書保管法について案内する。

Q45 遺言に不備がある場合の払戻請求の可否とその業務対応

相談者の亡父は、自筆証書遺言を残していましたが、押印がなく、しかも日付の記載もありませんでした。相談者はこの遺言を執行することを希望していますが、このような法的要件に不備がある遺言に基づいて相続預貯金の払戻請求をすることはできるでしょうか。

A

自筆証書遺言の要件と死因贈与の観点から考えてみることにします。

(1) 自筆証書遺言の要件

民法 968 条 1 項は、自筆証書遺言の要件として、①遺言者が全文、日付及び氏名を自書すること、②押印すること、を定めています。

したがって、押印がなかったり日付の記載がない場合には、上記の自筆証書遺言の要件を欠くものとして、当該遺言は無効となります。

それゆえ、原則としては、法定相続人全員の同意に基づき、預貯金の払戻請求をすることになります。

(2) 死因贈与の可能性

しかしながら、上記のような形式不備の遺言がある場合、遺言としては無効ではあっても、死因贈与が成立する可能性は残されています。

死因贈与は、贈与者と受贈者との間に合意がある場合に認められます。そのため、遺言書作成過程において、遺言者が受遺者と相談して遺言を作成したとか、作成した遺言内容を伝えて受遺者に遺言を預けていた、などといった事情の有無が成立・不成立の争点となります。

たとえば、病気入院中に、献身的に看護してくれた者に、自分の死後遺産

の一部を贈与しようとして、「2 人で半分ずつな」と記載した日付のない自筆証書遺言を作って渡したという事案において、死因贈与を認めた判決があります（東京地判昭 56 ［1981］・8・3 家月 35 巻 4 号 104 頁）。

　このように、法的要件を満たしていない遺言であっても、法的効力が認められる余地が残されていることもあります。また、この遺言の効力をめぐって相続人間で紛争が生じる可能性も予測されます。したがって、このような遺言の相談を受けたら、事実関係を整理した上で、相談者にパートナーの弁護士を紹介するなどして弁護士に引き継ぐべきでしょう。

☑ ここが実務の**ポイント**㊺

　法的要件の不備による遺言の相談に関しては、死因贈与として認められる余地がある。また、遺言の効力をめぐって相続人間で紛争が発生することも予想される。したがって、パートナー弁護士に引き継ぐことが望ましい。

7 書類関係

　銀行の相続手続を速やかに遂行するための書類関係に係る知識と技を確認する。

Q46　相続届の作成の留意点

　業務を速やかに遂行するために、「相続届」の作成で留意する点はありますか。

A

　相続人全員から、相続届の作成に係る委任事項が明記された「印鑑登録証明書付きの委任状」をもらえば、受任者である行政書士が単独で「相続届」

を作成することができます。ただし、何らかの理由で相続人から相続届に署名押印をもらわなければならない場合は、遺産分割協議書に署名押印してもらうときに相続届にも署名押印をもらうようにしましょう。なぜなら、別々に提示してしまうと、相続人に二度手間を強いてしまうことになり、払戻しが遅れてしまうからです。

このような段取りは、日頃から依頼者の負担を可能な限り軽減するためにはどうしたらよいか考える習慣から生まれます。

☑ ここが実務の**ポイント**㊻

日頃から依頼者の負担軽減を考える習慣が速やかな相続手続につながる。

Q47　自書できない相続人がいる場合の対応

相続人の中に、病気が原因で手が震えて遺産分割協議書や銀行に提出する委任状等の書類に署名押印できない者がいます。このままでは、相続預貯金の払戻しができません。払戻しを実行するにはどうしたらよいでしょうか。なお、意思能力に問題はありません。

A

意思能力に問題があると成年後見の問題になってきますが、意思能力は有しているが身体的な問題で署名や押印ができないというケースです。

銀行は、相続手続に際して、原則として、相続人全員が署名押印した「遺産分割の承諾等を証する書面」（いわゆる「相続届」）を提出するように求めます。相続届の目的の一つに、相続人全員の合意に基づく手続であることの客観的な証拠を残すことで、銀行が事実上、相続に関する紛争に巻き込まれないようにすることがあります。本件は、銀行との個別対応となりますが、一般的に次のような対応になると考えられます。

たとえば、「○○病により手の震えの症状があり、筆記するのに困難であ

る。ただし、意思能力には問題がない。」といった内容の当該相続人の病状を客観的に示す「主治医の診断書」を銀行に提出することが考えられます。加えて、当該相続人は自署することが困難なため、代理で署名押印する者の身分証明書を提出して、その者の身分を明らかにします。

銀行は「主治医の診断書」を見て当該相続人の身体的な問題を理解しますが、意思能力については実際に会って確認したいはずです。そこで当該相続人が行員と面談をして意思能力に問題がないことを銀行に確認してもらいます。そして、代理人が署名押印したことを確認するために、代理人が署名押印する際には、行員が立ち会うことにします。

次に、代理人及び相続人全員から銀行側から提示された念書を提出します。一般的に念書には、「当該相続人は、意思能力を有し、相続関係手続関連書類の内容に同意した」こと及び「当該手続に関して発生する全ての法的効果については、当行は一切銀行の責めを負わない」といった免責事項が記されています。以上の手続を踏めば、相続人の中に自書できない者がいても、遺産分割による相続預貯金の払戻手続は可能と考えます。

今回のご質問のように、身体的な理由の場合、銀行と相談すれば相続預貯金の払戻しをする道を探れますが、意思能力が欠ける場合は成年後見制度の利用を進めなければならない場合もあります。いずれにしても、相続人代表者との初回面談では、相続人の中に身体的な問題で署名押印が困難又は意思能力に問題がある方の有無を確認しておくべきでしょう。

☑ ここが実務の**ポイント**㊼

相続人代表者との面談では、相続人の中に意思能力に問題がある者と身体的な問題で自書できない者の有無を確認しておくこと。身体的な問題で自書できない相続人がいる場合は、銀行に払戻手続について早い段階から相談すること。

Q48　相続届の記載方法がわからない場合の対応

銀行に提出する「相続届」に記載方法がわからない箇所があります。どうしたらよいでしょうか。

A

相続預貯金の払戻手続をするには、銀行に、一般に「相続届」と呼ばれている様式を提出します。「相続届」は、各銀行で記載事項が異なるなど記載方法に迷うこともしばしばです。そこで記載方法がわからない事項については空白にしておきましょう。そして、銀行の支店に出向いて提出する場合は、銀行訪問時に担当者に確認してから記載しましょう。また、銀行の相続センターに郵送する場合は、相続センターへ電話で確認してから記載するようにしましょう。

なお、以上の対応は、相続人全員から相続届の作成に係る委任事項が明記された「印鑑登録証明書付きの委任状」をもらえば、受任者である行政書士が単独で行うことができます。

✓ ここが実務のポイント㊽

「相続届」の不明箇所は銀行に届出る当日に担当者に確認して記載すればよい。

Q49　「相続届」を相続人の代理人のみの署名押印で作成する技

遺産分割協議において、行政書士が、相続人の代理人として単独で内容を記載し署名押印した「相続届」を銀行は受理するでしょうか。

A

相続人全員から遺産分割協議に係る業務を委任する内容が記載された委任

状が取得できれば可能です。その場合、実印での押印と印鑑登録証明書の添付も必要です。

　加えて、委任事項に「金融機関に提出する書類の作成及び提出」を明記し、遺産分割協議書に払戻し等を行う口座情報を明記しておけば、よりスムーズに手続が進みます。

　以上の内容が記載された実印が押印されている委任状と印鑑登録証明書があれば、「被相続人○○○○　相続人代理人　行政書士□□□□」として相続届に記載して、代理人行政書士のみで作成することができます。なお、その際、代理人行政書士の身分証明書、実印及び印鑑登録証明書が必要になります（**P374**「**Q24 脚注**」**参照**）。銀行に出向く際は忘れずに用意しましょう。

☑ ここが実務の**ポイント**㊾

　相続人全員から印鑑登録証明書付きの委任状を取得すれば、行政書士が単独で内容を記載し署名押印した「相続届」を銀行は受理する。

Q50 相続預貯金の振込方法

　遺産分割協議が成立後、銀行から相続預貯金を払い戻す場合、振込はどのようになされますか。また、どのような点に注意すればよいですか。

A

　被相続人の口座の相続預貯金を取得する相続人が 1 人の場合、当該相続人の口座を銀行所定の相続届に記載します。また、複数の相続人が取得する場合、又は全ての金融資産を換価処分して相続人間で合意した割合で承継する場合は、相続人ごとに「○分の○」といったように、それぞれの取得する割合を相続届に記載するか、又は取得する者の内の 1 人（たとえば相続人代表者）の口座を記入し、その者の口座に払い戻された後、その者（＝相続人代表者）から他の相続人に遺産分割協議書に記された内容のとおり振り込んでもらい

ます。

　なお、受任者である行政書士の口座に一旦振り込み、その後、受益相続人各人の口座に払い込むという方法もありますが、横領等の不祥事の原因や（お金は人を変えることがある）事故の原因（たとえば、振り込まれた直後に死亡してしまうなど）にもなり得るのでお勧めできません。もし、この方法を選択する場合は、必ず「被相続人○○○○　相続人代理人　行政書士□□□□」といった名義の口座を新たに設けて、他の業務と明確に区分し、公私混同が起きないようにしましょう（**P391Q41 参照**）。

　また、振込先口座に誤記があると振込ができなくなるので、あらかじめ振込先の通帳の口座番号等が記載されている通帳の見開き頁の写しを提出してもらうことをお勧めします。なお、その際、当該相続人の氏名の「フリガナ」に十分注意してください。たとえば姓が「有賀」の場合、口座のフリガナが「アルガ」のところを「アリガ」と記載してしまうと振込ができなくなってしまいます。

【図表 51】相続預貯金の振込方法

1. 当該口座の相続預貯金を取得する相続人が1人の場合

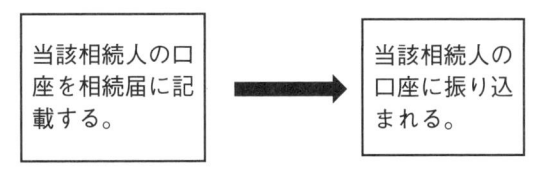

| 当該相続人の口座を相続届に記載する。 | → | 当該相続人の口座に振り込まれる。 |

2. 被相続人の口座の相続預貯金を複数の相続人が取得する場合、又は全ての金融資産を換価処分して相続人間で合意した割合で承継する場合

　(1) 受益相続人各人の口座に直接振り込む方法

| 「○分の○」といったように、各人の取得割合を相続届に記載する。 | → | 各人の口座に相続届に記載した割合で振り込まれる。 |

　(2) 相続人の1人に振込み、その者から受益相続人各人の口座に振込む方法

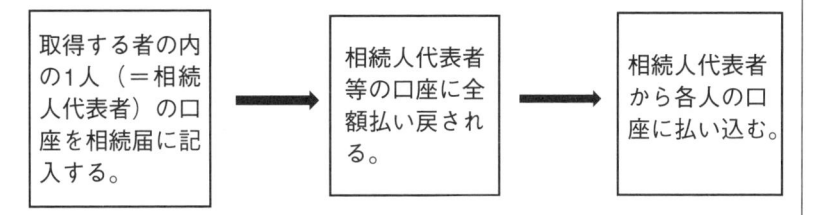

| 取得する者の内の1人（＝相続人代表者）の口座を相続届に記入する。 | → | 相続人代表者等の口座に全額払い戻される。 | → | 相続人代表者から各人の口座に払い込む。 |

☑ ここが実務の**ポイント**㊿

　複数の受益相続人がいる場合、①各受益相続人の口座に直接振り込む方法と②受益相続人の１人に振り込んだ後、当該受益相続人が他の受益相続人に振り込む方法がある。なお、振込先の通帳の写しを提出してもらい、相続届に正確に記載すること。

Q51 印鑑登録証明書の有効期限

一般に、印鑑登録証明書の有効期限は、発行後３か月以内とよく聞きます。銀行の相続手続でも同様でしょうか。

A

銀行の相続手続においては、以前は有効期限を３か月以内とする銀行がほとんどでしたが、近年は原則６か月とする銀行が増えているようです。ただし、銀行により取扱いが異なるので、最初の訪問（残高証明書の請求）で「相続届」を入手して有効期限を確認するようにしてください。特に、相続人の中に海外在住の者がいる場合は、印鑑登録証明書に代わり「在留証明」と「署名証明」が必要となりますが（P273・274 参照）、それらの有効期限が過ぎて再度提出を依頼するとなると、相当の日数を要してしまうので注意が必要です。

印鑑登録証明書の有効期限を過ぎてしまったことによる「再提出」を、相続人や遺言執行者にお願いしないで済むように、業務の流れを見据えて、印鑑登録証明書の提出日時を指定するのも行政書士の腕の見せ所です。ただし、相続人代表者は、受任後直ちに残高証明書を請求する都合上、払戻しまでに日数を要してしまうと有効期限を超えてしまう場合があります。そのため、相続人代表者には、事前に「銀行が指定する期限の都合上、改めて（印鑑登録証明書を）取得してもらうことがあるかもしれません」と事前に断りを入れておくとよいでしょう。

ここが実務のポイント(51)

相続人に印鑑登録証明書の期限切れによる再提出をさせないように業務を遂行すること。ただし、相続人代表者は２回取得してもらう場合があるので事前に断りを入れておくとよい。

⓼ その他

銀行の相続手続を速やかに遂行するために知っておきたい知識を確認する。

Q52 ゆうちょ銀行の相続手続の留意点

ゆうちょ銀行の相続手続で注意する点はありますか。

A

ゆうちょ銀行の場合、原則として、委任状がゆうちょ銀行所定の様式になっています。その他所定の様式がいくつかあります。

相続預貯金の払戻請求にゆうちょ銀行が含まれている場合は、まず、最寄りのゆうちょ銀行相続手続の書類一式を請求してください（ゆうちょ銀行のホームページからも入手可）。その際、委任状も忘れずに請求してください（請求しないと通常出してくれない）。

✅ **ここが実務のポイント㊿**

ゆうちょ銀行で使用する委任状は、ゆうちょ銀行所定の様式を使用する。

Q53 投資信託等の払戻請求

相談者は、亡父の遺産の中の投資信託と国債について、法定相続分に相当する口数分の本件投資信託の解約と解約金の受領、法定相続分に相当する金額の本件国債の中途換金、及び換金に係る金員の受領を求めています。銀行は払戻しに応じるでしょうか。なお、相続人は相談者の他に、配偶者（妻）と相談者の弟が 1 人います。

A

　結論として、いずれも相続人の一部からの払戻請求に銀行は応じません。この理由について最高裁判決に基づいてまとめたのでご覧ください。

【図表52】最高裁判決による「投資信託」「国債」及び「株式」の分割について（最判平26［2014］・2・25 民集 68 巻 173 頁）

遺産の種別	内　　容
投資信託	投資信託の受益権については、償還金請求権及び収益分配請求権という金銭支払請求権以外に、委託者に対する監督的機能を有する権利（＝可分給付を目的とする権利でないもの）が含まれている以上、相続と同時に当然に相続分に応じて分割されることはない。
個人向け国債	法令上一定額をもって権利の単位が決められており、1単位未満での権利行使が予定されていないことから、相続分に応じて分割されることはない。
株　　式	会社に対して、株主たる地位に基づく自益権と共益権を有することになるので、相続開始と同時に相続分に応じて分割されることはない。

✓ ここが実務のポイント㊾

　相続人は単独で、金融機関に対して投資信託や公共債の金融資産の払戻請求を行うことはできない。

Q54　残高が0円の口座の取扱い

　相続財産の調査を行ったところ、残高が0円の預金口座がありました。遺産分割協議書に当該預金の口座を記載すべきでしょうか。私は、遺産分割には影響がないので記載する必要はないと考えます。

A

「0円だから記載しなくても遺産分割に影響はない」とお考えですが、確かに「財産の承継」という観点に立てば記載する必要性は低いかもしれません。しかし、解約しておかないと、預金契約上の地位が相続人間で共有された状態が続いてしまいます。

また、遺産分割協議が終了してから、「あの口座はどうなったのか」と相続人間で遺産分割の話が蒸し返されないとも限りません。

以上の理由から、たとえ残高が0円の口座でも、遺産分割協議書に明記して取得者を確定させて口座を解約すべきと考えます。

ここが実務のポイント(54)

残高が0円の口座であっても、承継者を決めて遺産分割協議書に明記すること。

Q55 被相続人が外国籍の相続預貯金の払戻し

被相続人が日本に居住していた外国籍の場合、預貯金の払戻しはどのようにしたらよいのでしょうか。

A

日本に居住している外国籍の者が死亡した場合、まず、どの国の法律に基づいて相続を進めていくのか、つまり、準拠法はどの国かを明らかにしなければなりません。

このように、被相続人が外国籍である場合には、どの国の実体法にしたがって相続関係を処理するのかが問題になります。当該外国人は、日本にある預貯金の相続に係る問題であることから、日本の国際私法の規定にしたがって相続準拠法を判断することになります。

日本の国際私法の通則を定める「法の適用に関する通則法36条」に「相

続は、被相続人の本国法による。」と定められています（ちなみに、遺言については、同法37条1項で「遺言の成立及び効力は、その成立の当時における遺言者の本国法による。」と規定しています）。この規定により、日本国内の預貯金の相続に関しては、被相続人の本国法により処理されることになります。

たとえば、本国法が中国法である場合、「預金の相続は、被相続人の住所地法による。」と定めがあるため、被相続人が日本に居住していたことを前提とすると、日本法が適用されます。したがって、日本の預貯金は日本法を準拠法として相続人の範囲及び相続分を確定し、払戻手続を行うことになります。

一方、本国法が韓国法や台湾法である場合は、「相続は本国法による。」と定められています。したがって、本国法に基づいて相続人の範囲・相続分を確認して払戻手続を行うことになります。

【図表53】被相続人が日本に居住する外国籍の場合の準拠法

法の適用に関する通則法36条
「相続は、被相続人の本国法による。」

↓

本国法	準拠法
中国法	日本法
韓国法・台湾法	本国法

ここが実務のポイント(55)

「法の適用に関する通則法36条」により、日本国内の預貯金の相続は、被相続人の本国法により処理される。

5-8　7. アフターフォロー〜業務完遂後に依頼者と継続的にコンタクトをとる場

業務完遂後に、依頼者をリピーターやキーマン（紹介者）にするアフターフォローの技を確認する。

Q56　依頼者をリピーターやキーマン（紹介者）にするフォローの技

銀行の相続手続が終了して業務が完了しました。そこで、依頼が単発で終わらないようにするための有効な方法はありますか。

A

業務が無事に完了して、「これで終わり」では残念です。できれば「いざ！」というときに真っ先に思い出してもらって、再び依頼を受けるようにしたいところです。

そこで、年賀状や暑中見舞いを依頼者（相続人代表者、遺言執行者等）に送って、関係性を継続させるという方法がお勧めです。「今どき年賀状や暑中見舞い！？」と思われるかもしれませんが、コミュニケーションの手段が SNS メインの今だからこそ、受け手へ与える印象は強いのです（ちなみに筆者はクリスマスカードを送っています）。

関係性を継続しておくと、たとえば、相続人代表者ご自身の遺言作成や親族、知人等のご紹介が期待できます。

このように、相続人代表者等の依頼者と継続的な関係を構築すれば、依頼者をリピーターやキーマン（紹介者）に変えて「継続的な受任」に結び付ける確率を高くすることができます。

なお、個人情報保護の観点から、業務完了後に「季節のハガキを送らせて頂いてもよろしいでしょうか」と年賀状や暑中見舞いを送ることの承諾を得るようにしましょう。

第6章　株式・暗号資産の相続手続と生命保険の手続

　本書のテーマは、銀行の相続手続であるが、実務では、他の種類の金融資産が含まれていることも当然ある。そこで、本章では、まず、実務でよくある上場株式の相続手続に求められる知識と遺産分割による手続の流れを取り上げる。

　次に、今後、増加が見込まれる暗号資産の相続手続に関する知識と相続手続の流れについて述べる。

　最後に、生命保険は相続財産には原則含まれないが、実務で依頼者から手続を依頼されることもあるので、相続における生命保険の知識と行政書士が関与した死亡保険金請求手続の事例を紹介する。

【図表 54】第 6 章の俯瞰図

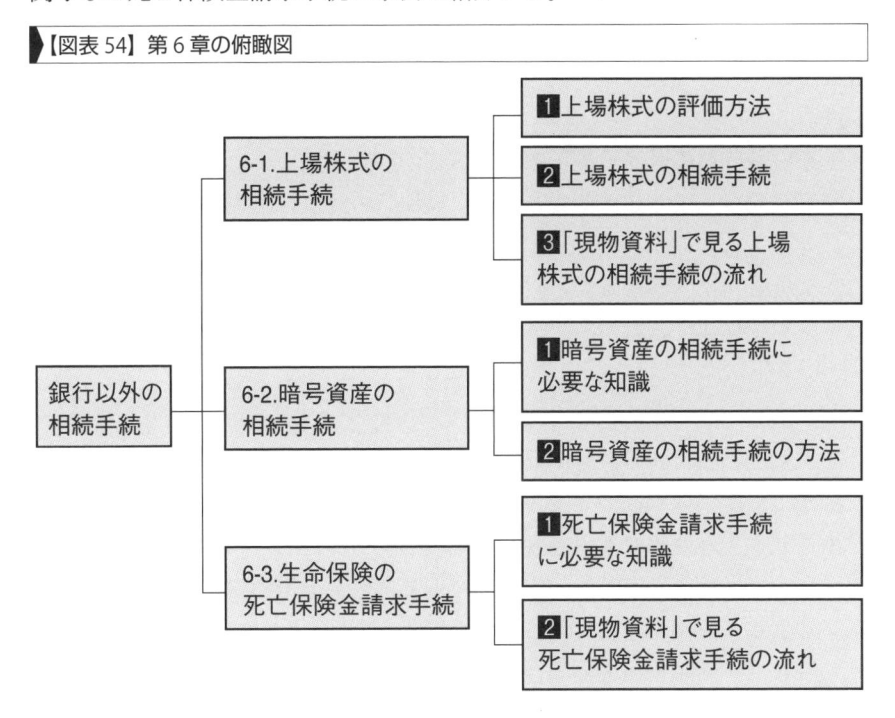

6-1 上場株式の相続手続

　まず、上場企業の相続手続を行うために必要な知識を説明する（**1**上場株式の評価方法、**2**上場株式の相続手続）。次に、行政書士が行う上場株式の相続手続を事例に基づいて見ることにする（**3**「現物資料」で見る上場株式の相続手続の流れ）。

　なお、金融商品取引所（証券取引所）において上場されている株式や店頭登録銘柄株、店頭株式など、いわゆる相場のある株式についての評価は、売買価格、値段が公表されているので明確である。

1 上場株式の評価方法

　相続における上場株式の評価方法について、家庭裁判所と税務上の株式の評価方法について紹介する。

① 家庭裁判所の遺産分割における株式の評価方法

　家庭裁判所による遺産分割の際の上場株式の評価は、実務上、遺産分割時に最も接近した時点での最終価格（終値）によって算定する扱いとなっている。最終価格は、各証券会社、日刊工業新聞及び東京証券取引所などのホームページで検索できる。

② 税務上の相続税の計算における株式の評価

　税務上、上場株式について相続税・贈与税の計算をする場合の評価額は、その株式が上場されている金融商品取引所が公表する課税時期（相続又は遺贈の場合は被相続人の死亡日、贈与の場合は贈与により財産を取得した日）の最終価格によって評価する。ただし、課税時期の最終価格が、次の3つの価額のうち最も低い価額を超える場合は、その最も低い価額により評価する。

> ①　課税時期の属する月の毎日の最終価格の月平均額
> ②　課税時期の属する月の前月の毎日の最終価格の月平均額
> ③　課税時期の属する月の前々月の毎日の最終価格の月平均額

　なお、課税時期に最終価額がない場合やその株式に権利落などがある場合には、一定の修正を行うことになっている。

　以上が原則であるが、負担付贈与や個人間の対価を伴う取引で取得した上場株式の価額は、その株式が上場されている金融商品取引所の公表する課税時期の最終価格によって評価することになる（財産評価基本通達168〜172頁）。

　（引用：国税庁ホームページ「タックスアンサー・No.4632　上場株式の評価」）

2 上場株式の相続手続

　共同相続された株式は、遺産として遺産分割の対象となる。通常、遺産分割により株式を相続取得する者を定めた上で、株式を売却して、その売却益を遺産分割協議の内容に基づいて分配する方法が取られる。以下、上場株式の相続手続について述べる。

①　株式の相続と遺産分割の関係

　被相続人の有していた財産のうち貸金債権、不法行為損賠賠償債権、不当利得返還請求権などの金銭債権は、民法上の可分債権として、相続開始と同時に当然に相続分に応じて分割されることとされており、遺産分割は不要とされている（判例通説）。

　しかし、株式については、株主たる資格において会社に対して有する法律上の地位を意味し、株主は、株主たる地位に基づいて余剰金の配当を受ける権利、残余財産の配分を受ける権利などのいわゆる自益権[注1] と、株主総会に

おける議決権などのいわゆる共益権[注2]を有するのであって、このような株式に含まれる権利の内容及び性質に照らせば、共同相続された株式は、相続開始と同時に当然に相続分に応じて分割されることはないものとされている（最判昭45［1970］1・22判時584号62頁、最判平26［2014］2・25民集68巻173頁など）。

したがって、株式の共同相続については、遺産分割が必要となる。遺産分割については、共同相続人の全員が協議して、相続取得の内容を定める遺産分割協議を成立させるのが通常の方法である。

②　上場株式の相続の方法

一般的な上場株式の相続の方法としては、まず、遺産分割協議で、共同相続された株式について株式を取得する相続人を決める。次に、株式を取得した相続人が、当該株式を売却して換価した後、遺産分割協議で合意した内容に基づいて売却益を相続人間で分配するという方法が考えられる。

もちろん、株式を取得した相続人が自己の名義に書き換えて取得して完了させるという方法もある。しかし、この場合、株価が遺産分割協議の成立時と比べて大きく変動した結果、遺産分割成立時の財産の内容が大きく変わってしまい、相続人間で不満が生じる可能性も否定できない。そのため、このような事態を回避するために、前段のように、特定の相続人が、まず当該株式を取得して、次に株式を売却し、その売却益を遺産分割協議で合意した内容に基づいて分配するという方法を採ることがある（P431「**現物資料150**」参

注1　自益権

　　権利行使の結果が当該株主個人の利益だけに影響する権利のこと。自益権には、配当金を受け取ることのできる「利益配当請求権」や企業が解散する際の「残余財産分配請求権」などがある。

注2　共益権

　　権利行使の結果が株主全体の利益に影響する権利のこと。共益権には、株主総会での議決権など一単元株でも保有していれば認められる「単独株主権」と、株主総会招集権や解散請求権など一定数の株式の保有が必要な「少数株主権」がある。

照）。

③　上場株式の売却方法

　上場株式を売却するには、証券会社でいつでも売買を行うことができる。その売買の前提条件として、まず、証券会社を経由して、当該上場株式につて相続取得による名義変更を行う必要がある。

　相続人が証券会社に口座を開設していない場合は、被相続人の口座をそのまま引き継ぐことはでない。したがって、相続人の新規の口座を開設することになる。なお、株式の売買価格は、証券市場によって定まることになる。

　証券会社による上場株式の売買は、株式を取得した相続人が、電話やインターネットで証券会社に依頼することにより、スムーズに行えるのが通常である。

【図表55】上場株式の相続手続の 2 つの流れ

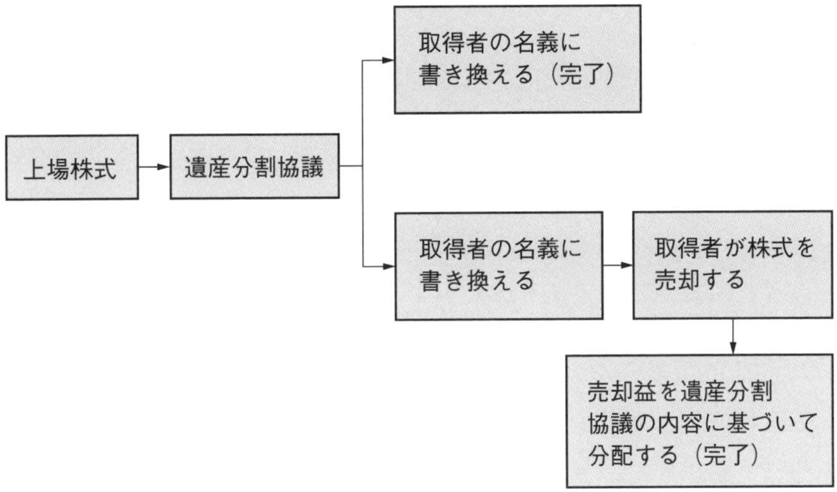

行政書士が行う上場株式の相続手続を、現物資料を交えて、実務の流れに忠実に再現する。

【依頼の概要】

　小松優子は、亡母江藤京子と同居していた関係上、兄弟姉妹を代表して相続手続を行うことになった。しかし、どこから手を付けたらよいかわからず、しかも仕事が多忙で思うように手続が進まなかった。そのうち、姉から「早く遺産が欲しい」と催促されるようになってしまった。

　その悩みを友人に話したところ、知人に「相続手続を専門とする行政書士がいるから一度相談してみたら」とアドバイスをもらった。

　早速、紹介してもらい、行政書士に相談した。これからやるべき手続を説明してもらい先行きが見通せて安心できた。また、依頼すれば金融機関の手続をはじめ、相続手続のほとんどを行政書士が代理でしてくれることがわかった。さらに、行政書士のパートナーの税理士と司法書士が、相続税の申告と不動産登記を行ってくれることも魅力的であった。提示された見積も納得できたので、行政書士に依頼することにした。

　なお、株式は自分に名義を書き換えて取得するつもりであったが、行政書士から「株価は変動するので、売却して分配した方が、後々、相続人間で不満が噴出するおそれがない」という話があったので、そのとおりにすることに決めた。

▶被相続人：江藤京子
▶相続人の範囲：長女・松田由美、長男・江藤健一、二女・小松優子
▶相続人代表者：二女・小松優子（被相続人と同居していた）
▶相続財産の範囲：不動産及び金融資産（株式及び預貯金）

面談において、相続人代表者（二女）に次のロードマップを提示した。

【現物資料140】 〉 遺産分割による株式の相続手続のロードマップ

面談（本日）→受任（＝業務スタート）

↓

(1)遺産分割の前提条件の調査
　①「相続人の範囲」の調査
　　➡戸籍の収集（職務上請求書を使用）
　　➡法務局に法定相続情報一覧図の写しを請求（【現物資料141】参照）
　②「相続財産の範囲と評価」の調査
　　※故人の通帳や金融機関から届いた書類などご提出ください。
　　　（P422【現物資料142】参照）
　　※金融機関に故人の死亡を伝える→口座が凍結される
　　➡金融機関に銀行に残高証明書を請求する
　　　（P423～428【現物資料143～146】参照）
　　➡各金融機関から行政書士へ残高証明書が届く
　　　（P429【現物資料149】参照）
　　➡「財産目録」の作成

↓

(2)相続人全員に遺産分割及び相続税の申告について説明する
　※相続人全員に、行政書士が遺産分割について、税理士が相続税の
　　申告について説明をする。
　※相続人全員で遺産の分け方について協議する

↓

(3)遺産分割協議書に署名押印をする
　協議成立の証として、遺産分割協議書に相続人全員が署名押印し
　印鑑登録証明書を提出する。
　（P431【現物資料150】参照）

↓

(4)金融機関に対して払戻し手続を行う
　①銀行の相続預貯金
　　➡相続人代表者の口座に払戻手続を実行する
　②株式
　　イ）株式を相続（承継）する相続人（株式承継者）が証券会社の口
　　　座を開設する（P436【現物資料151】参照）

ロ）証券会社に株式を相続するための書類を郵送する
（P437〜442【現物資料 152〜154】参照）
ハ）株式承継者の口座に株式が移管される
ニ）株式承継者が証券会社に株式の売却を指示する（電話で可）
ホ）株式の売却益が株式承継者の指定口座に払込まれる
ヘ）証券会社から株式承継者及び代理人行政書士に「手続完了
通知」が届く **（P443【現物資料 155】参照）**

（5）換価金（相続預貯金の払戻金及び株式の売却益）の振込み
相続人代表者が遺産分割協議書の内容に基づいて他の相続人の口
座に換価金を振込む
※不動産登記及び相続税の申告は、上記の手続と連動して、司法
書士と税理士が行います。

① 遺産分割の前提条件の調査

遺産分割の前提条件である「相続人の範囲」及び「相続財産の範囲と評
価」の調査を行い確定させる。

イ）「相続人の範囲」の調査

相続人代表者に職務上請求書の使用の承諾を得た上で、職務上請求書を
利用して、市区町村役場に戸籍謄本等の請求を行った。

相続人の範囲を証明する戸籍謄本等が全てそろったので、法務局に対し
て、法定相続情報一覧図の保管及び写しの交付の申出の手続を行った。

その結果、法務局から次の法定相続情報一覧図の写しが交付された（**「現
物資料 141」参照**）。

【現物資料 141】　〉　法定相続情報一覧図の写し

法定相続情報番号　0115−23−00567

被相続人　　江藤　京子　　法定相続情報

最後の住所
東京都荒川区東尾久一丁目 23 番 4 号
最後の本籍
東京都荒川区東尾久一丁目 1234 番地
出生　昭和 13 年 4 月 5 日
死亡　令和 7 年 3 月 19 日
　（被相続人）
江藤　京子 ──────────────

　　　　　　　　　住所　東京都荒川区東尾久一丁目 25 番 6 号
　　　　　　　　　出生　昭和 40 年 3 月 4 日
　　　　　　　　　　（長女）
　── 松田　由美

　　　　　　　　　住所　東京都足立区足立二丁目 21 番 20 号
　　　　　　　　　出生　昭和 42 年 11 月 10 日
　　　　　　　　　　（長男）
　── 江藤　健一

　　　　　　　　　住所　東京都荒川区東尾久一丁目 23 番 4 号
　　　　　　　　　出生　昭和 45 年 6 月 7 日
　　　　　　　　　　（二女）
　── 小松　優子　　　（申出人）

以下余白

作成日：令和 7 年 6 月 12 日
作成者：住所　東京都千代田区麹町 3-2-1 エキスパートビル麹町 321
　　　　氏名　行政書士　竹之内　豊

　これは、令和　7 年 6 月 13 日に申出のあった当局保管に係る法定相続情報一覧図の写しである。

令和　7 年 6 月 20 日
東京法務局北出張所
　　　　　　　　　　　　　　　登記官　　　　　　　　　高山　慶彦　　[印]

注）本書面は、提出された戸除籍謄本等の記載に基づくものである。相続放棄に関しては、本書面に記載され
　ない。また、被相続人の死亡に起因する相続手続及び年金等手続以外に利用することはできない。
　　　　　　　　　　　　　　　　　　　　　　　　整理番号　S05432

ロ）「相続財産の範囲と評価」の調査

a) 相続人代表者が中心となり、遺品を整理した結果、銀行の預貯金の通帳の他に、証券会社から届いた「取引残高報告書」が見つかった（「**現物資料 142**」参照）。

【**現物資料 142**】 〉 証券会社から被相続人宛てに届いていた「取引残高報告書」

<table>
<tr><td colspan="2" align="right">ページ No.1</td></tr>
<tr><td colspan="2" align="center">取 引 残 高 報 告 書
（お取引及びお預り明細のお知らせ）</td></tr>
</table>

116-0012
東京都荒川区
東尾久一丁目
23-4

江藤　京子　様

|dil|lı|ıılılılılılı|ıılı|ılılılı|ılılılılı|
0001/0004　6UA-2-A0407323 #
　/N23 001000 1515777

お客様の口座番号　Z23-1515777- 960
特定口座　源泉徴収あり
少額投資非課税（一般 NISA）口座

【送付のご案内】
　いつも格別のお引き立てを賜り、誠にありがとうございます。
　あなたさまのお取引明細および 2024 年　6 月 28 日現在の金銭・証券の残高明細をご報告申し上げます。
　つきましては内容をご確認いただき、ご不明の点がございましたら、誠に恐れ入りますが、お問合せ先までご連絡ください。

ご　報　告　の　内　容

1	お預り残高の状況	ページ NO.	3
2	お預り残高等の明細	ページ NO.	4
3	お取引の明細	ページ NO.	5
4	ご参考情報	ページ NO.	6
5	お届け内容のご確認	ページ NO.	7

税経証券株式会社
〒103-8011
東京都中央区日本橋 1-2-3

お問合せ先：取引店の総務課長へご連絡ください

税経証券株式会社　印

取引店　　千 住 支 店
電話番号　03-3882-8765

b）相続人代表者から a）の資料を預り、口座凍結の説明をした上で、各
　銀行及び証券会社に被相続人の死亡を伝えた（口座が凍結される）。

c）証券会社から相続手続に関する書類が一式送られてきた。

d）銀行及び証券会社に対して残高証明書を請求した（**残高証明書を取得
　するために証券会社に提出した書類：「現物資料 143〜147」参照**）。

【現物資料 143】　必要書類を同封した返信用封筒（証券会社から届いた封筒を利用した）

特定記録郵便　　2 2 1 - 8 7 6 5

料金受取人払郵便
神奈川局
承認
1221
差出有効期間
2026年7月
31日まで

税経証券株式会社

（事務取扱）
税経ビジネスサービス株式会社
相続事務センター　　御中

日本郵便株式会社　神奈川郵便局　私書箱第三号

2025 年 7 月 7 日

税経証券株式会社　御中

〒 102-0083

東京都千代田区麹町 3-2-1

エキスパートビル 302 号

竹之内行政書士事務所

行政書士　竹　内　　豊

電　話　03 (3210) 0123

　被相続人・江藤京子の残高証明書の請求に関する下記書類をお届けいたします。ご査収の程、よろしくお願いいたします。

記

(1)残高証明書等作成依頼書

(2)被相続人・江藤京子　法定相続情報一覧図の写し（原本）

(3)委任状（原本）

(4)委任者の印鑑登録証明書（原本）

(5)代理人（行政書士）の身分証明書の写し

　①行政書士証票

　②運転免許証

(6)原本返却依頼書

以上

【現物資料 145】 〉 委任状（相続人代表者）

委　任　状

事　務　所　　東京都千代田区麹町 3-2-1
　　　　　　　　エキスパートビル 321 号
　　　　　　　　竹之内行政書士事務所
住　　　所　　東京都国分寺市本町 2 丁目 1 番地の 23
電　　　話　　03-3210-0123　携帯 090-1234-5678
職業・氏名　　行政書士　竹之内　豊（登録番号：第 010819 ×× 号）
所　　　属　　東京都行政書士会（会員番号：第 47 ×× 号）

　　　　上記の者に、次の権限を委任いたします。

　被相続人　江藤京子（最後の住所：東京都荒川区東尾久一丁目 23 番 4 号・最後の本籍：東京都東尾久一丁目 1234 番地、昭和 13 年 4 月 5 日生・令和 7 年 3 月 19 日死亡）の死亡により発生した相続による、被相続人名義の<u>税経証券</u>に預託している一切の金銭・証券等に関する、残高証明書（相続参考株価、当月平均、前月平均、前々月平均の記載があるもの）の請求・受領、名義変更、払戻し、解約及び当該金銭・証券等の元利金等の受領、並びに<u>税経証券</u>に提出する遺産分割に必要な一切の書類の受領・作成・提出等。
　以上遺産分割に必要な一切の権限及び行為。

以上

令和 7 年 7 月 2 日

住　　　所　　<u>東京都荒川区東尾久一丁目 23 番 4 号</u>

電話番号　<u>090（0123）3210</u>

氏　　　名　<u>被相続人の二女　小松　優子</u>
　　　　　　　　（生年月日：昭和 45 年 6 月 7 日）

被相続人口座 □□□ □□□□□□□

残高証明書等作成依頼書

税経証券株式会社

以下の残高証明書等の作成を依頼します。

① **残高証明書**
- 死亡年月日基準で作成いたします。
- 包括特定口座をご契約されている場合は、本依頼書をもって両口座分作成いたします。

② **特定口座内譲渡所得等の明細 / 特定口座内配当所得等の明細（当年分）**
- 帳票作成日基準で作成いたします。
- 特定口座を開設されていない場合は、作成されません。

1. 被相続人（亡くなられた方）について、以下をご記入ください。 | ご記入日 2025 年 7 月 7 日

被相続人の おなまえ	フリガナ　エトウ　キョウコ 江藤　京子		
被相続人の 生年月日	□大正 □平成 ☑昭和 □令和　13 年 4 月 5 日	死亡年月日※	2025 年 3 月 19 日
被相続人の取引店名	取引店コード	口座番号	
千　住　㊙部支店	Z 2 3	1 5 1 5 7 7 7	

※必ず死亡年月日までご記入ください。日付までのご記入がない場合は当該期間の最終月を死亡日とさせていただきます。
（例）「9月」とご記入の場合は 9月30日

2. 相続人等について、以下①②のいずれかにご記入ください。

※ 相続人等とは、相続人、または相続人から委任を受けた代理人等を指します。
※ 相続人から委任を受けた代理人等宛の郵送をご希望の場合は、②に代理人等のおところ・おなまえ・電話番号をご記入ください。

① **当社に口座をお持ちの方**
※必ず、取引店名（または取引店コード）および口座番号をご記入ください。ご記入いただいた口座のお届出ご住所へ転送いたします。

相続人等の おなまえ	フリガナ		
相続人等の取引店名	取引店コード	口座番号	
部支店			

② **当社に口座をお持ちでない方（または口座開設手続中の方）**
※本人確認書類に記載されている通りにおところ・おなまえをご記入ください。ご記入いただいた住所へ郵送いたします。

相続人等の おところ	〒102-0083 東京都千代田区麹町 3-2-1　エキスパートビル 302 号		
相続人等の おなまえ	フリガナ　タケノウチ　ユタカ 故江藤京子相続手続代理人行政書士竹之内豊	相続人等の 電話番号	03-3210-0123

左側：いずれかにご記入ください

社用欄　※同名義口座分も本書類を受入れること（投資一任口座・ジュニア NISA 口座・N&C との包括特定口座は受入不可）

【残高証明書・特定口座取引明細の作成】
□NBS 作成依頼：「残高証明書」作成依頼票」送付済
□営業店作成：営業店にて「残高証明書作成システム」作成送信済＋NBS に「特定口座取引明細」作成依頼票」送付済

【元帳の作成】
□　一般口元帳　　□　信用口座元帳
□　継投口元帳（MRF）
□　継投口元帳（外貨 MMF）
□　その他元帳（　　　　　　　　）
※営業店にて「元帳検索システム」から作成するか、別途、NBS WEB CH@NNEL の「顧客口座元帳」作成依頼票」にて NBS へ作成依頼をすること

受入日	受付者	総務管理者	残証作成送信	元帳作成

【被相続人が本支店と N&S の包括特定口座の場合】
本支店の口座番号で受入れた場合⇒N&C の口座番号を下に記入
N&C の口座番号で受入れた場合⇒本支店の口座番号を下に記入

426

【現物資料 147】 ＞ 原本返却依頼書（行政書士が記入した）

戸籍謄本等の原本の返却をご希望されるお客様へ
【原本返却依頼書】

相続手続きにあたり、今回ご提出いただく戸籍謄本等の原本の返却を
希望される場合には、以下の枠内にご記入のうえ、相続手続関係書類等と
併せてご提出ください。ご記入いただいた返送先へ送付いたします。

なお、戸籍謄本等の原本の返却が不要な場合には、本紙のご提出は不要です。

ご記入日	2025年 7 月 7 日
被相続人名	故 江藤　京子 様
戸籍謄本等 ご返送先	〒 102 _ 0083 （ご住所）東京都千代田区麹町 3-2-1 エキスパートビル 302 号 （お名前）行政書士　竹之内　豊 様
ご連絡先電話番号	03-3210-0123

※ご返送先の郵便番号・ご住所・お名前にお間違えのないよう、ご記入をお願いいたします。

------------------------------- 社用欄 -------------------------------
　　　　　　＜メモ欄＞

受入日

e）証券会社から残高証明書の請求に同封した原本が返却された（「**現物資料148**」参照）

【**現物資料148**】 〉 証券会社から行政書士に届いた原本還付通知書

簡易書留

〒102−0083
東京都千代田区麹町 3-2-1
エキスパートビル 321 号
行政書士　竹之内　豊　様

〒221-8765
日本郵便株式会社神奈川郵便局私書箱第 1 号
税経証券株式会社　相続事務センター
フリーダイヤル（平日）9：00-17：00　0120-777-555

拝啓
平素は格別のご高配を賜り厚く御礼申し上げます。
この度は相続にかかるお手続書類をご提出いただき誠にありがとうございました。
下記の通りお送りしましたので、ご査収くださいますようお願い申し上げます。
ご不明な点がございましたら、お気軽にお問い合わせください。

故　江藤　京子　様お手続き分
お問合せ番号：　987654

送付物

書類名	数量
印鑑登録証明書【ご返却】	1
法定相続情報一覧図【ご返却】	1
委任状【ご返却】	1

通信欄

お手続き書類をご提出頂きありがとうございました。上記の書類を返送いたします。
なお、書類は現在確認中でございます。場合によっては、追加書類等を再度ご提出
いただくこともございますので予めご了承くださいますようお願い申し上げます。

f) 各金融機関から行政書士へ残高証明書が届く

　請求してから2週間後程度で、行政書士へ残高証明書が届いた。

【現物資料 149】 〉 証券会社から行政書士に届いた残高証明書

2025 年 7 月 22 日

〒 102-0083
東京都千代田区麹町 3-2-1
エキスパートビル 321 号
行政書士　竹之内　豊　様

　先般ご依頼いただきました、以下の口座に関する
「残高証明書」を送付いたしますので、ご査収くださいますよう
お願い申し上げます。

残 高 証 明 書

口座名　　江藤　京子　様
口座番号　Z23-1515777

税経証券株式会社
千住支店
03-2345-9700
㊞

　2025 年 3 月 19 日現在、上記口座におけるお預り金銭及び証券残高等
は下記の通りであることを証明します。

記

種類	区分	銘柄	数量	備考
金銭		お預り金	0 円	
株式等	一般	鹿島建設	3,000 株	
株式等	一般	三菱ケミカルグループ	2,000 株	
株式等	一般	JFE ホールディングス	1,000 株	

以上

g)「財産目録」の作成

　当該案件は、相続税の申告が予定されていたので、行政書士が取得した金融機関と不動産に関する資料を基に税理士が財産目録を作成した。

　なお、この時点で、相続人代表者からヒアリングした遺産分割の予定される内容を税理士に伝えて、財産目録作成と共に各相続人の見込相続税額を試算してもらえば、相続人は取得する遺産と納税額が同時に分かるので協議しやすくなる。その結果、遺産分割協議を早期に成立させることができる。

②　相続人全員に遺産分割及び相続税の申告について説明する

　相続人全員に対して、行政書士が遺産分割について、また、税理士が相続税の申告について説明を行った。

　相続人は、不動産に関しては、各相続人の生活の状況等を考慮して分割することにした。また、金融資産に関しては、株価を遺産分割時に最も接近した時点での最終価格（終値）によって算定した上で、他の金融資産（銀行の預貯金）と合わせて各相続人が3分の1ずつ（等分）取得することとした。

　なお、株式に関しては、当初二女は、自分に名義を書き換えて取得するつもりであったが、行政書士から「株価は変動するので、売却して分配した方が、後々、相続人間で不満が噴出するおそれが低い」という話があったので、自分に名義を書き換えた上で売却し、売却益を各相続人が等分に取得することとした。

　以上のとおり遺産分割の内容が決まったので、次回の打合せの場で、最終確認の上、行政書士が作成した遺産分割協議書に相続人全員が署名押印することとした。なお、各人に、実印と印鑑登録証明書を当日持参するように指示をした。

③　遺産分割協議書に署名押印をする

　行政書士の事務所に税理士及び相続人全員が集まった。行政書士から遺産

分割協議書について、税理士から相続税の申告についてそれぞれ相続人全員に説明をした。いくつか質問を受けたが、相続人全員から「（遺産分割協議書の内容に）異議なし」の言質が取れたので、合意の証しとして、遺産分割協議書に相続人全員が署名し、印鑑登録証明書を提出して実印で押印した。

【現物資料 150】 〉　遺産分割協議書

遺産分割協議書

　令和7年3月19日 江藤京子（最後の住所：東京都荒川区東尾久一丁目23番4号、最後の本籍：東京都荒川区東尾久一丁目1234番地、以下「被相続人」という）の死亡により開始した相続につき、共同相続人 松田由美、江藤健一、小松優子の以上3名は被相続人の遺産を次のとおり分割することに合意する。

第1条　相続人 松田由美は次の遺産を取得する。

(1) 建物
　　所　　在　　荒川区東尾久二丁目1212番地3
　　家屋番号　　1212番3の21
　　種　　類　　店舗　共同住宅
　　構　　造　　木造セメントかわらぶき2階建
　　床面積　　1階88.48㎡　2階73.70㎡

(2) (1)の建物の敷地の借地権
　　所　　在　　荒川区東尾久二丁目
　　地　　番　　1212番3
　　地　　目　　宅地
　　地　　積　　899.99㎡の一部（113.28㎡・34.27坪）
　　所有者　　税経寺

第2条　相続人　江藤健一は次の遺産を取得する。

(1) 土地
　　所　　　在　　荒川区東尾久一丁目
　　地　　　番　　1234番2
　　地　　　目　　宅地
　　地　　　積　　40.13 ㎡

第3条　相続人　小松優子は次の遺産を取得する。

(1) 建物
　　（主である建物の表示）
　　所　　　在　　荒川区東尾久一丁目1530番地5
　　家屋番号　　1530番5の3
　　種　　　類　　居宅
　　構　　　造　　鉄骨造陸屋根3階建
　　床面積　　1階39.49 ㎡　2階39.49 ㎡　3階39.49 ㎡

(2) 土地
　　所　　　在　　荒川区西尾久二丁目
　　地　　　番　　1530番5
　　地　　　目　　宅地
　　地　　　積　　110.88 ㎡

第4条　共同相続人 松田由美、江藤健一、小松優子は、下記金融資産を含む被
　　　相続人の有した全ての金融資産を換価し、その換価金から被相続人の一
　　　切の債務を弁済し、なおかつ、遺産分割に関する一切の費用（相続人の
　　　立替金、税理士・行政書士報酬等）を控除した残金を、それぞれ次の
　　　(1) から (3) の割合で取得する。
　　　　ただし、第1条から第3条までの相続登記にかかる費用（登録免許税・
　　　司法書士報酬等）については、当該不動産の取得者がこれを負担するも
　　　のとする。

　　(1) 松田由美　　　3分の1
　　(2) 江藤健一　　　3分の1

　(3) 小松優子　　3分の1

　なお、全ての金融資産を換価した換価金は、共同相続人全員の合意の下、次の小松優子の銀行口座に振込まれるものとし、同人は全ての金融資産の換価金が振込まれた日から14日以内に、本条に基づいて算出した金額を、松田由美・江藤健一　両名の指定口座に振込むものとする。
城西信用金庫　尾久支店　普通預金口座　1010123
口座名義　小松優子（コマツ　ユウコ）

記

　(1) 城西信用金庫　尾久支店
　　　①普通預金　口座番号6543210
　　　②定期預金　口座番号414321

　(2) 税経銀行　東尾久支店
　　　①普通預金　番号0054321
　　　②定期積金　番号0000023

　(3) ゆうちょ銀行
　　　通常貯金　記号番号　10030-87654321

　(4) 税経証券株式会社　千住支店
　　　①種類：株式等　区分：一般　銘柄：鹿島建設　3,000株
　　　②種類：株式等　区分：一般　銘柄：三菱ケミカルグループ
　　　　2,000株
　　　③種類：株式等　区分：一般　銘柄：JFEホールディングス
　　　　1,000株

以上

第5条　本協議書に記載なき遺産及び後日判明した遺産は、共同相続人　松田由美、江藤健一、小松優子の以上3名で協議し、その合意内容に基づき取得者を決めるものとする。

以上のとおり協議が真正に成立したことを証するため、本協議書を作成し各自署名押印する。

　　　　令和7　年　8　月　10　日

　　　　　住　　　所　　東京都荒川区東尾久一丁目25番6号

　　　相続人　（被相続人の長女）　　松田　由美
　　　　　　　　　　　　　　　　（昭和40年3月4日生）

　　　　　住　　　所　　東京都足立区足立二丁目21番20号

　　　相続人　（被相続人の長男）　　江藤　健一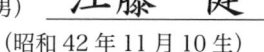
　　　　　　　　　　　　　　　　（昭和42年11月10生）

　　　　　住　　　所　　東京都荒川区東尾久一丁目23番4号

　　　相続人　（被相続人の二女）　　小松　優子

　　　　　　　　　　　　　　　　　　（昭和45年6月7日生）

④　金融機関に対して払戻手続を行う

　行政書士が相続人全員の代理人として、各銀行に対して払戻手続を行った結果、遺産分割協議書第4条に記した二女の指定口座に相続預貯金が払戻しされた。

　また、証券会社に対する相続手続は次の手順で行った結果、売却益が同口座に払込まれた。

イ）株式を相続（承継）する相続人（株式承継者）が、被相続人が口座を設
　けていた証券会社の口座を開設する

　　〜行政書士が口座開設の方法を調べた上で、株式承継者に口座開設の方
　　法を案内する　（**P436「現物資料151」参照**）。

　　なお、株式承継者が、既に当該証券会社の口座を所有している場合
　は、新たに口座を開設する必要はない。

※本件では、株式承継者（二女）は、当該証券会社に口座を設けていな
　かったので、行政書士から届いた口座開設の方法に基づいて、新規口座
　を開設した。

ロ）証券会社に株式を相続するための書類を郵送する　（**P437〜440「現物資
　料152〜154」参照**）

ハ）株式承継者（二女）が新設した証券会社の口座に株式が移管される

ニ）二女が電話で証券会社に対して株式の売却を指示する

ホ）株式の売却益が株式承継者の指定口座に払い込まれる

ヘ）証券会社から株式承継者及び代理人行政書士に「手続完了通知」が届
　く　（**P443「現物資料155」参照**）

⑤　換価金（相続預貯金の払戻金及び株式の売却益）の振込み

　二女が遺産分割協議書の内容に基づいて、他の2名の相続人の口座に換価
金を振込んだ。

2025 年 8 月 12 日

被相続人　江藤京子様
代表相続人　小松　優子　様

〒 102-0083
東京都千代田区麹町 3-2-1
エキスパートビル 321 号
竹之内行政書士事務所
行政書士　竹之内　豊
TEL　03（3210）0123
E-mail office@t-yutaka.com

お世話になっております。

　税経証券の口座開設に関する書類をお届けいたします。ご査収の程、よろしくお願いいたします。
　口座開設をするには次の(1)〜(3)の 3 つの中からお選びいただけます。

(1)郵送
〜お届けした申込み用紙に必要事項をご記入の上、郵送してください（同封した返信用封筒をご利用ください。
(2)インターネット
〜「口座開設キット」をご覧いただきご手配ください。
(3)来店
〜どちらの支店でも口座開設はできます。ただし、予約が必要です。来店をご希望の場合は当職が予約を入れますのでお申し付けください。

　なお、口座開設については、ご希望（今回の相続のみで使用する、遺産分割が終わった後も税経証券と取引を希望する等）によって内容が異なる場合があります。そのため、口座開設にいては、「税経証券はじめてのお客様専用ダイヤル」（0120-566-123）にお電話の上、ご希望等を伝えて頂けるとスムーズに進むと思います。
　お忙しいところ誠に恐縮ですが、(1)郵送・(2)インターネットでご手配する場合は、8 月 20 日（水）頃までにご手配頂けると幸甚です。
では、引き続きよろしくお願いいたします。

添付書類

1. 口座開設申込みに関する書類（郵送の場合）

(1)口座開設お手続きガイド

(2)証券総合サービス申込書（予備 1 枚・記入例付）

(3)支店名記入用紙（店舗網一覧付）

(4)はじめてのお客様専用ダイヤル（お問合せ先）

(5)申込書送付専用封筒

2. 口座開設キット（インターネットの開設の説明）

3. 残高証明書（参考資料）

以上

【現物資料 152〜154】 〉 行政書士から証券会社に送付した相続手続に関する書類

【現物資料 152】 〉 送り状

2025 年 8 月 25 日

税経証券株式会社　御中

〒 102-0083
東京都千代田区麹町 3 丁目 2 番 1 号
エキスパートビル 321 号
電　話　03（3210）0123
竹之内行政書士事務所
行政書士　竹之内　豊
TEL　03（3201）0123
E-mail office@y-takenouchi.com

　被相続人・江藤京子の相続手続に関する下記書類をお届けいたします。ご査収の程、よろしくお願いいたします。

　なお、お届けした書類の全ての原本は、当職にご返却いただきますようお願いいたします。

記

(1)相続手続依頼書……1 通

(2)遺産分割協議書（原本）……1 通

(2)委任状（原本）……3 通

(3)印鑑登録証明書（原本）……4 通

　①受任者（行政書士　竹之内豊）……1 通

　②相続人……3 通

以上

相続手続依頼書

兼 特定口座開設者死亡届出書 兼 非課税口座開設者死亡届出書 兼 未成年者口座開設者死亡届出書 兼 相続上場株式等移管依頼書

税経証券株式会社

私共(私)は、「相続手続における有価証券等の移管の取扱いについて」の[留意事項]に同意の上、被相続人口座（後述**1**の口座）の資産について、「受取人（相続財産を受け取られる方）および受取数量等について」（後述**4**）の記載のとおり移管を依頼いたします（被相続人が未成年者口座を開設している場合は、当該未成年者口座を含みます）。

⚠ 太枠内 ⬭ を、黒のボールペンでもれなくご記入・ご捺印ください。

1 被相続人（亡くなられた方）について

ご記入日	2025 年 8 月 25 日

被相続人の おところ	東京都荒川区東尾久 1-23-4
	※税経証券へお届出のご住所をご記入ください。

被相続人の おなまえ	フリガナ エトウ キヨウコ 江藤 京子	被相続人の 生年月日	□1大正 □3平成 ☑2昭和 □4令和 13 年 4 月 5 日

被相続人の 死亡年月日	年 月 日	被相続人の取引店名 千住 部（支店）	取引店コード Z23	口座番号（右詰め） 1515777

2 相続人等について ⚠ **4**の受取人・受取数量のご記入内容を必ずご確認の上、お名前を自署および実印をご捺印ください。

署名欄	実印	署名欄	実印
故江藤京子相続手続代理人 行政書士 竹之内 豊	(竹之内豊 印)		印
ご関係 □1配偶者 □2子 □3孫 □4父母 □5祖父母 □6兄弟姉妹 □7その他		ご関係 □1配偶者 □2子 □3孫 □4父母 □5祖父母 □6兄弟姉妹 □7その他	
	印		印
ご関係 □1配偶者 □2子 □3孫 □4父母 □5祖父母 □6兄弟姉妹 □7その他		ご関係 □1配偶者 □2子 □3孫 □4父母 □5祖父母 □6兄弟姉妹 □7その他	
	印		印
ご関係 □1配偶者 □2子 □3孫 □4父母 □5祖父母 □6兄弟姉妹 □7その他		ご関係 □1配偶者 □2子 □3孫 □4父母 □5祖父母 □6兄弟姉妹 □7その他	

3 移管希望日について ⚠ 特にご希望がない場合も、必ず「可能な限り早い日」にチェックしてください。

☑ 可能な限り早い日　　※移管希望日の日付指定は、お客様の口座状況によりお受けできない場合がございますので、別途、お取引店までお申し出ください。

[社用欄]	特定口座・非課税口座・未成年口座を開設している営業所等の所在地・名称	包括指定	N&C 部店・口座番号		送信印 (本・支店印)
被相続人			被 ①		
受取人(1)		受取人(2)	②		送信印 (本・支店印)
受取人(3)		受取人(4)	③ ④		照合

被相続人がジュニア NISA 口座を開設している場合は以下に記入	受入日	受付者	印鑑照合	総務管理者 （精算指示）	総務管理者 （精算完了）	ISA契約申込登録 （廃止）	JISA契約申込登録 （廃止）	特定口座※ （廃止送信）	総務管理者※ 特定廃止確認）
取扱店 　　口座番号									

4 **受取人（相続財産を受け取られる方）および受取数量等について**

⚠️「相続手続きにおける有価証券等の移管の取扱いについて」の【留意事項】をご確認の上、受取人情報、相続財産明細、および受取数量をご記入ください。受取人が複数の場合、受取人①〜④の記入順および「徴収口座」については、【留意事項】第1項〜第3項を必ずご確認ください。

受取人①	おところ	東京都荒川区東尾久1-23-4				生年月日 ☐₁大正 ☐₃平成 ☑₂昭和 ☐₄令和	45 年 6 月 7 日	
	フリガナ コマツ　ユウコ おなまえ	小松　優子	税経証券	取引店名 千住 部 （支店）	取引店コード Z232	口座番号（右詰め） 80891 0	徴収口座 ☐	

受取人②	おところ					生年月日 ☐₁大正 ☐₃平成 ☐₂昭和 ☐₄令和	年　　月　　日	
	フリガナ おなまえ		税経証券	取引店名 部 支店	取引店コード	口座番号（右詰め）	徴収口座 ☐	

受取人③	おところ					生年月日 ☐₁大正 ☐₃平成 ☐₂昭和 ☐₄令和	年　　月　　日	
	フリガナ おなまえ		税経証券	取引店名 部 支店	取引店コード	口座番号（右詰め）	徴収口座 ☐	

受取人④	おところ					生年月日 ☐₁大正 ☐₃平成 ☐₂昭和 ☐₄令和	年　　月　　日	
	フリガナ おなまえ		税経証券	取引店名 部 支店	取引店コード	口座番号（右詰め）	徴収口座 ☐	

⚠️ 受取人がおひとりの場合、以下の欄はご記入不要です。

相続財産明細					受取人①	受取人②	受取人③	受取人④
銘柄コード	銘柄名	預り区分		全数量	受取数量	受取数量	受取数量	受取数量
		☐₁特定 ☐₂一般 ☐₃NISA						
		☐₁特定 ☐₂一般 ☐₃NISA						
		☐₁特定 ☐₂一般 ☐₃NISA						
		☐₁特定 ☐₂一般 ☐₃NISA						
		☐₁特定 ☐₂一般 ☐₃NISA						
		☐₁特定 ☐₂一般 ☐₃NISA						
		☐₁特定 ☐₂一般 ☐₃NISA						
		☐₁特定 ☐₂一般 ☐₃NISA						
		☐₁特定 ☐₂一般 ☐₃NISA						
		☐₁特定 ☐₂一般 ☐₃NISA						

委　任　状

事　務　所　東京都千代田区麹町 3-2-1
　　　　　　　エキスパートビル 321 号
　　　　　　　竹之内行政書士事務所
住　　　所　東京都国分寺市本町 2 丁目 1 番地の 23
電　　　話　03-3210-0123　携帯 090-1234-5678
職業・氏名　行政書士　竹之内　豊（登録番号：第 010819××号）
所　　　属　東京都行政書士会（会員番号：第 47××号）

　　　上記の者に、次の権限を委任いたします。

　被相続人　江藤京子（最後の住所：東京都荒川区東尾久一丁目 23 番 4 号・最後の本籍：東京都東尾久一丁目 1234 番地、昭和 13 年 4 月 5 日生・令和 7 年 3 月 19 日死亡）の死亡により発生した相続による、被相続人名義の税経証券に預託している一切の金銭・証券等に関する、残高証明書（相続参考株価、当月平均、前月平均、前々月平均の記載があるもの）の請求・受領、名義変更、払戻し、解約及び当該金銭・証券等の元利金等の受領、並びに税経証券に提出する遺産分割に必要な一切の書類の受領・作成・提出等。
　以上遺産分割に必要な一切の権限及び行為。

　　　　　　　　　　　　　　　　　　令和 7 年 8 月 10 日

　　　住　　　所　　東京都荒川区東尾久一丁目 25 番 6 号

　　　電話番号　　090（4321）8765

　　　氏　　　名　被相続人の長女　松田　由美　
　　　　　　　　　　　　　（生年月日：昭和 40 年 3 月 4 日）

　　　　　　　　　　　　　　　　　　　　　　　　　　　　以上

委 任 状

事 務 所　東京都千代田区麹町 3-2-1
　　　　　　エキスパートビル 321 号
　　　　　　竹之内行政書士事務所

住　　　所　東京都国分寺市本町 2 丁目 1 番地の 23

電　　　話　03-3210-0123　携帯 090-1234-5678

職業・氏名　行政書士　竹之内　豊（登録番号：第 010819××号）

所　　　属　東京都行政書士会（会員番号：第 47××号）

　　　上記の者に、次の権限を委任いたします。

　被相続人　江藤京子（最後の住所：東京都荒川区東尾久一丁目 23 番 4 号・最後の本籍：東京都東尾久一丁目 1234 番地、昭和 13 年 4 月 5 日生・令和 7 年 3 月 19 日死亡）の死亡により発生した相続による、被相続人名義の税経証券に預託している一切の金銭・証券等に関する、残高証明書（相続参考株価、当月平均、前月平均、前々月平均の記載があるもの）の請求・受領、名義変更、払戻し、解約及び当該金銭・証券等の元利金等の受領、並びに税経証券に提出する遺産分割に必要な一切の書類の受領・作成・提出等。

　以上遺産分割に必要な一切の権限及び行為。

　　　　　　　　　　　　　　　　　令和 7 年 8 月 10 日

住　　　所　　東京都足立区足立二丁目 21 番 20 号

電話番号　　090（3210）7654

氏　　　名　被相続人の長男　江藤　健一　

　　　　　　　　（生年月日：昭和 42 年 11 月 10 日）

　　　　　　　　　　　　　　　　　　　　　　　　　　　以上

<h1 style="text-align:center">委　任　状</h1>

事　務　所　東京都千代田区麹町 3-2-1
　　　　　　　エキスパートビル 321 号
　　　　　　　竹之内行政書士事務所
住　　　　所　東京都国分寺市本町 2 丁目 1 番地の 23
電　　　　話　03-3210-0123　携帯 090-1234-5678
職業・氏名　行政書士　竹之内　豊（登録番号：第 010819××号）
所　　　属　東京都行政書士会（会員番号：第 47××号）

　　　上記の者に、次の権限を委任いたします。

　被相続人　江藤京子（最後の住所：東京都荒川区東尾久一丁目 23 番 4 号・最後の本籍：東京都東尾久一丁目 1234 番地、昭和 13 年 4 月 5 日生・令和 7 年 3 月 19 日死亡）の死亡により発生した相続による、被相続人名義の税経証券に預託している一切の金銭・証券等に関する、残高証明書（相続参考株価、当月平均、前月平均、前々月平均の記載があるもの）の請求・受領、名義変更、払戻し、解約及び当該金銭・証券等の元利金等の受領、並びに税経証券に提出する遺産分割に必要な一切の書類の受領・作成・提出等。
　以上遺産分割に必要な一切の権限及び行為。

　　　　　　　　　　　　　　　　　　　令和 7 年 8 月 10 日

住　　　　所　　東京都荒川区東尾久一丁目 23 番 4 号

電話番号　　090（0123）3210

氏　　　名　被相続人の二　小松　優子　
　　　　　　　　　　（生年月日：昭和 45 年 6 月 7 日）
　　　　　　　　　　　　　　　　　　　　　　　　　　　以上

【現物資料 155】　証券会社から代理人行政書士に届いた「手続完了通知書」

〒 102−0083
東京都千代田区麹町 3-2-1
エキスパートビル 321 号

行政書士　竹之内　豊　様

お問い合せ番号：　６５４３２１

平素より格別のお引き立てを賜わり、誠にありがとうございます。
先般、ご依頼がございました
故　江藤　京子様の相続手続が完了致しました。

完了日：　２０２５年９月５日

ご不明な点がございましたら、相続事務センターまでお問い合せください。
今後とも、何卒宜しくお願い申し上げます。

税経証券株式会社
相続事務センター
フリーダイヤル　０１２０−７７７−５５５
（土日・祝日を除く）９：００−１７：００

6-2 暗号資産の相続手続

　暗号資産（仮想通過）は、銀行等の第三者を介することなく、財産的価値を
やり取りすることが可能な仕組みとして、高い注目を集めている。そのた
め、暗号資産を保有したまま、被相続人が死亡するケースが、今後増えると
考えられる。

　そこで、まず、暗号資産とはどういうものであるのかを確認する。次に、
暗号資産それ自体及び暗号資産の取引所に対する債権が、相続の対象になる
ことを理解する。その上で、暗号資産の相続手続の方法について検討してみ
る。

■1 暗号資産の相続手続に必要な知識

　暗号資産の相続手続を検討する前に、暗号資産とはどういうものであるの
かなど、暗号資産に関する基本事項を確認する。

① 暗号資産とは

　「暗号資産」とは、インターネット上でやり取りできる財産的価値であり、
「資金決済に関する法律」において、次の性質を持つものと定義されている
（資金決済2⑭）。

> ① 不特定の者に対して、代金の支払い等に使用でき、かつ、法的通過
>   （日本円や米国ドル等）と相互に交換できる。
> ② 電子的に記録され、移転できる。
> ③ 法的通貨又は法定通貨建ての資産（プリペイドカード等）ではない。

　一般に、暗号資産は、「交換所」や「取引所」と呼ばれる事業者（暗号資産
交換業者）から入手・換金することができ、代表的な暗号資産には、ビットコ
インやイーサリアムなどが挙げられる。

資金決済に関する法律2条14項

　この法律において「暗号資産」とは、次に掲げるものをいう。ただし、金融商品取引法第29条の2第1項第8号に規定する権利を表示するものを除く。

一　物品等を購入し、若しくは借り受け、又は役務の提供を受ける場合に、これらの代価の弁済のために不特定の者に対して使用することができ、かつ、不特定の者を相手方として購入及び売却を行うことができる**財産的価値**（電子機器その他の物に電子的方法により記録されているものに限り、本邦通貨及び外国通貨、通貨建資産並びに電子決済手段（通貨建資産に該当するものを除く。）を除く。次号において同じ。）であって、電子情報処理組織を用いて移転することができるもの

二　不特定の者を相手方として前号に掲げるものと相互に交換を行うことができる**財産的価値**であって、電子情報処理組織を用いて移転することができるもの

②　暗号資産は相続の対象になるか

　この点について、判例はまだないが、実務においては次の理解が一般的である。

　暗号資産は、前述のとおり、資金決済に関する法律2条14項に定義が置かれ、「財産的価値」があることが前提となっている。

　また、税務実務においても、暗号資産については、決済法上、「代価の弁済のために不特定の者に対して使用することができる財産的価値」と規定されていることから、被相続人等から暗号資産を相続若しくは遺贈又は贈与により取得した場合には、相続税又は贈与税が課税されることとされている（相基通11の2-1、国税庁：令和6年12月20日付「暗号資産に関する税務上の取扱いについて（情報）」参照）。

≪4 相続税・贈与税関係≫
4-1 暗号資産を相続や贈与により取得した場合〔令和4年12月更新〕

> **問** 暗号資産を相続や贈与により取得した場合の課税関係はどうなりますか。

答 被相続人等から暗号資産を相続若しくは遺贈又は贈与により取得した場合には、相続税又は贈与税が課税されます。

　相続税法では、個人が、金銭に見積もることができる経済的価値のある財産を相続若しくは遺贈又は贈与により取得した場合には、相続税又は贈与税の課税対象となることとされています。

　暗号資産については、決済法上、「代価の弁済のために不特定の者に対して使用することができる財産的価値」（資金決済2⑭一）と規定されていることから、被相続人等から暗号資産を相続若しくは遺贈又は贈与により取得した場合には、相続税又は贈与税が課税されることになります。

（注）暗号資産の贈与等をした個人の課税関係
　個人が、贈与（相続人に対する死因贈与を除きます。）又は遺贈（包括遺贈及び相続人に対する特定遺贈を除きます。）により暗号資産を移転させた場合には、所得税の計算上、その贈与又は遺贈の時における暗号資産の価額（時価）を総収入金額に算入する必要があります。詳しくは、「2-10 暗号資産を低額（無償）譲渡等した場合の取扱い」をご覧ください。

【関係法令等】
相法2、2の2
相基通達11の2-1
（引用：国税庁：令和6年12月20日付「暗号資産に関する税務上の取扱いについて（情報）」）

　したがって、相続税法上の観点からも、ビットコインやイーサリアムなどの暗号資産それ自体及び暗号資産の取引所に対する債権は、相続の対象にな

ると考えられる。

　以上から、預貯金などと同様に、被相続人において、遺言書に基づき特定の相続人に相続させたり、遺贈させたりすることも可能であると解される（「**現物資料 156**」参照）。

【**現物資料 156**】〉　暗号資産の遺言事例

相続させる場合
第○条　遺言者は、遺言者の有する下記の暗号資産を（続柄）○○○○に相続させる。
記

　　　(1)暗号資産の種類：(　　　　　　　　　　　　　　)
　　　(2)暗号資産の数量：(　　　　　　　　)
　　　(3)暗号資産交換業者名：(　　　　　　　　　　　)
　　　(4)ウォレットの種類：(　　　　　　　　　　)
　　　(5)利用者 ID：(　　　　　　　　　　)
以上

遺贈の場合
第○条　遺言者は、遺言者の有する下記の暗号資産を○○○○に遺贈する。
記

　　　(1)暗号資産の種類：(　　　　　　　　　　　　　　)
　　　(2)暗号資産の数量：(　　　　　　　　)
　　　(3)暗号資産交換業者名：(　　　　　　　　　　　)
　　　(4)ウォレットの種類：(　　　　　　　　　　)
　　　(5)利用者 ID：(　　　　　　　　　　)
以上

---

③　相続財産に暗号資産が含まれている場合の調査先

　相続財産に暗号資産が含まれている場合は、暗号資産の種類・数量などについて、暗号資産を管理している暗号資産交換業者に照会することになる。
　一般的に、暗号資産の取引を行う場合は、暗号資産交換業者が用意している取引所（暗号資産の売買を行うネット上の場）に口座を開設する必要がある。

そして、暗号資産は、ウォレット（通貨を保管する場所）と呼ばれているもので管理される。取引所で取引する場合には、購入した暗号資産を保管しておくことも必要になる。そのため、取引所で口座開設することによって、口座開設者用のウォレットも自動的に作られる。

　取得した暗号資産は、取引所のウォレットにそのまま保管することもできるし、自分用のウォレットを別に作成し、そちらに移して保管することもできる。ウォレットの主な種類は次のとおりである。

【図表 56】 主なウォレットの種類と内容

種　類	内　容
オンラインウォレット	オンラインでのクラウド上で提供されるウォレット
モバイルウォレット	スマホなどにウォレットのアプリをインストールして使用されるウォレット
デスクトップウォレット（クライアントウォレット）	パソコンにウォレットをインストールして使用するウォレット
ハードウェアウォレット（注）	USB 状のディバイスなどに保存するウォレット
ペーパーウォレット（注）	文字通り、保管している暗号資産を復元するために必要な情報を印刷して、紙の状態で保管するウォレット

（注）ハードウェアウォレットやペーパーウォレットなどは、被相続人が、暗号資産の保有を他者に伝えていない場合、その存在を把握できない可能性もあり得る。

② 暗号資産の相続手続の方法

　実際に、被相続人が暗号資産を所有していた場合の相続手続の方法について説明する。

①　暗号資産の調査方法

　暗号資産を調査する場合、前記のウォレットを探し出すことが必要である。たとえば、被相続人が作成した遺言書（P447 **「現物資料 154」** 参照）やメモなどに被相続人が保有していた暗号資産に関する記述があれば、暗号資産の種類などを把握することは可能である。

　そのような資料が見当たらない場合は、被相続人が生前使用していたパソコンやスマートフォンの内部データを確認して、暗号資産の取引を行っていた形跡がないかを調査することになる。

②　取引所への問合せ

　被相続人が暗号資産の取引を行っていた形跡が認められた場合は、暗号資産取引所に取引内容の開示請求を行うことになる。

　暗号資産取引所によって、手続方法は異なるが、調査によって判明した取引所の規約などを確認した上で、必要に応じて、取引所に対して、暗号資産の取引内容の開示を求めることになる。

　具体的には、被相続人が口座を設けていた取引所のホームページにアクセスすれば、相続手続の方法を調べることができる。

③　暗号資産の相続手続の流れ

　相続財産の調査によって、被相続人が取引を行っていた仮想通貨交換業者が判明したら、当該取引所に連絡し、被相続人が死亡したことを届出て、当該仮想通貨の範囲（数量）と評価額を調査する。その後は、遺産分割協議で合意した内容に基づいて、当該暗号資産の承継者が取得することになる。

　以下に、遺産分割による一般的な相続手続の手順を紹介する。

【図表 57】 暗号資産の相続手続

①被相続人が暗号資産の取引を行っていたことが判明
↓
②被相続人が取引を行っていた仮想通貨交換業者に対して、残高証明書を請求する（相続人代表者のみで可）
　→仮想通貨交換業者が口座を凍結する
↓
③仮想通貨交換業者から残高証明書及び相続手続に必要な書類が送られてくる
↓
④相続人全員で遺産分割協議を行う
↓
⑤相続人全員が遺産分割の内容に合意→協議成立
↓
⑥仮想通貨交換業者へ必要書類を届出る
　一般的には、次のような書類が必要になる。

> ・住民票除票など、被相続人の死亡の事実が分かる書類
> ・戸籍謄本、法定相続情報一覧図の写しなど相続関係が分かる書類
> ・相続人代表者の本人確認書類
> ・遺言書や遺産分割協議書等、遺産の帰属が分かる書類
> ・相続人全員の印鑑登録証明書
> ・その他、仮想通貨交換業者から指示された届出書類

↓
⑦仮想通貨交換業者が口座解約、代表相続人等の口座へ送金される

6-3　生命保険の死亡保険金請求手続

　生命保険は相続財産には原則含まれないが、被相続人が生命保険に加入しているケースが多く、そのため、相続手続を受任した際に依頼者から死亡保険金請求の手続について相談を受けることがある。このような場合は、相続手続の一環として受任すべきと考える。

　そこで、相続に関連する死亡保険金請求における生命保険の知識と行政書士が関与した死亡保険金請求手続の事例を紹介する。実務の参考にして頂きたい。

■1 死亡保険金請求手続に必要な知識

　死亡保険金請求を行うにあたり、実務で求められる知識（相続と生命保険に関連する知識）について述べる。

①　生命保険金は相続の対象になり得るか

　生命保険金は受取人が被保険者（被相続人）の死亡時に、保険契約に基づき、自己の固有の財産として取得するもので、「被相続人の相続財産ではない」と解されている（下記判例参照）。もっとも、受取人を被保険者としているような場合では、生命保険金は死亡した本人の財産となるため、例外的に相続財産に含まれる。

> 　保険金受取人としてその請求権発生当時の相続人たるべき個人を特に指定した場合には、右請求権は、保険契約の効力発生と同時に右相続人の固有の権利として固有財産となり、被保険者（兼保険契約者）の遺産より離脱しているものといわねばならない。（最判昭 40［1965］・2・2民集 19 巻 1 号 1 頁）

② 特定の相続人が取得する保険給付請求権が例外的に特別受益として持戻しの対象になる場合

　原則として、生命保険金は特別受益とはみなされないと解されているが、保険金受取人である相続人とその他の共同相続人との間に生ずる不公平が民法 903 条の趣旨に照らして到底是認することができないほどに著しいものであると評価すべき特段の事情が存する場合には、例外的に持戻しの対象となる（最決平 16［2004］・10・29 民集 58 巻 7 号 1979 頁）。

　そして、「特段の事情の有無」については、保険金の額、この額の遺産の総額に対する比率のほか、同居の有無、被保険人の介護等に対する貢献の度合いなどの保険金受取人である相続人及び他の共同相続人と被相続人との関係、各相続人の生活実態等の諸般の事情を考慮して判断すべきものと考えられている。

③ 遺言による保険金受取人の変更

　保険法 44 条 1 項で、保険金受取人の変更は、遺言によってもすることができると定めているとおり、遺言によって保険金受取人を変更することはできる。

　もっとも、同条項は、任意規定であるため、被相続人が契約していた保険約款に、遺言による保険金受取人の変更を制限する規定があれば、遺言によって当該保険の保険金受取人の変更はできないことになる。

　なお、同条 2 項で、遺言による保険金受取人の変更は、その遺言が効力を発生した後、保険契約者の相続人がその旨を保険者に通知しなければ、これをもって保険者に対抗することができないとしている。

> 保険法 44 条　（遺言による保険金受取人の変更）
> 　保険金受取人の変更は、遺言によっても、することができる。
> 2 遺言による保険金受取人の変更は、その遺言が効力を生じた後、保険契約者の相続人がその旨を保険者に通知しなければ、これをもって保険者に対抗することができない。

④　相続放棄が死亡保険金受取に及ぼす影響

死亡保険金の受領は、受取人が生命保険契約に基づく固有の権利を行使したものである。したがって、相続財産の一部の処分ではないので、相続放棄はできると解されている。

そのため、相続を放棄しても、受取人に指定された相続人が生命保険金を受け取ることはできることになる。

⑤　生命保険金を遺産分割協議の対象に組み入れることの可否

前述のとおり、生命保険金は受取人が被保険者（被相続人）の死亡時に、保険契約に基づき、自己の固有の財産として取得するもので、被相続人の相続財産ではないと解されている。そのため、遺産分割協議の対象ではない。もっとも、相続人全員の同意があれば、保険金を遺産分割協議の対象に組み入れることはできる。

しかし、相続人全員の同意に基づき保険金を遺産分割協議の対象に組み入れたとしても、保険法 43 条に従い、遺産分割協議の内容を保険者である保険会社に対抗することはできない。

> 保険法 43 条（保険金受取人の変更）
> 　保険契約者は、保険事故が発生するまでは、保険金受取人の変更をすることができる。
> 2　保険金受取人の変更は、保険者に対する意思表示によってする。
> 3　前項の意思表示は、その通知が保険者に到達したときは、当該通知を発した時にさかのぼってその効力を生ずる。ただし、その到達前に行われた保険給付の効力を妨げない。

❷ 「現物資料」で見る死亡保険金請求手続の流れ

行政書士が死亡保険金受取人の代理人として行う場合の死亡保険金請求手続を、事例を交えて再現する。

【依頼の概要】

　渡辺博美（58歳）の兄・山田一雄は令和7年3月10日に心不全で突然この世から去ってしまった。享年62歳という若さであった。兄は、死亡時には独身であった。また、戸籍を調べた結果、実子も養子もいなかった。父親は5年前に死亡して母は健在であった。したがって、相続人は、母のみであった。

　母（87歳）は、長男が先に亡くなってしまったことにショックを受けて、心身ともに相続手続を行うことができる状態ではなかった。そこで、母は、知人から紹介を受けた行政書士に相続手続を依頼することにした。

　博美は、四十九日の法要が終わったので、兄が一人暮らしをしていた自宅で遺品を整理することにした。書斎で書類の整理をしていると「ご契約内容のお知らせ」というパンフレットを見つけた。読んでみると、自分を保険金受取人とした内容であった。兄は10年前に離婚をした際に、保険金受取人を前妻から唯一の兄弟である自分に変更したのであった。

　博美は、仕事を抱えている上、義父の介護も行っていた。そこで、母が相続手続を依頼している行政書士に、自分の死亡保険金の請求も依頼することにした。

▶被相続人：山田一雄
▶相続人の範囲：母・山田清子
▶死亡保険金受取人：妹・渡辺博美

死亡保険金請求手続の手順

　行政書士が死亡保険金受取人の代理人として、生命保険会社に対して死亡保険金の請求手続をした手順を、前述の事例を基に、時系列順に現物資料を交えて紹介する。

行政書士が関与した死亡保険金請求の流れ

- ・令和7年3月10日：被相続人死亡
- ・5月10日：妹が、被相続人の自宅から、自分を死亡保険金受取人とする内容の「ご契約内容のお知らせ」（パンフレット）を発見した（「**現物資料157**」参照）。
- ・5月12日：妹から死亡保険金請求の代理を依頼された。
- ・5月13日：行政書士がパンフレットに掲載されていた生命保険会社の担当者に、契約者が死亡したこと及び今後は行政書士が手続を妹の代理人として行うことを電話で伝えた。
  これに対して、担当者は「保険内容及び今後の手続について調べた上で、後日電話をする」と行政書士に回答した。
- ・5月15日：担当者から行政書士に「保険金請求に関する書類一式を行政書士に郵送する」と電話が入った。
- ・5月18日：生命保険会社から死亡保険金に関する書類一式が届いた。
- ・5月20日：行政書士は妹に、生命保険株式会社から提示された必要書類（死亡診断書の写し、運転免許証の表・裏両面の写し及びマイナンバーカードの写し）を次回の打合せの際に用意するようにメールで指示した（「**現物資料158**」参照）。また、打合せの時に「死亡保険金請求書」に保険金の振込先銀行の口座を記入するので当該通帳も持参するように指示した。
  これに対して、妹から「了解」との返信が届いた。
- ・5月24日：妹から必要書類を受領した。また、「死亡保険金請求書」に必要事項を自書してもらった（「**現物資料159**」参照）。
- ・5月26日：①保険会社へ死亡保険金請求に必要な書類を郵送した（「**現物資料160**」参照）。
  ②妹へ保険会社に死亡保険金請求書を発送したことを報告した（「**現物資料161**」参照）。
- ・6月3日：保険会社から妹宛てに「保険金お支払いのお知らせ」が届いた（「**現物資料162**」参照）。

（被保険者　山田　一雄　様）

オンリーワン　　ベストタイプ

ご契約内容のお知らせ
～しあわせレポート～

2020 年度版

2020 年　 4 月 14 日現在のご契約内容について、
ご理解を深めていただくために、その概略をご説明した資料です。

保険期間・保険料お払込期間等ご契約内容の詳細については、お手持ちの「保険証券」「ご契約の
しおり－定款・約款」等にてご確認ください。
ご契約内容の変更等、お手続きが完了していない場合は旧内容で掲載しています。

コールセンター　📞 **0120-012345**
＜受付時間＞月～金曜日　午前 9 時～午後 6 時　土曜日　午前 9 時～午後 5 時［日・祝日・12/31 ～ 1/3 を除く］
＜お願い＞　●証券番号（お客様番号）をあらかじめお確かめのうえお電話願います。
　　　　　　●プライバシー保護のため、契約者等ご本人さまからのお電話をお願いします。

ホームページ　税経生命 検索 **https://www.zeikeilife.co.jp**

特にインターネット（パソコン・スマートフォン・携帯電話）では、入出金取引や、住所・電話番号変更・
名義変更、生命保険料控除証明書の再発行などがご利用いただけます。

年金・保険金・給付金のお支払理由、保険料払込免除理由には約款所定の条件があり、お支払および保険料
払込免除のお取扱いができないことがあります。必ずご確認ください。

お届けしたのは・・・
札幌中央支部

税経生命　　市川　豊彦

作成日：2020 年　 4 月 14 日　　TEL 011-222-2233　E-mail: ichikawa-to@zeisei.jp

A550FF001-2004-B

お客さま番号：2900059666

【現物資料158】〉　生命保険会社から届いた書類に入っていた「ご提出書類について」

PEFMC07AP1-2022-4

令和　7年　5月15日
07168115652

■　ご提出書類について　■

下記の提出書類をお取りそろえのうえご提出ください。（提出書類に「戸籍関係書類」の記載が無くても、必要となる場合があります。下表「戸籍関係書類が必要となる場合について」をあわせてご確認ください。）

	提出書類	留意事項
☑	死亡保険金（死亡給付金）請求書	■請求者は死亡保険金受取人さまとなります。 　死亡保険金（死亡給付金）請求書の記入見本を参照のうえ請求者さまご自身で記入してください。 ■請求者さま本人口座をご指定ください。
☑	医師の発行する死亡診断書（または死体検案書）の写し	■死亡診断書または死体検案書の内容について、当社職員が病院あてに照会させていただくことがありますので、ご了承ください。
☑	受取人の本人確認書類（写）	■運転免許証、パスポート（住所記載のあるもの）、健康保険証などの各種証明書の写しをご提出ください。 ※以下の書類は個人情報保護の観点から、該当箇所を黒塗りのうえご提出ください。 ・各種健康保険証：記号、番号、枝番、保険者番号、二次元コード ・国民年金手帳：基礎年金番号
☑	マイナンバーの提供書類	※請求手続とあわせて、マイナンバーのご提供をお願いしております。 　詳細は「マイナンバー（個人番号）ご提供のお願い」をご確認ください。 　マイナンバーがお手元にない場合でも上記の提出書類が揃いましたら、まずはご提出ください。お手続完了後に、再度マイナンバーご提供のご案内をさせていただきます。
☑	渡辺博美様のマイナンバーカードの写し	
☑	行政書士竹之内豊様の本人確認証の写し	
☐		
☐		

■　戸籍関係書類が必要となる場合について　■

下記の a.～d. に該当する場合は、下表右に記載の戸籍関係書類（写し可・発行後6か月以内）が必要となります。上記の提出書類とあわせてご提出ください。該当しない場合は提出不要です。

a. 指定されている被保険者名や受取人名から改姓・改名がある場合	・「旧姓から現在の姓となったこと」が確認できるもの ・「旧名から現在の氏名となったこと」が確認できるもの ※運転免許証の裏面にて確認できれば代用可能です。
b. 指定されている受取人が亡くなられている場合	・「受取人の死亡事実」が確認できるもの 　「請求者が受取人の相続人」と確認できるもの
c. 受取人が「相続人」と指定されている場合	・「請求者が被保険者の相続人」と確認できるもの
d. 受取人が未成年の場合	・「請求者が受取人の親権者」と確認できるもの
戸籍関係書類の取寄せは、本籍地の市役所・役場に依頼する必要があります。郵送での取寄せが可能な場合もありますので、必要に応じて、該当の市役所・役場にご照会ください（ホームページでもご確認できる場合があります）。	

死亡保険金（死亡給付金）請求書【税経生命提出用】　PEC1　5587241

証券番号 07 168 11565 2　　　　　　　　　　★請求書★

下記の承諾事項に同意のうえ請求します。

黒色（または青色）のボールペン（消せるボールペン以外）でご記入ください。
※ご自身での記入が困難な場合は、ご家族さまが代わりに記入いただくこともも可能です。記入方法等は記入見本をご確認ください。

〔A〕記入日：2025年 5月 24日

〔B〕受取人さま名・生年月日をご記入ください。（代理人さまから請求される場合は、代理人さま名・生年月日をご記入ください）

ワタナベ ヒロミ 様

自署　渡辺　博美

（代理人さまは該当するものをご選択（レ）ください）
□ 成年後見人　□ 保佐人　□ 補助人
□ 任意代理人（委任状をご提出ください）

（受取人さまが未成年の場合）親権者・未成年後見人ご署名欄

生年月日：大・㊑・平・令 40 年 3 月 29日

〔C〕支払明細書等の送付先をご記入ください。

〒 251 - 0052

神奈川県藤沢市藤沢 3-4-5

電話番号をご記入ください。
※お客さまへご連絡する場合があります。必ずご記入ください。

0466- 65 - 4321

〔D〕保険金等の受取方法をご確認ください。

「全額一括」で受取る場合⇒このD欄は記入不要です　（E欄に口座を記入ください）
その他の方法で受取る場合のみ、以下にご記入ください。（受取人さま複数名で代表請求の場合は、据え置きできません）
□ ①全額を10年間据え置く（※）⇒E欄の受取口座記入は不要です。
□ ②一部【　　　　万円（30万円以上、万円単位）】を10年間据え置く（※）⇒E欄に口座を記入
（※）「据え置く」とは、当社に一定期間預けていただき、満了時または請求時に所定の利息とともにお受取りいただくものです。「保険金据置に関する約定」が契約内容となり、手続完了の通知を当社が発信したときに手続が成立します。

〔E〕いずれかの受取口座（受取人さまの本人口座）をご記入ください。（代理人さまの場合は、代理人さまの口座でも可能です）

→銀行口座

金融機関名	税　経	支店名	藤　沢	預金種目
	☑ 銀　行 □ 信用金庫 □ 信用組合 □ 労働金庫 □ 農　協		□ 本店 ☑ 支店 □ 支所 □ 出張所	☑ 総合普通 □ 当　座

口座番号（右詰め）7654321　口座名義（カタカナでご記入ください）ワタナベ　ヒロミ

→ゆうちょ銀行口座

通帳記号 1　　0　　通帳番号（右詰め・末尾1）　口座名義（カタカナでご記入ください）

≪ご連絡≫ご請求の保険金がお支払いとなると同時に、本契約は消滅し、お手元の保険証券は無効となります。

＜税経生命使用欄＞

コード 8545451

事務担当者確認印	書類受付日欄			
取次者書類受付日	年	月	日（和暦）	
不備整理日	年	月	日（和暦）	

【現物資料 160】＞ 保険会社へ死亡保険金請求に必要な書類を郵送した際の「送り状」

2025 年 5 月 26 日

税経生命保険相互会社　札幌保険金室　御中

〒 102-0083
東京都千代田区麹町 3-2-1
エキスパートビル 302 号
竹之内行政書士事務所
行政書士　竹之内　豊　㊞
電　話　03（3333）0123
E-mail office@y-takenouchi.com

お世話になっております。

　既にお電話でお伝えしましたが、当職は、被相続人　山田一雄様の妹・保険金受取人渡辺博美様から死亡保険金請求手続の代理を受任いたしました（本人確認として、行政書士証票の写しを添付いたします）。

　死亡保険金受取人の渡辺博美様ご本人に、「死亡保険金請求書」に必要事項をご記入頂きましたので、他の必要書類と共にお届けいたします。ご査収の程、よろしくお願いいたします。

　ご不明な点などございましたら、当職までご連絡ください。
　では、ご手配の程、よろしくお願いいたします。

添付書類

1. 死亡保険金請求書
2. 死亡診断書（写し）
3. 受取人　渡辺博美の本人確認書（運転免許証の写し）
4. マイナンバーカード提供書
5. マイナンバーカード（写し）
6. 当職の行政書士証票（写し）

以上

2025 年 5 月 26 日

渡辺　博美　様

〒 102-0083
東京都千代田区麹町 3-2-1
エキスパートビル 302 号
竹之内行政書士事務所
行政書士　竹之内　豊
電　話　03 (3333) 0123
E-mail office@y-takenouchi.com

お世話になっております。

　本日 5 月 26 日に、死亡保険金の請求に関する書類を税経生命に郵送いたしましたのでご報告いたします。
　なお、保険会社へ郵送した書類のコピーをお届けいたします。お手元に保管しておいてください。

　後日、保険金請求の手続が完了次第、保険会社から保険金支払いに関する書類が渡辺様宛てに届きます。保険会社から書類が届きましたらお知らせください。

　では、引き続きよろしくお願いいたします。

添付書類

1. 書留・特定記録郵便物等受領証（写し）
　※書類を郵送した証明書です。郵便物の配達状況は、日本郵政のホームページ
　　「郵便追跡サービス」からご確認頂けます。
2. 死亡保険金請求書（写し）
3. 死亡診断書（写し）
4. 受取人の本人確認書（運転免許証の写し）
5. マイナンバーカード提供書（写し）
6. マイナンバーカード（写し）
※ 2〜6 の書類に加え、当職の本人確認書類を税経生命に発送いたしました。

以上

【現物資料 162】〉　生命保険会社から死亡保険金受取人に届いた「保険金お支払いのお知らせ」

作成日　令和　7 年　6 月　2 日

保険金お支払のお知らせ

神奈川県藤沢市藤沢 3-4-5

渡辺　博美　様

｜ｈ｜ｈ｜ｈ･ｈ･ｈｈ･ｈ｜ｈ｜ｈ｜ｈ｜ｈ｜ｈｈ｜ｈ｜ｈｈｌｌ

1　051010-29-1　0000077#
25608150PEC1　07

ご故人様のご訃報につきまして心よりご冥福をお祈り申し上げます。保険金のお支払についてお知らせいたします。

ご請求もれ等がないか、ご契約内容を再度ご確認ください。
(ご家族さまが加入されているご契約にお支払の対象となる特約が付加されている場合もございます。)

税経生命保険相互会社
〒160-0023
東京都新宿区新宿 1-2-3
Tel 0120-345678

【お支払明細】※この明細書は税金の申告の際の資料となりますので、大切に保管してください。

証券番号	第 07168115655 号	お支払合計金額	＊＊＊＊20,822,120 円
契約書	様	お支払日	令和7年6月3日
被保険者	様	お支払方法	税経銀行 藤沢支店 普通預金　7654＊＊＊ ワタナベ　ヒロミ　サマ ※お客さま情報保護のため、口座番号の一部を＊にて表示しています。

摘　　要	お支払金額明細	備　　考
死亡保険金	20,734,900 円	死亡日：令和　6 年　3 月　7 日
死亡給付金	78,196 円	
配当金	9,024 円	

＊＊＊＊20,822,120 円

(注) 次頁以降の「お知らせ」欄にお支払内容の補足説明等を記載しておりますので、ご一読ください。

461

索　引

□キーワード索引

□判例索引

著者紹介

竹内　豊（たけうち　ゆたか）
1965年　東京に生まれる
1989年　中央大学法学部卒
同　年　西武百貨店入社
1998年　行政書士試験合格
2001年　行政書士登録
2017年　ヤフーから「Yahoo! ニュース　エキスパート」のオーサー（書き手）に
　　　　認定される。
　　　　テーマ：「家族法で人生を乗り切る。」
現　在　竹内行政書士事務所　代表
　　　　実務直結！行政書士開業準備実践講座　主宰
　　　　https://t-yutaka.com/

【主要著書】

『行政書士のための「銀行の相続手続」実務家養成講座（第2版）』2025年，税務経理協会

『行政書士合格者のための開業準備実践講座（第4版）』2024年，税務経理協会

『そうだったのか！行政書士』2023年，税務経理協会

『新訂第3版 行政書士のための「遺言・相続」実務家養成講座』2022年，税務経理協会

『行政書士のための「高い受任率」と「満足行く報酬」を実現する心得と技』2020年，税務経理協会

『穴埋式　遺言書かんたん作成術』2024年，日本実業出版社

『親に気持ちよく遺言書を準備してもらう本』2012年，日本実業出版社

【監修】

『行政書士のための「産廃業」実務家養成講座（第2班）』2025年，税務経理協会

『行政書士のための「新しい家族法務」実務家養成講座（第2班）』2025年，税務経理協会

『行政書士合格者のための　ウェブマーケティング実践講座』2024年，税務経理協会

『行政書士のための「補助金申請」実務家養成講座』2024年，税務経理協会

『行政書士のための「建設業」実務家養成講座（第3版）』2023年，税務経理協会

『99日で受かる！　行政書士試験最短合格術（増補改訂版）』2022年，税務経理協会

【主要講演】
東京都行政書士会，栃木県行政書士会，朝日新聞出版，日本生命，税理士法人レガシィ　他

［メディア］
　Yahoo! ニュース　エキスパート　オーサー（テーマ「家族法で人生を乗り切る。」）

| ヤフーニュース　行政書士竹内豊 | 検索 |

行政書士のための

銀行の相続手続 実務家養成講座（第2版）

| 2022年3月30日 | 初版発行 |
| 2025年3月30日 | 第2版発行 |

著　者	竹内　豊
発行者	大坪克行
発行所	株式会社 税務経理協会
	〒161-0033東京都新宿区下落合1丁目1番3号
	http://www.zeikei.co.jp
	03-6304-0505
印刷所	株式会社技秀堂
製本所	株式会社技秀堂
デザイン	株式会社グラフィックウェイヴ（カバー）
編　集	小林　規明

本書についての
ご意見・ご感想はコチラ

http://www.zeikei.co.jp/contact/

ISBN 978-4-419-07256-8　C3032

© 　竹内豊 2025 Printed in Japan